图 1　南流寺村规划图

图 2　南流寺社区支部委员会

图 3　南流寺村的阅览室

图 4　南流寺村委会的健身设施

图 5　木匠孙银生在示范刨子的用法

图 6　南流寺的菜地

图 7　南流寺的菜地种植的蔬菜

图 8　南流寺刚收割完的麦田

图 9　南流寺工业区新建的厂房

图 10　南流寺剧院

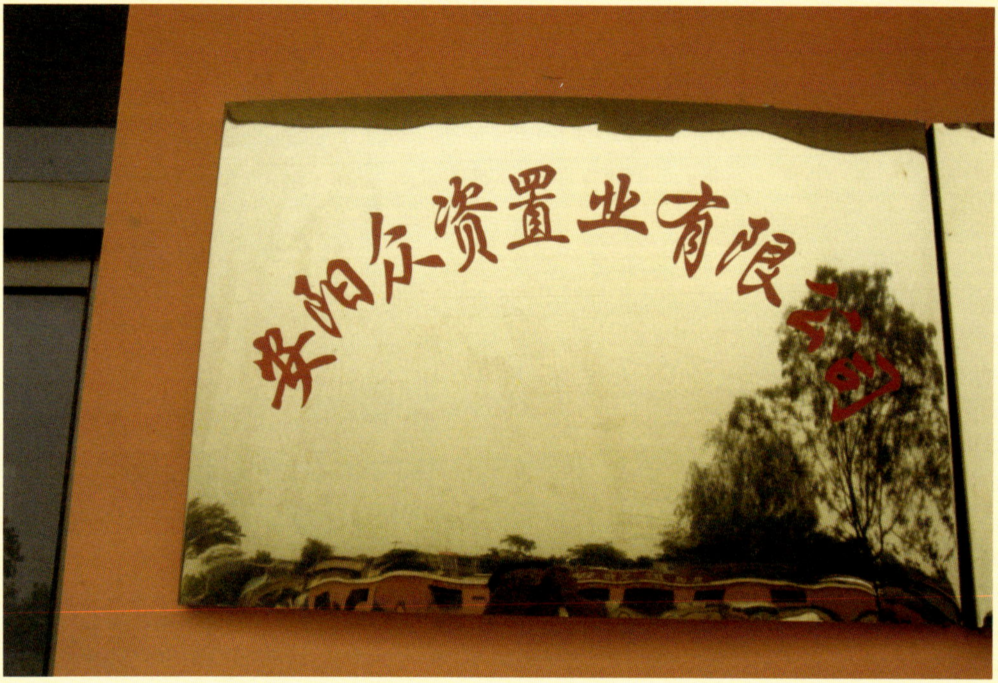

图 11　安阳市众资置业有限公司的牌子

图 12　刚收完的麦子在路边晾晒

图 13　南流寺村灌溉主渠

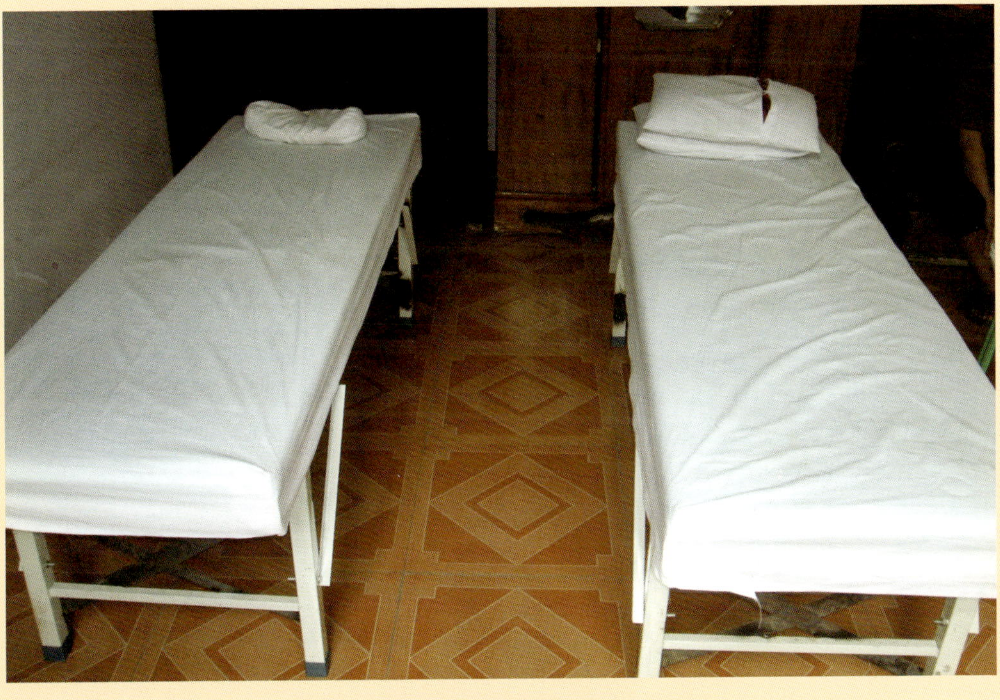

图 14　盲人按摩师韩金昌家的按摩床

图 15　调研全体成员于村委会前留念

图 16　河北大学刘秉龙教授和调研小组的同学与孙玉顺合影

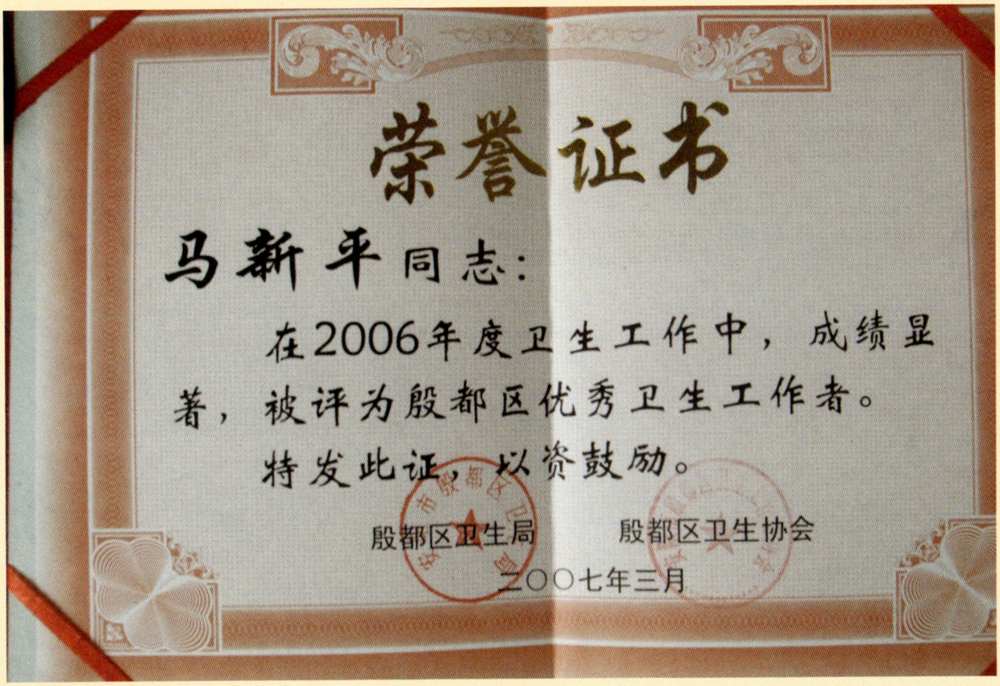

图 17　马新平的荣誉证书

图 18　孙亚广的荣誉证书

图 19　退休高级教师刘宝琴的荣誉证书

图 20　增订《孙氏家谱》记碑

图 21　韩世昌老人记录的曲谱

图 22　马新平家的诊所

图 23　调研组采访村支书孙志安

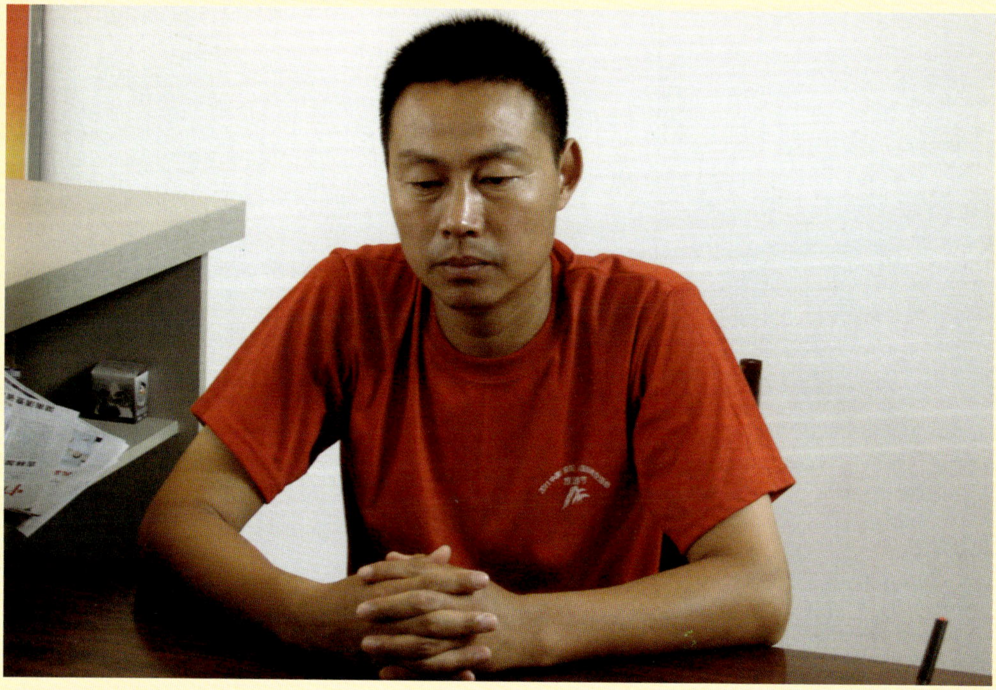

图 24　南流寺村组织委员王军

图 25　韩世昌老人为我们拉豫剧唱段

图 26　秦秀琴在用老织布机织布

图 27　孙家锄钩传人孙全保在展示他做的锄钩

图 28　孙太星扎制的纸马

图 29　调研小组采访贾黑丑家

图 30　调研小组采访染布工人孙全禄

图 31　调研小组采访调解员徐世良

图 32　调研小组采访殷都实验中学的学生

中国民族经济村庄调查丛书

南流寺村调查

（汉族）

张春敏　主　编

李南沉　刘秉龙　副主编

中国经济出版社
CHINA ECONOMIC PUBLISHING HOUSE
北京

图书在版编目（CIP）数据

南流寺村调查：汉族／张春敏 主编．

北京：中国经济出版社，2014.12

（中央民族大学“985”工程中国民族经济村庄调查丛书）

ISBN 978－7－5136－3413－7

Ⅰ．①南… Ⅱ．①张… Ⅲ．①汉族—乡村—民族经济—调查报告—安阳市 Ⅳ．①F327.615

中国版本图书馆 CIP 数据核字（2014）第 181264 号

责任编辑 余静宜

责任审读 贺 静

责任印制 马小宾

封面设计 华子图文设计

出版发行 中国经济出版社

印 刷 者 北京市媛明印刷厂

经 销 者 各地新华书店

开 本 710mm×1000mm 1/16

印 张 24.5 彩插 1

字 数 371 千字

版 次 2014 年 12 月第 1 版

印 次 2014 年 12 月第 1 次

定 价 58.00 元

广告经营许可证 京西工商广字第 8179 号

中国经济出版社 **网址** www.economyph.com **社址** 北京市西城区百万庄北街 3 号 **邮编** 100037

本版图书如存在印装质量问题，请与本社发行中心联系调换（联系电话：010－68330607）

中央民族大学

“211 工程”中国少数民族经济发展研究项目

“985 工程”中国民族地区经济社会发展哲学社会科学创新基地

中国民族经济村庄调查丛书　编委会

本书写作分工

张春敏　主编、前言、后记及统稿
李南沉　刘秉龙　副主编
吴　俊　第一部分二、第二部分十七
刘江荣　第一部分三、第二部分十三
马　琴　第一部分四、第二部分十六
聂真真　第一部分九
曲　铮　第一部分十一、第三部分二十
孙云杰　第一部分十二、第二部分十四
张　浩　第一部分七、八
孙亮亮　第一部分六
万　媛　第三部分二十一
覃　娜　第一部分五、第三部分十九
潘　陆　第一部分十、第二部分十五
孟达威　第一部分一
邓　城　第三部分十八
鞠　浩　第三部分二十二

总序

村庄，是农民的聚居地，也是农民生产和生活的社会形式。村庄形成于农业文明时代，在中国最为典型和普遍，迄今依然是中国基本的社会单位。所有中国人，或是生于长于村庄，或是父祖辈来自村庄。村庄是中华民族的根基，是我们走向现代化的立脚点和必须改变其内容和形式的地方。认知中国的现实和历史，一个重要环节，就是了解村庄。

中国的民族经济，包括以下层次：一是以中华民族为主体的经济，二是中华民族五十六个支民族的经济，三是少数民族地区的经济。不论从哪个层次研究，都必须涉及村庄这个基本单位。以往的民族经济研究和行政管理研究，对于村庄的关注，主要是在总体性的统计及对策方面，鲜有对某一村庄的专注的系统调查。这种情况使我们所从事的理论探讨总显得有些飘浮，言不及意，大而不当。反思许久，不能不下决心从小处做起，将村庄调查作为根基，扎实做去。恰“985”项目实施，经费有所保障，故组织本创新基地近百名教师带二百余博士、硕士研究生和高年级本科生，结十五个调查组，计划用六七年的暑、寒假，从五十六个支民族中各选一二典型村庄，深入调查，总百余村，每村一书，为中国民族经济三个层次研究，为政府行政决策，提供基础资料。

百村，不及中国村庄万分之一。我们的村庄调查虽只是抽样性质，但却是探根摸底，力求深入、真实、详细。二〇〇八年夏各组分赴河北、内蒙古、宁夏、云南、广西调查点，历经一月左右，获初步资料。因为首次，困难颇多，思路和方法也要不断调整，秋、冬写作时又各自补充调查。时间虽短，但师生与村官、村民情谊颇深，既为调查提供条件，又为后续补充予以协助。各地党、政机构，对调查全力配合。无此，则调查难以进行。这套丛书，实为共同努力之成果，并赖中国经济出版社黄允成社长、孙岩主任鼎力支持，得以出版。本调查还要持续数年，望读者批评，我们再努力。

劉永佶

二〇〇九年三月十八日

前言

南流寺社区地处河南省安阳市西郊，是安阳市殷都区西郊乡的一个村级社区。提起南流寺社区可能人们很陌生，而作为中国八大古都之一的安阳市则中外闻名，著名的安阳殷墟遗址就坐落在安阳市西北，最早发掘出殷墟遗址的小屯村与南流寺村同属殷都区管辖。对南流寺村的调研是中央民族大学“985工程”村庄调研的一个子项目，与我院其他村庄调研主要集中于对民族地区调研不同，此次调研，我们把视野放置于中原大地的一个主要以汉族为主体的南流寺农村社区，围绕“城中村改造”过程中呈现出来的状态作为主题展开。

选定南流寺村作为调研对象，还是源于2009年以来殷都区开展的以“建立十大员群众组织”为主要内容，以调动群众公民主体性为目的的“殷都试验”取得了不错的效果，笔者曾于2010年赴安阳就这一经验进行调研学习。在与“殷都试验”的推动者、殷都区委书记李南沉的多次交谈中产生了一个想法：能否围绕殷都区工业化、城市化进程的一个实例，结合“殷都试验”，以中央民族大学经济学院教师和学生近年来多次到民族地区进行村庄调研的经验为基础，做一全面的调研？这一想法得到了殷都区委的认同，因此，作为此次调研的入场准备工作顺利完成。

村庄调研是观察中国社会转型过程的基本视点。村庄则是社会的基本器官，一个村庄的历史和现实，是一个国家和民族史的缩影。曹锦清在其《黄河边的中国》一书中认为：乡村社会调研是“从内向外看”与“从下往上看”，就是站在社会生活本身看在“官语”与“译语”指导下的中国社会，尤其是中国农村社会的实际变化过程。中原大地历经裴李岗文化、仰韶文化、龙山文化以及夏商周文化传续，中原文化在这一时期不仅是当时处于中心地位的强势文化，而且在当时中国境内各类文化的发展态势中起着明显的主导作用。自辽金南宋至元明清，虽然黄河中下游失去了政治中心地位，但是以中原农耕文化为基础的中国传统文化，仍然保持着顽强的生命力。南流寺村是中原大地的一个普通的村庄，没有发生过令人瞩目的大事，没有出现过不同凡响的人物，也正因为它仅仅是一个普通村庄，它的经历很平常，才使我们更能从平凡的历史中，从不经意的事件中看到历史演变的规律。从中原地区传统农耕文化的发源地入手去记录和整理中国社会转型的实例材料，不仅为理解中国汉族地区工业化、城市化进程提供了实证的依据，对于认识广大少数民族地区的社会转型也具有参照作用。所以，尽管南流寺社区是一个汉族聚集区，这一村庄给我们带来的人物、场景、道具是特殊的，不同人物的故事演进是特殊的，但故事中包含的问题和其蕴含的逻辑则是普遍的，它对于我们理解少数民族经济具有同样的启示意义。

城中村是中国城市化的特有现象，它是中国现代化进程的产物。现代化进程是以现代化主体—现代劳动者—素质技能和社会地位提高为核心内容，政治、经济、文化多侧面的整体提高过程。工业化和城市化是现代化过程中一对相互关联又不可分割的历史现象，工业化是近代世界现代化进程的主题，是现代化主体的生产方式转变，工业化不是要消灭农业，而是用工业技术、工业总体劳动和工业占有权组织改造农业；而城市化则是由生产方式转变而导致的劳动者生活方式转变。正因为如此，中国特有的工业化背景、路径决定了其城市化的不同类型，而不同区域的城市化特点也各不相同。长期以小农经济作为其经济基础的集权官僚统治，是中国古代社会存续的基本特征。近代以来中国从被动工业化到主动工业化进程的转变，历经150多年，目前，我国基本建成了相对完整的工业化体系，成为当今世界的工业大国。但是，对于中国广大的农村地区以家庭为主体的小农经济改造，特别是依然活跃在人们头脑中的官文化和小农意识所形成的习惯和观念，其改造的任务远远没有完成。这一任务成为我国城市化进程中必须要解决的问题。

工业化过程并非是简单的工业发展过程，它也包括农业的工业化改造，即用工业化技术改造农业，用工业化的组织（股份公司、合作社）改进农业组织，最终实现用工业化的总体劳动取代农业的个体劳动。长期以小农经济为基础的官僚集权社会，造就了灿烂的中国农业文明。但这种深耕细作的农业文明，也使得农业生产呈现“过密化”，“这种过密型增长以农业生产的家庭化为支柱，劳动力边际报酬的递减由小农家庭未曾利用的劳动力来吸收”。

虽然中国古代和近代以来受到明清商品经济发展、近代西方资本主义冲击，但始终不能形成以资本主义经营性企业为主导的农村经济，而是使得小农经济更为紧密。即使像北方农村由于人口压力较小，也出现了资本主义性质的经营性农场，其主要产物则是小农的无产阶级化，即小农的半无产化，他们是同时依赖家庭农场和打短工度日，小农经济的完备性更为明显。而在新中国成立后的集体化过程中，化肥、农药、拖拉机等现代工业的产品也进入农业劳动过程，庞大的劳动力供应抑制了为节约劳动而资本化的动机，并迫使农业向劳动过密化方向演变。家庭联产承包责任制的推广，家庭生产经营功能的恢复，使得农业劳动力使用比较灵活，提高了农业劳动力使用效率，农民收入得以提高，但是地块规模减小，同样也抑制了农业机械进入农业的步伐。实际上，新中国成立后集体制的实质是用行政权力代替了农民财产权与劳动权的自主权力，把农村农业发展与城市工业发展相分隔的条件下，不能根据农业劳动分工的特征合理利用劳动力是构成中国农村工业化水平落后的根本原因。

家庭联产承包责任制从生产关系的角度在于明确了个体农民家庭的土地使用权、生产资料和劳动力的所有权，使得农业劳动力水平得到提高。但家庭联产承包制以家庭内部简单分工为基础，其实质是小农经济的回归。只要耕作技术没有变化，劳动的组织形式不能以劳动的总体性产生合作性组织，农业的发展就是始终以家庭的“过密化”为主要特征。

改革开放以来，我国在不同地区和生产的不同环节进行了不同形式的合作化试验，尤其是在农业领域。合作社的回归及各种类型的专业合作社发展，既说明了小农经济的局限，也昭示了农业合作制发展的必然性。从英格兰公平先锋社成立至今，世界范围合作制的形成和发展，是现代化进程中以劳动者人身权为依据的民主机制对抗以财产所有权为依据的资本民主的体现。这一民主机制，成为现代化过程各层面的基本权利实行机制。集体制的衰落和合作制的回归，是中国广大劳动者基于自身民主权利对其民主权利实现机制的自发选择的结果。这一过程不仅在于农村的工业化过程，同样也是城市化过程的必要内容。

联产承包制实施后，农民劳动时间得到了节约，南流寺村有着紧邻安阳钢铁集团的地理优势，非农产业发展中，主要围绕钢铁产业展开，村办或者个人办的工业企业成为安阳钢铁产业的上下游链条中的相关环节。同时，从我们调研的情况看，很多到外地打工的村民以焊工为主，这也说明现代工业技术对这一村落居民的生产技能有着较大影响。随着安阳市城市化进程的加快，南流寺村人地矛盾也日渐突出，人均不足一亩地的现状，使得种植业为主的农业发展空间大大压缩，农业收入在村民收入中已经成为副业收入，农业作为支撑村民生活的主要来源的职能在日渐削弱。目前，南流寺村已经撤村建居，且列入安阳市城市建设规划，但由于其处于市区的边缘地带，其土地存在的现状与真正意义上的农村并无区别，农用地、村民的宅基地和村办集体企业、股份合作制企业用地都还存在，户籍、行政管理体制上仍然保留着农村模式。与典型意义上的都市中的村庄相比，人居环境紧张、治安状况较差等问题并没有出现，甚至在我们调研中，一般城乡结合部常见的外来人口集中的现象也没有见到。但南流寺村确实已经进入城市化改造的起步阶段，土地、人口的城市化改造阶段已经是目前需要面对的问题了。因此，如何实现这一进程成为南流寺村村社共同体结构演化的核心命题，如何保证村民的经济和政治利益成为这一进程需要回答的主要问题。

近代意义上的城市化包括两个方面，一是市民化，即在商品经济和工业化过程中，个人基本的经济权利和政治权利及其实现机制逐步明确。二是以城市生活为目的的生活方式的转变。前者是其内容，后者为形式。近代的市民民主是以资本财产权平等为依据的资本主导的民主制和以劳动者人身权平等为依据的劳动民主制的对立统一体。城市化也可以看作是劳动者作为工业化主体和民主主体的生活方式实现形式。我国的城市化进程更多地表现为缺乏劳动者主体参与的“被城市化”，忽视作为社会主体的公民及劳动主体的劳动者的基本经济权利和政治权利，不是把他们作为“公民”而是作为可以驱使的“草民”。我国城市化改造中出现的一系列问题，莫不与之有关。近年来，我国各地的城市化改造中出现的关于村级土地和村民宅基地补偿问题，成为社会媒体关注的焦点，各类极端事件、群体性事件也纷纷见诸报端，城中村改造似乎成为一条荆棘丛生的道路，如何避免陷入矛盾的困境是我国各地城市化建设中也在积极思考的问题。安阳市殷都区积极推行的“争当十大员，为民促发展”、“诚信殷都，十佳标兵”评选三大举措，为这一问题的解决提供了一个新的思路。钢花路拆迁和殷墟大遗址公园拆迁是近年殷都区城市改造中比较重要的任务，拆迁面积大、涉及住户和企业数量多，时间紧，由于以群众参与为前提，以群众的利益为根本，真正让群众个人的集体的诉求成为拆迁规划的主要内容，得到群众的支持，没有发生一起阻挡和上访事件，顺利完成了拆迁任务。也正是基于同样的原因，尽管南流寺村“三大举措”相对于市区开展较晚，村中的“十大员组织”也不完善，甚至有些村民只知其一，不知其二，但毕竟那些想知道、愿意知道的村民能够知道，并能够积极参与，这种情况从该村村委班子调整也可以看到，群众愿意把真正为村民利益着想的党员选为自己的当家人。而村里众资公司的建立，依靠村民的股权投资，通过股份合作制形式，总揽全村的搬迁改造，把村民利益和未来社区土地增值联系起来，使得村民参与并能够成为城市化的真正受益者。尽管这一做法还有很多改进之处，但是，它避免了那种村里卖地、国家拍地、开发商买地、村民失地、失业、失利，两手空空情况的发生。这不仅维护了村民的利益，也为村民的社区民主管理参与增加了新的形式。

实际上，推动群众参与的民主化进程不仅有利于城中村改造的顺利进行，更在于它是对我国整个社会管理提出了一个有效解决社会问题的视角。虽然，“从群众中来，到群众中去”，本身就是中国共产党获得新民主主义胜利的法宝。如果说中国共产党在新民主主义革命中把群众的利益放在首位，一切为了群众，通过“给民主”获得人民大众的支持，取得革命的胜利，那么，经历60多年社会主义建设的现代中国劳动者，更应该把民主理解为自身生活方式的必然要求，是“要民主”，而不是“让民主”。民主进程的演进是中国城市化发展最基本，也是最重要的决定性步骤，没有真正基于公民人身权的民主，劳动者就不能成为工业化和城市化的主体，这样，“官主”和“资主”就会成为社会管理的主导性力量，和谐的社会就只能停留在美好的愿望层面。

基于以上认识，我们试图通过调查，用白描的手法，记录南流寺村从农村到城市社区变迁过程的一个片段。在前述调研的基础上，2011年6月，由中央民族大学经济学院、河北大学经济学院导师和研究生在南流寺村进行了近半月的入户调查，并与殷都区区委和西郊乡政府多个部门联系，收集资料，通过半年的写作，完成了本书。

本书写作结构分三层，第一层从总体层面介绍了南流寺村基本情况。本部分共分十二章，从村庄历史、自然条件、文化、经济、政治多个侧面整理材料，力图概括南流寺村从村庄到社区的整体变迁过程。本部分素材主要来源于区、乡、村政府的相关资料，以及我们入户调研获取的材料。第二层是入户调研资料，介绍了不同类型农户的家庭成员构成、从事职业、收入、社会保障及家庭整体情况。第三层为村民个人资料，包括个人成长经历、职业特点、文化生活内容等。农户家庭和农民个人的资料，主要取自于我们的入户调查。中国人治学讲究“知人而论世”，从个体和人物的个性、思想和活动方面，不仅可以理解其活动的社会背景，同时也可以揭示各个时代历史风尚和社会变迁的内在原因。齐家治国平天下，是中国经世济民理想的基本内容，与西方人注重“个人”的存在不同，中国的社会组织中，家庭的整体价值是社会价值构成的基础，家庭行为是个人行为的标准。因此，家庭中父母对宅基地、子女就业、住房的关注甚至比对自身的利益还要重要，然而，20世纪80年代以后西方社会思想大量引入中国，麦当劳、牛仔裤进入生活消费的过程，也把其强调个体独立的理念在不同层面渗透到国人尤其是青年一代的观念中。因此，尽管我们的调研都采用入户的形式，我们力争在家庭和个人之间找到某种区别，从而可以看到，不同家庭、同一家庭的不同成员对于城市化给农村带来的各种现实选择的态度是有着不同的倾向，从而他们的行为在城中村改造中也具有不同的后果。

农村的城市化是中国大地正在进行的一场巨大的变革，我们的调研涉及的主题——农村城市化过程中城中村村庄结构变迁，是一个值得关注的问题。我们试图在经验调查与分析基础上，就南流寺村在城市化过程中的适应性承续与变迁之现实，以求解其“真实”性的存在。费孝通指出，“我们的理论不在道破宇宙之秘，只是帮你多看见一些有用的事实。”希望我们的尝试会为学者们提供翔实的材料，并吸引更多的学者对这一课题进行关注和研究。

目　录

第三部分 农民

第一部分　村庄

一、南流寺村庄概况及变迁史

（一）南流寺村概况

南流寺村隶属于河南省安阳市殷都区西郊乡，位于古彰德府之西、名镇水冶之东，北近靠安林大道，车水马龙，川流不息，南邻古老的万金渠畔，交通便利，南水北调总干渠自村西通过，地理位置优越。

1. 土壤

南流寺村属洪积、冲积平原，由洹河、洪水河相互交错冲积而成，系山前洪积扇的一部分。由于北侧受洹河泛滥等影响，所以只具有冲积土一种土壤。南北土壤质地轻，中间土壤质地重，全部土壤属潮土土类，具有典型的褐土化亚类的特征。主要的土壤又分为三种类型：①立黄土土属：该土属于褐土类上亚类，包括黄土、岗丘立黄土、少量砂姜立黄土、深位中层砂姜立黄土4个土种。该土属的土壤农业性状良好，耕层深厚，地下水位深，易干旱，适种小麦、谷子、棉花等作物。②褐土化两合土土属：该土属于潮土类，褐土化潮土亚类。包括褐土化小两合土、褐土化两合土、褐土化体黏两合土、褐土化腰黏两合土4个土种。地下水位一般在5米以上，耕层中壤或轻壤，理化性状良好，适种广泛，通透性良好，保水保肥，是理想的农业土壤。③褐土化淤土土属：该土属属于潮土类、褐土化潮土亚类，包括褐土化淤土、褐土化底壤淤土两个土种，保水保肥力强，肥力水平较高，但因质地黏重，通透气性不良，易耕期短，平时需要注意改良。此土种适种小麦、玉米等作物。南流寺的耕地面积共计1100余亩，主要种植小麦、玉米等农作物。此外，每家每户在自留菜地上种一些豆角、茄子、辣椒、西红柿、黄瓜等蔬菜。

2. 气候

南流寺村属北暖温带大陆性季风气候，其特点是四季分明、气温适中、季风明显、光照充足、雨量集中、冬长春旱。根据安阳地区气象站从1950年至1981年30多年的统计资料分析，四季按照气温划分的标准是：低于10℃为冬季，从11月6日至翌年3月25日，共计140天；10℃～22℃为春季和秋季，其中春季从3月26日至5月20日共计56天，秋季从9月6日至11月5日共计61天；高于22℃为夏季，从5月21日至9月5日，共计108天。按此分类的四季呈现出典型的气候特点：①春季（3月、4月、5月），南流寺村受大陆性气团控制，气候干燥，天气晴和，日照增加，气温回升快，月温度变差为6℃～7℃。春季干旱少雨，平均降水量为81毫米，只占年降水量的13%，因此，有“春雨贵如油”的说法；②夏季（6月、7月、8月），高空副热带高压加强，并向北推进海洋暖湿气流吹来，雨水增多且集中，尤其是7月、8月两个月，降水量占全年降水量的55%；③秋季（9月、10月、11月），副热带高压南退，北方冷高压南侵，冷暖气团相会于黄河流域，常出现秋雨连绵，气温也随之下降。俗语讲一场秋雨一场寒，秋季比较短，干旱出现的也较少；④冬季（12月、1月、2月），整个村庄又受到大陆性气团控制，寒潮不断由西北方一泻而下，气温下降，伴有大风，气候比较冷。全年最低的气温出现在1月，平均为－1.8℃，极端最低气温曾出现－21.7℃。历年最大积雪深度为23厘米，冻土深度可达35厘米。30厘米以下冻土，26年中仅出现过3次。近年来，由于空气污染逐渐加重，大气中的臭氧层遭到破坏，南流寺也出现了“暖冬”现象。

3. 气象

南流寺全年平均气温是13.6℃，5月、6月、7月、8月、9月的平均气温都高于20℃，剩余月份的气温都高于0℃。极高气温天气主要集中在5—9月，极低气温天气出现在11月、12月、1月、2月中。最高平均降水量出现在7月、8月，全年平均降水量达606.1毫米。南流寺历年的平均低温为15.3℃，据相关资料统计，7月份低温最高，平均为30.9℃；1月最低，平均为－2℃。一般在1月8日结冻，最早在12月18日，最晚在2月5日。解冻大多在2月3日，最晚在2月28日。南流寺年平均无霜期大约200天，初霜一般出现在10月下旬，终霜大多在4月初。南流寺所在地区属季风气候区，所以冬季多西北风，夏季多东南风。其中主导风向为南风，频率为11.3%；

次主导风向为北风，频率为3.3%。年平均风速为2.1米/秒，静风率占3.34%。平均大风期为12天，变幅为24天；57.5%出现在春季，尤其是以4月份最多，占春季的50%。全年风速变化趋势是12月至翌年4月逐月增加，5—12月逐月减少。最大风速为22米/秒，干热风一般是十年有九，多集中在5月下旬，对小麦的生长极其不利。动植物由于生物钟的作用，会对季节的变化做出相应的反应。南流寺民间也有如“麦芽发，种棉花”、“清明前后种瓜点豆”等俗语，当地燕子归来一般都在3月中旬，这和春季的起始月份大概一致。布谷鸟为夏令候鸟，在它归来鸣叫时也接近小麦收割期，故有“布谷布谷，收麦种谷”的民谚。秋蝉大多始鸣于6月初，最晚6月下旬。大雁多在春分北上，秋分南归。这些动植物的季节气候反应是千百年来老百姓观察总结出来的，已经成为人民从事农耕和安排生活的最基本的依据。南流寺全年的日照时数为2525.7小时。日照最多的是6月份，数量达270.3小时，日照率为62%；最少的是2月份，数量是169.1小时，日照率为55%。全年的太阳辐射总量为114.67千卡/平方厘米，变幅在101.42~122.32千卡/平方厘米。全年以5月份最大，达14.2千卡/平方厘米；12月份最小，为5.3千卡/平方厘米。全年呈现出1—6月递增，7—12月递减的规律性变化。南流寺地处安阳市富水区，水层厚度达20~30米，但是随着工业化程度的提高，当地的地下水位呈逐年下降的趋势。

4. 民俗

南流寺的民间风俗是丰富多彩的，我们选择一些主要的做一简述：

做九日。新生孩子第九天为孩子庆贺，称作“做九日”。也有做十二日或做满月的。届时，亲戚朋友会携带礼品前往祝贺。礼品大多为花布、鸡蛋、挂面和红糖等，此外，还要给孩子一定数量的见面钱。

寿辰。寿辰是指老年人的生日。南流寺的一般习惯是：如果父母健在的话，本人无论年龄多大都是不能做寿的。寿辰一般是从50岁开始，逢整数（如50岁、60岁）就做大寿。89岁生日做90大寿，俗称“做九不做十”。寿辰日多吃寿桃、寿面等，因为寿桃含有“仙”意，寿面则取其“长”的意思。

送面羊。送面羊是指姥姥家里送给外甥用白面做的羊形馍，时间是在农历六月至七月。送面羊前即五月，出嫁了的女儿要带着自己的儿女到姥姥家送礼，俗称为“瞧羊”（瞧五月）。无论是送羊还是瞧羊都要以盛宴款待。

送灯笼。元宵节前，舅舅要送给外甥一对灯笼，这称作送灯笼。歇后语说：“外甥打灯笼——照旧（舅）”即来源于这一风俗。

认干亲。新中国成立前，人丁不旺的家族就将儿子认到儿女多的父母名下，并且称呼为干爹和干娘，以求人丁旺盛。有的妇女婚后多年不育，也要认一个“干儿子”或者“干闺女”，这样以求生儿育女或防老。

拜把子。拜把子一般发生在平时生活中同甘共苦的年轻男子之间。拜把子要写金兰谱，记载他们的姓名、生辰八字及祖宗三代姓名，盟誓结友，称为“金兰交”，也称“换帖兄弟”、“把兄弟”、“磕头弟兄”。然后一方带上礼物到另一方家中，共同跪在神灵面前，烧上香箔，点上红蜡，一起向神灵起誓，不愿同生，但愿同死，风雨同舟，患难与共。次日这方也要带上礼物到另一方家中，以后便以兄弟相称，对方的子女也视为己出，对方父母去世后也要披麻戴孝哭爹娘，自己的子女也要去服丧。

拜干姐妹。拜干姐妹发生在青年女子之间，与拜把子有相同之处，所生子女认对方为姨娘。

暖房。村民乔迁新居，本地有暖房的习惯，即请亲戚朋友来新房做客。届时要燃放鞭炮以示庆贺，乡民认为这样可以驱鬼辟邪。

过继。夫妻婚后多年不孕，将别人的儿女认作自己的儿女，称作“过继”。过继的孩子一般是男方的侄子。过继儿子被当作亲生儿子加以抚养。过继子视叔伯为父母，并为其养老送终，享有继承权。

5. 节庆活动

南流寺的传统节日主要包括元旦、春节、元宵节、二月二日（农历）、寒食节、清明节、端午节、七月七（农历）、七月十五（农历）、中秋节、九月九日（农历）、十月一日（农历）、冬至、腊八、腊月二十三（农历）、除夕。随着社会的进步和发展，一些节日的庆祝活动在民间已经或逐渐消失。比如，二月二日是缘起民间谚语“二月二，龙抬头，万物复苏清水流”，意指从这天开始，寒冬将尽，暖气回升，细雨滋润，草木萌芽。这天，民间一直传有“吃蒸糕”、“上鼓楼”的习俗，意即步步登高。但是新中国成立后，此风俗逐渐消失。寒食节是指清明节的前一天（还有另一种说法是指清明节前两天），相传春秋时期晋文公（重耳）复国后，要重赏恩人介子推，介子推不愿受禄，携母避于深山之中。重耳为迫使恩人出山便放火烧山。不想介子推至死也不受禄，抱木而死。于是晋文公定此日禁火寒食，不过这种风俗在民间早已消失。新中国成立前南流寺的儿童在端午节有“佩香袋，防毒虫”的习俗，其中香袋就是用布缝成各种动物形状的小袋，里面装有艾叶、香附等，一般都会缝在孩子的衣袖上或者直接挂在脖子上，不过这种习俗也已经消失。此外，南流寺尚有“端午节追闺女”的习俗。凡是在端午节前一年内出嫁的闺女，都会收到父母在节前为其追添的凉席、扇子、毛巾、衣服、床单等夏季用品。20 世纪 80 年代后，随着人民生活水平的提高，有些人会送电风扇、蚊帐之类的用品。而到 20 世纪 90 年代中期以后，比较富裕的家庭开始送空调一类的家电。

南流寺在春节期间除了串门、道贺外，还有社戏、庙会、赶集等传统沿袭下来的活动。正月间到处都是庙会，而有庙会的地方就会有社戏。村民一般都会在庙前或者村中搭台唱戏，戏台用梁檀搭建，上面铺上各家的街门板，在上面置上布帏就开始唱戏，不过南流寺村委会早些年就已经集资修建了集传统和现代于一体的戏台以方便社戏活动和平时老百姓娱乐使用。村里的社戏一般从大年初五开始唱起，一直到“二月二龙抬头”，这时家家户户就开始忙春耕了。每当村中有戏，哪怕是村里没有庙会，各家各户也都要求请闺女、女婿带着小外孙来看戏。如果不来的话，他们就认为不太好。

庙会是村里每年的一件大事，这一天比过年还要热闹。届时，所有的亲戚朋友都要来赶会，主人就要支大锅来蒸馒头、熬菜来招待客人，以尽地主之宜。新中国成立前一般的农户都比较穷，即便有客人来也不会割肉，只是用点油熬一锅菜。有肉有皮渣有豆乳就是上等菜；有皮渣有豆腐有粉条的是中等菜；只有萝卜白菜和粉条豆芽的是下等菜。不过还有的人家就只有一锅红萝卜丝。一般都会用白馍招待客人，有的也用黄馍，实在没有的就会等着亲戚带着馍、油条、烧饼来，如果不够的话就不回给亲戚了。赶庙会的人吃过饭后就到会上去，在本村的叫作正会，在邻村的叫作跨子会。亲戚朋友们到会上购买各种用品，而小孩子就跟着凑热闹，好不开心。他们可以缠着大人们买糖人、琉璃球、捻捻转儿、木刀和木枪等玩具。每年的二月初六是南流寺举办庙会的日子，届时主要举办农村物资交流会。

像南流寺这样有集镇的地方会定在一四七、二五八、三六九过集。亲戚经常赶集，如果上午没有结束的话就会到亲戚家里吃饭。主人也无法确定到底有哪些人会来吃饭，只能估摸着做好饭菜在家里等待。亲戚到家里来也不带什么东西，主要就是吃饭，所以叫作“富会穷集”。

6. **饮食和建筑**

南流寺村的主食主要有小米稀饭、干饭、小米面煎饼、玉米面角子、玉米面窝头、红薯等。小麦面的吃法花样最多，其中蒸馍和擀面条是主要吃法。其他食法有烙饼（锅盔、油饼、单饼）、包子（肉包、菜包、糖包、豆包）、饺子（肉饺、素饺）、糖糕、菜角、麻糖（油条）等。春节的面食花样更多，有千人糕、面鱼、馒头、枣花等。菜类主要有白菜、萝卜、茄子、豆角、土豆等，无特殊菜品。肉食品主要以牛、羊、猪三类为主，家禽中以鸡、鸭为主。狗肉、兔肉等则被视为野味。南流寺最具地方特色的，也是请客的上等佳肴一般为“八八席”，即八碗八盘。八盘分四凉四热，八碗一般为方子（方块肉）、条子（条子肉或米粉肉）、酥肉、丸子、鸡子、甜米饭、鸡蛋汤、虾米白菜汤。20 世纪 80 年代以后，老百姓生活水平逐渐提高，八盘八碗也逐渐突破了传统的做法，出现了许多上等佳肴，海参、鱿鱼等也屡见不鲜。90 年代以后，婚丧嫁娶的宴席分为：八碗十二（八个大碗、十二个盘）、八碗十六（八个大碗、十六个盘）、十碗二十四（即十个大碗，二十四个盘：四个干果、四个水果、八个凉菜和八个热菜，分别为四荤四素），这些一般用在出嫁闺女和娶媳妇时双方迎送宴席上，也叫官席。2000 年以后，随着人们观念的转变，部分农户婚丧嫁娶办宴席都让饭店和酒店承办。

新中国成立后，当地老百姓的住房有了很大的变化，大多是砖瓦结构，俗称“浑砖到顶”。20 世纪 70 年代后期，村民开始用水泥预制板作顶。随着人口的增加，土地也变得紧张起来，80 年代后期，全村建房按照政府统一规划实施，建房者一般以排房、平房为主。90 年代以后，建房以楼房为主，上下各三间，分内外楼梯，楼前一个小院，十分舒适别致。

7. **人口结构和基础设施**

据西郊乡政府计生办提供的人口资料显示，截至 2010 年 7 月南流寺村共有 3032 人，825 户，分成 12 个村民小组。其中一组 251 人，二组 467 人，三组 249 人，四组 256 人，五组 141 人，六组 274 人，七组 251 人，八组 272 人，九组 229 人，十组 239 人，十一组 193 人，十二组 240 人。村民代表共有 52 人，占总人口的 1.72%。全村近三年出生率大致相当，为 12‰，死亡率为 4‰，出生性别男女比为 107:100。60 岁以上老人约占 8%，劳动年龄比重男占全村总人口 39%，女占 26%。学龄人口约占全村总人口的 14%。村里的男工作人数为 1000 人，女工作人数为 600 人，主要就业于本村及周边企业，职业为简单加工、铆焊、搬运等。

南流寺有商铺13家，企业6家。商铺经营日用品、种子、化肥农药、服装、药、太阳能等，位于村中心大道两侧；企业主要是钢铁、煤炭、合金、钢结构加工行业，属安钢下游产业链的组成部分。煤炭商贸业主要为安钢提供炼焦、煤焦化用煤，从而为炼钢的初级产品（如方坯、炼铁）提供能源；钢铁主要是生铁，用于弥补安钢自身产生铁不足造成的炼钢用铁的阶段性短缺；钢结构加工以及精密锻造，用于安钢厂房建设需要，以及一些风道、烟道等初级设备、易损耗件的更新需要。村里没有医院，但有四个诊所：孙中林诊所、孙付军诊所、马新平诊所、孙合军诊所，全位于村中心主干道两侧，均为本村村民，且有上级颁发的乡村医生执业证书。

2004年教育资源整合后，该村与骈家庄、郭流寺、王邵村、北流寺五村组成一所9年一贯制学校——安阳市殷都实验中学，所以该村现在没有学校。村里现在有12条硬化村道，都是村民自建，按照五横两纵分布在整个村庄。

随着人们生活水平的提高，南流寺村民的耐用品消费状况也发生了很大的变化。据统计，20年前（1991年），55%的家庭有了电视；10年前（2001）98%的家庭用上电视、洗衣机，68%的家庭用上了冰箱；现在99.8%都用上电视、洗衣机，76%的家庭用上了冰箱，28%的家庭用上了电脑。全村的财政收入也在逐年上升，村生产总值约占全乡总数的8%。具体为2006年总收入1664013元，2007年总收入4884440元，2008年总收入2217876元，2009年总收入975120元，2010年总收入800000元。

2010年10月，南流寺两委根据村里的实际情况，决定对南流寺村实施旧村改造工作，建设城市化新型农村社区，由此解决村民住房难、就业难以及村庄整体面貌相对落后的现状。现在已有80%的村民支持村庄改造工作，实施旧村改造的时机已基本成熟。村庄整合后预计占地230亩，节约270亩，节约土地占村庄占地面积的50%以上。两期完成建设任务，2010年12月启动一期工程，2012年上半年基本完成建设任务。一期规划总建筑面积9.87万平方米，住宅建筑面积9.34万平方米，规划户数825户。2012年启动二期工程，2013年底基本完成建设任务，到时将形成“三区（三个居民住宅小区）、三园（商业园、工业园、高效农业园）、一馆（高档酒店宾馆）、三中心（养老中心、医疗中心、幼教中心）”的格局。

（二）南流寺村的变迁史

南流寺的历史源远流长。据历史记载，南流寺和北流寺古时统称“渔庄”。渔庄一带的祖先在山西洪洞县老槐树下，明朝年间，渔庄的先人从山西洪洞迁到这里安居，利用丰富的水资源开荒种地，生息繁衍。唐朝初年，佛教盛行，村里兴建起“大明寺”。随着历史转变和万金渠的自然流向，“渔庄”改变为南、北流寺两个村庄。

南流寺村主要由八个家族组成，即孙（2000 人）、韩（500 人）、徐（200 人）、李（100 人）、马（80 人）、孟（70 人）、王（50 人）、齐（30 人）。他们在村内分散居住，均系明朝年间自山西洪洞县老槐树下迁入。从统计数据来看，我们发现孙氏是南流寺村最大的家族，也是记录家族成员以及发展历史最为详细和完整的，《孙氏家谱》的出版以及再版就是最好的证明。《孙氏家谱》这样记载道：“树有根，水有源，家族有祖先。我族始祖古老、少老于明朝初年自山西洪洞大槐树下迁徙安阳，分别定居南流寺村及梨林头村，二人谁大谁小，谁定居哪处已无据可考。”孙氏家族到现在已经传到第二十四世，他们现在每隔十年就会举办隆重的祭祖仪式。去年孙氏家族才刚刚组织了第六届南流寺孙氏祭祖续谱联谊活动，在表达思祖之情的同时增加兄弟之间的友谊，传承中华民族的传统美德。

除历史记载外，关于南流寺的起源在民间还流传着不同版本的说法。我们在采访村里的老人时，从他们那里也收集到一些相关的传说。他们讲道，明朝年间，长一唇和胡大韩两个年轻人在南流寺附近为了生存开始讨饭吃，而当地的老百姓对他们很反感，认为他们不劳而获，所以经常拒绝给他们东西。到明朝末年的时候，这两个人通过偶然的机会成为国家的大将。他们为了报复早年的仇恨而将当地的老百姓全部杀光，直到后来孙氏的始祖古老和少老从外地迁入，距今已有 600 多年。后来谣传说小阎王爷要来杀当地的老百姓，所以他们就逃到大明禅寺避难。一段时间过去后，谣言也没有变成现实，这些人就开始分散定居在大明禅寺的附近，并且分为四个流寺：郭流寺、南流寺、北流寺和史流寺，后来北流寺和史流寺合并成北流寺。

南流寺的大家族世世代代扎根在这块土地，不断繁衍，各个历史阶段都涌现出许多仁人志士。在“民国”期间南流寺村就有高中生、师范生、大学生多名，新中国成立前孙尚志在安阳县知识界享有盛誉。据《安阳县志》记载，当时参加抗日的有孙尚志、孙筱尚、孙有谋、孙有运、孙有福等及很多异姓的有识之士。从抗日战争到解放战争的漫长岁月里，南流寺村民团结互助、患难与共、同舟共济，一道迎来了中华人民共和国的诞生。新中国成立后，当地组织民兵向国民党反动派、土豪劣绅、地主作斗争，进行土地改革，后来又搞统购、统销，建立了互助组和初级社。在 1959 年到 1961 年间，村民在村委的组织下修建了水库，开办了钢铁厂。随后全村首次架线通电，改建三支渠，解决彰武水库移民住房。20 世纪 70 年代到 80 年代中期，村里建成第一所小学校，万金渠上修建了发电站，建立了面粉厂和砖厂，还硬化了西地农渠 4 道、头道渠 1 条、西北地渠 1 条，安装自来水管打机井 5 眼，并且开始进行新村规划，规划新的住宅区。90 年代以后，村里新建了村南头三层楼房小学校，拆除第一代小学校，规划为村民宅基地，此外，还修建了村中心南北大道 1000 米，硬化农渠 3 道，总长 3000 米。20 世纪初，全村又硬化南、郭流寺交界路面 150 米，规划面粉厂和村南头新小学操场为村民宅基地，并对村纸袋厂进行了租赁承包。2005 年，村里面发生了翻天覆地的变化。村里投资 40 多万元新建了村委会大院、投资 21.6 万元新建了老年活动中心，并购买活动器材 37 件；硬化村东道路 700 多米，宽 7 米；硬化村中街道和道路共 4 条，总长 508 米；硬化老染房街 200 米，宽 5 米；硬化老安林路 564 米；投资 10 万多元修建戏院舞台；村小学校搬至殷都区实验小学，同时将村南头小学校二层楼房规划为村民宅基地。村委会大院 2006 年 3 月建成，2009 年村委会改为社区居委会，新建了图书馆、文化宣传室，添置了健身器材，同时还开办夜校，普及和宣传新的农业知识和技术等。2010 年 8 月，经过党员和村民代表的无记名投票，新的村党支部和居委会成立。新的两委委员在党支部书记孙志安的带领下在当年 10 月开始计划申报“殷都区西郊乡南流寺市级新农村示范村”，同时邀请专家和学者论证他们旧村改造、新村建设的设想。现在新区的一期建设工程已经启动，新区的建设将不仅节约土地，改善村民的居住环境，并将成为南流寺村的一道亮丽的风景线。

二、南流寺村经济关系及其变化情况

经济关系，是人们在物质生产和再生产过程中结成的相互关系，是各种社会关系中最基本的关系，其产生依据是产权关系。产权关系是对财产（如劳动力、技能、技术、商誉、著作）的权利关系，包括所有权、占有权、经营权、使用权等。南流寺村的经济权利关系主要涉及土地权利关系、劳动力所有权关系以及经济管理权等。本文从以下三方面对新中国成立以来南流寺村的经济关系变化情况进行阐述。

（一）土地权利及其变化

土地权利关系就是在占有和使用农地过程中，各个利益主体之间的权、责、利关系，分为土地所有权、使用权、收益权和处分权。土地所有权为核心内容。中华人民共和国成立以后，南流寺村的土地所有权制度经过了多次改革，依照时间顺序，按所有权主体以及土地权利包含内容的不同，将新中国成立以来的土地所有权制度变迁过程分为五个阶段：完整的农民私人土地所有权阶段、不完整的农民私人土地所有权阶段（初级合作社阶段）、合作社的集体土地所有权阶段、不完整的农民集体土地所有权阶段（家庭联产承包）以及完整的农民集体土地所有权阶段。

1. 完整的农民私人土地所有权阶段（1949—1952 年）

中华人民共和国成立之前，大部分土地集中在地主和富农手中，两千多年的封建土地所有制，严重阻碍了农业生产力的发展，是中国农村贫穷落后的根源。1949 年 3 月，中国共产党七届二中全会提出要“有步骤地将封建半封建的土地所有制改变为农民的土地所有制”。1950 年 6 月，召开了中共七届三中全会，会上通过了关于在全国范围内开展土地改革的决议。随后，中央人民政府政务院颁布了《中华人民共和国土地改革法》，并于同年秋季在约 3 亿人口的新解放区开展了土地改革工作。土地改革废除了地主阶级封建剥削的土地所有制，实行农民的土地所有制。《共同纲领》规定：“切实保护农民的所有权，允许农民自由经营，自由处理自己的产品。”虽然这种农民个人土地所有制就其本质来说，仍然是处于分散落后状态的小农经济，但是这种农民个人土地所有制基本适应土改后我国农村生产力水平。土地分配到农户手中之后，农民的劳动成果归其自身支配，极大地调动了农民的生产积极性，促进了生产力的发展。这一时期，土地所有权的占有权、使用权、收益权、处分权都归农民家庭个人所有，其产权是完整的。将完整的土地所有权交给饱受饥饿和战争困扰的农民，完整产权的激励作用得到了充分的发挥，现实也证明了这一点。

2. 不完整的农民私人土地所有权阶段——初级合作社（1952—1956 年）

农民个人土地所有制虽然适应了我国农业的生产力发展水平，但是仍然存在着分散性、狭隘性、自给性、脆弱性等先天不足，难以扩大再生产，又极易两极分化。因此，农民获得土地后，既有发展个体经济的强烈愿望，也有互助合作的现实需求。因此，在农村保护农民个体经济的同时也要积极引导农民走初级合作化道路。所谓初级合作化，是指在保护农民土地个体所有制的基础上实行的农业合作化，它的组织形式就是初级合作社。初级合作社的土地制度本质上是以私有制为基础的在无产阶级领导的国家政权管理之下的劳动人民群众的集体经济组织。农业生产互助组没有改变原先个体农民的生产资料所有制，只是以一定程度的联合劳动取代完全分散的个体劳动，且并没有改变原有的土地私人所有权和家庭经营形式。1956 年 3 月 17 日通过的《农业生产合作社示范章程》第 3 条规定“对于社员交来统一使用的土地和别的生产资料，在一定期间内还保留社员的所有权，并且给社员以适当报酬。”

3. 集体土地所有权阶段（1956—1978 年）

从 1956 年到 1978 年，农地所有权逐渐收归集体所有，土地权利由农民所有转变为集体所有。农地所有权逐渐收归集体所有，不是一蹴而就的，其发展过程经历了两个阶段，包括高级农业生产合作社阶段和人民公社阶段。

1956 年开始逐渐实行了高级生产合作社，社员的土地转为合作社集体所有，取消土地报酬。高级社取消土地报酬，土地无偿的归集体所有，集体拥有生产资料的支配权和使用权，实行统一经营、集体劳动。

随着社会大生产的发展，互助组已不能满足当时生产形势的需要，南流寺村农民纷纷要求成立农业合作社。1955 年底和 1956 年春，南流寺村掀起了全民性的合作化高潮，有 99.9% 的农户加入了高级农业合作社。

高级农业合作社，是生产资料为部分劳动群众所共同占有的社会主义公有制经济。高级社实行土地等基本生产资料公有化，积累基金与公益金实行按需分配，分配给社员的消费基金实行按劳分配，排除了依靠生产资料所有权而无偿占有他人劳动的现象，使农民走上了联合劳动、共同致富的道路。但是，高级社的体制也存在严重的缺陷。高级社取消了农民生产资料的个体所有制，侵犯了农民的切身利益，因而严重地挫伤了农民的生产积极性和创造性，阻碍了生产力的发展。

1958 年到 1978 年人民公社阶段。在合作化的初期，南流寺村的合作社的规模很小，但由于各地逐渐开始盲目追求人民公社的规模和公有化程度，周边各地农村都把几十个甚至更多的经济条件各异、贫富程度不同的农业合作社勉强合并，并且在全公社内实行统负盈亏、统一分配，将社员的自留地、家畜家禽和其他家庭副业宣布为私有制残余，全部归公社所有。

1958 年根据中央提出把小型农业生产合作社有计划地合并为大型合作社的建议，特别是毛主席视察河南七里营时提出“还是人民公社好”的号召后，南流寺村村民受到鼓舞，同年 10 月人民公社先后诞生。这种经济体制延续了 20 年之久。期间，名曰按劳动分配，实际上是一种低生活水平的“大锅饭”。1964 年的自留地也被“文化大革命”当成资本主义的尾巴割掉了，人民的收入变成单一的工分制。

4. 家庭联产承包责任制阶段（1982—2003 年）

1978 年以后，我国农村实行了以土地资产产权结构重建为核心的经济改革，“包产到户”为主的家庭联产承包责任制代替了“集体所有，集体经营”的土地产权制度。改革开放以来，农村实行了第三次土地制度改革，将持续 20 余年的集体生产制度改为家庭联产承包责任制，这次改革并没有触及土地所有制，仍然坚持土地集体所有制不变，主要是改革农业经营方式和分配方式，实行土地所有权和经营权的分离，即土地集体所有、家庭经营①。

1974 年至 1983 年，铁西区共管辖 7 个行政村（含 14 个自然村），各村都实行以大队为基础的所有制，土地集体经营。1983 年实行了农村家庭联产承包责任制。1984 年，取消了原有不适应农村生产力发展要求的大队管理委员会制度，恢复了农村政权组织，生产大队改为村委会，生产小队改为村民小组，理顺了南流寺村的行政关系。

1989 年以后，随着农村家庭联产承包责任制的不断完善，铁西区农村实行双向承包，即区和村自上而下向农户包共赢生产资料、包提供科学技术，农户自下而上向区和村包产值、包各项任务的落实，使联产承包责任制由简单的大包干向更深层次的两权分离和契约合同制发展。农村服务体系建设也逐年完善，各村普遍建立了机耕队、水电队、支农综合服务站等五大服务体

① 田铮铮．改革开放后农地制度变迁［D］．山东大学硕士毕业论文，2007（4）：17.

系，农民不再为灌溉、打药、众资、农机等重要农业生产环节发愁。尤其是农民商品意识不断加强，村办企业迅速发展，使农村产业结构发生巨大变化。农村生产经营活动范围也从第一产业扩展至二、三产业，各种专业户、重点户不断涌现。

1990年，铁西有农民专业户400个，重点户190个，一批农民进入商品生产领域，又使乡镇企业增添了朝气蓬勃的发展活力。1982年以后，铁西区乡镇企业以年均84.3%的速度迅速发展。1990年，全区乡镇企业共有481家，产值3540万元，是1982年525万元的6.74倍，利润227万元。村办企业成为各村的经济支柱[①]。20世纪90年代中期第一轮土地承包陆续到期，对此中央于1993年提出再一次延长土地承包期，指出以家庭联产承包为主的责任制和统分结合的双层经营体制是中国农村经济的一项基本制度，并于1995年强调土地承包期30年不变，营造林地和“四荒”地的承包期可以更长。针对第一轮土地承包过程中出现的频繁调整问题，政策提出在承包期内实行“增人不增地，减人不减地”的办法。对于发达地区，政策指出可以从实际出发实行适度规模经营。同时，针对实际操作中再次出现的新问题，中央于90年代末多次通过决议逐步提出了解决问题的办法。这样，在政策和实践的推动下，农村土地承包关系不断稳定和完善。

5. 完整的农民集体土地所有权阶段（2003年至今）

由于家庭联产承包责任制下的农户土地产权权利不完整，土地产权不明晰，使得土地使用者不能够依照法定程序自由地有偿转让、出租、抵押土地，影响了土地资源在市场经济条件下的合理配置和优化。2002年8月29日全国人大常委会立法通过，并于2003年3月1日开始正式实施的《中华人民共和国农村土地承包法》不仅仅明确保护了农民对于集体所分农地的使用权和收益权，同时，亦将与产权相关的最为关键第三种权利，即转让权赋予了农民。这项法律规定，农地的转让权属于农民（即承包方），而不属于集体（即发包方）；进行农地转入的原则是平等协商、自愿、有偿、不受任何组织或个人的强迫和阻碍；农地转入的形式多种多样，可以有转包、出租、互换等各种形式；农地转让的价格由双方当事人协商确定；最后，由农地转让所获得的收益归农民所有。至此，农民获得了有关农地完全意义上的产权。除了法律上

---

① 安阳市铁西区区志，第246页。

的保障之外，政府官员也一再强调现有农地制度的长期有效性，温家宝总理在2006年人大会议结束后答记者问时表示，要长期保障农民对于土地的经营权，“15年不变，30年不变，也就是说永远不变”[①]。

2003年，随着《中华人民共和国农村土地承包法》正式实施，为稳定和完善以家庭承包经营为基础，统分结合的双层经营体制，依法保障农民土地承包经营的各项权利，南流寺村农民土地使用权也以法律形式固定下来，农民拥有了土地的处分权，可以转包、出租、互换等各种形式出让土地，农民的集体土地所有权进一步完整，农户间的土地交易更加频繁。这段时期南流寺村的土地交易异常活跃。

表1-1　　2005年南流寺村土地状况基本情况统计表

总面积（亩）	人均面积（平方米）	总耕地面积（亩）	人均耕地面积（亩）	总居住面积（平方米）	人均居住面积	户均建设用地（平方米）	企业占地面积（亩）	公益设施占地面积（亩）
2009	465	1557	0.54	198270	68.8	168	150	5

资料来源：安阳市西郊乡乡志。

土地承包经营权流转的主体是承包者，即承包土地的农民家庭，其流转的转包费、租金、转让费等，由当事人双方协商确定，流转的收益归承包方，任何组织和个人不得擅自截留、扣缴。土地承包经营权的流转，应由当事人双方签订书面合同，并经发包方同意或备案。南流寺村地处殷都区西郊乡西部，地理位置优越，目前，村集体年经济收入50余万元，主要收入来源为村企业的土地租赁。

（二）劳动者权利及其变化

劳动者个体的基本经济权利，往往指土地等生产资料的所有权，这是不全面的。劳动者个体的基本经济权利还包括一个更为根本的权利，那就是劳

① 许庆家．庭联产承包责任制的变迁、特点及改革方向［J］．集体所有制度，2008（1）：5-7.

动力所有权，具体包括劳动力的归属和由之派生的占有权、使用权、收益权。对于劳动力的所有权，我国一直未能给予充分的重视，特别是受苏联的影响，片面突出生产资料所有权，否认乃至排斥劳动力所有权。因此，关于劳动力所有权，无论在理论层面还是在官方文件上都没有明确规定。不论是中央文件还是地方党政文件，以至法律、法规，对新中国成立以来我国不同时期经济制度的规定和论述，都集中于土地上。对于农民个人劳动力的所有权及其他权利，几乎没有规定，或者说不需要规定。

从新中国成立至今，南流寺村的劳动力所有权随着我国不同时期经济制度的改革，也呈现出阶段性的变化，依照其历史顺序，新中国成立以来的劳动力所有权变迁过程可以分为四个阶段：新中国成立之初的劳动力所有权、合作制和集体制时期的劳动力所有权、家庭联产承包责任制时期的劳动力所有权以及新时期农民工的劳动力所有权。

1. 新中国成立之初的劳动力所有权

中华人民共和国成立之初的南流寺村，由于历史上劳动力所有权就不发达，在武装夺取政权的革命中，对于长期生活在小农经济中，并受小农意识和官文化熏陶的农民来说，不曾明确权利的观念。建立政权后，虽然在法律上，广大群众获得了公民权，但是其权利意识仍然极其淡漠，在以家庭为单位的小农经济体中，个人的劳动力所有权几乎表现不出来，只是外出零星打工时才有所表现。新建成的国有企业在招收职工时，不是以购买劳动力使用权与其所有者签订契约的方式，而是以半军事化的形式吸收他们“参加革命工作”。不仅在农民中，而且在工人和技术、经营管理人员中，都不可能意识到劳动力的所有权。

综上所述，中华人民共和国成立之初，虽然从一般意义上强调劳动者或全体人民是公有制经济的“主人”，但其具体权利并没有法律规定，特别是没有明确劳动力个人所有权。新中国对农民各项基本经济权利的确立，只是一个开始，是不充分、不完善的。

2. 合作制和集体制时期的劳动力所有权（1956—1978 年）

新中国成立之初建立的初级农业生产合作社，由于规定了入社和退社的自由，实际上已经肯定了农民的劳动力个人所有权，并对劳动力的使用及报酬进行了明确的规定。但是，当时的中国领导者并不承认劳动力的所有权，并认为生产资料所有权的高级形态应该是集体所有制。正是在这种观念的引导下，中国的决策者于 1956 年在全国推行初级社向高级社的转化，进而在 1958 年实行人民公社。

（1）高级合作社时期的劳动力所有权（1956—1958 年）

以 1955 年的秋天为界，我们党公开地批判农村合作化运动中“右倾机会主义”错误，并把这种客观上并不存在的所谓“右倾机会主义”，嘲讽丑化为“小脚女人”，从此在农村合作化运动中形成了巨大的政治压力。这种来自高层的政治压力、日益把农村合作化运动推上“左”的错误轨道，这种“左”的错误，首先表现为农业合作社发展速度急剧加快。以迅速实现初级形式的合作化基础上，仅用几个月的时间，就在全国农村一举实现了高级形式的合作化。

1956 年 6 月 30 日由第一届全国人民代表大会第三次会议通过的《高级农业生产合作社示范章程草案》已明确规定：农业生产合作社是劳动农民的集体经济组织，是农民在共产党和人民政府的领导和帮助下，按照自愿和互利的原则组织起来的；它统一地使用社员的土地、耕畜、农具等主要生产资料，并且逐步地把这些生产资料公有化；它组织社员进行共同的劳动，统一地分配社员共同的劳动成果。农业生产合作社按照社会主义的原则，把社员私有的主要生产资料转为合作社集体所有，组织集体劳动，实行“各尽所能，按劳取酬”，不分男女老少，同工同酬。

高级农业生产合作社名字虽然仍为“合作社”，但是从其权利关系来说，已经转变为集体制。在这个阶段，明确取消土地报酬，土地无偿地归集体所有，耕畜、大型农具等主要生产资料都折价归社，实现了土地和其他主要生产资料的公有化。集体拥有生产资料的支配权和使用权，实行统一经营，集中劳动。高级社的集体劳动产品，扣除生产费和提留一定比例的公积金和公益金以外，所余部分根据按劳分配原则，采用劳动日制的记工办法分配给社员，高级社实行土地等基本生产资料公有化，积累基金与公益金实行按需分配，分配给社员的消费基金实行按劳分配，排除了依靠生产资料所有权而无偿占有他人劳动的现象。

总的来说，南流寺村的高级农业生产合作社存在的时间很短，虽然仍未明确提出劳动力所有权，但是其章程中强调了“各尽所能，按劳分配”，即按劳动日分配生活资料，而劳动日的工分计量，已出现平均主义倾向。

（2）人民公社时期的劳动力所有权（1958—1978 年）

1958 年，当中国的农民几乎全部都加入高级合作社，实现了集体化后，一个更大胆、更不切实际的运动轰轰烈烈地开展起来，即“人民公社化”。

人民公社的成立，是以向更大范围的公有制过渡为目的的。在1958年12月10日《关于人民公社若干问题的决议》中规定：人民公社是我国社会主义社会结构的工农商学兵相结合的基本单位，同时又是社会主义政权组织的基层单位。人民公社时期，人民公社已与农村基层政权组织合而为一（即政社合一），公有制成分增加。社员自留地、家禽家畜、家庭副业收归社有，消除了所谓生产资料私有制残余。实行组织军事化、行动战斗化、生活集体化，大搞公共食堂等所谓公益事业，并实行工资制和供给制相结合的分配制度。

南流寺村动作很快，于1956年8月底即实现了人民公社化，农村居民入社率达99.8%。该社《简章》规定，各农业社合并为大公社后，原农业社的一切公有财产交给公社，多者退，少者不补。社员交出全部自留地，并将私有房基、牲畜、林木等生产资料也都转归公社所有。生产大队（管理区）是管理生产、进行经济核算的单位，盈亏由公社统一负责。分配上一律实行工资制，同时实行粮食供给制，即全社社员不管家中劳动力多少，都按照人口免费供应粮食。于是，各个生产大队都以生产队为单位组织了公共食堂，并提出“放开肚皮吃饭”等口号。

人民公社化时期，集体经济不断发展壮大，经济活动日益增多。这时的审计工作主要从三方面进行：一是在人民公社内部进一步健全和加强民主监督；二是推行财务互审制度，对被审查的生产经营单位的情况做出互审记录，形成互审报告向上级回报，并向社员群众公布，通过上级主管部门和社员的共同监督，来达到审计的目的；三是区、公社两级经营管理部门在年终决算前组织力量，对生产大队、生产队的财务进行清理整顿①。

人民公社的集体制在南流寺村存在了二十多年，在此期间，农民转化成了社员身份，农民已经不再是个体的农民，而是集体的成员，被固定在特定的生产队中。农民的劳动力所有权，在初级社、高级社时虽然没有规定，但还保留了“退社自由”的规定。而到了人民公社时期，由于农民天然就是人民公社的社员，他们的劳动力也随其身份而属于集体所有。由于当时的经济学界仍未承认劳动力的所有权，因此，在南流寺村有关人民公社的全部文件

---

①　西郊乡乡志，第三章：农经管理，第214页。

中，也并未涉及劳动力所有权，只是提到了如何组织劳动，以及劳动报酬。总之，进入集体制后，农民个人劳动力的所有权被剥夺。面对自身权利的损失，南流寺村民没有通过自己的权利进行争取，而是保持沉默，认为制度的改变是国家的事情，与自身没有关系。这都是我国农民权利意识不强的具体体现。

3. 家庭联产承包责任制时期的劳动力所有权

对合作制的异化所形成的集体制，到20世纪70年代末因政治条件的改变，已不能继续维持。对集体制的改革势在必行。“联产承包责任制”回避了集体制的主要矛盾，缓解了一部分农民对集体制的不满，成为中国农村的主要经济体制。

1983年，南流寺村开始正式实行家庭联产承包生产责任制。从第一轮土地承包开始，南流寺村村民的劳动积极性得到了极大的激发，经济从此步入了一个高速发展的轨道。人民公社体制下，因为难以对劳动精确计量（虽然也有评工分、计件管理等制度），所以偷懒不可避免，劳动投入的质量很成问题。承包制将土地承包给农户，对劳动的监督及精确计量不再需要，农民为自己劳动的内在积极性被调动起来，农地效率因为劳动投入质与量的增加而提高。家庭承包制改变了传统制度，实现了农地所有权与承包经营权的分离。这种分离使农民拥有了剩余索取权，真正体现了“多劳多得、少劳少得”的按劳分配原则，从而极大地调动了农民的生产积极性。实践证明，土地的家庭承包经营调动了广大农民的积极性，使我国农业在短短几年的时间里得到迅速的恢复和发展，其历史作用是十分重大的。

此外，由于承包制对“家庭经营”的规定中，强调“自主”性，即农民以家庭为单位在其承包的土地上可以“自主经营”，“有权自主组织生产经营和处置产品”。这种“自主经营”是以劳动力所有权归农民个人为必要前提的，虽然法律和官方文件上只从土地承包角度进行规定，但如果农民没有对自己劳动力的所有权，只有对承包土地的使用权，“自主经营”也无从谈起。农民的自主经营，还包括非农业性的各种合法经营，如个体手工作坊、个体商贩、个体运输等，即通常说的农村个体工商户。他们的身份还是农民，也有权承包土地使用权，由于劳动力所有权属于自己，因而可以自主经营其擅长的行业。

表 1-2　**南流寺村农民技术工情况**　单位：人

技术农民工	焊工	铆工	电工	钳工	瓦工	木工	厨师	裁缝	会计	会计师
301	50	60	10	60	50	10	10	30	10	6

资料来源：安阳市西郊乡乡志。

4. 农民工的劳动力所有权

南流寺村在实行“联产承包责任制”后，将劳动力从集体转归农民家庭所有，这样，剩余劳动力问题就日益尖锐。如果农民只在其家庭承包的小块土地上劳动，剩余的劳动时间就非常明显，除一部分农民从事专业养殖和种植外，大部分青壮年农民选择了出去“打工”。因承包而释放出来的劳动力所有权不再由集体和国家掌控，集体和国家也不可能为之提供就业条件，这样就迫使农民自己去找出卖劳动力使用权的机会。而名存实亡的“集体”已不再具有对农民外出“打工”的约束力，除督促耕作承包地和收缴税费外，村民委员会和村民小组并不限制农民劳动力的使用与流动。至于政府，为了发展经济，支持私有和外来资本企业，也鼓励农民出卖劳动力使用权。于是，连续二十年来，南流寺村农民不断入城打工，成为农民工这个特殊群体中的一员。

表 1-3　**南流寺村耕地面积、小麦亩产、玉米亩产、劳动力变化情况**

年份	1949	1955	1965	1975	1985	1995	2005
耕地面积（亩）	2225	2105	1825	1820	1806	1775	1570
小麦亩产（斤）	205	246	428	787	557	852	890
玉米亩产（斤）	—	—	428	475	636	772	800
劳动力（人）	183	221	624	708	851	900	1550

资料来源：安阳市西郊乡乡志。

农民工，即出卖劳动力的使用权以换取必要的生活资料，其价格以工资形式表现。也正是在“打工”中对劳动力使用权的出卖，使农民劳动力的所有权得以充分表现。南流寺村在承包制初期，由于人民公社还存在，对于农民的“打工”还有所限制，特别是在承包到组的情况下，农民还不能任意外出"打工"。取消人民公社以后，这些限制基本上不存在了，是否出卖劳动力使用权，主要取决于农民个人的身体和技能素质，以及购买劳动力使用权的市场条件。

从形式上看农民的劳动力所有权与城市居民的劳动力所有权是平等的，但由于身份上的差别，其权利又是极其不平等的。"农民"的身份使得农民工的劳动力所有权低于城市劳动者，进而使其劳动力使用权的价格低于劳动力市场价格。中国农民工劳动力使用权的廉价，是举世闻名的。农民工以自己超廉价的劳动力创造了私企和外企的超额利润，但是其劳动权利却得不到任何法律保障。虽然法律规定了"劳动者的权利"，但是对于农民工的劳动权的各项规定却是极不充分的。农民工出卖劳动使用权根本受不到法律保护，企业也很少与农民工签订劳动合同。

1977年以前，西郊乡未设独立的劳动保障机构，劳动人事工作先后由政工组（组织部门）、民政部门代管，2003年，西郊乡成立社会劳动保障事务所。十一届三中全会以后，农村实行经济体制改革，不少农民开始组建专业的工厂、企业及其他第三产业经济行当，部分农民开始从事专一的建筑、运输、机电、养殖、种植、餐饮、医疗、教育等行业。但由于20世纪80年代至90年代，市场秩序不够规范，农民工资屡遭拖欠，加之部分农民工文化素质差、法律意识不强，农民工和用人单位签订劳务合同较少，经常出现经济纠纷案件。为确保农民工的合法权益，国家制定了劳动保障方面的法律法规，规范劳务市场。1991年到1993年，南流寺村企业职工实行8级工资和特一级、二级、三级工资标准。1994年至1999年，企业实行岗位技能工资，干部职工实行统一工资标准。2000年至2002年，企业与职工实行集体协商工资制度，即企业法人与职工代表根据同行业，同地域及社会生活水平、企业经营效益、当地政府确定的最低工资标准等诸多因素进行协商确定工资分配①。2003年，为确保农村劳动力转移就业工作顺利开展，使农民增收、农村富裕、创劳务输出品牌，按照上级要求，西郊乡先后成立了以乡长为组长，主管副乡长和保障所所长为副组长的劳务输出工作领导小组。

2003年以后，南流寺村努力开拓了就业渠道，建立了有序的市场就业运行机制，制定"政策开路、典型引路、广开门路、全面启动"的工作思路，

---

① 安阳市铁西区区志，第八章：经济略述，第139页。

采取多领域、多渠道、多形式的劳动力转移就业方式，安置了村里的大量劳动力。2010 年，南流寺村村民人均年收入 7104 元，从事二、三产业劳动力占本村全部劳动力的 50% 以上，主要就业于本村及周边企业、产业集聚区内各企业，或者外出打工就业。

总之，受其“农民”身份和自身素质技能的限制，在没有充分法律保障的情况下，南流寺村外出打工的农民工仍然只能作为个体性的廉价劳动力使用权的出卖者。为此，应非常重视对农村成年人口的职业技能培训、适应农村需要兴办一些实用技术培训学校，提高农民劳动素质技能，使农民成为适应时代发展的现代劳动者。

（三）南流寺村的经济管理机制

实行家庭联产承包制之后，南流寺村由“村民自治委员会”行使公共权利，维护公共利益，主持公共事务。2000 年以后，为强化监控机制，堵塞管理漏洞，规范约束干部群众的经济行为，实现农村集体经济组织经济管理工作的规范化、制度化，促进本村经济的健康发展，南流寺村制定了一套适合本村发展的经济管理制度。

1. 农村财务公开制度

南流寺村的财务公开制度是从 2007 年 3 月开始实施的。为加强对农村集体财务活动的管理和民主监督，促进农村财务公开和民主管理规范化、制度化，根据农业部、监察部指定的《村集体经济组织财务公开暂行办法》和有关法律、法规、政策，结合南流寺村实际情况，实施了农村财务公开制度。

村组财务公开的内容包括上级对村的各项补助收入，村集体的经营收入，土地、企业等发包及租金收入，扶贫救济款等。村、组要在室外设置公开栏，让群众随时能看到公开的内容。村组财务公开表由想农经站根据账目记载情况编制，由村报账员负责公开，公开的内容必须真实可靠，不得隐瞒收支真相，公开前应由民主理财小组参加，对公开的内容进行全面核实。财务公开每月进行一次，群众有疑点的要随时公开。

南流寺村成立村务公开监督小组，该小组由村民会议和村民代表推选产生，任期和村民委员会相同，村民委员会成员及其近亲属不得担任进度小组成员。村务公开监督小组的主要职责是：①审查村务公开各项内容的真实性；

②征求和反应村民对村务公开的意见、建议；③对村务公开中存在的问题，监督村民委员会及时作出答复或进行整改；④向村民会议或村民代表会议汇报村务公开的监督情况。村务公开监督小组依法履行监督职责，任何组织个人不得阻碍、威胁或打击报复。对不履行职责的成员，村民代表会议有权撤销其资格。

2. **现金管理制度**

村集体的现金使用范围限于村干部工资报酬和误工补贴、社员的劳务报酬和各种福利费、村组各项管理费用、购买小额农业生产资料、因公外出必须携带的差旅费、1000 元以下的零星支出。村集体支出现金每笔一般不超过 1000 元，超过限额部分必须通过银行转账结算。如需全额支付大额现金的，由村班子集体研究确定。村委会根据实际情况建立现金日记账，逐笔序时登记，每日结账、核对、准确及时反映现金的收支、提存和结余情况。

在现金管理制度中，对村委会有很多禁止性规定。如：不准用不符合财务制度规定的凭证顶替库存先进，即“白条”抵库；不准将村集体经济组织收入的现金以个人名义存入储蓄；不准设立“小金库”，保留账外公款；不准公款私借等。村集体及其管理人员若违反现金管理规定，要承担法律责任，按照国家有关规定，视情节轻重分别给予警告、通报批评和罚款等处罚，直至追究刑事责任。

表 1－4　　2005—2010 年南流寺村委会的资金使用情况

年份	2005	2006	2007	2008	2009	2010
本年收益	724011	1664015	2830440	1667050	1058872	927453
管理费用	210788	474197	743953	624525	642773	396515
资金流量	6858133	18816532	19077331	21259972	9238367	9680532

资料来源：安阳市殷都区西郊乡政府。

3. **“村财乡监”制度**

2004 年，西郊乡开始实施“村财乡监”工作方案。成立以乡党委书记为组长，乡政府乡长为第一副组长，乡党委副书记，纪检委书记以及所有副科以上领导为副组长的西郊乡农村财务规范管理领导小组，领导小组下设办公室，办公室设在乡农经站，具体负责本乡村级财务规范管理日常工作。殷都区以乡农经站为基础建立起农村财务会计代理中心。

村财乡监制度着力解决“乡干部不愿管和村干部不让管”这两个问题，围绕区委、区政府《关于成立村级财务会计代理中心，实行“村财乡监”的意见》，让群众认识到实行会计代理制主要是为了加强乡镇政府对农村集体财务的制约和监督，绝不会剥夺村集体对本村财务的所有权、使用权，更不会出现平调、挪用村集体资金问题。

三、政治文明

自殷都区区委提出三大举措，即争当“十大员”、“诚信殷都”建设、“十佳标兵”评选，作为政治文明建设的三大载体和重要抓手以来，殷都区开展了丰富多彩的相关活动，这些活动成为区政府做好新时期群众工作的一次有益探索和实践。南流寺是殷都区重点规划建设城市化新型农村社区的典范，其政治文明的建设在区委和政府的理念和三大举措的影响下有序进行，并且已经取得了显著的成绩。

（一）两委建设

基层党支部是农村各项事业发展的核心。村庄的发展是建立在一个坚强的、群众广泛支持的党支部基础上的。南流寺村曾经在党支部的带领下取得了一些成绩，但是近年来由于工作方法失当，支部在强力推进工作当中，没有做好群众工作，部分群众抵触情绪严重，致使村内上访不断，各项工作不能开展，发展处于停滞状态。乡党委响应区委政治文明建设三大举措，通过走访村老党员、“十大员”进行广泛调研，发现阻碍该村发展的症结在于基层党组织涣散，并果断决定对该村进行党支部换届。

2010年，在南流寺支部换届中，乡党委没有按照惯例进行，而是依靠群众的参与，通过“两推一选”，即对支部委员候选人实行党员、群众推荐，党内选举的方法，在选举过程中充分发挥村“十大员”队伍作用，广泛宣传“两推一选”的优势及好处，通过“十大员”宣传动员村里致富带富能力强、科学发展能力强的年轻党员积极参选，确保让群众基础好、党员支持率高的党员进入党支部，避免了以往只要取得党员支持就能进入支部，而群众不一定赞同这种弊端发生。

南流寺村首先召开“十大员”会议，对全村党员进行投票，按照群众支持率选中前十名，确定为党支部初步意向性人选党员。群众支持率低表明绝大多数群众对此党员不认可，未被确定为初步意向性人选的党员自然就会心服口服，这也促进了党员在以后工作中，主动发挥先锋作用，自觉地为群众谋利益。其次召开党员大会，由全体党员对群众支持率高的 10 名初步意向性人选进行投票，选 5 人，按得票高低确定前 6 名候选人党员为党支部委员意向性候选人，这样初步推选出的几名党员，得到了党员和群众的双重认可。最后由乡党委会对 6 名进行认定资格后，确认为正式候选人。随后在进行正式选举时，由全体党员从 6 名候选人中选举产生进入村支部，如另选他人的，不能超出 10 名初步意向性人选范围，确保了新产生的党支部能获得群众和党员的双重支持。

新一届村支部的产生给这个村庄带来了新生和活力。村支部书记孙志安是河南耀元实业有限责任公司董事长，全面负责南流寺工作。支部副书记孙艳国是安阳市众资精工机械有限责任公司法人代表，主持南流寺村党支部工作。支部主任兼支部委员孙贞林是南流寺砖厂厂长，主持村委会工作。支部委员王建军组织、武装、民调、治安等，邢芳是支部副书记兼村官，主要负责宣传、远程教育和办公室工作。

同时，南流寺也产生了新一届村委，所有委员的平均年龄不超过 45 岁。支部书记孙志安和支部副书记孙艳国是这届村委新选举的两名委员。孙贞林是主任兼支部委员，他是连续两届当选村委委员的。支部委员王建军是连续 3 届当选村委委员，而邢芳是村干部，兼任支部副书记。村委副主任孙海成和村委委员孙安文是年龄最大，德高望重，负责调解民间纠纷等工作。齐成林是村里的老会计，他从 1988 年就开始负责这项工作。范爱玲和王秀峰是计生专干，她们从 2003 年开始就负责这项工作。

在依靠群众产生新一届村支部和村委会后，南流寺村支部工作方式和工作方法都发生了很大的变化，村庄逐步走向了稳定和发展的快车道。新一届党支部在过去村庄发展的基础上，创新思路，大胆谋划，决定通过旧村改造建居民小区，并实施整村搬迁，集约利用土地，在节约出的土地上，进行产业集聚，依托交通和区位优势，发展商贸物流、房地产开发、高效农业等产业。最终依靠产业发展，壮大村集体经济，解决农民对就业和创业的需求，实现村民致富和农村城市化。这些发展思路得到全村“十大员”的理解和支持，“十大员”队伍不仅成为党支部决策的宣传队，更成为推进两委决策落实的坚强后盾。

（二）探索合作制建新村

2010年8月新党支部上任时开始筹划新农村建设，整个计划在当年10月基本形成，计划的具体内容是依靠群众参与，组建群众自愿入股的股份制公司，进行新村居民小区建设，创办企业，以实施集中居住，提高群众收入，推进农村城市化进程。

南流寺属于城市规划圈内的城中村，新村建设的主要内容是城中村改造，也就是依靠战略投资者，按照统一规划，分步实施的原则对整村进行城市化改造，实施集中居住，建多层、高层住宅小区，集约利用土地，并在节约出的土地上，进行产业集聚，依托交通和区位优势，发展商贸物流业、房地产开发、高效农业等产业。最终依靠产业发展，壮大村集体经济，解决村民就业问题，实现村民致富。

“南流寺村庄改造工程”是区重点建设项目，并且已被列入安阳市“三年城建计划”重点建设项目，推进该项目意义重大。南流寺“村庄改造工程”项目预计总投资3.2亿元，拟分二期工程实施，一期工程建设居民住宅小区，即通过土地经营权流转，在村西北地建设南流寺村民住宅小区，小区建成后，引导村民自愿逐步搬迁，实施集中居住，实现土地资源集约化使用，节省出大片土地。二期工程拟在一期工程节约出的土地、村周边空闲地及紧邻的产业集聚区内，依托南流寺村民自愿入股组建的股份制公司，进行产业集聚，发展房地产开发产业、商贸物流产业、高效农业产业等产业项目，实现村庄发展与村民致富。

对该工程，南流寺确立了“依靠公司、整体推进、齐头并进”的工作思路，即实施居民小区建设工程的同时，率先完成股份制公司的组建，并依托公司，在合适的地块引进产业项目、发展产业项目，使其尽快达产见效，以引进企业的高额利润，促进村民增收，缓解一期住宅小区资金短缺问题。实现小区建设与产业发展引进项目的互相支持，和谐发展。

村两委在谋划居民住宅小区的同时，还设计了三园，即商业园、工业园、高效农业园。工业园建成后还要引进三个项目，即切割导轮（用于多晶硅切割）、高强磨砂玻璃加工（切割多晶硅所需耗材）、凤凰光伏产品配套包装加工项目。这几个项目具有建设周期短、资金占用较小、场地利用率高、利润可观、销售渠道畅通（滑县凤凰光伏、洛阳、开封等新能源产业均有较大需求）、发展情景好、环境污染少等多重优势。结合南流寺公司筹备实际情况，本着早达产、早见效的原则，筹备人员重点考察了切割导轮项目，并与筹备小组共同确定了“优先实施切割导轮项目，分步实施高强磨砂玻璃、配套包装加工”的发展战略。现“切割导轮”已进入实际筹备实施阶段。而这三个项目的实施需要大量的资金投资，按照预算来看，切割导轮项目预计投资总额为3500万元，其中，标准化厂房建设预计投资150万元，设备引进、安装、调试（四台日本进口数控机床及配套设备）等预计投资2800万元，生产启动资金（原料、人员等投入）550万元，预计年产值可达6000万元，年可实现利税1800余万元，项目占地约60亩，达产后，预计2年可收回成本。高强磨砂玻璃加工项目预计投资总额为1500万元，其中，标准化厂房建设预计投资150万元，设备引进、安装、调试等预计投资950万元，生产启动资金（原料、人员等投入）400万元，预计年产值可达2700万元，年可实现利税800余万元，项目占地约50亩。凤凰光伏产品配套包装加工项目预计投资总额为1600万元，其中，标准化厂房建设预计投资150万元，设备引进、安装、调试等预计投资1000万元，生产启动资金（原料、人员等投入）150万元，预计年产值可达2800万元，年可实现利税800余万元，项目占地约60亩。

在村两委谋划新村建设项目的同时，支部书记孙志安就已经提出要以先进村庄和地区的发展模式为己出，结合南流寺的实际情况，创立村民自愿入股、独立核算的股份制公司来筹集“三区、三园、一馆、三中心”的建设项目资金以及解决成立后经营、分红等问题，尝试探索建设合作制新村。

村委会多次组织村两委召开会议，统一思想，采取召集老党员、老干部、本村经商人员等知名人士座谈的形式全面摸情况，并得到大家的赞成。这些都提高了村两委的信心与决心，支部书记孙志安顺势提出了“依靠群众、发动群众”的群众观念，最终实现“服务群众、奉献群众”带领群众共同致富的发展目标。发展目标确定后，通过广播、宣传标语等形式宣传南流寺为什么酝酿成立股份制公司，村两委逐户发放民意调查表，了解村民的入股意愿。

随后，经党支部提议、两委会商议、党员大会审议、村民代表大会决议，决定成立股份制公司。设想经村民代表大会表决通过后，两委人员率先入股。随后又从全体村民、全体党员当中吸收了8位有威信、有思想、有文化、有能力，并且各代表部分股民意愿的村民和两委人员共同组成董事会，董事长由股民推选产生。

公司鼓励全体村民入股，入股以自愿为原则，以现金形式入股，每年扩股一次，最终实现全体村民自愿入股。入股设立上限和下限，每股1000元，每村民限融资1000股。公司营利后，按照村民入股份额进行分红。凡本村村民入股50万元以上者，可参加股东会，不直接参与管理经营。本村村民入股后，至少3年内不得退股。因股份制公司有村民的股金，本着为股民负责的态度，村主要领导可参与公司的重大决策和股东会，但不能干预经营管理，股民交款时与公司签订协议书，责权分明。

南流寺两委提出建立众资股份制公司进行整个新村的规划和建设，本质上是在尝试探索农民合作制，由此集合并保证农民的权利。从理论上来讲，合作制是一种经济制度，它以劳动者为主体，在劳动者个人拥有人身权、公民权、劳动力所有权，以及一定的生产资料（或可购买生产资料的货币）所有权、占有权的条件下才能形成，是劳动者个人自愿将其劳动力所有权派生的占有权或生产资料所有权派生的占有权，以及土地占有权派生的使用权集合起来组成的合作组织。① 历史上看，合作制的发展围绕剩余产品分配需要经历三个阶段：第一是股份合作制，主要是以资本主导的；第二是合作股份制，合作为主，资本为辅；最后是完全的合作制。南流寺现行的方式是以资本主导的股份合作制，劳动者即大部分村民的个人权利还得不到应有的保障。所以，合作制的探索对于南流寺的全体村民来说仅仅是个开始，还需要在村两委班子的带领下逐步向合作股份制和合作制的方向前行。

（三）卫生清洁工程

南流寺村的卫生清洁工程是村政治文明建设的又一亮点，并且得到村里老百姓的支持和褒扬。早在2006年的时候，村委会就一致决定成立保洁队，

① 刘永佶．农民权利论［M］．中国经济出版社，2007：176.

每天专门负责清扫主要干道和清理家家户户的生活垃圾，保证整洁的村容村貌。到2008年，西郊乡人民政府为健全城市长效管理机制，提升城市管理水平，实现殷都区辖区大街小巷和居民楼院以及农村的日常长效卫生保洁、绿地管护和市容维护整修的规范秩序管理，建立健全城市维护的长效机制，实行市场化运营，进行统一管理，与安阳市水青劳务公司签订了长期合同。因此，村里的卫生清洁工作就由乡政府统一安排和管理。卫生保洁工作人员每天负责村里8个小时的环境卫生保洁；清理沿街墙面、线杆、树木、橱窗等所有建筑物和公共设施上的违规乱贴乱画；及时清洗电线杆、果皮箱、垃圾容器、书报亭等所有公共设施，确保村里的卫生清洁不出现死角，垃圾清运和街道清扫没有盲区。南流寺有清扫面积46939平方米和绿化面积1260平方米，其保洁和清运的费用由村、乡、市按照一定的比例摊付。村里每个月的保洁费用是1715.53元，清运费用为1500元。随着南流寺的不断扩建，村里的卫生保洁和清运费用也在不断攀升，从2006年的5000多元，到2007年的1万多元，2008年的2万多元，2009年3.3万元，一直到2010年全部的费用已经达4万多元。这项工程的实施可以说是造福了全村的老百姓，为村民的生活创造了一个干净整洁的环境。

除了生活垃圾外，村民修建房屋或者装修而产生的建筑垃圾也需要由村委会组织相关人员监督管理清除，并且经他们研究出台了一些规章制度进行约束。无论哪个村民，在他们开始动工建房之前，都需要到村委会申请并且交付押金2000元。等到建房工作全部结束后，孙委员等工作人员要验收户主是否清理完周围的建筑垃圾，如果验收合格的话，那笔押金就如数还给老百姓。在这样的监督机制下，村里的建筑垃圾得到了及时妥善的处理。

老百姓日常生活排放的污水是影响村容的另一个主要方面。南流寺的主干道两边都有排水沟，平时都用整齐的水泥砖块遮盖着。这些排水沟如果不进行定期的清理，堵塞等问题就会发生，并且还会连锁反应导致污水溢出来流到干净的水泥干道上。这样污水的异味不仅影响老百姓日常生活，而且也影响了村庄的整体基础设施环境。为此，村委会每年都要组织村民清理一次排水沟，避免以上情况的发生。整洁的村容村貌得益于村委会的相关政策和措施，同时也离不开老百姓的支持和拥护。

四、农业

最近几年，南流寺的耕地呈逐渐减少趋势，其中，国家南水北调工程占地200亩，107国道改线占地70余亩，南流寺“旧村改造、新村建设”一期住宅小区占地90余亩，工业园区建设占地170亩，截至2010年底，南流寺只剩下1100亩耕地。而南流寺新农村建设的最终形态是“三区、三园、一馆、三中心”，其中耕地只有村西沿南水北调生态农业示范园所占的400亩地。由此可见，南流寺的农业将随城镇化进程而逐步消退、转型。

（一）土地利用

南流寺全村总面积1970亩，其中，现有耕地1100亩，占55.7%；林地100亩，占5%；居民点450亩，占22.9%；企业用地300亩，15.2%；交通用地20亩，占1%。最近几年，南流寺因为国家和市级公益性土地征收，耕地减少了近300亩，而未来几年，南流寺将依据殷都区的城市规划对全村土地重新进行规划、安排。

1. 公益性土地征收

南水北调是缓解中国北方水资源严重短缺局面的重大战略性工程，分东线、中线、西线三条调水线。其中中线工程从第三阶梯西侧通过，从长江中游及其支流汉江引水，可自流供水给黄淮河平原大部分地区，建成后平均每年可供水141.1亿立方米，能有效满足京、津、冀、豫、鄂五省市的城市生活和工业用水需求。其中安阳段正式开工是在2006年9月27日，共计占用南流寺村土地200余亩，国家的补偿标准是1.9万元/亩，由于南流寺的耕地面积有限，没有富余土地，所以占用的土地不再调整。而在采访中，我们发现失地农民对国家的征收和补偿还是比较理解和支持的。

107国道改线工程是2010年开始的，共占用南流寺村70余亩土地，和南水北调中线工程一样，补偿标准也是1.9万元/亩，对村民被占用的土地也不再调整。在拆迁过程中，充分尊重农民的主体地位，首先是村委会把国家和市里的相关土地征收和补偿政策送到村民手里，再由他们协商制定拆迁方案，所以只要国家和市里拨发的补偿款不被贪污或挪用，村民的满意度都比较高，拆迁工作进行得也很顺利。

2. **新农村建设规划**

南流寺全村总人口3000余人，拥有耕地1100余亩，人均耕地仅0.36亩，发展传统农业的优势不大，因此，为了破解发展难题，南流寺村委在殷都区政府“三年城建计划”的领导下，转变发展方式，依托群众，成立众资公司，实施“南流寺村庄改造工程”。

(1) 南流寺“村庄改造工程”基本概况

南流寺“村庄改造工程”项目拟分二期工程实施，一期工程建设居民住宅小区，即通过土地经营权流转，在村西北地建设南流寺村民住宅小区，小区建成后，引导村民自愿逐步搬迁，实施集中居住，实现土地资源集约化使用，节省出大片土地。二期工程拟在一期工程节约出的土地、村周边空闲地及紧邻的产业集聚区内，依托南流寺村民自愿入股组建的股份制公司，进行产业集聚，发展房地产开发产业、商贸物流产业、高效农业产业等产业项目，实现村庄发展与村民致富。

对该工程，南流寺确立了“依靠公司、整体推进、齐头并进”的工作思路，即实施居民小区建设工程的同时，率先完成股份制公司的组建，并依托公司，在合适的地块引进产业项目、发展产业项目，使其尽快达产见效，以引进企业的高额利润，促进村民增收，缓解一期住宅小区资金短缺问题。实现小区建设与产业发展引进项目的互相支持，和谐发展。

(2)“村庄改造工程”实施进度

南流寺新农村建设项目是安阳市城建三年计划重点项目，规划的整体项目由城建项目、产业项目、高效农业项目三大板块组成。现在，各板块的进度如下：

①城建项目

现南流寺村庄改造一期工程已正式启动，预计1年内可完成。经过一段时间紧锣密鼓的实施、推进，一期工程已取得如下成效。

第一，完成地块土地流转。一期住宅小区建设规划在村西北地，占地约100余亩，涉及50余户村民土地。在土地流转实施中，南流寺村委会向占地户及全村群众进行了广泛宣传，向全村印发了“致南流寺村民的一封信”，并制作了宣传录音带，在全村广而告之。而且采取“包户”责任制，村委会成员每人分包几个占地户，不分昼夜做群众思想工作，终于按时签订了土地流转协议，完成了地块土地流转工作。

第二，完成一期建设详细规划。在紧锣密鼓进行地块土地流转的同时，经村与规划部门积极配合，现已完成一期住宅小区的修建详细规划。南流寺村庄占地450余亩，850余户，一期建设共需土地117亩，拟建19栋6～11层高层住宅楼。小区规划建筑面积105600平方米，有停车位190个，绿化率达到43%，建筑密度18.6%，规划功能齐全，布局合理，可轻松安置600余户村民。建成后，可解决村100余户急需住房户及部分群众搬迁需要，同时也能为村庄改造后续工程节约出土地。

第三，完成围墙建设。一期小区建设围墙共计有1200米，高2.5米，现招标工作已完成。中标者采取包工包料形式完成全部围墙建设。

②产业项目

南流寺公司筹备小组成员为引进合适的产业项目，远赴滑县凤凰光伏、北京、上海等地，共考察确定项目3个，分别是：切割导轮（用于多晶硅切割）、高强磨砂玻璃加工（切割多晶硅所需耗材）、凤凰光伏产品配套包装加工项目。几个项目具有建设周期短、资金占用较小、场地利用率高、利润可观、销售渠道畅通（滑县凤凰光伏、洛阳、开封等新能源产业均有较大需求）、发展情景好、环境污染少等多重优势。结合南流寺公司筹备实际情况，本着早达产、早见效的原则，公司筹备人员重点考察了切割导轮项目，并与公司筹备小组共同确定了“优先实施切割导轮项目，分步实施高强磨砂玻璃、配套包装加工”的发展战略。现“切割导轮”已进入实际筹备实施阶段。三个项目预计投资7000万元，预计年产值8000万元，年利税2400万元。目前，项目正在立项，地块已确定，标准化厂房正在筹建，设备已于4月初到位。

三个项目共需占地170亩。现郭流寺村东、南流寺所属地块（殷都实验中学南）内，有约170亩土地，该地块可基本满足三个项目发展需要，现已基本完成流转工作，至此，南流寺的企业占地也达到了300余亩。

③高效农业项目

高效农业项目是南流寺新农村建设项目重要组成部分，该项目拟按照山东寿光高效农业发展的成功模式进行。

南流寺高效农业项目地块位于安阳市西部沿南水北调南流寺段河湾处。该地域占地400亩，距南水北调干渠200米，符合政策要求；村庄水源丰富，可满足种植的灌溉需求。目前，项目已与山东寿光三元朱村支部书记王乐义进行了深入接洽，山东寿光方面承诺派驻技术员，对南流寺村的高效农业项目提供大力支持和帮助，现南流寺发展经济、生态、社会效益兼备的高效农业产业，时机已完全成熟。

（二）种植作物

南流寺由于受土壤、气候和耕地面积等因素的影响，耕地上的主要种植作物是小麦和玉米，菜地上种植的则为日常生活消费类蔬菜，没有种植经济作物。

1. 小麦

小麦种植的历史悠久，是南流寺最主要的粮食作物，一年一季，每年10月份种植，6月份收割。2011年种植面积有1000亩，最近几年，由于耕地面积减少，种植面积也在逐年减少。但是亩产量却随新中国成立后的五次品种更新节节攀升。

新中国成立前，小麦品种长期是“和尚头”、“稍谷旦”、“象牙白”，一般年份亩产125～150斤。1949—1984年对小麦品种进行了五次更新，1986年后，小麦品种更新速度加快，亩产量也在稳步提高。

第一次：1951—1954年，用“平原50”取代了农家品种“和尚头”、“稍谷旦”、“象牙白”。小麦亩产由1954年的162斤提高到1954年的192斤，增产18.5%。

第二次：1954—1957年，推广“碧玛1号和4号”。通过更新，使亩产由192斤增加到229斤，增产19.3%。由于该品种锈病严重，不抗倒伏，种植4年后被淘汰。

第三次：1962—1966年，引进推广“阿夫”，搭配品种为“阿勃”、“阿玛”、“内乡五号”、“7023”等，亩产上升到268斤，增产17%，其中，“阿夫”属春性小麦，抗倒伏、产量高。

第四次：从1969年，开始推广“毛阿夫”，搭配品种有“郑引一号”、“郑州761”、“安选5号”、“郑州741”等，亩产由1966年的268斤上升到297斤，增产10.8%。该品种抗干热风能力较低，品质较差，加之逐年退化，1978年被新品种“百农3217”所替代。

第五次：从20世纪70年代中后期引进“百农3217”，搭配品种有：“蹼阳5号”、“小堰4号”、“百泉3039”、“泰山一号” 等。亩产可达600~750斤。1984—1985又引进推广了“宝丰7228”、“冬协2号”、“堰师九号”等新品种。尤其“宝丰7228”抗倒伏，防干热风，但成熟较晚，亩产由1980年的608斤上升到1984年的635斤，增产4%。

1986年后，不断推广新的优良品种，引进新技术、新措施，小麦产量提高幅度较大。20世纪80年代后期，引进的品种主要有“郑州79201”、“陕农7859”、“豫麦13”、“豫麦15”、“内乡182”、“豫麦18”等。20世纪90年代中期推广的新品种有“周麦9号”、“温麦2540号”、“温麦6号”、“温麦8号”、“百农64”等。21世纪后，种植的优良品种有“豫麦34”、“豫麦47”、“小堰54”、“郑州9023”、“周麦12”、“内乡188”、“新麦9号”等，亩产能够达到800~1100斤，平均亩产达到900余斤，年产400余吨。这些种子大多是从安阳市种子公司购买，而且可以享受到国家每亩10元的良种补贴。

2. 玉米

玉米是南流寺的主要秋粮作物，一年一季，每年6月份种植，9月份收割。玉米是30年代传入南流寺，新中国成立前没有成块种植的习惯，而且产量很低。1949年至1985年玉米种植面积较少，但也在逐年提高，亩产量在200~300斤。20世纪70年代中期之后，随着玉米杂交种的推广、生产条件的改变、麦垄套种玉米技术的推广，面积逐年扩大，产量也迅速提高。而且由于玉米的高产，耕地面积的减少，玉米逐渐取代了当时的另一主要粮食作物——谷子，70年代后期，平均亩产300~400斤的谷子就不再种植了。

新中国成立前后，南流寺一直沿用农家玉米品种“金皇后”，单产较低。20世纪50年代中期引进“白马牙”和“安东黄”，亩产由177斤上升到273斤，增产54%。1954年“白马牙”玉米达到普及。1963年开始推广玉米杂交种“新双一号”和“双跃四号”，单产由273斤上升到284斤，增产4%。70年代引进和普及了单交种“郑单2号”和“豫农704”，搭配品种有“安单21”、“豫双5号”，1979年得到普及，亩产达523斤，比1969年284斤增产84%。1983年从安阳县引进“掖单2号”单交种，1984年大面积推广，亩产达620斤，比1979年的523斤增产18%。1986年后，随着玉米杂交种的推广、普及，种植面积逐年增加，产量不断提高，2005年单产958斤。20世纪80年代至21世纪初，西郊乡种植的玉米品种主要有“丹玉13”、“掖单12”、“郑丹8号”、“掖单9号”、“掖单13”、“掖单19”、“丹玉16”、“掖单22”、“豫玉

18”、“安玉5号”、“豫玉23”、“登海1号”、“农大108”、“豫玉24”、“安玉9号”等。最近几年推广使用的玉米品种主要有“中单8578”、“费玉3号”、“北青210”、“中博郑单23”等，种植面积为1100亩，亩产1000~1200斤，平均亩产达到1100余斤，年产500余吨。种植以上品种同样可以享受到国家每亩10元的良种补贴。

3. **蔬菜**

南流寺的耕地除了各家各户分开的粮食用地，还有按大队划分的几片集中种植的菜地。总面积接近200亩，人均种植面积0.06亩，平均每家有2分菜地。种植的蔬菜品种和产量也随着新中国成立后引进优良品种、改善种植技术而稳步提高。

新中国成立初，蔬菜品种共有十几种，1975年发展到三十余种，到1985年后发展到五十余种，比新中国成立初期增加10倍多。过去主要品种有茄子、北瓜、菠菜、萝卜等，1985年鲜细品种有：黄瓜、白菜、萝卜、茄子、番茄、菜豆、豆角、包菜、菜花、菠菜、香菜、茼蒿、山药、韭菜、大葱、洋葱等。蔬菜产量逐年上升：1969—1976年亩产量333斤；1976—1980年亩产量为485斤；1985年亩产量为670斤；2005年亩产量为858斤，2010年平均亩产1000斤。各种蔬菜年产近920吨，其中，白菜、萝卜亩产1万余斤；豆角、茄子、黄瓜亩产5000余斤。

蔬菜产量上升的原因除水肥条件较以前充足外，主要是由于新品种的引进，科学种植、地膜覆盖和大棚保护性生产技术的推广，由原来一年两熟增加为3~5熟，不仅提高了产量，而且增加了品种，提前和延长了上市时间。为发展农村经济，增加农民收入，按照上级要求，1992—1998年西郊乡南流寺建起了蔬菜大棚，后因农民对大棚蔬菜种植技术掌握不足，管理不善，致使村蔬菜大棚种植生产陷于停滞状态，而且由于户均菜地面积有限，现在南流寺已经放弃了大棚种植技术。

南流寺现在全村常住人口有3000余人，由于靠近安钢、大唐安阳发电厂，村里有很多村民是这些企业的职工，加之又有一些从事安钢、大唐安阳发电厂配套的钢铁、铁合金、煤炭、钢结构加工、运输等行业，全村农业从业人员只剩下400余人。随着城市化的加快，这部分农业从业人员也会转化为市民，耕地也将转化为商业和工业用地，小麦和玉米将逐步消失，只剩下一部分蔬菜用地用于自给。而南流寺未来规划的高效农业项目暂时还在论证种植项目，但范围已限制在蔬菜或经济作物的范畴内。

（三）生产工具

生产工具在生产资料中起主导作用，是生产力发展水平的重要标志。1949 年之前，南流寺的农业生产工具相当落后，生产效率低，新中国成立后，安阳市人民政府十分重视农业技术和生产工具的改革。从 20 世纪 70 年代起，南流寺逐步向机械化和电气化发展，生产效率提高数倍，特别是机耕、脱粒、灌溉等方面较前提高几十倍。因此，本节主要讲述农业生产工具的改革情况。

1. 运输工具

新中国成立前南流寺一般农民的主要运输工具为扁担、推车、驴驮等，少数富户人家有铁轮大车（马车）。运输量为：肩担几十斤至百余斤，推车三四百斤，马车一两千斤。

1952—1953 年互助组、合作社时期，牲口、车辆等生产工具入社，从此发挥了牲口、车辆的作用，取代了肩挑、车推。50 年代末，胶轮轴承车普遍发展，农村主要运输工具为胶轮小平车和大胶车，工效提高了数倍。

1982 年实行联产承包责任制后，大胶车（三套或两套的车）骤减，一马二轮胶车、小型拖拉机大量兴起。胶轮平车更是迅猛增加，全村有 300 多辆，平均三亩地就有一辆，成为田间、短途运输的主要工具。20 世纪 90 年代，柴油三马车在农村大量兴起，已基本取代小四轮柴油拖拉机，成为农业生产的主要运输工具。现如今，小皮卡、机动三轮车、四轮车、拖拉机成为农业生产的主要运输工具。仅拖拉机全村就有大中型拖拉机 4 台，小型拖拉机10 台。

2. 耕作工具

1949 年以前南流寺的耕作农具一直沿袭过去的铁弓犁、木框耙，套两三头牲口，进行耕翻耙平。每具牲口每日可耕作 4 ~ 5 亩，深度 4 ~ 5 寸。一般农家，用三齿抓钩、撅头、锄、铁把刨地碎土，每人每日可刨半亩，深度 3 ~ 4 寸。新中国成立后刨地已不常见，仅用于田头地脑和自留地。1954 年步犁代替了弓形铁犁，耕深 7 ~ 8 寸，而且操作方便，性能稳定，至今仍有少部分小块土地使用。

1977 年南流寺购买了几台“54 型”轮胎拖拉机和手扶拖拉机。从此，南流寺的大部分土地用上了机耕，生产效率大大提高。

20世纪80年代，实行家庭承包责任制后，大型拖拉机耕地已不适应当时的个体生产方式，小型农机具逐渐兴起。1990年以后，普遍使用的耕作工具为拖拉机旋耕犁，一次犁耙成型。2002年西郊乡开始推广使用玉米秸秆粉碎还田机，2010年南流寺秸秆还田面积达到95%。

3. 播种、收割、脱粒工具

20世纪90年代前，木耧播种、镰刀收割一直是全乡主要的种、收工具。唯脱粒工具已彻底改革，石滚打场已不再使用。

木耧常见的是三条腿耧，行距7.5寸，可播种小麦、谷子、芝麻、油菜籽等作物，用人力或畜力拉，日播种约一二十亩。1974年南流寺仿制了一台六行机引式播种机，用小四轮牵引，每小时可播种小麦6~8亩。20世纪80年代初期出现了机引六行小型收割机。20世纪90年代后期，大型小麦收割机、播种机问世，从而取代了落后的收、播工具，使收、播时间由以前的10~20天减少为现在的5~10天。

20世纪70年代后，炮筒式、小型滚筒式等形式的打场机大量应用，工效较石滚提高了几十倍，吸糠式“老虎洞”基本替代了人工顺风扬场方式。随着农业机械化的发展，1996年，南流寺群众开始购买联合收割机收割小麦，大大解放了生产力，2010年，全村拥有联合收割机4台，播种机4台，机动脱粒机3台。

4. 提水、灌溉工具

20世纪50年代之前，主要提水工具有辘轳、攉水斗子、水车和水刮子等，平均每人每天可浇地0.5~1亩，其劳动强度太大。50年代中期，改用水律子，工效提高了3倍。60年代，随着电力的发展，特别是潜水泵体积小、安装方便，较离心水泵更为优越，是南流寺当时主要的提水灌溉工具。80年代后，随着工业的发展，水位不断下降，深井泵成为主要的提水灌溉工具。现在全村有农用排灌机械4台，农用水泵4台。

农业生产工具的更新换代和迅速普及，除了科技的推动和村民收入的增长，政府的农机具购置补贴也是一个重要推动因素。乡政府从2000年后开始组织对联合收割机、拖拉机、播种机、玉米切秆机等农机进行推广，每年，全乡各村可落实二十余台的农机购置补贴，补贴额度为购买资金的30%，极大地促进了农机的推广。近三年，全村在补贴政策的支持下，对农业现代化设备的投资大概有20余万元，后期还会继续增加投资。

（四）耕作方式

随着科技的进步和各级政府对农业的大力支持，南流寺的耕作方式也从新中国成立后的传统手工方式逐步走向了现代化的机械耕作方式。无论是播种、收割、脱粒、施肥、打药还是灌溉，机械化操作正越来越多地取代手工劳动，而且耕作方式也越来越科学化。

1. 播种、收割、脱粒

合作社和人民公社时期，南流寺的农业生产主要是在集体土地上共同生产，但由于科技水平低，主要靠人力使用木耧播种、镰刀收割、石滚脱粒。20世纪80年代，实行家庭联产承包责任制后，由于个体农民的经济实力不足于购买机械，所以主要还是手工劳动，但是脱粒方式已转为租用别人的炮筒式、小型滚筒式等形式的打场机，工效较以前提高很多。90年代后期，由于南流寺的村民有不少是安钢和大唐电厂的工人，所以收入较高，有一些村民添置了联合收割机、播种机、机动脱粒机，通过为村民提供播种、收割、脱粒服务收回成本。2000年后，为充分利用这些大型机械，提高全县的生产效率，县政府开始组织农机跨区作业。2011年麦收期间，在县政府的统一安排下，西郊乡共组织50余台联合收割机进行机收，其中10余台为县政府联系的跨区作业机械，其余为周边村提供，南流寺村在本村4台联合收割机的基础上，村委会又召集了2台跨区作业机械，完成了村千亩麦田收割。在秋季，村委会还会组织6台旋耕犁、播种机、玉米秸秆粉碎还田机为全村的村民服务，收费标准为小麦收割50元/亩，耕地、切秆45元/亩，播种15元/亩。

2. 施肥

南流寺早期给农作物施肥，主要使用农家肥，农家肥主要以树木落叶、农作物秸秆、杂草、人粪尿、畜禽粪便、厩肥、老房土、老墙土以及部分豆类、芝麻等为资源。农家肥的沤制方法是将秸秆、杂草铡碎，掺入少量的家畜粪便、人粪尿和粪土，用水泼湿、压实，使其发酵腐熟。

农家肥的使用方法：新中国成立前农家肥的施用是底肥和追肥并重。底肥数量不足，农家常用黑豆和芝麻代替（即把黑豆或芝麻磨碎施入地内）。20世纪50年代开始提倡科学施肥，农家肥以重施底肥为主，不施或少施追肥。底肥的用量逐年增多，由新中国成立前的每亩1立方米已增加到4～5立方米。黑豆和芝麻已不再直接施用，小麦和玉米仍有追施农家肥的习俗。小麦追施农家肥的时期提前到越冬期，以保护小麦安全越冬。玉米追施农家肥由撒施改为开沟或点穴集中施肥。以减少养分损耗，提高肥效。

随着科技的进步，化学肥料以其高效、全面、易购，取代了农家肥。南流寺使用化肥的种类主要有：氮、磷、复合肥料三大类。氮素化肥主要有：硫酸铵、氨水、氯化铵、硝酸铵、碳酸氢铵和尿素等；磷素化肥主要种类有：过磷酸钙、钙镁磷肥；复合肥料主要是磷酸二氢铵。

氮肥从1954年开始大量用于农业生产，20世纪50年代末南流寺长期单一施用氮素化肥，导致了氮磷比例失调，缺磷已成为提高产量的障碍。从1981年起，磷肥大量用于农业生产。复合肥由于价格贵、主要用于根外施肥（即叶面喷洒），化肥的用量逐年增加。据统计：1970年化肥的亩用量54斤；1978年亩用量增加到132斤；1985年平均亩用量达147.8斤，2010年达到亩均200斤，全年化肥的年使用量是每年约100吨，其中氮肥67吨，磷肥9吨，钾肥16吨，复合肥8吨。随着化肥用量的增加，农作物产量不断提高。

3. **喷药**

南流寺存在的病虫害种类主要有：

小麦虫害：吸浆虫、麦蚜、麦叶蜂、红蜘蛛、黏虫、麦秆蝇。苗期多地下虫害，其中以蝼蛄、金针虫为主；小麦病害有：叶锈病、纹枯病、白粉病、病毒病、赤霉病、根腐病、霜霉病、黑腐病等。

玉米虫害：玉米螟、高粱条螟、玉米蚜虫、黏虫、蛴螬、蝼蛄；玉米病害有：大斑病、小斑病、玉米瘤黑粉病等。

蔬菜虫害：菜青虫、芽蚜、蛴螬、蝼蛄、金针虫、地老虎；病害有：地蛆猝倒病、立枯病等。

为了防治病虫害，南流寺历史上使用过多种办法，但主线是农药低毒化，防治科学化。

1949年至1955年，农民多为个体生产、治蝗用鞋底打、手捉、土埋为主，继而发展为喷粉器、喷雾器。开始治虫用的药有草木灰水、棉油泥，继而用红白信鱼腾精、赛力散、西力生等，“六六六”粉，主要用以防治地下虫、棉蚜等。

1956年至1972年，“DDT”，“六六六”、“1059”、“1605”、“3119”等农药普遍推广使用。施药工具逐渐改进，病虫害防治向前迈进了一步。

1973年至1979年，病虫害防治以生物、物理和化学防治为主。开展了以瓢治蚜（人工助迁和自然利用）。赤眼蜂防治玉米螟、棉铃虫。用黑光灯、糖醋盆、插杨柳枝来诱杀棉铃虫、地老虎等成虫。

1980年至1985年，随着农村经济体制的变革，病虫害防治由集体防治变成个体户防治和专业队承包代防等，新的高效低毒农药问世，并逐渐普及应用。防治地下虫的“六六六”，“1605”逐渐被辛硫磷、硫磷微胶囊代替。

1986年起，农业防虫治虫开始实施“一喷三防”（喷施药肥、防虫、防病、防干热风）作为小麦中后期管理的主要措施，喷防2次亩增产小麦50～150公斤，且收获时秆净、粒白、籽饱。每年的4—5月，对小麦喷施微肥和药剂，进行病虫害综合防治。1990年，开始使用农作物化学除草剂，后推广面积逐渐扩大，除草剂品种已由一个发展到多个，如一把火、挂锄、玉米净等。剧毒性重度农药已被淘汰，高效低毒性农药被广泛使用。

2000年后，“一喷三防”政策依然得到贯彻，由于长期有效的防治措施，近年来再无大型病虫害发生。每年乡农办都会派技术人员入村进行农业指导，对夏季和秋季粮食作物生长中存在的一些红蜘蛛、钻心虫等病虫害进行必要的防治，效果良好，粮食连年获得丰收。2010年南流寺全年农药的使用量约1吨，农药的种类主要有乐果、甲胺磷等。

4. 灌溉

南流寺有水渠、提灌站、机井等多种水利设施，足以满足本村的农业灌溉和工业用水需求。其中，水渠共8条，其中20世纪80年代修建4条，1995年以后修建4条；提灌站2个，其中，1993年修建1个，2008年修建1个；机井5个，其中，1993年修建3个，2008年修建2个。其中比较大型的水利设施有：

流寺排水沟：始于南流寺村西蛤蟆坑，流经西梁村南，至东梁村西入洹河，长3300米，防涝面积3500亩。

工农排水沟：1983年开挖疏浚，长3500米，始于南流寺，流经东梁村南与流寺排水沟汇合流入洹河。此排水沟为保护钢厂、电厂及附近村庄所开，故叫工农排水沟。属工农联合投资所建。

2011年上半年，中国大部分地区遭遇了多年不遇的大旱，国家为此下发了每亩10元的抗旱补助资金，南流寺共领到11691.77元抗旱补助款，极大地缓解了抗旱形势，在4台农用排灌机械和4台农用水泵的基础上，南流寺村委又调集了5台排灌机械和水泵，顺利完成了全村千余亩耕地的抗旱任务，确保了粮食的大丰收。

现在，每年乡农办都要派技术人员入村进行农业指导，村里也通过远程教育、外出参观等学习现代化的耕作方式，使得农业生产的效率不断提升。但是由于耕地面积的局限，村民每年一亩地种地的净收益也就1000元，而工业占地每年的补贴有1500元/亩，房地产的收益更高，正如殷都区区委书记李南沉所说，农民只靠种地是没有出路的，现在要变种地为种大楼，由农民转市民。所以村民对失去土地，脱离农业并没有多少遗憾。如今，南流寺的村民正依靠着国家、市里和区里的好政策，发挥自己的主体地位，在城镇化的道路上快速前行。

五、南流寺村的商业

第三产业是指不生产物质产品的行业，即服务业。在我国，第三产业被划分为流通和服务两个部门。流通部门包括交通运输业、邮电通信业、商业饮食业、物资供销和仓储业。服务部门包括金融业、保险业、旅游业等。在20世纪80年代后期经济体制转轨为市场体制之前，南流寺村的第三产业基本是由西郊乡供销社设在南流寺村的门市部实现的。转轨后，村里的第三产业才开始发展起来。南流寺村的第三产业主要集中在流通部分，即交通运输业和商业。依托南流寺村优越的地理位置，该村的第三产业从无到有发展迅速。到2010年，南流寺村运输业收入550万元，商饮业收入15万元，服务业收入10万元。

（一）批发零售、服务业

1. 零售和服务行业

“民国”时期，南流寺村所在的西郊乡并未设有固定集市，农民买卖牲口、布匹、生活用品都必须到安阳、大正、曲沟、水治等集市和相邻村的庙会、季节会进行交易。“民国”后期，在西郊乡的北流寺成立交易集市，小贩依靠肩挑、车推沿街叫卖各种生产资料和生活百货用品。1969年，西郊乡供销社在南流寺村设立门市部。主要经营两大类商品：一是生产资料，包括农具、化肥、农药、五金和电器等；二是生活资料，包括布匹、针织、自行车、缝纫机、烟酒糖果、土产日杂、盐、醋、糕点罐头等百货商品。20 世纪 80 年代后期，经济体制由计划经济转变为市场经济，设在南流寺村的供销社门市部也都转变为个体经营，成为农村百货超市，经营经销各种生活、生产方面的商品。

现在在南流寺村将近 20 米长的主干道上，分布有小卖部、超市、理发店、美容店等大小不等的店铺 41 间。其中，小卖部 5 间，平均 10 平方米大小；超市 5 间，大小约 30 平方米。在经济体制改制之前，由于消费品比较匮乏，南流寺供销社的门市部以经营生产资料为主业，以生活资料为辅业。即使是生活资料也以生活必需品为主，品种少牌子单一，改制后，整个社会的消费产品，无论是生产的还是生活的消费品都得到了极大的丰富。现在南流寺村的小卖部和小超市里的商品以生活消费品为主，同时兼卖一些村里常用的生产资料。南流寺村民的日常生活消费品，比如牙膏、牙刷、剪刀、毛巾、肥皂、沐浴露、护肤品、筷子、碗、水杯、油、盐、酱油、醋、白糖、茶叶、方便面、酒、香烟、各种零食饮料、矿泉水、雪糕、锅碗瓢盆、玩具等，以及生产资料如种子、化肥、农药、杀虫剂等都能在村里的小卖部的超市里买到，有些小超市还兼卖新鲜的蔬菜和肉。很多相同的商品有不同的牌子供村民自由选择，例如，方便面就有康师傅、统一、白象三个牌子。这些丰富的商品基本能满足南流寺村民的日常生产生活的需要。南流寺村的这些商铺的货源主要来自安阳市殷都区内的三家庄农贸市场和设在安阳钢铁有限责任公司生活区内的安钢市场。三家庄农贸市场是安阳市内较大的农贸市场之一，经营上千种商品，包括蔬菜、干货、水果、生肉、熟肉、豆制品、面条、饼、蛋、禽、鱼等。安钢市场是安阳市最大的消费品综合零售市场，经营工业品、副食品、蔬菜三大类共计千余种商品。该市场离南流寺车程不过 15 分钟，货源充足，交通便捷。

随着人们生活水平的提高，南流寺村的村民不仅对生活消费品有更多的要求，而且对各种服务行业也产生了极大的需求。在南流寺村 41 家商铺中，服务行业的商铺占有极大比重。在南流寺村林林总总的商铺中，与人们生命健康息息相关的是医疗保健行业。现在，南流寺村有个体诊所 4 间，药房 1 间，盲人按摩店 1 家。这 4 家个体诊所的医生都受过时长不等的专业训练，还有几位是从新中国成立后就开始行医的老医生，有着丰富的实践经验，深受村民们信赖。平时，村民的一些感冒、发烧的小病都会选择在村里的诊所看病、开药、打针，诊断出有重病、大病才会选择到市里的医院去检查和治疗。随着对身体健康的重视，村民们对保养的需求也开始日益增加，传统的中医养生观念也被村民所接受。位于村北头的药房是村民们买药的地方，药房主要经营各种中成药、西药、中药饮品、保健品和部分中草药等。药房常备有各种感冒药、退烧药、跌打药和消炎药等西药，还有补益类的中药，例如，人参、山药、大枣、当归、何首乌、枸杞子等；泻火类的中药，常见的有大黄、黄连、黄芩、石膏、芦荟、蒲公英、竹叶等；具有发散、理气作用的中药，常见的有菊花、薄荷、麻黄、荆芥、陈皮、青皮、砂仁等；具有“抗凝血作用”的活血化瘀药物，常见的有红花、丹参、乳香、三棱、桃仁、蒲黄、王不留行等。此外，2011 年，村里新开张一家盲人按摩店，主要提供推拿、拔火罐、脚底按摩等传统中医保健的服务项目。生意才刚刚起步，由于仅有的一位按摩医生是男性，所以前来按摩的村民也主要是男性。此外，村里的美容保健店也提供传统的刮痧、排毒等中医保健服务。

除了健康养生，人们对美容的需求也明显增加。村里有美容保健店 4 间，每间 15 平方米大小，提供美容、化妆、盘头、文眉、刮痧、排毒等服务。美容店在南流寺村是新兴的行业，顾客以 25～45 岁女性为主。但是从店铺的数量、店面规模和配备的美容器械来看，随着生活水平的提高，南流寺的村民开始追求更有品质的生活，对美容保健服务的需求还是比较大的。村里还有理发店 3 间，大约 15 平方米大小，不仅提供传统的洗、吹、剪发服务，还能提供焗油、染发、烫发、离子烫等服务。理发店的数量和规模也不小，次于小卖部、小超市和美容保健店。理发店传统的洗吹剪服务，每人每次 15 元，针对的是整个南流寺村的全部村民。原先，传统的洗吹剪服务已经能满足南流寺村村民的需要。但是随着南阳市城市化进程的不断加快，南流寺村这个“城中村”与城市的交往越来越多，传统的剪发服务已经不能满足越来越时尚的年轻村民。比较时尚的焗油、染发、烫发、离子烫等服务就是为了满足村里的这些年轻人而设置的，服务收费根据不同的服务内容而不同。

此外，南流寺村还有一些电器类、生活用品加工服务类的商铺。其中，电器行 1 家，经营家电如电视、洗衣机、冰箱、收音机等。粮油店 1 家，卖米面油的同时也收购各家地里产的玉米和小麦，村民也可以将玉米、小麦拿到店里加工成玉米面、白面；服装店2间，经营女装、男装、童装和布匹；摄影室1间，经营项目包括艺术写真、艺术彩照等；电器修理店1间，提供维修家用电器的维修服务；修车补胎1家，可修理摩托车、电单车、自行车和三轮摩托小货车；幼儿园3家；太阳能热水器商店2家；窗帘店1家；无线电视收费站1家；蛋糕坊1家，主要经营西式面点；图书出租店1家，主要经营出租和出售小说业务；麻将馆2间。

这41间店铺能够提供将近100个就业岗位，年收入大约为120万元，每年以定税的形式上缴10万元左右的税收。店铺中的就业人员平均每年年收入为12000元，高于南流寺村2010年村民的平均收入4600元。15平方米大小的店铺租金大约为每年4000元，现有的41间店铺面积共约800平方米，按开店的平均启动资金2万元计算，店铺的总资产约为80万元。

另外，2000年以来，为了满足农民日益增长的物质消费需要，农民自发地形成了以北流寺为中心的，辐射北流寺、南流寺、郭流寺等周边村庄的露天市场。紧挨着南流寺村的北流寺村每天早晨9点以后，各种小摊小贩陆续会在北流寺村的主干道上开始营业，形成一个露天集市。在这个小集市中，有菜摊、水果摊、早餐摊、包子馒头摊、日用品摊、卤味凉菜摊等。因此，南流寺村并没有再开辟农贸集市，村民可以步行5分钟到北流寺村的小集市上采购一些村里的商店和超市没有的商品，例如水果、卤味凉菜和包子馒头等。

2. 批发行业

南流寺村里有两家专门从事冷饮批发的门市部，冰库都建在自家的院子里。两家冰库占地共约40平方米，能储存12000多箱雪糕，平均一箱雪糕利润为0.6元。这两家冷饮批发部主要是面向南流寺村及周边的小卖部和小超市做生意，同时也给南流寺村临近的北流寺、郭流寺的商铺发货。旺季时，平均每家冷饮批发部每天能卖出近1000箱的雪糕。购买一个能储存大约1000箱雪糕的货柜大约需要3万元，两家批发部现有冰柜11个，固定资产约40万元。这两家冷饮批发门市部分别经营不同的雪糕品牌，一家主营安阳市本地的牌子，另一家主营外地、主要是山东的牌子。虽然主营的牌子不同，但是两家的生意还是存在不小的竞争，主要的竞争体现在围绕蒙牛和伊利两个牌子的雪糕展开的价格战上。

南流寺村的冷饮批发得益于地处安钢附近的优势条件。安阳钢铁集团的生活服务公司内部有饮料厂，生产的雪糕冷饮专门用于安钢内部职工的解暑福利，生产量较大，经常对外销售。南流寺村的冷饮批发就是利用了这个便利条件，运输成本低，进货速度快，存货时间短，货款周转快，因此，南流寺村的冷饮批发行业发展迅速，很快就从刚开始的零售店发展成几十万固定资产的批发门市部。目前，南流寺村冷饮批发的货源除了来自安阳市内的冷饮厂，如安阳钢铁集团生活服务公司饮料厂和双翔冷饮厂以外，还经营伊利、蒙牛等的品牌雪糕以及山东、河北等地的具有地方特色的冷饮品牌。

（二）企业

1. 企业情况概述

南流寺村共有从事经销贸易的企业 6 家。南流寺村北靠安林大道，地理位置优越，物流便捷。且该村地处安阳钢铁集团西面，两地有公路连接，车程不过 5 分钟。由于安阳钢铁集团生产规模大，产业链条长，因此南流寺村的 6 家贸易企业背靠安阳钢铁集团这棵大树，主要从事铁合金矿石和钢材的经销生意。6 家企业的年产值共 7700 万元，年利润共 1088 万元，年纳税额共 285 万元。

表 1－5　**南流寺村贸易企业情况一览表**

名称	成立时间	占地（亩）	主营	负责人	就业人数	企业产值（万元）	年纳税（万元）	资金规模（万元）	年利润（万元）
安阳市永佳铁合金有限责任公司	2002 年	20	铁合金矿石	韩福庆	70	2000	60	300	200
安阳市金亿来铁合金有限公司	1999 年	20	硅锰合金矿石	孙保来	50	2000	60	320	200
安阳市华茂盛吉贸易有限公司	2006 年	13	钢材、金属矿石	徐树堂	13	400	18	260	45

续表

名称	成立时间	占地（亩）	主营	负责人	就业人数	企业产值（万元）	年纳税（万元）	资金规模（万元）	年利润（万元）
九鼎商贸公司	2006 年	20	金属矿石	孙美刚	20	600	22	200	68
安阳市金旭贸易有限公司	2008 年	20	金属矿石	史文利	25	700	25	240	75
安阳市名扬贸易有限公司	2006 年	6	轻工	陈爱军	30	2000	100	500	500

安阳市永佳铁合金有限责任公司、安阳市金亿来铁合金有限公司、安阳市华茂盛吉贸易有限公司、九鼎商贸公司和安阳市金旭贸易有限公司这 5 家经销企业的前身都是家族式的作坊，生意由一位或几位家族长辈在 20 世纪 80 年代初期开创，起初都是以炼铁、炼钢出售为主要经营形式。由于小作坊式的炼铁和炼钢不仅能耗高、污染严重，而且炼出来的铁、钢的质量都很差。因此，国家在全国范围内明令禁止小作坊式的炼钢、炼铁行为。从这以后，这 5 家企业就转向铁合金矿石的经销生意。安阳市名扬贸易有限公司的发展道路就与前 5 家不同。名扬贸易公司的总经理陈爱军最先从事的是运输业务，并逐渐发展壮大成为名扬运输队。2005 年，陈爱军在考察了一整年的安阳钢铁集团的轻工产品的市场形势后，决定成立安阳市名扬贸易有限公司专门从事安钢集团的轻工产品经销生意。名扬运输队也就成为名扬贸易公司的下属运输队，专门运输名扬贸易公司的货物运输。南流寺村的这 6 家经销企业虽然都是注册的公司制企业，但是各自的家族成员还是占其管理层的绝大多数或全部。公司的决策也都是通过家族会议讨论并由家族长辈最终决定，其中家族长辈的意见占据主导地位。

在南流寺的“城中村”改造过程中，很多南流寺村的农民失去赖以生存的耕地。虽然政府和企业会对失地的农民进行相应的补偿和补贴，但是为这些失地农民另谋生计显然是一个更加长远的出路。南流寺的这些贸易企业，恰好能够为失地的农民提供就业机会。这些企业也更加倾向于聘用本村的村民，高中以上文化水平的村民可以进入企业签合同成为其正式职工，年收入可达4万~5万元。由于企业是从事经销生意，经常需要雇用零工装卸货物或者看管仓库。文化程度不高的村民平时经常能找到打零工的机会，日薪20~30元不等，钱虽然不多，但是可以贴补村民的家庭开支。

2. 企业发展过程中的优势

（1）区位优势

南流寺村北邻301省道，东邻107国道，南面有南林高速公路，距离安阳西火车站不到1.5公里。货物通过安阳市四通八达的公路、铁路，往西可到山西临汾，往南可到平顶山市，往东可达江苏连云港。铁合金矿石的产区如河北省宣化、迁安和邯郸、邢台地区的武安等地区以及内蒙古、山西各地、湖北大冶铁矿出产的铁矿石，经火车专线一天之内就能到达安阳市。由此可见，南流寺村所在的安阳市交通便捷，物流方便。

此外，南流寺村还紧邻安阳钢铁集团。该集团下属的安阳钢铁股份有限公司生产规模大，铁合金矿石需求量很大，这就保证了南流寺村内的矿石经销商的生意来源。同时，安阳钢铁集团下设的生活服务公司和安钢市场能够为南流寺村的批发零售行业提供品种齐全、价格优惠的各类生产、生活消费品。

（2）家族文化

南流寺村内的6家贸易企业的管理层以本家族的家族成员为主，所有企业的决策大都由家族成员商议决定。这种家族式的管理，一方面可以用家规约束管理人员的行为使其行动一致；另一方面使得企业的管理阶层由于血缘之间的联系更加具有凝聚力，更易达成一致的企业发展目标。同时，南流寺村以孙姓最多，还有韩、徐等7个家族。这7个家族明朝洪武年间一起迁居至南流寺村，虽然是异姓，但是各个姓氏家族之间联系紧密、相处融洽。虽然南流寺村的6家贸易企业的经销内容相似，避免不了相互竞争，但是异姓之间几百年的融洽相处使得6家企业经常相互合作、信息共享、货源调配以解对方燃眉之急。

3. 企业发展过程中面临的困境

（1）市场风险大

南流寺村的这些铁矿石经销公司虽然每年都能从安阳钢铁集团获得稳定的矿石订单，但是这并不意味着这些企业能够完全规避市场风险而高枕无忧。

经销商作为供给和需求间的中间环节，往往要承担供需双方的双重风险。铁矿石的供给方如果受到自然灾害的影响不能按时发货的话，经销商往往不能按照合同的约定给钢材的生产企业按时供货。此外，工业用电电价的变化，也会使得铁矿石的开采成本升高。如果经销商已经与钢厂事先约定了铁矿石的价格，那么这部分由于工业用电突然变化而带来的经销商进货、出货的价格差就只能由经销商自己承担。

(2) 融资困难

与中国的其他中小型民营企业一样，南流寺村的矿石经销商们也面临着融资难的问题。虽然这些企业每年的利润稳定、信用良好，但是银行融资对他们来说还是显得门槛过高。造成这些企业融资困难的主要原因还是在于银企之间的信息不对称。一方面，银行出于盈利和资金安全的考虑更加倾向于向国有的大中型企业融资；另一方面南流寺村的这些企业还是不愿意向银行借贷，觉得向银行融资的成本较高、审核的时间较长。所以，这些企业都更加倾向于向同行或朋友借款进行资金周转。

(3) 缺乏科学的企业管理方式

南流寺村的这几个企业大都采用家族式的管理方式，家族式的管理固然有其明显的优势，但同时也会存在任人唯亲、任人唯近的裙带关系问题，从而缺乏合理的人才选拔机制和绩效考核机制。同时，员工的录用和辞退程序也缺少规范，随意性很大，甚至还会掺杂强烈的感情色彩。在员工的培训方面，出于节省成本的考虑，企业的培训往往缺乏连续性和系统性，甚至不培训就让员工直接上岗，这制约了员工整体素质的提高。

（三）其他行业

1. 运输业

南流寺村目前只有一个专业运输队，就是名扬商贸有限公司旗下的名扬运输队。名扬运输队在 1990 年时只有老板陈爱军一个人，拥有一辆解放 140 货车，主要往返于河南和福建，运送花岗岩。1995 年，名扬运输队有了 4 辆货车，主要客户是安钢及周边企业，运输货物种类有钢材、铁合金、煤炭、矿粉等。2006 年，名扬商贸有限公司成立之后，主要从事安钢的轻工产品的经销，这些产品的运输任务就由名扬运输队完成。现在名扬运输队主要往返于北京、山东、平顶山及河南省临近的山东省的各大港口，运输队年收入将近3000万元，净利润600万元，年纳税额100多万元。车队现有30辆货车，每车载重将近80吨，总运输量2400吨，运输队所在地有油罐车一辆专门给该运输队货车加油。该运输队共有司乘人员90人，管理人员7人，人均年收入5万元。

2. **金融**

1959年西郊东风人民公社成立后，成立了公社金融部，在其辖下的各大队设信用部，1961年改为信用社。1963年各村信用社合并为片社，后改片社为信用分社，并在各村设信用站。从20世纪80年代开始，南流寺村农民存款、取款就到紧邻的北流寺村的流寺信用社，后来位于北流寺村的流寺信用社变为现在河南农村信用合作社。由于南流寺村离市区较近，所以现在南流寺村民不仅可以到设在北流寺村的河南农村信用合作社存款、取款，还能到市区的中国银行、建设银行、工商银行、农业银行等银行办理各种金融业务。除了存取款，贷款对南流寺村民来说也很重要。南流寺村民建房、用种或进行其他消费资金不足时，除了向亲戚朋友们借钱，向河南省农村信用社申请农村小额贷款也是一个重要的借钱途径。农村的小额贷款虽然需要对进行申请的农民进行使用评级，并要求申请人提供常住当地的担保人，但是不需要提供抵押，这降低了农民获得贷款的标准。信用社提供的小额贷款虽然能够解决南流寺村民的一时之需，但是却不能为村民提供大额的贷款。可是，南流寺村的村民要想在市区的四大国有商业银行获得贷款却并非易事。因此，南流寺村的农民获得贷款的渠道还是非常的单一，贷款额也非常少。对南流寺村内进行小本经营的个体商户来说，这会大大地限制他们经营规模的扩大，制约其发展。

（四）南流寺村第三产业发展的外部环境

1. **诚信殷都建设**

南流寺村所在的安阳市殷都区目前正在开展建设“诚信殷都”的活动。“诚信殷都”着力推进政务诚信、企业（个体户）诚信、公民诚信，目前已经建立了涵盖政务、行业、公民三个层面的共108项诚信档案，构筑起殷都区的“大诚信网”。殷都区工商分局为辖区内各个企业建立了诚信档案，该档案只会记录企业的不诚信行为。如果企业在一年内没有不良诚信记录，则可以减少企业应纳税额的10% ~20%；如果企业连续五年之内无不诚信行为，则可以全部减免企业应纳税款。

南流寺村现在也已经在全村范围内开展“诚信殷都”的活动，该活动主要针对的是村内的商铺和企业，并为这些商铺和企业建立了诚信档案，通过南流寺村的群众和“十大员”共同监督商铺和企业的不诚信行为。由于南流寺村内的小商铺的主要客源来自本村，并且都是亲戚或是相处了几十年的熟人，因此对这些商铺来说，亲戚和熟人的监督早就大大减少了商铺的不诚信行为。而对于南流寺村内的6家经销企业来说，“诚信殷都”建设中的减税承诺显然具有非常大的吸引力。如果这些企业能够做到在一年之内无不诚信行为，那么每年每家企业能够节约6万元的纳税；如果五年之内无不诚信行为，那么每年每家能节约近30万元的纳税。这样看来，减税额还是相当可观的。目前，南流寺村内的6家经销企业也都有自己的诚信档案，其中安阳市金亿来铁合金有限公司已经被评选为安阳市殷都区西郊乡南流寺村的“诚信经营户”，该企业也会得到殷都区政府承诺的相应的减税奖励。

2. 安阳钢铁集团有限公司对南流寺村第三产业发展的积极作用

安阳钢铁集团占地4.5平方公里，2007年实现年产钢能力1000万吨，日产钢达1480吨，年销售收入为500亿元，安钢生产包括中板、炉卷板、热轧卷板、高速线材、球墨铸管等50多个品种、2000余个规格的产品。下设生活服务公司、综合利用开发公司、安钢宾馆、安阳钢铁股份有限公司、汽车运输有限责任公司等18个分公司、子公司。其中，与南流寺的第三产业联系较紧密的是生活服务公司、安钢市场和安阳钢铁股份有限公司。安阳钢铁集团一方面为南流寺村的批发零售行业提供廉价的自有品牌的商品和进行批发零售交易的市场，另一方面为南流寺的铁矿石经销行业提供源源不断的订单和各种轻工产品。

安钢集团内的生活服务公司下属的福之源食品分公司根据安钢集团公司防暑降温需求，建有桶装水、果汁、冰淇淋等多条生产线，生产销售矿化水、纯净水、果汁饮料、冰雪糕等冷饮产品。目前，“福之源”自主品牌的产品，在满足内部市场需求的同时，产品已辐射到周边省市。福之源牌子的矿泉水、纯净水、冷饮雪糕等现在是南流寺村内小卖部和小超市的主要品牌之一，同时，由于货源地就在本市，该牌子的产品也是价格较便宜的产品。

安钢市场是安阳市最大的消费品综合零售市场，建于1983年，占地1.3万平方米，经营工业品、副食品、蔬菜三大类共计千余种商品，年成交额8500万元，每天客流量达5万人次。由于安钢市场是距离南流寺村最近、最大的农贸市场，因此，南流寺村内的各家小商铺的蔬菜、副食品等各类生产和生活消费品主要从该市场进货。

安阳钢铁股份有限公司是能够进行炼焦、烧结、冶炼、轧材和科研开发的特大型钢铁联合企业，可生产60多个品种、6000多个规格的钢材产品和炼焦化工品。2009年，公司共完成生铁712.24万吨、钢704.04万吨、钢材674.15万吨，实现营业收入229.13亿元。南流寺村6家经销企业的订单中的绝大多数来自安阳钢铁股份有限公司。由于安钢钢铁股份有限公司年产钢量超过700万吨，对铁矿石的需求量肯定很大。因此，只要南流寺内的企业改革公司的管理制度使其更加科学合理，在安阳钢铁股份有限公司巨大的铁矿石的需求量下，占据位置优势的南流寺村的经销企业的发展前景良好。

六、手工业

手工业是指依靠手工劳动，使用简单手工工具从事小规模生产劳动的工业。最初与农业密切联系，属于农民副业性质的家庭手工业。经过第二次社会大分工，手工业脱离农业，形成独立的个体手工业。其特点是一家一户为单位，用私有生产资料分散经营。主要类型有：自产自销的手工业，直接为消费者服务的流通手工业和为买主或工厂进行加工的手工业。[①] 南流寺位于殷墟附近，手工业历史悠久，曾经产出过“孙家锄钩”、“南流寺五彩染布”等著名手工业品，但随着时代的发展，科技的进步，南流寺的手工业呈逐渐减少趋势，因此本章将按手工业历史、传统手工业、现存手工业的顺序来论述。

（一）手工业历史

南流寺位于殷墟附近，商朝时期，殷都拥有当时最大最好的手工业作坊群。据殷墟挖掘发现，这里有许多铸铜、烧陶、制骨的作坊遗址，被称为商

① 百度百科：手工业.http：//baike.baidu.com/view/429288.htm.

代的三大手工业。当时青铜器铸造和彩陶、白陶的烧制，已有较高技艺。

随着生产和生活的不断提高，手工业逐渐从农业中分离出来，而且种类多、分工细，生产规模逐渐扩大，明清时期已有了很大发展。“民国”时期，由于军阀混战，日军侵华，兵匪灾祸连年，手工业作坊显著减少，由原来的小生产经营转向了自给自足的小农经济。

新中国成立后，生产得到了迅速发展，各类满足于人民生活需要的手工业又蓬勃发展起来，南流寺村这一时期的主要手工业是孙家锄钩和染房。《安阳市殷都区西郊乡志》记载当时南流寺村的孙豹只，以打锄钩出名，有“崔魏炉锄板流寺钩”之谚语，可见其手艺高超。1958 年人民公社化后，大搞“一大二公”，把个体手工业当作“资本主义单干风”来批斗、取缔，致使南流寺村个体手工业几乎绝迹，这时的孙家锄钩只能销往合作社挣工分，而染房也从自家经营变成了大队多人共同经营。而这一时期的祭祀扎纸因为“破四旧”而被强行终止。

1979 年以后，放宽了农村经济政策，鼓励农民走致富之路，号召搞多种经营，南流寺的能工巧匠、各行艺人又重新发展起家庭手工业生产。孙家锄钩和染房又重回家庭生产，祭祀扎纸和木匠也重新活跃起来。其中比较出名的传统技术有：孙家锄钩，式样美观、均匀适度，下地耐用，方圆几十里享有盛名；染房，色泽鲜艳，久不褪色，印花图样美观，很受群众欢迎，在《安阳市殷都区西郊乡志》上记载的这一时期的名人巧匠中，南流寺村有孙富贵和宁宝凤。孙富贵，南流寺村人，从 20 岁起接替家传印染手艺，经常在民间服务。最早用黄豆面和石灰粉作染料，在民间织的白布上能染出各种样式的花彩，受到方圆几十里群众的赞扬，后采用化学染料染出的花彩更加精美鲜艳。宁宝凤，南流寺村人，女，12 岁学会家传五彩花印染工艺。其工艺作品曾于 1984 年 10 月参加了“河南省民间工艺美术品展览”。[①]

20 世纪 90 年代以后，随着农业种植技术的发展、工业的规模化生产，传统的手工业如锄钩、手工染布等不符合时宜，逐渐被淘汰。另外，随着周围企业的蓬勃发展，村劳动力更倾向于在周围就业，以获得固定的收益，从而放弃了传统的手工业。至今，在南流寺村，依然保留的手工业只有孙太星家的祭祀扎纸和孙银生家的木制品加工，而且由于年龄的增长，孙银生现在也

① 安阳市殷都区西郊乡志. 2005：176.

越来越少加工这些木制品了。

（二）传统手工业

20 世纪 90 年代前，在安阳市，南流寺村的孙家锄钩和染房一直名声在外，提起南流寺，大家都或多或少地了解一些孙家锄钩和染房的事情，但是随着农业种植工具的更新换代，除草剂的普及，印染工艺的进步和规模化生产，锄钩和染房越来越不适宜时代的需要，现在已经退出了历史的舞台。因此，本节将分别介绍孙家锄钩和染房这对传统手工业。

1. 孙家锄钩

南流寺的孙家锄钩有多少年的历史，我们不得而知，《安阳市殷都区西郊乡志》上记载的比较有名的人物中，最早的是 20 世纪 60 年代之前的孙豹只，而我们采访的孙全保老人，今年已经 63 岁，他说打锄钩是从祖上传下来的，至今出名的已经有四代了，所以可以肯定的是孙家锄钩在新中国成立前就很有名了。

（1）制作工艺

据孙全保老人介绍，制作锄钩首先要求身体素质出色，其次要眼疾手快。当初，孙全保兄弟 4 人都跟随父亲学习打锄钩技艺，父亲首先要求他们拉风箱，因为打锄钩对火候的要求比较高，熬铁块时需要大火，有时则需要小火，通过拉风箱可以看出他们的反应速度和手脚耐力，最后，反应敏捷的孙全保被证明是素质最高的，其余三兄弟则显得手脚太慢。因此，父亲用心将自己的打锄钩技艺全部传给了孙全保老人。

制作锄钩的原料是铁锭，首先到市场上买一大块铁锭，多为长方形，然后用火炉把铁锭烧得通红，再用截子把铁锭切成一块块均匀的钢筋棍，如图 1-1 所示。

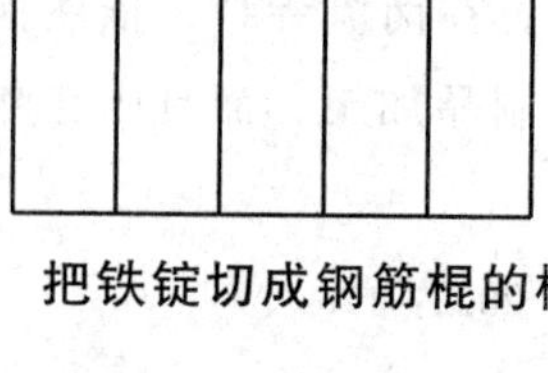

图 1-1　把铁锭切成钢筋棍的模式图

最后把切好的钢筋棍在砧子上用大锤打成锄钩。虽然描述得很简单，但实际操作起来如果没有很深的功底是做不好的，安阳这里盛产钢铁，生产锄钩的也有很多家，可为什么孙家锄钩能远近闻名呢？答案就在于锄钩的弧度上，孙家锄钩的弧度直径在一尺零五到一尺一之间，在这个范围内锄钩不会左右摇摆，而且比较省力，我们虽然没法用力学原理来解释为何直径在这个长度区间最省力，但是我们拿起锄钩实际操作时，的确感觉很省力，这也让我们明白“秋末锄将流寺钩，不用劲攸三攸”这句夸赞孙家锄钩的谚语果然名不虚传。

除了锄钩的弧度，锄钩和锄板如何结合在一起也是一件考验工艺的事情。一个锄头由三个部分组成：木柄、锄钩和锄板，孙家锄钩主要生产锄钩，锄板则多是从附近的郭李村购买，买回后再和生产的锄钩结合在一起，最后插上木柄就是一件完整的锄头了。如何将锄钩和锄板结合呢？窍门就在打造锄钩的过程中，要在锄钩前端和锄板结合的正中间用熟铁钳出一个三角豁口并粘上去，如图示 1-2 所示，这样就可以和锄板上的卡子相结合，将卡子打入锄钩就可以完美的卡上了。

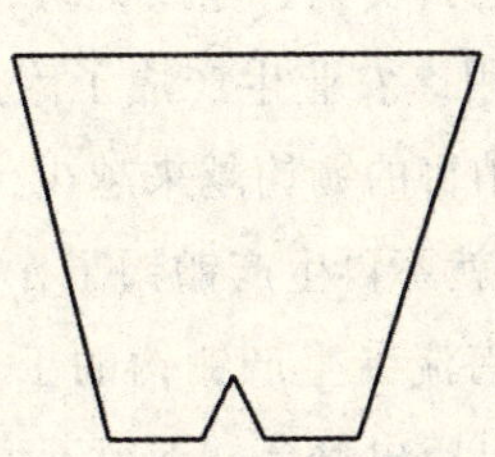

图 1-2　锄钩的前端平面图

因为这道工序不但需要专门的工具而且有些复杂，所以在制作时，一般是把锄钩和锄板配套结合好后再销售。

(2) 手工艺人

南流寺的锄钩是孙全保的祖辈一代代相传下来的，所以锄钩艺人主要就是孙全保的祖辈几人，但是每一代都名声在外，从孙豹只时期的“崔魏炉锄板流寺钩”到孙全保时期的“秋末锄匠流寺钩，不用劲攸三攸”就可以看出他们的制作工艺精湛，深得这一地区人民的喜爱。由于孙全保的先辈都已去世，因此，我们着重讲述孙全保老人的历史。

孙全保是1948年生人，现年63岁，在南流寺孙氏家谱中是第二十二世。由于自幼不爱学习，初中毕业后又赶上“文化大革命”，于是开始跟随父亲学锄钩手艺。兄弟四人虽然都向父亲学习，但是正如上文所说，孙全保在四人中是反应最快，素质最高的人，父亲主要把自己的技艺传给了孙全保。于是孙全保便和父亲一起经营锄钩生意，早期锄钩的价格是1.5元一个，锄板是3元一个，生意十分红火，每次拿到集市上都能销售一空。后来生产合作社时期，不能独自经营，孙全保便和父亲一起给生产大队干，通过做锄钩来挣工分，而制作的锄钩则由水冶镇合作社代卖，他们送给合作社的价格是两块二一个，而合作社的销售价格是两块五一个，虽然合作社打着孙家锄钩的旗号，但还是有很多农民担心卖的不是真正的孙家锄钩，纷纷到孙全保家里询问，可见大家对孙家锄钩的钟爱。改革开放后，锄钩又可以独自经营了，这一时期一个锄钩已经可以卖5元，生意十分红火。孙全保每年制作锄钩的时间多集中在上半年，到5月底时就不再生产，因为每年的春季农活比较多，生意比较好，而且在生产队时期，基本每人每年都要换一把锄头。但是生意上的这种热潮并没有持续得太久远，到了20世纪90年代，由于除草剂的普遍使用，村里的农民也越来越多地去安钢、电厂上班，而村里的土地也由于修路、南水北调工程、建厂而被占用，农业生产成了附属，锄头的使用频率越来越低，孙全保每次拿到集市上销售的锄钩越来越少，家里的锄钩倒是越积越多。于是，没到21世纪，孙全保就不再生产锄钩了，而两个儿子和一个女儿都没有继承父亲的技艺，至此，南流寺生产锄钩的手工艺很有可能就此终结，造福了几代农民的孙家锄钩退出历史舞台，不得不说是一个遗憾，但也很无奈。

孙全保不但制作锄钩，还会制作铁叉子（有三根弯弯的铁叉，主要用来挑东西）、铁耙子（两根平行的木块下面交错地钉入一些略有弧度的铁锥，主要用来犁地，松土）、小锛、粪锄、大锤、小锤等。后来不再制作锄钩后，就把全套设备束之高阁了，而余下没卖出的锄钩等，都当废铁处理了，甚是可惜！而孙全保也转行做泥水匠，50岁以后，泥水匠也不再做了，从此在家休息，平时偶尔会去安阳钢铁厂帮忙搬铁块挣钱，用孙全保的话说：自己还能干得动，不需要儿女照料。虽然有一些辛苦，但还是能看出孙全保乐观的本性，希望老人一切都好。

2. 染房

南流寺的印染手工业也有很长历史，《安阳市殷都区西郊乡志》上记载的名人巧匠中，南流寺村有孙富贵和宁宝凤，二人的手艺也是在祖传的基础上自我创新。而我们采访的孙全禄和孙全合二位老人，最小的也有64岁，他们也是继承大爷和父辈的染房，所以南流寺的染房历史和孙家锄钩一样，在新中国成立前应该就已存在。

（1）制作工艺

南流寺的染房不像孙家锄钩是独家经营，经营染房的有好几家，我们此次采访的是孙全禄和孙全合二位曾经经营染房的老人，主要依据他们的制作流程来论述。

在生产队成立之前，孙全禄家的染房是独自经营，首先是跟随父亲和大爷下乡收布，把收来的布印制完成后再送回去。关于染布流程，主要是前处理、配料、浸泡、锤制、印染、后整理。由于收来的坯布在染色前含有很多杂质，需做一定的处理，比如棉布里可能含有棉籽壳和其他杂质，必须去掉。前处理就是把这些杂质去除干净，主要是清洗，洗完后再把布撸好，下一步就是配料，把买来的植物染料放到缸里配制，混合均匀后就可以把布一层层地放到缸里浸泡了，由于植物染料的活性不是很高，所以要浸泡两天才能拿出来，拿出来以后还要放到锤布石上锤制，让染料浸的更充分一些，更均匀一些，如果不需要印染花纹就可以直接晾晒了。如果还需要印上各种花纹，则需要把布放在提前刻好的模子上，上面有各种花纹图案，然后在布上用漂白粉漂白，就可以在布上印上图案了。虽然相比现在的印染技术比较落后，但是在当时的工艺能做到布料久不褪色还是很不容易的，所以孙全禄家的生意一直十分红火。

1965年，村里成立染房生产队，孙全禄家的染房也被合并到村里，除了孙全合，孙全禄和父亲、大爷都去生产队干了，此时的生产队因为集合了多家资源，同时在计划组织下，生产设备和工艺都有了提高。此时的染布设备不再是染缸，而是高炉锅，染布技术也不再是泡而是煮。生产流程主要是前处理、配料、染色、固色、后整理。前处理除了去除杂质，还要把布缠在轱辘上，方便把布下锅。第二步是把锅中的水烧开，然后下硫化氢和硫化碱，混合充分后，再从轱辘上把布一点一点地下下去，大概半小时后捞出。染色完毕后还要固色，就是把染完的布泡在盐水缸中大概半小时，捞出，再晒干即可，至于印花纹的方式则是一样的，用模板漂白法。经过工艺的改进，印染的布匹柔顺度和色泽都有了很大的进步，深得周边人民的喜爱。

（2）手工艺人

南流寺曾经经营染房的有数家，《安阳市殷都区西郊乡志》上记载的名人巧匠中，南流寺村就有孙富贵和宁宝凤，本节主要介绍我们此次采访到的孙全禄和孙全合二位老人。

孙全禄，1947 年生人，1954 年开始在郭流寺小学上学，1960 年小学毕业后去安阳市中学上初中。1963 年 8 月 8 日（农历六月十九日），村南边万金渠决堤，村里遭受百年来未有的洪水灾害，村内水深达一米多，房屋倒塌 1000 余间，700 余亩良田庄稼绝收，村民生活只能靠上级政府救济。于是，刚从安阳市中学初中毕业的孙全禄和大爷孙福贵（我们猜测《安阳市殷都区西郊乡志》上记载的孙富贵就是他，只是名字记载有误）、父亲孙福荣一起推车下乡收布，把收来的布再拿回家印染，染完后再送回去。早期在自家作坊主要是用缸染技术，把染料在缸中混合均匀，再把布撸好放到缸中浸泡，泡两天后，再把布放到锤布石上用木棒锤，如果要印制花纹，则还要把布放在刻好的花纹模板上用漂白粉漂白即可印上想要的图案。由于工艺精湛，服务周到，孙全禄家的染房远近闻名，生意也十分红火，每次下乡都能收很多布。1965 年，生产队成立，孙全禄父子和大爷一起去生产队经营染房了。生产队集合多家资产，多人一起运营，同时，染布的工艺也有了进步，这时的布料都是用化学原料煮制印染。煮染料的锅虽然直径还不到一米，但四周用砖高高垒砌起了 50 尺的围墙。首先，把硫化碱、硫化氢下到锅里煮沸，然后把轱辘上叠好的布一点点的送下去印染。由于化学原料的稳定性较高，印制完成后的布料久洗不褪色，而且图案也更加鲜艳美观。到了 1982 年，生产队解散，染房又变成了几家独自经营，但是孙全禄老人早在 1969 年就不在染房干了。那年，孙全禄老人是 22 岁，他离开染房转而去西郊乡建筑队学习木工手艺，主要学习门窗、家具的制作，学成后就待在建筑队干，十多年后，孙全禄离开建筑队，独自经营。大概 2000 年后，由于年龄的增大，孙全禄老人也不再经营木匠生意，转而去本村铆焊队做饭，一直持续到今天。

孙全合，1949 年出生，同样，1963 年村里发洪水后开始跟随父亲和大爷下乡收布。开始在自家缸里染布，无论是配染料、浸布匹、锤布还是印花纹，都很熟练，只是 1965 年村里成立生产队的时候，不能独自经营了，就转而去安阳市卫校学习医学。据孙全合老人说，当时之所以放弃生意红火的染布而去学习看病，主要是响应毛主席的号召“提倡新生事物”，在安阳市卫校学习两年后，1967 年回到南流寺做全职赤脚医生，做了接近四十余年，不过令孙全合一直耿耿于怀的是他的赤脚医生身份一直没有得到转正，所以无法领到退休金。当时凭着一腔热血，放弃了很多，吃了很多苦，可最终没有得到国家转正政策的照顾，但是比较欣慰的是，2007 年孙全合的新农村定点合作医疗机构批下来了，儿子和儿媳也从卫校毕业了，孙全合就把医疗室交给了儿子，自己赋闲在家，享受天伦之乐。

两位老人早在 1969 年就都不再经营染房了，他们的后代也没用再经营过染房。1982 年村里的染房生产队解散后还有几家经营，但是到了 20 世纪 90 年代，个体染房已经越来越不适宜时代的需要，随着工业化纺织技术代替家庭纺织，工业印染也代替了家庭作坊式印染，南流寺的染房也从此退出了历史舞台。

（三）现存手工业

随着孙家锄钩和南流寺染房退出历史的舞台，南流寺现在依然保存的手工业只剩下孙太星家的祭祀纸扎和孙银生家的木制品加工，而且两位老人的年龄都在 60 岁以上，身体也有所不适，现在孙银生已经越来越少地加工木制品了，孙太星将他的祖传扎纸手艺还传给了儿子、女儿和儿媳，但是孙太星家的祭祀纸扎生意却依然红火。

1. 祭祀纸扎

祭祀纸扎是中国古老的传统艺术之一，据史料证实，早在 1500 多年前的南北朝时期，我国就有了扎纸艺术，而且已达到了较高水平。中国民间对于祭祀扎纸的称谓不尽相同，如烧货、纸人、纸马等，它是中国纸扎的源头。在民俗中供俸纸扎是从原始、奴隶社会的墓葬、殉葬俑演变和发展而来的，在封建社会乃至近代一直伴随着人们祭祀祖先、怀念亲友而延存至今，现代的纸扎花圈、花篮等造型样式仍是本土的祭祖观念的延续。如今，在城市中，祭祀纸扎主要以花圈、花篮的形式存在；而在广大的农村地区，祭祀纸扎除了花圈和花篮，还以各种神、人、器、建、兽的形式存在，它表明了民俗的传承性和丧俗观念在民众中的遗存。

据孙太星介绍，南流寺的祭祀纸扎从他爷爷那时就有了，后经父亲传给他，他又传给了儿子、女儿和儿媳，使得孙家祖传的扎纸技艺得到了传承。

(1) 制作工艺

①纸扎种类

据孙太星介绍，祭祀纸扎主要有五大类，分别是：

其一，神像。一般扎制大件，内容和形式模仿陵墓石雕，常扎的体裁有方相氏、鬼神等。

其二，人像。包括童男童女、戏曲人物及不同类型的俑等。

其三，建筑。如灵房、门楼、四合院、排房、亭阁等。

其四，器具。如棺罩、灵车、花轿、饮食器皿、生活电器、供品、纸币、金山银山、摇钱树、聚宝盆等。

其五，瑞兽。常扎制的有牛、马、鸡、羊、狗、麒麟、龙凤等。

五大类中，最畅销的是后三类，且孙太星样样精通。

②纸扎材料

纸扎主要是用芦苇作为造型骨架，将纸张通过折叠、绘染、掬纹、烫贴、凿刻、剪裁等多种程序，绑扎组合成立体仿造品，要求易点燃，易焚烧成灰，供祭奠后在坟前烧化。所以纸扎的主要材料是以下三种：

骨架的构成，祭祀纸扎多用芦苇、高粱秸秆为骨架材料，因一次性使用不必求其牢固性，主要考虑易燃易焚。

纸，根据不同扎制类别可选择"皱纹纸"、毛边纸、金箔纸、棉连纸、誊写纸、蜡刻纸和不同性质的彩纸等。

扎接用的绳子，一般选择麻线、棉线或丝线，用于结构骨架的连接。

③纸扎制作程序

纸扎制作的主要步骤有设计、选料、扎骨、裁纸、糊纸、施彩六道程序。

设计：是纸扎成形之前的构想，所涉及的有纸扎的外部形态、实用功能以及消费对象等诸方面的因素。根据这些条件，决定材料的质地及其结构形式。纸人及一些道具纸扎要考虑它的使用与民俗习惯的关系。简而言之，即是对纸扎过程的总体筹划。

选料：根据不同的纸扎种类选择不同的材料和工具。如纸人的纸料比较丰富，一般身躯部位可用"皱纹纸"，服饰及器具的底部用彩纸，装饰纹样用金箔纸或其他电光性质的纸张装饰。

扎骨：就是采用各种缠绕方式，将纸扎的造型骨架用芦苇、秸秆等材料构建出来。在扎骨时，对骨架大小、形状的掌握程度、缠绕手法都是制约纸扎制作成败的重要因素。

裁纸：就是量体裁衣。首先丈量骨架的长短、粗细；其次，根据构思的颜色搭配，裁剪各种材质和颜色的纸张。

糊纸：就是把裁剪的纸张根据需要粘贴在骨架上，总体顺序是：后面—两边—里面—外面。除了依据先后原则，还要根据纸扎的结构进行粘贴。纸扎虽千姿百态，但其结构不外乎三大类，即平面结构、框架结构、立体结构。由于结构的不同，其糊制方法也有所不同，大体分为三类：

第一，整体轮廓糊制：这种工艺多用于平面结构的纸扎，先根据设计物体的外轮廓线剪裁出一个基本形，然后留出黏合的部分，一般为0.5~1.0厘米，下步将骨架上涂上黏合剂（白乳胶或糨糊）黏合。最后一步将毛边依骨架外轮廓剪齐。

第二，局部糊制：其糊制过程与整体轮廓糊制大致相同，所不同的是根据立体结构的局部形状而裁料黏糊。

第三，折叠成形糊制：一般运用在立体纸人的成衣装饰上，因纸扎人物以草束为骨架，服饰需先裁出外形折叠成衣状，然后"穿"在草架上。这类形式先糊服饰大形，然后再贴服饰花边和佩饰等附件。

施彩：即对所扎制对象的装饰美化。纸扎物品的施彩一般有两种形式：一种是糊制前先把装饰的内容画好；另一种是糊制好再施加纹饰和美化。其装饰技法有工笔彩绘、图案剪贴、色彩平涂、色纸平贴等。

但是随着现代纸扎工艺的进步和工业化生产，孙太星家纸扎的手工艺制作也发生了一些变化，机器印刷品有逐步代替原有工艺的趋势，彩绘、凿刻、折叠工艺很少使用了，粘贴、组装逐渐成为祭祀纸扎的主要工艺，原有工艺面临着消亡的危险。孙太星说，现在的纸扎手工艺就是把买来的平面纸片通过手工劳动转化为立体图形，而以前较多使用的裁剪和绘画手艺现在很少使用了。一个典型的例子就是以前的纸扎门窗都是自己剪出来的，具有立体感，现在的纸扎门窗则都是平面印上去的，不如以前生动；以前的每件纸扎，无论是神、人还是楼宇、器具，几乎都要用彩笔描绘，现在需要画的也就是一些台阶、瓦及一些简单纹路，而且有逐步减少趋势。

（2）手工艺人

南流寺的祭祀扎纸艺人主要是孙太星一家，除了孙太星，他的妻子，一个儿子、儿媳、三个女儿，都会扎纸技艺，这里主要讲述孙太星的生平技艺。

孙太星，1946 年生人，是南流寺孙氏第二十世。8 岁开始上学，1966 年从安阳县一中高中毕业，因为“文化大革命”而没有参加高考。提起这件事，孙太星依然觉得十分惋惜，因为他的成绩年年都是第一，如果不是废除高考，他很有可能考上大学，以后的命运可能也大不相同。但是高中毕业的孙太星那时只能选择回南流寺小学教书，除了 1984 年因为民办教师转正问题没有得到解决，停了两三年外，孙太星在郭流寺小学（那时的南流寺行政上属于郭流寺）教了二十多年学，成绩卓著，得到了很多奖励，但能力和荣誉都够资格的孙太星还是没有赶上民办教师转正。1991 年，孙太星选择回家务农并专心经营扎纸生意，一直到今天。但孙太星的扎纸手艺并不是这二十年学习的，而是从爷爷那辈传下来的，聪明好学的孙太星，自幼就学会了扎纸手艺，空闲时也总给父亲做帮手。“文化大革命”时，祭祀扎纸被当作“四旧”来批判，所以停业了几年，但是中国农村祭祀的传统观念根深蒂固，有时也会有人偷偷找他们扎纸。改革开放后，孙太星虽然一直从事小学教书工作，但是扎纸手艺也没落下，一直作为副业经营，而且还教会了自己的子女和妻子，将这个传统文化延续了下去。大女儿、三女儿现在在家务农，空闲时也会从事扎纸手艺；二女儿则在电厂对面开了一家门市店，经营花圈、纸人等祭祀物品。小儿子平时虽然在市里公交公司开车，但儿媳也经常在家帮孙太星老两口经营扎纸手艺，家里的扎纸生意十分红火。

随着科技的进步，现代人已不满足于以前的金山银山、童男童女等传统扎纸，孙太星也随势推出了电视、冰箱、空调、洗衣机等现代大家电扎纸，甚至连电磁炉、洗衣机也都可以扎制，这些产品深得村民的喜爱，卖得十分红火。孙太星说，由于经营品种太多，每次都是村民过来预订产品后，他们再制作，比如房子就有望子楼、迎子楼、大殿、瓦房、楼房、万金楼等，尤其万金楼的制作工艺最复杂，体积也是最大，高达两米七八，仅长、正方形就有十几个，更何况还有倾斜的桥梁等，所以不会在家备有太多存货，而且制作这些扎纸也十分费工时，制作一个一人高的大殿就需要两个人花一天的时间，上午搭支架，下午裁纸，再一块块地描绘、粘贴，而这样一个大殿的价格是 100 元，在农村的价格还是很实惠的。

南流寺的城市化脚步正在逐步加快，但是中国几千年的传统祭祀观念并不会快速消散，花圈、花篮已成为现代祭祀的标准祭品，相信南流寺的祭祀扎纸技艺还会长久地流传下去。

2. **木制品加工**

南流寺有两位木匠，孙银生和上文提到的经营染房的孙全禄。孙全禄的木工手艺主要是离开染房后去西郊乡建筑队学习的，大部分时间也是随建筑队转战各地去制作门窗和家具。十几年后，孙全禄回到南流寺独自经营了一段时间，因年龄渐大而放弃了。孙银生的主业是安阳钢铁厂的工人，从 19 岁去拉车、烧地炉，一直到 2002 年开皮带机，在安钢总共干了 33 年，而木工手艺则是从小随父亲学习的。据孙银生说，他的爷爷在当时是远近闻名的木匠，而父亲并没有完全继承爷爷的手艺，他则是在两人的熏陶下，逐渐学会了木工的手艺。孙银生最擅长的也是门窗制作，平时也会做一些农用工具。本节将主要讲述孙银生的技艺和生平。

（1）制作工艺

孙银生平时主要制作门窗，在空闲时也会制作一些农用工具、织布机、纺花机、板凳、棺材等，这里主要讲述门窗的制作。

①材料

木质门窗的材料主要是木材，除了购买者自己提供外，大部分木材是从本村购买，有时也会去市里采购，因为门窗加工需要的木材质地多样，本村的树种并不多。除了木材，还需要白乳胶、其他黏合胶料、钉子等辅助材料。

②工具

制作门窗的工具主要有钢卷尺、钢直尺、木工角尺、墨斗、划子、手工锯、手工刨（后来儿子给买了电刨）、木锉刀、木工斧、平凿、圆凿、斜刃凿、羊角锤、砂纸，等等。

③制作流程

木质门窗的制作流程主要是：制图—配料、截料—刨料—画线—打眼—开榫、拉肩—裁口与倒棱—拼装这 8 个步骤。

制图：就是根据门窗的长宽高绘制模型图，是配料和截料、画线的依据。

配料、截料：配料是在制图的基础上进行的，因此，要计算出各部件的尺寸和数量，列出配料单，按配料单进行配料。配料时，对原材料要进行选择，有腐朽、斜裂节疤的木料，应尽量不用。精打细算，长短搭配，先配长料，后配短料；先配框料，后配扇料。在选配的木料上按毛料尺寸画出截断、锯开线，考虑到锯解木料的损耗，一般留出 2 ~ 3 毫米长。锯时要注意锯线直，端面平。

刨料：就是用刨子刮削木料使其平整。刨料时，宜将纹理清晰的里材作为正面，对于门、窗框的顶及冒头可只刨面，不刨靠墙的一面。刨完后，应按同类型、同规格分别堆放，上、下对齐。

画线：画线是根据门窗的构造要求，在各根刨好的木料上划出榫头线，打眼线等。画线前，先弄清楚榫、眼的尺寸和形式，什么地方做榫，什么地方凿眼。所有榫、眼注明是全眼还是半眼，透榫还是半榫。正面眼线画好后，要将眼线画到背面，并画好倒裱、裁口线，这样所有的线就画好了。要求线要画得清楚、准确、齐全。

打眼：打眼之前，应选择等于眼宽的凿刀，凿出的眼，顺木纹两侧要直，不得出差错。先打全眼，后打半眼。眼的正面要留半条里线，反面不留线，但比正面略宽。这样装榫头时，可减少冲击，以免挤裂眼口四周。

开榫、拉肩：开榫又称倒卵，就是按榫头线纵向锯开。拉肩就是锯掉榫头两旁的肩头，通过开榫和拉肩操作就制成了榫头。拉肩、开榫要留半个墨线。锯出的榫头要方正、平直、榫眼处完整无损，没有被拉肩操作面锯伤，半榫的长度应比半眼的深。

裁口与倒裱：裁口即刨去框的一个方形角部分，供装玻璃用。用裁口刨子或用歪嘴子刨。快刨到要刨的部分时，用单线刨子刨，去掉木屑，刨到为止。倒裱也称为倒八字，即沿框刨去一个三角形部分。倒裱要平直、板实，不能过线。

拼装：拼装前对部件应进行检查，要求部件方正、平直，线脚整齐分明，表面光滑，尺寸规格、式样符合设计要求，并用细刨将遗留墨线刨光。门窗框的组装，是把一根边挺的眼，装入另一边的挺，用锤轻轻敲打拼合，敲打时要垫木块防止打坏榫头或留下敲打的痕迹，待整个拼好归方以后，再将所有榫头敲实，锯断露出的样头。拼装先将楔头蘸抹上胶再用锤轻轻敲打拼合。门窗扇的组装方法与门窗框基本相同。门窗框、扇组装好后，为使其成为一个结实的整体，必须在眼中加木楔，将榫在眼中挤紧。组装好的门窗、扇用细刨刨平，先刨光面。双扇门窗要配好对，对缝的裁口刨好。至此，门窗即制作完成，可以安装到墙上了。

（2）手工艺人

南流寺的木匠只有孙全禄和孙银生，孙全禄的生平在上文已经讲述过，因此这里主要介绍孙银生的技艺生平。

孙银生，1951年生人，是南流寺孙氏第二十一世，8岁开始在郭流寺小学上学，1965年小学毕业，因没有考上初中，回家务农。1970年去安阳钢铁厂做临时工，起初是拉小车，后来烧结块，烧地炉。2年后，踏实肯干的孙银生转为安钢正式职工，起初烧了2年地炉，后来开始开皮带机，到了1978年，转为开混压滚筒机，随着科技的进步，所开的混压滚筒机从最初的9米高逐渐升到10米，最后高达15米。2002年，又转为开皮带机。2003年，随着国企职工下岗潮，52岁的孙银生提前退休了，在安钢的工龄共计33年零10个月，所以工资只能按30~35年工龄的档次发，2003年退休时的工资是900余元，后来，随着国家几次上涨退休工人的工资，现在已经达到2100余元，并且每个月有50~60元的医疗补助，只是只能在安钢医院使用。

孙银生是从1969年开始跟着父亲在生产队学习木工手艺的，两个人拉大锯，一天算一个半工。第二年去安钢以后，下班后也会跟着父亲学。父亲主要制作架子车，当时的架子车轮胎已经是橡胶的了，而爷爷那时期还是木轮，所以制作难度下降了一些。而孙银生在掌握了木器制作的基本原理后，自己主要制作门窗，即在门窗框内有很多方格的老式门窗，今天，在一些老式建筑中依然能看到。所以，2010年，附近的一个寺庙请孙银生前去制作老式门窗和房架，每天工作9小时，支付100元/天。除了门窗，孙银生还会制作农用工具，如犁地用的耙子，在两根平行的木条下面交错钉入一些略有弧度的耙钉，其中耙钉的长度约为15厘米。除了农用工具，孙银生还会制作织布机、纺纱车、板凳、棺材等。最多时，孙银生一天能做3~4个板凳，然后拿到集市上卖，一个板凳大约十几元，现在已经涨到30元一个，而那时的纺纱车一个能卖30元。退休后，孙银生还会利用空闲时间做一些小凳子和菜板，木材主要从本村购买，其中一米长的菜板一天能做两个，每个能卖到150元。但是2010年的下半年，孙银生不幸得了脑梗塞，手术后手脚还有一些麻木，所以现在很少再制作这些木器了，只是偶尔依据自己的意愿再做一些。在农村，对木匠的需求比较强烈，而孙银生为人十分踏实、诚恳，所以平时有村民请求帮忙时，孙银生总是很爽快地答应，却很少收劳务费，而且材料费也收的很低，所以在村民中有很好的名声。

七、经济政策

南流寺村处于城市与农村的交接地带，近年来随着城市化进程的推进，南流寺村被规划入城市圈成了“城中村”。排除地理位置，单从生产和生活方式的意义上来讲，南流寺村仍是一个农村村庄，村民也没有做好城市化的准备，这些因素决定了南流寺村的城市化改造将是一个逐步改造的过程，这个过程涉及各个方面，如村民的工作、居住、生产等。在这种尚未完成由农民向市民转变的情况下，其经济发展以及相应的经济政策制定和实施都具有自己的特色。值得说明的是，南流寺作为一个村，并不具备制定各种经济政策的能力，往往只是作为各项政策的基层执行者。所以我们在这一章中主要讨论区乡级政府的政策制定，以及在南流寺的实施情况，乃至最后的效果评价。

（一）经济增长

1. 招商引资

一个村经济的发展主要取决于这个地方拥有的企业的数量和质量。企业不但能带动附近区域的就业，而且还能提高周围消费水平，从而促进周围区域的商业繁荣。如果是村民入股或自己创办的企业，还能有利于整体村民财富的增长。因此，各级政府都有动力招商引资，并且为企业创造良好的环境，促进企业的良性发展。在改革开放的大环境之下，地方政府都极力去追求经济利益，于是到处可见地方政府推动的产业园或工业园区。但是市场是一个大蛋糕，这个蛋糕的大小取决于人们的需求，市场条件下企业也是由市场决定而产生的。当需求增长亦即企业数量的增长小于各种工业园容量的增长时，势必会产生地方政府之间为了吸引企业投资的竞争。在这种竞争的态势下，为了能够激励个人和组织吸引企业落户，各个地方都出台了很多奖励政策。西郊乡也不例外。

西郊乡为了加大招商引资的工作力度，实施经济强乡的发展战略，鼓励和扶持辖区企业扩大生产，推动西郊乡经济的健康快速发展，充分调动社会各方面的积极性，加快城乡一体化建设步伐，结合该乡实际，在 2008 年 1 月 1 日出台了《殷都区西郊乡人民政府关于对招商引资及财政贡献突出企业的奖励办法》，以下简称《办法》。《办法》从2008年开始执行。

《办法》规定了奖励对象，可以分为三类：第一类是符合国家产业政策，具有一定规模，在西郊乡进行工商注册、税务登记的股份制公司、有限责任公司和各类经营性公司；第二类为凡组织或个人（即引荐者）通过各种渠道向西郊乡引荐外来投资项目及资金并获得成功的，或者通过其他方式对乡财政收入贡献突出的；第三类为辖区内对乡财政收入做出突出贡献的纳税单位。对于以上三类，只要乡政府已经确定，就按照奖励办法进行奖励。

《办法》还就具体的奖励标准做了详细的说明：①凡是在西郊乡范围内投资兴建工业和农副产品加工类等有税收的项目，按当年度企业新增可用财力的20%给予招商中介奖；②非职务行为引进无偿资金进行基础建设或争取上级部门计划外拨款，按到位资金的20%给予招商中介奖，属职务行为的不给予招商中介奖；③凡入驻西郊乡投资经营的生产经营性企业（指制造业、加工业、商贸、服务业），对乡财政收入做出突出贡献的，按年度缴纳的乡实得财力的一定比例奖励给企业，作为企业发展资金；④凡在西郊乡注册，但不在西郊乡生产经营的企业，采取一企一策、一事一议的办法，按年度缴纳的乡实得财力的一定比例，作为扶植企业发展资金，支持企业发展；⑤凡通过其他方式促使乡财政收入大幅增加的单位或个人，且贡献突出的，采取一事一议的方式，按乡实得财力的一定比例进行奖励。原则上奖励比例不超过实得财力的30%。

在这个办法的激励下，南流寺村上规模企业增加了三家，达到了如今的七家，增长了75%。增长的三家企业分别为安阳市同诚金属有限责任公司、安阳市永佳铁合金有限责任公司和安阳市远联贸易有限公司，它们的注册资本都在一百万元以上。一般企业也增加了很多，如今除了这七家企业外，还有大大小小的企业二十余家。但是，在调查中我们发现这些企业往往没有自己的主营业务，也没能进行常态化生产，雇用的工人几乎都是临时工，有活就干，没活就关门，确实很难监管。从南流寺村提供给我们的抽查企业数据来看，这些企业占地大到十几亩，小到一亩，可是无一例外应缴税额都只是五位数，我不得不怀疑其数据的真实性。看来对于这些企业而言，奖励的诱惑远不及完全免去税收。从这个角度上看，《办法》只对那些规范的企业才能起到一定的作用，对于不规范的企业，作用十分微弱。

对于那些一直未上轨道的大多数企业，如何实现稳定的经营，开拓稳定的市场才是最需要解决的问题。在这个方面，无论是乡级还是区级政府，我们并未发现相关政策。其实对于地方政府而言，招商引资固然重要，但是如何让引来的企业能够长期稳定的发展也非常重要，否则好多企业落户后，没过多长时间就倒闭，这不但是资源的浪费，而且还会导致地方经营环境的恶化。在这方面，各级政府其实本可以做得更好，包括为企业提供相关的咨询服务，这些服务可以涉及法律、市场、技术等，这是高层次的招商引资政策，并且具有不可替代性。

现在，随着南流寺整体改造逐渐进入实施阶段，工业园作为整体规划中的一部分，招商引资也已经进入操作阶段，并且初具成果。从结果来看，具体项目也并不是简单的由外人投资，实际上是由本村人建立的股份公司具体操作。工业园已经不是一个简单的招商平台，而是作为南流寺经济的一个经济发动机。但是对于这种方式，我抱着怀疑态度，因为工业园实际上是集体的产物，如果这个集体的产物成为村里少数人自行牟取利益的工具，很难保证他们立场的公正性，从而造成对整体利益的侵犯。这其实又回到了一个老问题上，政府（包括基层政府）到底应该做什么，它的立场究竟是什么，各级干部是否能在自己的行政区域上从事商业活动。如果这个问题不解决，“新瓶装老酒”这类的事情就无法杜绝。

2. **整体改造**

随着安阳经济的不断发展，城市规模随之不断扩大，市区的范围自然而然向外扩张，原来属于农村的村庄被包围进了城市。但是南流寺村还并不是公认的城市社区，它虽然已经在城市中，但是人们还依然保留着农村的生产和生活方式，是一个并未完全城市化，还带有浓厚乡村特点的“城中村”。在寸土寸金的城市，粗放的土地利用方式必然不适应整个城市的发展，于是城中村的改造自然提上了日程。由于各个城市经济发展程度不同，难以形成统一的政策，所以城市改造政策一般都是由当地城市自己制定并实施。

城市改造是一个由来已久的复杂问题。在中国，城市改造常常即为拆迁，于是城市改造涉及方方面面的利益，关乎政府的下一步发展规划，关乎企业的投资能否得到回报，更涉及拆迁户的生存。因此，在这个过程中，三方博弈异常激烈，政府作为城市改造的推行者往往会偏向拆迁一方，从而造成了二打一的局面。随着中国民众个人财产权利意识的苏醒，对于政府和开发商的反抗力度也日趋激烈，当下新闻中的“钉子户”早已不是新闻，暴力拆迁更是时有发生，对于暴力拆迁的反抗，民众甚至激烈到以性命相搏的地步，这从报纸上“自焚”、“自杀”事件可以看出。在这样一个大背景下，处理好与拆迁户的关系，实现政府、开发商和拆迁户的“共赢”尤为重要。这也是一个城市改造的成功基础。

安阳市在城中村改造方面出台了一些相关政策，主要有《安阳市人民政府关于加快城中村改造的实施意见》（安政文〔2004〕23号）、《安阳市人民政府关于进一步加快城中村改造建设的意见》（安政文〔2008〕70号）和《安阳市人民政府关于安阳市城市建设三年计划项目城中村拆迁补偿安置的指导意见》（安政〔2009〕36号）。关于在《安阳市人民政府关于安阳市城市建设三年计划项目城中村拆迁补偿安置的指导意见》确定了城中村拆迁补偿标准。具体补偿标准为“村民合法房屋面积部分补偿标准按照同地价的原则，依据同类区城中村改造安置房价确定，实行货币补偿，可在此基础上上浮60%，实行产权调换的不再上浮”，“实行房屋产权调换的，原则上房屋合法产权建筑面积与安置面积按1∶1的比例进行产权调换安置”。对于此项补偿标准，只要是稍微了解农村的人都会感觉到其中的问题。因为城市和农村住房最大的不同在于，农民的住房是宅基地住房，在这块土地上只有一户人家的房子，如今拆迁改造产权置换面积仍旧只是相同的面积，但是农民却失去了宅基地，这种明显不平等的政策不可能让拆迁户满意，因此拆迁工作困难重重。而且这几年对于暴力拆迁的关注，使得地方政府不能为所欲为，因此，城市改造进展缓慢。

为了破解城市改造中出现的难题，使城中村改造工作顺利进行，安阳市在2011年3月21日又出台了《安阳市人民政府关于进一步加快城中村改造建设的补充意见》（安政〔2011〕9号）。这个《补充意见》最大的亮点就是在强调“市场开发运作、社区自主改造”模式的同时，鼓励各区政府探索最适合的改造模式。这就为殷都区对城中村改造模式的探索和创新提供了政策支持。

殷都区政府在城中村改造的问题上，坚持“依靠群众参与”的理念，在项目拆迁中避免过去由政府拿出拆迁补偿方案，强加给群众的方式，而是把政策都交给群众，由群众进行讨论。政策实行的基层就是村庄，把决策权归属村民，由每个村自行决定，自己做工作说服每一名村民，这种方法往往比外人进行拆迁工作容易得多。因为这符合最基本的道理“堡垒往往最易从内部攻破”。殷都区对于城中村改造能够引起村民共鸣和信任的根本在于它不参与任何涉及经济利益的行为，不与民争利，只是在大的问题上起监督作用。村民在村的整体改造中自行确定改造模式，所涉及的利益由村民自己进行协调分配，本质上就是在城市改造上实现基层村民自治。

南流寺村在殷都区放权的政策下，寻找自己的城中村改造之路。为了寻找适合自己村发展的道路，村里专门邀请相关专家进行调研，并制定了南流寺村“两步走”战略。“两步走”就是分两期实施村庄改造工程，一期工程在村西侧建设一个住宅小区，解决村里住房困难户及部分群众的住房需求，预计一年内可完成建设。二期工程在村部分群众搬迁到一期小区后，在节约出的土地上，继续实施村庄改造规划，实现村民集中居住，建设完善配套服务设施，完成整个村庄改造工程。这个工程具体建设可以概括为“三区、三园、一馆、三中心”。“三区、三园、一馆、三中心”中的“三区”就是一期改造工程建设的一个住宅小区、二期改造工程在原村居住区建设的两个住宅小区；“三园”就是与二期改造工程进行同步建设的小区配套商业园、村东南工业园、村西沿南水北调生态农业示范园；“一馆”就是二期改造工程在一期住宅小区南侧建设的高档酒店宾馆；“三中心”就是二期改造工程建设的与“三区”配套的三个综合服务中心即养老院、医院、中心幼儿园。

在解决整体搬迁问题的同时，根据“依靠公司、整体推进、齐头并进”的工作思路，南流寺村计划在实施居民小区建设工程的同时，率先完成股份制公司的组建，并依托公司，在合适的地块进行产业集聚，发展房地产开发产业、商贸物流产业、高效农业产业等产业项目，使其尽快达产见效，以引进企业的高额利润，促进村民增收，缓解一期住宅小区资金短缺问题，实现小区建设与产业发展引进项目的互相支持，和谐发展。

在前期的土地流转问题上，南流寺村的实践充分验证了殷都区关于城中村改造“依靠群众参与”思路的正确性。正在进行的一期住宅小区建设规划在村西北地，占地约一百余亩，涉及五十余户村民土地。在土地流转实施中，村两委向占地户及全村群众进行了广泛宣传，向全村印发了“致南流寺村民的一封信”，并制作了宣传录音带，在全村广而告之。村两委干部及八名回村人才采取“包户”责任制，每人分包几个占地户，不分昼夜地做群众思想工作，终于按时间按要求签订了土地流转协议，完成了土地流转工作。如今南流寺村已经完成一期住宅小区建设的详细规划。

关于负责开发的股份制公司需要进行特别说明。由于集体性企业可能会涉及集资的合法性问题以及以后公司归属模糊的问题，所以南流寺村成立的公司不是村集体企业，与村集体财产、财务无任何关联，它完全实行独立核算和市场化运作，是标准的股份制责任公司。村民可以现金入股，但是不参与公司具体运营，只是年底参与分红。但是这种以现金入股的形式容易将大部分中低收入的村民排除在外。公司虽然不是集体企业，但是它在进行市场运作时，尤其是在南流寺村整体改造的过程中，不可避免的触及土地、房屋等涉及全体村民利益，公司利益与全体村民利益交织在一起，可是最后的收益却是入股的少数人，这就可能违背了它成立当初带领村民致富的初衷，沦落成了少数人的特权俱乐部。所以有必要对这种现金入股的方式进行改变，可能以土地或房子入股是最佳的方式，至于土地入股后如何转化为公司的运营资金，这只是融资上技术层面的问题。

（二）经济管理

1. 财政税收

村是最小的经济基层行政单位，企业无论规模大小，所有制性质如何，最后总是位于一个具体的基层中，它也会同所在基层在各个方面打交道。另外，村也必须去面对各种各样的企业，这些企业位于村中，会给所在的地方带来就业，增加消费，从而带来商业上的繁荣。但是，这只是宏观层面上的间接利益，最直接的利益是税收。税收是一个大的蛋糕，各个方面的人都想去分得一部分。税收这个蛋糕的大小往往取决于征税来源，而征税来源一般有潜在和现有两种。要想扩大源头的收入，必然需要做到两点：第一，将税收增长点变为现实，即招商引资，多创办企业；第二，避免现有企业偷税漏税。这涉及一个基层的积极性的问题。虽然村一级没有征税权利，但是在具体的征税环节上一直都起着十分重要的作用。西郊乡为了发展经济，增加财政收入，于2005年1月1日出台了《关于对各村实施税收分成与奖励的意见》，以提高各村招商引资和协税护税的积极性。

这项措施的基本原则是：“确保存量，着眼发展，增长共享，税收事管，逐步调整，渐进到位”。按照该《意见》，乡里每年都会给各村下达任务数量，年终完成任务的村，完成部分按5%分成，超出任务部分按20%分成。在这些税收收入中，有些是不参与分成的，如国税部门征收的税，教育附加费，以及由区、乡政府牵头引进的重点项目和一次性增加乡财政收入的税收（如建筑营业税等）。为了加强对村的管理，《意见》还规定有下列情况的村子不参与分成：①当年税收没有完成任务的；②发生重大安全事故被一票否决的；③违反“村财乡监”有关规定的。上述后两项对村的行为有了直接约束，强化了上级单位对村的约束和管理。

对于村级税收分成的支出，西郊乡在《意见》中也做了相应的指导。按照金额区分不同情况，各村分成收入在一万元以下者，原则上由各村自行掌握，主要用于招商引资、村办公经费等支出；税收超过一万元的，原则上分成所得的50%由村掌握作日常工作支出，剩余部分的50%由村申请，乡政府同意，主要用于村内基本设施建设、兴办公益事业等支出。其实际遵循的原则是“村财乡监”，加强对基层资金使用的管理。

“村财乡监”本质上是村的财政由乡里进行监督的机制。因为在基层自治过程中，村级的财务问题一直是最为敏感的环节，由村财务问题所导致的村委与村民对立的情况此起彼伏。因此在这种问题比较频发的地方，就迫切需求实行“村财乡监”或“村财乡管”的制度。但是这种制度也一直存在着争议。这些争议主要集中在“村财乡监（管）”会破坏村民自治，因为自治的基础是经济自治，如果经济自治没有实现，何谈村民自治。另外，“村财乡监（管）”在解决一个村委支出无监督的问题时，又可能带来一系列问题，如“村财乡占”，又出现了对乡一级的监督问题。在中国，“好经”总能念歪，这就是最大的国情。

南流寺村总体上处于以上政策的背景之下发展的。理论上，这种财税政策可能在提高村的招商引资的积极性上起到了一定的作用。但是，对于加强村对村里企业的偷逃税的监督作用却并不明显。因为，我们在调研中发现，村里的企业除了几家规范企业外，很多企业并不规范，开几天关几天，纳税很难监管，提供的数据也很不准确。规范的企业不需要村里的监督照样依法纳税，不规范的企业往往是属于投机型的，什么赚钱干什么，一有税收部门来就关门。我们在调研时，他们就非常警惕我们的动机，害怕我们是税务部门派过来的。这些企业的老板大都是村里能说得上话的，村民不会管，村委会干部可能与他们相熟，这种情况之下，政策的效果自然是要大打折扣的。

2. 南水北调保障

在南流寺村的调研过程中，我们经常会听到村民提到南水北调的征地补偿。在去南流寺村砖厂的路上，我也亲眼看到了南水北调工程的施工。南水北调工程是国家工程，其中穿越了许多省市，安阳市就是河南境内的重点地区。巧合的是，南流寺也刚好处在工程的路径规划中。在这种情况下，西郊乡考虑到南水北调中线工程征用乡里的大量土地，为了做好南水北调工程建设征地补偿和移民安置工作，维护移民合法权益，保障工程顺利进行，保证不出现失地农民，同时进一步加强管理，根据《大中型水利水电工程建设征地补偿和移民安置条例》、《南水北调工程建设征地移民补偿和移民安置政策》、《中华人民共和国农村土地承包法》、《河南省南水北调中线工程建设征地补偿和移民安置实施办法》、《中华人民共和国人口与计划生育法》，以及征求有关村调整承包土地的建议，在2007年出台了《西郊乡人民政府关于南水北调占地调整土地的指导意见》。

《意见》的整体原则是确保南水北调工程占地后不出现失地农民，移民安置后生活水平不降低；移民原则上在本村安置，本村环境容量不足可在邻村或跨村调整土地安置。

《意见》指出：①各村土地调整方案须经调整范围的集体经济组织成员的村民会议三分之二以上成员或者三分之二以上村民代表同意；②违法生育二胎者七年内（即1999年9月27日24时后出生的）不分给责任田。违法生育三胎者十四年内（即1992年9月27日24时后出生的）不分给责任田；③其他相关事宜由各村村民代表大会三分之二以上通过决定。

《意见》加强了民主在土地变动上的约束作用，限制了村委班子不顾村民利益，做出不利于村民利益的决策，这是非常必要的。在农村，最大的财富是土地，农民对土地的感情也最深。这是几千年的农业传统延续下来的，虽然现在种地收入不高，土地的观念也受到了商业文明的冲击，但是农民对土地的感情仍然是热烈而执着的。谁动了农民的土地，就是触及了农民的根本利益。倘若不能公正而合理地解决补偿问题，势必会埋下社会问题的隐患。

由于土地制度的限制，土地不能自由买卖，导致财富难以转化成资本，这也限制了农村以及农民收入的增长，可是当土地被征用时，它的巨大财富效应就体现了出来。村里征地，往往不会与具体的个体村民协商，而是通过村委会，这种信息不对称为村委会的暗箱操作准备了条件。村委会班子一旦难以抵挡巨大财富的诱惑，很容易将村民的利益抛在脑后，这就需要解决信息的不对称问题，加强村民对村干部的监督。重大事宜需要村民代表多数同意，这就使得村民的监督权力制度化。总体来说，这个还是值得称颂的。

另外，我们可以看到，西郊乡要求将计划生育与土地挂钩也是一大特点。多年前关于计划生育野蛮执法的问题不再存在时，各级政府开始调整了自己的工作方法。将经济利益与计划生育挂钩无疑是一个有效办法。罚款是一个措施，但是罚款类似于从别人的口袋将钱掏出来，想想都难，因此执行是一个难题：罚得多，难以执行，又不能野蛮执法；罚得少，不痛不痒，起不到约束作用，没有意义。但是如果事先声明，违规者剥夺权利，而这权利本不是已经得到的，而是将要从上面新赋予的，这样一旦违规，就失去了权利，本应归属自己的财产分给了他人，却不能找他人要，因为去要也意味着从别人的口袋中掏钱。土地对农民有着很不同的意义，不仅仅是收入来源之一而已。而且一旦征用，这是一大笔收入，并非可要可不要。因此，这项措施对于计划生育的执行起到了不错的效果，在我们调研过程中，我们所调查到的家庭基本上都符合计生政策。

由于南水北调工程的重要性，地方政府在各方面都开了绿灯，全力配合。南水北调工程占地的补偿标准是每亩地一次性补偿 18400 元。村民对于这个较低的补偿标准也表示理解，认为国家征用用于民生工程，是一件利国利民的大好事，应该支持国家的项目，即使补偿少些也没有关系。在这个过程中，西郊乡一方面做好被征地农民的土地补偿费和安置补助费的发放工作，根据国家南水北调征地款的拨付标准，把涉及西郊乡十个村（北士旺、丰安、赵常庄、卢士旺、南士旺、西梁村、南流寺、郭流寺、北流寺、史车村）的村民征地款 2165 万元全部发放到村民手中；另一方面加快南水北调配套项目工程建设，协调南水北调临时用地三处，共二百余亩，打机井三十眼，配套二十八眼，安装变压器八台，保障了国家重点工程的顺利推进。

3. 基础建设和服务

基础设施建设和服务是农村经济建设的重要内容。农村与城市最大的区别就在于基础设施和公共服务上。随着中国经济的发展，中央越来越重视农村基础设施的建设。中国共产党十六届五中全会提出，按照生产发展、生活宽裕、乡风文明、村容整洁、管理民主的要求，扎实稳步推进社会主义新农村建设。中发〔2006〕1 号文件和“十一五”规划《纲要》对当前和今后一个时期新农村建设做出了进一步部署。《国家发改委关于加强农村基础设施建设扎实推进社会主义新农村建设的意见》（发改农经〔2006〕2325号）指出“农村基础设施是农村经济社会发展和农民生产生活改善的重要物质基础”，“坚持从广大农民迫切需要解决的问题入手，继续支持粮食生产，推进现代农业建设，不断加大农村饮水安全、农村公路、户用沼气、农村电力投入力度，加快农村生态治理，改善农村居住环境；继续支持农村科技、教育、医疗、文化、体育等基础设施建设”。

随后，党的十六届六中全会以及随后的十七大提出“开展农村社区建设”，以加强城乡一体化服务，缩小城乡差别。安阳市对于新农村社区建设给予了很大的重视，制定了《安阳市新农村建设规划纲要》（安发〔2007〕7号）和《实施意见》，明确了“五年打基础、十年大发展、十五年大突破”的总体部署，确立了新农村建设的三步走战略，着力于健全机构，加强领导，加大投入力度，强力推进农村基础设施和公共服务建设。以“四清三改六建”为例，“四清三改六建”就是清垃圾、清污水、清路障、清淤泥，改厕、改圈、改厨，建绿色生态村庄、建科技信息大院、建“街街通”道路、建自来水、建卫生室、建农村综合服务超市。这几项基础设施如果能全部执行到位，那么农村的面貌会得到很大的改变，从而为农村的经济社会发展创造良好的硬件条件。

在各项政策的推动下，殷都区和西郊乡加快对各村基础设施建设的推动，各村的基础设施建设进程前所未有的加快。按照洁化、绿化、硬化、亮化、美化的“五化”要求，西郊乡共投入资金500余万元，全面加强农村基础设施建设。一是新建水冲式厕所15座。南流寺村就有1座。二是增加绿化覆盖率。107国道北士旺、丰安路段新增绿化面积3.1万多平方米。黑河路新栽绿化苗木1000余株。三是加强道路建设力度。新修村内道路11条，并对107国道两侧55个道口进行硬化，全面降低了107国道二次扬尘。四是在乡、村主要干道安装、补装路灯两千余盏，使乡村主要干道实现全部亮化。五是对各村主次干道和107国道、安林公路西郊段，黑河路墙体重新进行粉刷，共计粉刷墙体14万平方米。

南流寺村的基础建设可以追溯到1961年。1961年首次架线通电，改建三支渠，解决彰武水库移民住房问题。1963—1966年，开始规划宅基地，并打机井四眼。1971—1986年，在万金渠上建发电站，建成第一所小学，硬化西地农渠四道、头道渠一条，硬化西北地渠一条，安装了全村自来水管，打机井五眼。1986—1990 年，硬化小学门前路面 300 米，规划北地新住宅区，硬化孟家街路面。1990—1995 年，新打机井四眼，修建村中心南北大道 3000 米，硬化农渠三道，总长 3000 米。1999—2004 年，硬化南流寺、郭流寺交界路面 150 米。2005 年硬化各条道路总计 2000 余米，新建老年活动中心，村中戏院舞台，规划各项宅基地。从以上数据我们可以看出，南流寺村的基础建设速度在不断加快。

南流寺在基础建设这方面的支出有着多样化的来源。安阳市如今已经开始建立各级财政投入、村集体投入、单位帮扶、社会捐助相结合的农村社区建设多元化投入机制。安阳市财政已将农村社区建设所需资金列入财政预算，根据工作开展情况，每年安排一定资金，用于农村社区便民服务大厅、村民学校、图书室等公益性服务场所建设的以奖代补。试点工作阶段每个村补贴 6 万元，全面推进阶段每村补贴 4 万元，市、县（市、区）财政 5∶5 分担。从 2008 年开始，安阳市就开始对新农村的社区建设安排了财政专项经费，并且逐步增加投入力度。2008 年市财政拿出 500 万元专项经费，2009 年又拿出了 700 万元专门用于全市 130 个市级试点村建设（包括十个标兵村）。并且随着南流寺村自身经济的增长，南流寺村对这方面的投入也越来越大。如今在南流寺村的总支出总额中，水电支出约占 2%，基础设施支出占 62%。

在卫生方面，主要体现在“创卫”方面。由于安阳市在争取创办“全国卫生城市”，所以殷都区也一直很重视这方面的问题，并且推行一系列的政策和措施。首先，加强舆论的宣传，无论是在报刊还是电视广播上，民众都能看到相关方面的信息，让民众处于这种氛围之中。其次，各级乡办、部门、单位，要做好信息报送工作，每天都要向区委宣传部门报送宣传信息，宣传部门及时将“创卫”情况向全区进行通报。在这些政策的推行下，殷都区的“创卫”工作取得了良好的成效。例如在小餐饮店治理方面，为了提高了全区小餐饮店的整体状况，殷都区在小餐饮店整治工作中规定了“三个明确”，即责任明确、标准明确、分工明确，以及“五个到位”，即组织到位、宣传到位、政策到位、监督到位、整改到位。在这些政策和原则的推动下，有效地改善了殷都区小餐饮店。而且殷都区充分发挥“十大员”的“创卫”监督和宣传作用，将“创卫”政策和知识普及每个单位、店铺、每家每户，同时，还鼓励居民的参与，形成全民共建的良好氛围。

西郊乡为了巩固“创卫”成果，保持农村长期干净整洁，根据殷都区政府的“创卫”政策，积极探索实施了所谓的农村环境卫生长效管理机制。在这个体制下，西郊乡积极做好全乡19个村的村内卫生保洁、生活垃圾清理清运、村内绿地养护、村外道路养护清扫公开招投标工作，并与安阳市永清劳务公司达成了市容卫生及秩序协管、绿地管护服务合同，每年需投入资金84.6万元。农村环卫长效管理机制在全乡19个村全面实施，截至目前，运行效果良好。南流寺村在卫生清洁方面支出年均约4万元，主要用于清理生活垃圾。

（三）经济福利

1. 农业补贴

“三农”问题一直是中国的大问题。中央一直以来都很重视这个问题的解决，并且不断推出一些惠农政策，希望能够减轻农民负担，增加农民收入，完善农业补贴政策就是重要的一环。农业补贴政策本质是一种农业支持和保护政策，它主要包括综合性的补贴政策和生产性的补贴政策。综合性的补贴包括粮食直补和农资综合直补；生产性专项补贴政策包括良种补贴政策、最低收购价政策和农机购置补贴政策。作为产粮大省，河南省一直把农业补贴政策作为稳定农业的重点政策加以实施。河南省对种粮农民实施的各种补贴有粮食直接补贴、优质专用小麦良种补贴、专用玉米良种补贴、农用机械购置补贴、农村劳动力转移培训和测土配方施肥等不同种类的补贴，同时还增加了对农民种粮需要的柴油、化肥等农业生产资料的直接补贴。为了能够真正落实国家和省政府相关农业补贴政策，安阳市出台了一些规范性措施，尤其针对大件的农机购置补贴上加大监管力度，防止弄虚作假，从而让实惠真正由农民受益。在这些过程中，会要求经销商严格按照相关政策进行定价和进货，不得以任何借口涨价和扰乱市场秩序，对售后服务进行严格的监督，确保政策的连续性和有效性。近年来，由于殷都区已经慢慢融入城市圈，本来就少的耕地在城市化的过程中更是日趋减少，所以殷都区更加关注的是如何正确地转型，以及保护当前农民的利益，保证国家和上级对农民的补贴能够切实到达农民手中，征地补贴得到合理赔偿，从而保证农民的权益不被侵犯。

上述政策执行的力度较大，都已经深入了基层。近三年来，南流寺村全部免除了农业税，并实施了粮食补贴、良种补贴、农机具购置补贴等政策，这些政策的实施提高了农民生产的积极性，促进了粮食持续增产增收，促进了农民收入，减轻了农民负担。生产性专项补贴一般是在生产过程中就完成了，可操作空间不大。对于综合性补贴是普遍性补贴，往往是直接的货币补贴，而且农民生产中往往难以接触到。这种补贴很容易被上级单位所克扣，并不一定最终能到达农民手中。为了解决这个问题，现有政策规定补贴金额直接打到农民的专有账户中。根据这项政策以及上级对涉农资金“一卡式”发放的要求，西郊乡每年按时将种粮补贴和综合直补资金及时发放到各农户，真正做到了“一户一折一号”，实行“一折通”发放。

同时，西郊乡开始加强农村“三资”管理，开展了农村集体财产物资清理、清查整顿活动；制定了《西郊乡农村合同管理办法（试行）》，进一步规范合同签订程序。从2008年1月1日起，各村所有新签合同都必须加盖“西郊乡农业服务中心”印章后生效。另外，还扎实推行村务公开，实行村级财务定点、定时公开，并向村民发放农民负担监督卡，接受村民的广泛监督，为农村集体经济健康稳定发展奠定基础。

但是由于如今南流寺已经不再是以前的农村了，人均只有四分地，所以这些补助对于这些不是农民的农民来说，只是增加了一个收入的来源，以及被征地补偿的根据。关于农业积极性的提高的说法显然有些冠冕堂皇。过一些年，种地只是村民的集体记忆而已。

2. 低保补贴

在中国，一直就存在着城市和农村的二元结构。城乡二元结构不仅体现在生产方式的先进与否，而且体现在社会保障水平上。新中国成立以来，中国工业和城市是建立在对农业和农村的强制性掠夺的基础上，农业长久以来以低价支撑着中国工业体系的建立，而农民却长期被排除在经济发展成果的共享者之外，农民受到了严重的歧视以及不公平对待。其中户籍制度更是将这种歧视制度化了。

在集体经济时期，农村的社会保障体系尚能保障人民的基本生活。可是随着改革开放的推进，这种保障体系已经解体，农民除了土地之外没有任何的保障，但是由于土地上的低产出，农民难以为自己的生活提供保障。另一面，由于金钱至上等观念的冲击，农村原本的传统家庭关系和结构也受到了破坏。由于疾病、老龄化导致的贫困问题屡见不鲜，于是，关于农民社会保障问题提到了日程。事实上，在20世纪90年代，民政部就开始在一些发达地区进行小规模试点，但是由于缺乏制度化的保障，只能依靠基层政府的道义补助，缺乏连续性，且覆盖很不全面，从而难以满足人们的需求。

进入21世纪后，2002年党的十六大提出了"有条件的地区探索建立农村低保制度"后，特别是在党的十六届五中全会提出建设社会主义新农村以后，农村最低生活保障制度迅速在全国各地推广开来。2007年中共中央1号文件（即《中共中央国务院关于积极发展现代农业扎实推进社会主义新农村建设的若干意见》）又明确提出"在全国范围建立农村最低生活保障制度，各地应根据当地经济发展水平和财力状况，确定低保对象范围和标准，鼓励已建立制度的地区完善制度，支持未建立制度的地区建立制度，中央财政对财政困难地区给予适当补助"。这个文件为农村最低生活保障制度在全国的普及提供了强大推动力，到2007年底，全国31个省区市的所有涉农县（市、区）都出台了农村低保政策，普遍建立和实施了农村最低生活保障制度，农村享受低保人数已达3400多万，给广大农民群众特别是生活困难群众带来了实实在在的好处。

如今南流寺村享受低保人数143人，低保户经济状况都较差，低保户人口结构有一到四人不等，低保费分A、B、C三类，其中A类70元/月，B类60元/月，C类50元/月，每季度通过现金形式定期足额发放，每年的低保户设立了永久公示栏，公开公示，区、乡民政部门定期深入基层检查落实发放情况。低收入家庭和特困户的补贴政策有农村低保、节日期间慰问、突发事件临时救助等。另外，南流寺村每年在中秋节和春节，会给村里面60岁以上的老人发慰问金，中秋节每人50元，春节每人100元。在这些低保户中，还有十余户特困人家，对这些特困户春节会多发100～200元。从我们调研的情况上看，低保户基本是符合政策的。但是我们认为，低保金额偏少，并且常年没有变动，是否应该考虑到物价的因素得到适当的调整。同时，低保户的确定很多是靠村干部推荐，村干部的权力过大，这种情况往往会造成亲村干部者得利，而其他符合标准者能否得到低保名额，完全取决于村干部的良心。

3. 合作医疗

农村合作医疗是由我国农民自己互助共济的医疗保障制度，它的历史由来已久。合作医疗自20世纪40年代的萌芽开始，新中国成立后随着社会主义改造的进行，其基本制度开始创立并成型，并在集体时期的60年代和70年代达到顶峰，但是到了70年代末80年代初，伴随着集体经济的逐步解体，赤脚医生制度由于缺乏集体的支持也逐渐走向没落。与此同时，由于集体收入减少使得村内卫生所缺乏资金来源，村内的公共卫生机构无法继续支撑，最终瓦解。从以上两个方面来看，集体制解散后，农村内的公共医疗机制基本上呈现出真空的状态。广大农村地区的农民享受不到基本的医疗保障，所有的医疗费用都需要自己独立承担，这对于收入本来就不多的农民而言，无疑是一个沉重的负担。在这种情况下，因病致贫、因病返贫的情况数不胜数，这已经成为一个严重的社会问题。

为了解决农民医疗负担过高，没有医疗保障的局面，中国开始酝酿新的合作医疗制度。2002年10月，《中共中央、国务院关于进一步加强农村卫生工作的决定》明确指出：要“逐步建立以大病统筹为主的新型农村合作医疗制度”。从此，拉开了新合作医疗的序幕。新型农村合作医疗制度从2003年起在全国部分县（市）试点，截至2010年已经实现基本覆盖全国农村居民。

为保障新农合的顺利推行，河南省、安阳市根据自己的具体情况，分别印发了《河南省新型农村合作医疗试点县（市）定点医疗机构管理暂行办法》（豫卫基妇〔2004〕25号）、《安阳市新型农村合作医疗服务违规行为处理暂行规定》（安政〔2007〕71号）、《安阳市卫生局关于强化全市新农合监管工作的指导意见》（安卫基妇〔2007〕21号）。新农合的推行最大的问题就是资金来源和正确使用问题，足够的资金保障是农村合作医疗质量和覆盖面的保障。为了更好地解决这个问题，殷都区根据自己的实际，在2010年连续出台了《殷都区新型农村合作医疗门诊统筹实施方案（试行）》（殷政〔2010〕2号）、《殷都区新型农村合作医疗统筹补偿方案（殷政〔2010〕3号）等文件，以规范新农合资金的筹集和使用。

由于新农村合作医疗是一个大的国家政策问题，而且涉及财政实力的问题，乡镇一级并不具备改进的能力，因此西郊乡主要是根据安阳市和殷都区的政策具体实施。从西郊乡的调查我们了解到，西郊乡各村筹资方式一般有以下几种：一是普通农民参合缴费：在农民自愿的前提下，由乡办组织有关人员、村委会干部以户为单位收缴现金，所收资金由乡办在规定时间内统一缴入区财政局新农合基金专户；二是特殊人群参合缴费：农村五保户、低保户、特困户等特殊人群参合，由区民政等部门审定后，可资助其参合；三是村集体经济组织可以出资帮助本村部分或全部村民缴纳参合费用，但不得以垫资的名义进行参合，事后再向参合农民收取参合资金；四是红十字会、工商企业、社会人士等组织和个人也可以资助农民参合。这些筹资方式区别了不同的群众情况，并且将参合的死角都考虑到了，所以参合的比率就很高了。

另外，为了保证农合资金不被滥用，也为了减轻农民的负担，殷都区对于定点医疗机构的操作细节也做了绝提的规定。具体规定有：①普通门诊治疗每张处方不得超过 5 种药品，普通门诊处方不得超过 7 日用量，慢性病处方不得超过 15 日用量。②全年参合病人住院费用均次费用不能高于安阳市区城镇职工医疗保险均次住院费用标准上限的 70%，随机抽查时，当月不能高于 80%。单病种另行约定执行。③乡级及以上定点医疗机构大型检查项目阳性率不得低于 80%；均次住院天数不超过 12 天。④目录外药品费用乡级不得超过药费总额的 15%，区级不得超过 20%。这些规定南流寺调研时，两个合作医疗点的医生经常会提到。至于是否执行或执行到何种程度，这就取决于监督力度以及医疗人员的职业道德。但是至少说明，这个规定的宣传已经深入到最基层的医疗点了。

值得注意的是，南流寺村是从 2007 年开始实施合作医疗的。到了 2008 年底参合率已经达到了 96%，由于村民看到了新农合的好处，而且每年缴纳的金额较少，大家纷纷参保，连低保户都参加了，从而在 2010 年达到了 98% 以上。虽说缴纳金额从每人 10 元/年上调到 30 元/年，但是新农合的金额是可以累积的，可以积累到下一年的余额上，比如今年 150 元，一分没花，明年缴纳后账户上就有 300 元了。村里有四家诊所，其中两家是新农合定点诊所，村民一般有什么小病都去这两家诊所，村民在定点诊所买药，诊所根据不同的药物打折卖给村民，诊所垫付打折的数额，每月再去区卫生局报销。对于需要住院或者做手术，一般报销 70%，最高报销 4 万元。刚开始时参合标准为每年 50 元/人，农民个人缴纳费用 10 元/年，其余 40 元由各级财政补贴。随着医疗资金投入的不断增加，参合标准也不断提高。按照《河南省新型农村合作医疗协调领导小组办公室关于认真做好 2011 年度新型农村合作医疗筹资工作的紧急通知》（豫新农合办电〔2010〕1 号）和省卫生厅等五部门《关于巩固和发展新型农村合作医疗制度的实施意见》（豫卫农卫〔2009〕7 号）的规定，2010 年殷都区新农合筹资标准为 150 元/人。其中，国家财政每人每年补助 60 元，省财政每人每年补助 30 元，市财政每人每年共补助 12 元，区财政每人每年补助18元，参合农民个人缴费标准为30元/人。由50元提到150元，增加的100元，农民承担20元，各级财政承担80元。总体来说，农民还是得到了实惠。

新农村合作医疗是中国医疗改革的关键环节之一，也是解决“三农”问题的关键步骤之一。在农村，由于缺乏基本的医疗保障，医疗支出是一个家庭最大的应急支出，大部分的农村家庭为了预防疾病尤其是大病的突然到来，往往会省吃俭用，储蓄一大笔钱，这不仅极大地制约了农民的生产性和消费性行为，影响经济的发展，而且也不利于提高农民的生活水平和幸福感。农民本身是一个庞大的群体，这个总量因此显得更大。在中国整个需要拉动内需的国情之下，撬开农民的口袋无疑是最好而且持久的途径。但是由于农民的钱往往是血汗辛苦钱，农民的意识也没有跟上时代的发展，让他们花一大笔钱买保险，肯定是不现实的。所以政府应该承担起这个责任，让农民能够花最少的钱买最好的保障，一方面能够让农民从新农合的益处中慢慢改变传统观念，另一方面也慢慢推动了城乡服务的一体化，而这个是国家最终的发展目标。南流寺是一个没有或少有土地的农村社区，其村民处于两种身份的转换当中，市民的利益还未享受到，农民的利益已经开始丧失，这个时期的他们无助感最强，加强他们的社会保障，尤其是关键性的医疗保障，对他们而言是安全感的来源。

4. 科技帮扶

由于南流寺村仍旧处于一个低层次的发展档次上，极大部分产业处于生产的低端，发展的低档次又带来的财政收入不高，因此几乎不存在什么科技补贴。但是出于对村里培养高等人才和提高村民工作技能的鼓励，村里对学生高等教育和村民技术培训做了相关的规定。南流寺村鼓励培养学生的素质，只要子女考上了全国一类重点大学，村里就会对该户进行现金奖励5000元。去年村里面有两家的孩子考上了一类重点大学，均得到了奖励。一般而言，这笔奖励可以覆盖当年的学费了。

南流寺村和西郊乡的其他村一样，由于处于城市与农村的交界地带，人均土地很少，不到0.4亩，所以村民为了谋生，不得不从事各种职业。但是由于受教育水平的限制，他们的工作往往并不稳定，经常只是临时工，容易失业。为了解决这个问题，西郊乡把劳动力的技术培训作为一项手段，以增强他们在就业市场上的竞争力。这些年来，西郊乡每年都会开展农村劳动力转移培训工作，全年共培训农民工 5000 余人次，以解决农村剩余劳动力和增加农民收入，同时加强科普推广。科普推广是由区、乡主管部门组织，村配合组织管理及协调人员，每月进行远程教育科普培训。每年就近在学校等公共教育机构进行“阳光工程”和再就业培训时，也有部分的科普培训。

以上内容分别从经济增长、经济管理和经济福利三方面出发，结合殷都区和西郊乡的实际情况，分析了南流寺村的经济政策及其实施。南流寺村作为殷都区西郊乡的一个行政村，又是殷都区城中村改造的试验村，在整个改造过程中扮演着“改革实验先行者”的角色。在“殷都实验”的推动下，南流寺村摆脱了被动执行政策的传统方式，依靠“群众参与”的方针，大胆突破了传统改造思维模式的约束，实现村民自主改造。如果实现成功改造，那么它将对中国的城市化改造提供一个开创性的改造模式。现在南流寺村还未真正融入城市，不论从基础设施和公共服务上，还是从基本成员构成和整体素质上，均与城市成熟社区有着很大的差别。对于南流寺的村民而言，转型的阵痛无可避免。经济政策在经济社会发展中，起着向导、推动力和催化剂的作用。它的正确与否最终决定着转型的成功与失败。这就需要各级政府，尤其是区乡一级政府对南流寺做出适当的指导，在制定实际政策以及监督政策实施过程中，必须秉着理性、实事求是和科学的态度，依据经济规律做事，否则就会陷入运动式的混乱，导致最后的失败。同时，要防止少数人借机攫取财富，损害村民的整体利益，毕竟社会的公平正义才是这个社会稳定和发展的基础。

八、南流寺村工业

南流寺村处于安阳市规划区，目前正在进行城中村改造。在南流寺村里村民的收入主要来自打工或者办工厂等非农收入，农业收入在南流寺村已经不属于主要收入了。目前，南流寺村人均占有土地不到一亩，农业在南流寺村属于附属产业，只满足村民自已家里的消费。南流寺村处于安阳钢铁厂周围，村民原从事安钢、大唐安阳发电厂配套的钢铁、铁合金、煤炭、钢结构加工、运输等行业的人比较多，而且在南流寺村已经形成了一批为安阳钢铁厂服务的小产业，比如煤炭经销商、钢结构加工商等，它们目前已经全部集中到了南流寺村工业园区。现在南流寺村里有 300 名村民是安阳钢铁厂的工人，年收入大概四万元左右。

我们调查南流寺村时，南流寺村有企业近20家，其中正式注册的企业有6家，其余属企业下属加工、厂房等加工场所，根据西郊乡政府提供的数据，现在南流寺村企业总占地约300余亩，年总产值约2亿元，利税2000万元。根据西郊乡志记载："南流寺村现有29家私营和联营企业，2005年总产值达9500余万元；有个体工商户68家。集体年收入达55万余元，村人均收入4600元。"① 因为南流寺村的私营和联营企业大部分都属于小作坊式经营，有的还属于季节性经营，所以没有生意的时候就会停工或因经营不利，就会退出市场。所以，目前南流寺村的企业会比原来的少一些，而且在村里也有村民自己家里开的小作坊，做一些简单的铁片加工，如做一些冬天取暖用的火炉等。2010年底南流寺村成立了一家众资公司，该公司属于股份制公司，由村民自愿入股成立的企业，目前，处于建设和筹备期，还没有正式投入生产。

（一）南流寺村企业概况

南流寺村私营和联营的大部分企业目前都位于殷都天盛园区南流寺工业园区。只有砖厂在南流寺村南地，据西郊乡工作人员介绍，入驻在殷都区产业集聚区的企业会享有税收方面的优惠政策，因此大部分企业都聚集在工业园区里。而且企业集聚在工业区也便于互相合作，管理起来也比较方便。在南流寺村里，很多企业的名称没有登记，因此只知道企业主和一些基本情况。

表1-6　**南流寺村拥有企业数及占地情况**

租赁人	企业名称	经营品种	经营地址	归属	占地（亩）
李运生			学校路北1号	南流寺	7.85
董国富			学校路北2号	南流寺	3.77
陈忠喜	濮阳数控机械设备有限公司		学校路北3号	南流寺	9.49
陈忠喜			警务室东第1个院	南流寺	14.25

① 安阳市殷都区西郊乡志编纂委员会，殷都区西郊乡志.2006.

续表

租赁人	企业名称	经营品种	经营地址	归属	占地（亩）
孙中喜			工业路路西	南流寺	1.35
韩福庆	安阳市永佳铁合金有限责任公司	合金、加工	工业路路西	南流寺	5.83
孙保来	安阳市金亿来铁合金有限公司	矿产品	工业路路西	南流寺	7.91
孙中喜			工业路路西	南流寺	0.56
刘希聚	宏达设备安装结构		工业路路西	南流寺	2.08
陈爱军	名扬商贸有限公司		工业路路西	南流寺	3.67
徐树清	安阳市西郊商业服务公司金属加工厂	冲压件	工业路路西	南流寺	3.88
徐树堂	安阳市华茂盛吉贸易有限公司		老安林路路南	南流寺	9.00
孙美刚	九鼎商贸公司		老安林路路南	南流寺	9.06
韩秋红			老安林路路南	南流寺	9.40
孙群来	冰糕厂		老安林路路南	南流寺	1.26
孙群喜			老安林路路南	南流寺	6.24
韩鹏宇			老安林路路南	南流寺	8.36
孙拥军			老安林路路南	南流寺	6.36
史文利	安阳市金旭贸易有限责任公司		老安林路路南	南流寺	6.40
马志平			老安林路路南	南流寺	4.50
马　杰	南流寺幼儿园		老安林路路南	南流寺	
孙贞林	南流寺砖厂		村南地	南流寺	37.00

资料来源：本表为西郊乡政府提供。

我们调研小组进入工业园进行调研时，大部分企业利润、产值因涉及商业机密，所以，企业负责人一般会回避这个问题，只了解到南流寺村企业的概况。在南流寺村，企业所占用的土地一般都是村里集体的土地或者是农户的土地，一亩地一般给村里2500元，村里留1000元用作村里的办公费用和村干部的工资，剩下的1500元发给占地农户。

我们调研时，李运升正好不在公司，李运升的公司主要从事钢结构加工，企业规模不大，主要就是几个工人在工作，一般是露天工作。公司经营属于季节性经营，根据自己的生意来雇用一些临时工，这些工人除了工伤保险外没有其他任何福利。董国富成立的公司为安阳锻造公司，我们调研时董国富不在公司，工厂一位负责人告诉我们目前公司总资产上亿元，主要为安阳钢铁厂的下游产业，生产一些零配件和其他配件，公司效益总体来说还不错。陈忠喜的公司名称为数控精密锻造有限公司，原来从事的是和汽车配件相关的产业，由于市场发生了新的变化，对于钢铁锻造要求比原来高，所以，公司正处于停产改造期，我们调研时看到公司正在进行建设，里面有十几位工人在工作。据公司工作人员介绍，公司转型后要进行数控精密锻造，还有4个月就会投入生产。孙中喜的公司原来做铁片加工，目前公司处于停产的阶段。韩福庆的公司用人力将铁片打碎，加工成一定规格的小块，然后卖给钢铁厂，因为现在南流寺工业园区属于城市规划区，因此，加工铁片只能用人力，如果用机器或者高炉就会造成污染，2005年以后，所有污染企业全部停产改造了。我们在工地上看到几个工人用铁锤砸铁片，然后用一张网筛选合格的铁片，工序比较简单。孙保来的公司目前从事矿产品倒卖，经营范围为全国各地，目前有工人13名，每个月工资1000元。刘希聚的公司从事电焊加工，目前正在给安阳市水务集团做电焊加工，我们去公司调研时有6个工人正在工作，他们都是技术工，每个月工资2000元人民币，没有任何福利待遇。在公司所在地，刘希聚正在建一栋三层高的办公楼，这个工程承包给了安阳县高庄乡建筑队，每层建筑面积200平方米，计划租金一层30万元。打算以后自己办公和出租给其他公司进行办公。徐树清的公司目前已经停产了，他现在主要从事房屋租赁。徐树堂的公司在从事农用产品的加工，每年会有1吨或者2吨的产品销往安阳市周围，我们调研时，看到有4个工人在工作，他们属于临时工，每天工资30元。孙美刚目前的公司主要从事煤炭运输，将煤运回来然后再倒卖给安阳钢铁厂。据工厂负责人介绍，工业用煤安检要求不是很高，所以，他们的煤主要销往安阳钢铁厂。韩秋红的企业原来进行塑料加工，目前企业处于停产状态。孙群来从事冰糕批发，从一些大的厂里将冰糕批发回来，再批发给周围的商铺。韩鹏宇的企业主要从事钢结构加工，已经做了 3 年多了，计划继续经营下去，产值 30 万元到 100 万元不定。史文利的公司目前从事倒煤，主要是给安阳钢铁厂提供煤炭供应。马志平的公司主要从事钢结构加工和租赁，租赁范围有生产场地、大型吊车等设备，每户大概会有 3 ~4 个月的租赁期，有时会有半年，主要在安阳县，目前有 8 个工人，一个人每月工资 5000 元。

孙贞林是乡人大代表，目前经营三家砖厂，除了南流寺村的这家砖厂外，在安阳县还有两家砖厂，在南流寺村这家企业算一个比较大的企业，目前主要从事空心砖生产，由于产品价格高，产品主要用于地方开发用，民用的很少。主要销往林县、安阳县周边地区。孙贞林的砖厂原来是村里的集体企业，他现在属于承包集体企业，每年承包费 7 万 ~8 万元，砖厂现有会计一名，管理人员若干名，100 名工人，这些工人都是临时工，工人一天工作 6 ~7 个小时，女工人每天工资 40 ~50 元不等，男工人每天 60 ~70 元不等。一年四季都开工，工人根据自己的实际情况来参加工作，砖厂销售运输也是临时雇用工人，每个月工资 2000 元左右，现在砖厂有一个大的砖窑，经营 20 年来总共更新了三次机器设备，现在使用的是合肥信阳 50 砖机，砖厂除了生产区外还有存料区和办公区。生产砖的材料主要是电厂废煤渣子，每个月需要进料800 ~1000 吨不等，砖厂贷款资金 50 万 ~60 万元用于资金周转，电费每个月 10 万元，工资 20 万元开销。现在一块砖 0.29 元，每个月生产砖 3 ~4 吨不等，主要看市场的需要而定。

南流寺村的企业大部分都属于小作坊式的经营管理，企业主要有负责人和会计，而一般的工人则是临时雇用的农民，既没有福利也没有其他保障，一般都会有工伤保险。这些企业一般都是围绕安阳钢铁厂的生产服务，在机器设备和技术方面没有什么高的要求，而且有季节性生产的特点。在南流寺村正式注册成立的公司只有六家，这六家公司基本上是市场化经营，而且公司对于技术和机器设备的要求比较高，2010 年成立的众资公司也是南流寺新注册的公司。

表 1 -7 **南流寺村正式注册公司注册资金、经营业务及成立时间**

名称	规模（注册资金）	地址	成立时间	经营业务	业主姓名	性质	备注
南流寺砖厂	200 万元	村南地	1980 年	空心砖	齐竹芹	私营	

续表

名称	规模（注册资金）	地址	成立时间	经营业务	业主姓名	性质	备注
河南耀元实业有限责任公司	1000万元	殷都区产业集聚区	2005年	金属制品、钢材销售	孙志安	有限责任公司	
安阳市远联贸易有限公司	100万元	殷都区产业集聚区	2008年	硅锰合金等	牛海峰	有限公司	
安阳市同诚金属有限责任公司	500万元	殷都区产业集聚区	2009年	铁合金、金属合金	陈同忠	有限责任公司	
安阳市永佳铁合金有限责任公司	100万元	殷都区产业集聚区	2008年	铁合金	韩福庆	有限责任公司	
安阳市万来冶炼有限责任公司	200万元	殷都区产业集聚区	1999年	铁合金	孙保来	有限责任公司	

资料来源：本表数据为西郊乡政府提供。

河南省耀元实业有限责任公司成立于2005年，注册资金1000万元，企业负责人是南流寺村村委书记孙志安，也是南流寺村众资公司的战略合作伙伴。公司位于安林公路郭流寺段南路，占地50亩。主要经营钢材、生铁、铁矿石、铁矿粉、化工产品、铁合金销售、废旧物资回收、金属制品加工等，是安钢钢材销售大户之一。公司设立董事会、业务部、财务科、生产部。董事会决定公司重大项目的投资；业务部负责市场调查、拓展，以及营销网络的正常运作；财务科负责做好财务管理及日常核算工作；生产部负责机器设备的保养维修，并进行生产技术的开发。目前，公司的产品销往安阳五县四区，远销山东、河北、上海、内蒙古、浙江宁波、温州等省、市、地区。公司内有大型吊装设备、5000平方米的仓储场地以及运输车队，可为用户提供各种优质服务。

表1-8　**南流寺村部分企业年产值、资金规模、年利润、缴税概览**

名称	企业产值（万元）	纳税（万元）	资金规模（万元）	年利润（万元）	简介
安阳市永佳铁合金有限责任公司（韩福庆）	2000	60	300	200	成立于2002年1月，占地20亩，主营铁合金，员工70人
安阳市金亿来铁合金有限公司（孙保来）	2000	60	320	200	成立于1999年，占地20亩，主营铁合金，员工50人
安阳市华茂盛吉贸易有限公司（徐树堂）	400	18	260	45	成立于2006年，占地13亩，主营冲床加工，员工13人
九鼎商贸公司（孙美刚）	600	22	200	68	成立于2006年，占地20亩，主营金属矿，员工20人
安阳市金旭贸易有限公司（史文利）	700	25	240	75	成立于2008年，占地20亩，主营金属矿，员工25人
南流寺砖厂（孙贞林）	700	30	300	80	成立于1980年，占地20亩，主营空心砖，员工100人

资料来源：本表中数据为西郊乡政府提供。

南流寺村企业主要是钢铁、煤炭、合金、钢结构加工行业，属安钢下游产业链的组成部分。煤炭商贸业主要为安钢提供炼焦、煤焦化用煤，从而为炼钢的初级产品（如方坯、炼铁）提供能源；钢铁主要是生铁，用于弥补安钢自身产生铁不足，造成的炼钢用铁的阶段性短缺；钢结构加工，以及精密锻造，用于安钢厂房建设需要，以及一些风道、烟道等初级设备、易损耗件的更新需要。由于南流寺村属于城市规划区，因此环境要求比较高，生产铁块只能进行人工捣碎，然后倒卖给安阳钢铁厂、邯郸钢厂和山东泰山钢业公司，主要还是围绕安阳钢铁厂进行下游产业服务。

（二）南流寺村众资公司

南流寺众资公司组建于2011年，位于村东，约占地40亩，通过租地建设厂房，租的土地为南流寺村村民占有的土地，因此每年每亩补偿占地户1500元。目前，众资公司处于前期的筹备中，有管理人员8名，公司的制度、模式等正在完善之中，还没有明确发展的模式，公司的组织机构还没有设定。众资公司在全村进行招股，现在南流寺全村有800余户，已有300户入股，共筹集资金800余万元，即将开始第一次扩股，预计会突破1000万元。目前，众资公司无合伙人，全体股东为本村村民，每股认购需1000元，且以100万元为上限。

当前，公司设立了一家子公司，名称为安阳市众资精工机械有限责任公司，正在进行厂房建设和设备的引进。我们调研时，众资公司厂房已经建好，正在装修。厂房为两层，主要用于生产和办公。众资公司计划按照市场化运作经营，企业盈利年年分红，企业股份年年扩股。目前还未开始生产（拟引进先进数控机床，生产切割导轮，产品销往滑县凤凰光伏公司，用于切割太阳能光板，属光伏产业的下游配套企业）。

1. 成立众资公司

2010年8月，南流寺村党支部进行了换届选举，新支部班子成立。新支部上任后，支部书记孙志安提出以先进村庄、先进地区的发展模式为基础，结合南流寺村实际，创新成立村民自愿入股、独立核算的股份制公司，带领全体村民共同致富的设想。

经村民代表大会表决通过后，经多方考察、多次研究，村两委决定成立股份制公司，对自己的土地进行合理开发、利用。村里计划成立众资公司主要从事两方面的投资，一是搞房地产开发，建设南流寺新村，解决村民住房问题；二是办企业，解决村民就业、创业问题，最终实现村民生活水平的逐渐提高。南流寺确立了“依靠公司、整体推进、齐头并进”的工作思路，并且在实施居民小区建设工程的同时，率先完成股份制公司的组建，并依托公司，在合适的地块引进产业项目、发展产业项目，使其尽快达产见效，以引进企业的高额利润，促进村民增收，缓解一期住宅小区资金短缺问题。实现小区建设与产业发展引进项目的互相支持，和谐发展。

在成立众资公司时，南流寺村两委人员率先入股。随后，村两委通过多方努力，从全体村民、全体党员当中吸收了8位有威信、有思想、有文化、有能力，并且各代表部分股民意愿的村民和两委人员共同组成董事会，董事长由股民推选产生。为解决人才问题，使成立公司尽快进入实质性实施阶段，南流寺村两委在村党支部书记孙志安的带领下，向全村发出了“感恩回报家乡，我为家乡做贡献”的倡议，吸引了8位有思想、有文化、有能力的本村群众到村为大家办公司、搞服务。他们是村民都非常熟悉的孙中海、孙天保、孙新亭、孙中强、陈爱军、徐树清、李爱军、韩同新，他们中间，大多数人都有实际经商经验，因此，股民相信他们能将公司办好。为了帮助公司前期启动，8名回村人员自愿每人最少出资10万元资金成立公司。公司名称暂定为“安阳市殷都惠民股份有限公司”。并且成立了8人组成的公司筹备小组，8名成员分工协作，职责明确，分别开展了公司注册筹备工作、村民入股融资筹备工作、考察引进项目等工作，经过一段时间的紧张筹备，各项工作均进展明显。公司在2011年元月完成注册，在入股之前村里搞了村民入股融资前期摸底问卷调查及宣传工作，全村初步有近50%村民有入股意向。筹备小组重点进行了考察引进项目工作，并与滑县凤凰光伏建立了战略合作伙伴关系，所考察、引进项目主要围绕太阳能新能源产业即多晶硅太阳能光板产业的配套加工产品来进行。

众资公司鼓励全体村民入股，入股以自愿为原则，以现金形式入股，每年扩股一次，最终实现全体村民自愿入股。入股设立上限和下限，公司盈利后，按照村民入股份额进行分红。凡本村村民入股50万元以上者，可参加股东会，不直接参与管理经营。本村村民入股后，至少3年内不得退股。因股份制公司有村民的股金，本着为股民负责的态度，村主要领导可参与公司的重大决策和股东会，但不能干预经营管理，股民交款时与公司签订协议书，责权分明。

2. 众资公司目前的规划

众资公司成立后，结合城中村改造，首先进行的是房地产开发，为南流寺村民建设新村。

(1) 房地产开发项目

众资公司成立后，第一个项目就是房地产开发，即先在村西北角建设南流寺村的居民小区，建造一个独立的、配套完善、功能齐全、环境优美的居民生活小区，该小区由南流寺村自己开发建设，建成后可解决村民住房难问题。我们调研时，村里的小区正在建设，目前关于如何搬迁的具体细则还没有正式出来，据村民代表孙海顺介绍，村民新居的参考价格已经发给村民进行前期调查，正式的价格和村民房屋补偿还没有正式的合同。与此同时，众资公司将实施产业发展，同步发展企业，现在村两委正在考察两个利润可观的项目，其中一个是生产太阳能切片导轮，该产品为滑县凤凰光伏配套产品，也可销往洛阳、开封等地，市场需求大，销路畅通，利润可观（滑县凤凰光伏是孙志安书记所属的企业）。

（2）切割导轮项目、高强磨砂玻璃加工、凤凰光伏产品配套包装加工项目

公司筹备小组成员远赴滑县凤凰光伏、北京、上海等地，共考察确定项目3个，分别是切割导轮（用于多晶硅切割）、高强磨砂玻璃加工（切割多晶硅所需耗材）、凤凰光伏产品配套包装加工项目。几个项目具有建设周期短、资金占用较小、场地利用率高、利润可观、销售渠道畅通（滑县凤凰光伏、洛阳、开封等新能源产业均有较大需求）、发展情景好、环境污染少等多重优势。结合南流寺公司筹备实际情况，本着早投产、早见效的原则，公司筹备人员重点考察了切割导轮项目，并与公司筹备小组共同确定了“优先实施切割导轮项目，分步实施高强磨砂玻璃、配套包装加工”的发展战略。现“切割导轮”已进入实际筹备实施阶段。

①项目投资情况

切割导轮项目。该项目预计投资总额为3500万元，其中，标准化厂房建设预计投资150万元，设备引进、安装、调试（四台日本进口数控机床及配套设备）等预计投资2800万元，生产启动资金（原料、人员等投入）550万元，预计年产值可达6000万元，年可实现利税1800余万元，项目占地约60亩，达产后，预计2年可收回成本。

高强磨砂玻璃加工项目。该项目预计投资总额为1500万元，其中，标准化厂房建设预计投资150万元，设备引进、安装、调试等预计投资950万元，生产启动资金（原料、人员等投入）400万元，预计年产值可达2700万元，年可实现利税800余万元，项目占地约50亩。

凤凰光伏产品配套包装加工项目。该项目预计投资总额为1600万元，其中，标准化厂房建设预计投资150万元，设备引进、安装、调试等预计投资

1000万元，生产启动资金（原料、人员等投入）150万元，预计年产值可达2800万元，年可实现利税800余万元，项目占地约60亩。

②项目资金来源

南流寺股份制公司董事会成员投资。

南流寺所在“三个流寺”区块，该区域内，属殷都区经济发达区。流寺片大批村民原从事安钢、大唐安阳发电厂配套的钢铁、铁合金、煤炭、钢结构加工、运输等行业，“冒尖户”较多，经济状况相对优越，村民有大量闲散资金。南流寺股份公司筹备小组8名成员拟投入大量资金（约1000万元），并成立董事会具体运作项目，现该项资金已基本就位，等公司注册完成后，可立即投入项目。

南流寺股份制公司吸收村民自愿入股资金。

南流寺股份制公司采取村民自愿入股的形式，凡南流寺村民均可自愿入股，股金设置上限，每股1000元，每位村民限融资1000股。现南流寺初步有近50%村民有入股意向，保守估计，初步可融资1000万元（按南流寺整体经济水平），随着项目启动，还将有越来越多村民入股，该渠道资金后劲较强。

战略投资者投资。

耀元实业公司是综合性集团公司，公司涉及多行业、多领域，目前，该公司规模庞大，效益可观，南流寺股份公司引进项目的战略合作伙伴“滑县凤凰光伏”所属人即为耀元公司董事长孙志安，其也是南流寺村党支部书记。现孙志安对南流寺股份公司设立及项目引进持大力支持态度，现已投入大量资金对公司前期工作进行了支持，同时，其也是项目落地、投产的强大后盾。

③项目选址

拟选址位置。

三个项目共需占地170亩。现郭流寺村东、南流寺所属地块（殷都实验中学南）内，有约170亩土地，该地块可基本满足三个项目发展需要。

具备的优势。

一是该地块位于殷都区产业集聚区内，属市、区规划的产业发展地块，距南流寺主村庄较近，具备南流寺发展的地理优势；二是地块紧邻产业集聚区工业路、安林公路等交通要道，区位、交通优势明显；三是紧邻生物天然气园、10万吨二甲醚等高科技企业，项目本身也属高科技产品配套产业，可与周边其他项目形成高科技项目集聚优势；四是该地块属南流寺自有地块，不存在土地争议，遗留问题较少，具备土地优势；五是项目建成后，可安置南流寺村及周边农村剩余劳动力，促进村民增收，社会效益较大。

经过公司筹备小组前期考察研究，引进三个项目的具体实施方案已确定、资金渠道已畅通。特别是“切割导轮”项目，公司筹备小组已与外贸进行了初步接洽，签订了购置四台日本进口数控机床的意向协议。

经与滑县凤凰光伏深入洽谈，南流寺村已引进三个光伏产业配套项目，规划在安阳市产业集聚区殷都产业集聚分区建设标准化厂房落实项目。产业项目预计投资7000万元，预计年产值8000万元，年利税2400万元。目前，项目正在立项，地块已确定，标准化厂房正在筹建，设备于4月初到位。我们调研时，众资公司厂房建设已经完工，目前正在装修。

众资公司是一家股份制公司，据西郊乡工作人员介绍和我们了解到的众资公司的材料中可以看出，众资公司目前由股东组成，全体股东大会为公司的最高权力机构，由股东大会选举出公司董事会，董事会选出各部门负责人，所有股东和负责人都是南流寺村本村人。目前成立的众资公司是南流寺村的富民工程，以带动南流寺村村民致富为目的，而且南流寺村众资公司战略合作伙伴滑县凤凰光伏是南流寺村孙志安书记所属的企业，也说明了众资公司会得到孙治安书记的大力支持。南流寺村村民中有300户（总计有800余户）是众资公司的股东，持股农户占所有农户的比例为37.5%，其所持股份都不一样，因此以后的收入也不一样。众资公司以后的发展计划为争取所有村民都成为公司股东，成立村民自己的公司。在众资公司成立之初建厂房用地和办公用地都得到了南流寺村村民的大力支持，众资公司许诺以后会反哺南流寺村村民。我们调研南流寺村时，发现由于村民的素质技能不同，从事的行业不同，所以产生了一些富户和贫困户，他们这些人在入股众资公司时就会产生差别，我们调研的贫困户目前都没有入股众资公司，而富户则有不同程度的持股数额，如果按照目前这种持股数量和入股农户的数量，以后能在众资公司获得直接利益的就是现在的股东，即37.5%的农户，其中大股东可能会获利更多，不是众资公司股东的贫困户可能就会进一步和富户产生收入差距。

九、科技推广

现今，南流寺村由于属城中村，已不以农业为主。在农业生产方面，每年夏秋两季有专业的良种推广，以及化肥、农药等推广，灌溉设施完善，抗灾能力强，对高级技术员和农业高科技的需求不大，实际上还是分散的小农经济的生产方式。在工商业领域，当地企业多为小型经营型贸易企业或低端加工制造工厂，没有强有力的动力发展工业生产技术。一般每个企业聘用1名能识别金属合金、矿粉、煤炭真假的熟练工人，负责货物入库，商品检验由专业化验机构化验，如化验矿粉成分、品位等。

本章对该村自1949年中华人民共和国成立至今的农业科技推广活动做一个简要的梳理。[①] 内容包括农机科技推广、良种推广、农作物病虫害的防治技术推广、化肥的推广、水利科技推广、电力电信、农业教育、科研及其他各方面。农业科技推广是要将科学技术应用到农业生产中，提高资源使用效率，实现农业的可持续发展，以改造传统农业，使之成为现代农业。我国农村经济体制的变迁直接制约农业科技推广的进程。南流寺村其所在西郊乡的农业科技事纪充分地体现了这一点。

中华人民共和国成立以来，我国农村经济体制进行了多次调整。在新中国成立之初，先是实行了“耕者有其田”式的土地改革，每个农民家庭基本上能够靠土地而维持基本的生活需要。这种土地改革没有改变农户家庭小规模的经营方式。1951年12月，中共中央通过了《关于农业生产互助合作的决议》，决议肯定了土地改革后农民个体经济的积极性，同时也指出，要克服农民在分散经营中的困难，必须提倡组织起来，按照自愿互利的原则，发展农民互助合作组织。在国民经济恢复时期，农业互助合作的组织形式主要是初级形式的互助组。1953年12月，中共中央根据农业互助合作运动发展的新形势，发布了《关于发展农业生产合作社的决议》，这个《决议》总结了发展农业生产合作社的经验，阐明了对个体农民进行改造的道路，并提出了坚持自愿互利、典型示范和国家帮助的原则。初级农业生产合作社一般采取土地

---

① 1949—2006年的数据资料全部引用自《殷都区西郊乡志》2006年版，2007年至今的数据资料由本次实地调研收集而来，主要由乡政府和村委提供。

入股分红的形式，即农民加入初级社以后，土地交合作社统一经营，社员除劳动日分配收入外，按入股土地的数量和质量还要分得土地报酬。社员私有的牲畜、大型农具等，一般由合作社租用，付给一定的租金，在合作社具备条件时，再经得社员同意，以合理价格折价归社，或分期偿还。这种做法基本上还维护着农民的私有产权。同时，国家通过农业技术、财政信用、生产管理等形式给予帮助，使农民逐渐认识合作的好处，积极参加合作社。继全国范围的农业合作化运动之后，人民公社化运动又迅速地展开了。人民公社的特点是："一大二公"。"大"，是指组织规模和经营范围比农业合作社大。一个人民公社，一般都在5000户以上，它不仅是农业生产组织，而且是农林牧副渔俱全、工农商学兵一体的社会基层组织。"公"，是指公有化程度高，一是把农村基层政权组织和经济组织合而为一，把农村中原属国家所有的一些企业下放给公社管理；二是把社员的自留地、家畜家禽、家庭副业等全部收归公社所有，消除了"生产资料私有制"残余；三是实行组织军事化、行动战斗化、生活集体化，大办公共食堂、幼儿园、托儿所、幸福院等公共事业，实行工资制和粮食供给制等分配制度，试行把全部和大部分人的生活包下来的供给制。1958年"大跃进"，推行的大办工业、大办交通运输、大办水利、大办高教事业等群众运动，基本上是靠人民公社这一组织形式大规模地调用农村的人力、物力、财力来进行的。1964年，西郊东风公社轰轰烈烈地掀起了"农业学大寨"等的群众运动，此后连续十年学大寨。从1962年到"文化大革命"结束后的1979年，中国农村的经济制度基本上是在"三级所有，队为基础"的体制下运行的。主要内容有：一是确认以生产队为基本核算单位，生产小队也有部分所有制和一定的管理权限；二是平调和征用的人力、物力、财力，账目都要结算清楚，如数归还或作价归还；三是分配制度方面，要体现按劳分配的原则，工资制要把评工记分和评定工资级别结合起来。20世纪80年代初我国又确立了家庭联产承包制。在家庭联产承包制下，农民在事实上拥有了自身劳动力的所有权、生产资料所有权和小块土地的使用权。

（一）农机科技推广

新中国成立之前，农业生产工具相当落后，生产效率低。新中国成立后，人民政府十分重视农业技术和生产工具的改革和推广。从20世纪60年代起，南流寺村逐步向机械化和电气化发展，生产效率提高数倍，特别是机耕、脱粒、提水灌溉等方面较前提高了几十倍。

1. **运输工具**

1952—1953 年互助组、合作社时期，富户人家的牲口、车辆等生产工具入社，从此发挥了牲口车辆的作用，取代了肩挑、车推。1958 年 7 月，在破除迷信、解放思想，发扬敢想、敢说、敢干的创造精神的影响下，提出在很短时间内运转工具轴承化。20 世纪 50 年代末，胶轮轴承车普遍发展，农村主要运输工具为胶轮小平车和大胶车，工效提高了数倍。20 世纪 80 年代，实行联产承包责任制后，大胶车（三套或两套的车）骤减，一马二轮胶车、小型拖拉机大量兴起。胶轮平车平均两亩地就有一辆，成为田间、短途运输的主要工具。90 年代，柴油三马车大量兴起，基本取代小四轮柴油拖拉机，成为农业生产的主要运输工具。南流寺现用运输工具主要有：机动三轮车、四轮车、拖拉机。使用的大中型拖拉机有 4 台；小型拖拉机有 10 台。①

2. **耕作工具**

新中国成立后，刨地已不常见，仅用于田头地脑和自留地。1952 年 8 月，农业生产互助组在全乡农村兴起，互助组实行“劳资两利”。是年，推广使用新式步犁，逐步取代古代曲辕土犁。1954 年步犁基本代替了弓形铁犁，至今还有少部分小块土地使用。1958 年 7 月，提出在很短时间内，实现旧式农具改良化。1959 公社（全乡）徐家桥大队派李节田、王节保二同志赴郑州学习使用拖拉机技术。之后购买了东方红拖拉机一台，冬耕用上了拖拉机。1961 年 12 月，根据河南省人民委员会豫农水字第 65 号文件精神，用赎买方法收回社营拖拉机，成立“安阳拖拉机站”，站址在西郊焦绍村南地。1969 年 12 月，又将拖拉机站 24 台拖拉机及其配套耕具分别下放到 4 个公社，给大队经营。从此，村里土地大部分用上了机耕。②

20 世纪 80 年代，大型拖拉机耕地已不适应当时的生产方式，小型农机具逐渐兴起。90 年代后，普遍使用的耕作工具为拖拉机旋耕犁，一次犁耙成型。2002 年，开始推广使用秸秆还田机。南流寺现用耕作工具主要是旋耕犁。

---

① 该数据由实地调研收集。

② 安阳市殷都区西郊乡志编纂委员会．殷都区西郊乡志，2006：26.

3. **播种、收割、脱粒工具**

1974年南流寺仿制了一台六行机引式播种机，用小四轮牵引，每小时可播种小麦6~8亩。1979年后，炮筒式、小型滚筒式等形式的打场机大量应用，工效大大提高，吸糠式“老虎洞”基本替代了人工顺风扬场方式。20世纪80年代初期出现了机引6行小型收割机。不过，90年代以前，木耧播种、镰刀收割一直是全乡主要的种、收工具。90年代后期，大型小麦收割机、播种机开始问世，使收、播时间由以前的10~20天减少为现在的5~10天。1995年开始购买或租用联合收割机收割小麦。现今，播种使用小型播种机或人工播种。南流寺现用播种、收割、脱粒工具是联合收割机、脱粒机、玉米秸秆粉碎还田机械，并有机动脱粒机1台。

4. **农机厂**

1959年5月，西郊东风人民公社成立后，内设工业部，赵贤才任部长，王连有为科长，有4名办事员。次年，先后兴建了修配厂，拖拉机站和电器修配厂。农业合作化为农业机械化提供了基础。中共中央和国务院曾把发展地方特别是县（市）小型农业机械制造、修理厂，作为推进农业机械化的基本环节之一。1969年召开了全国建设县农业机械制造厂工作会议。在以上政策的推动下，西郊农机修造厂，1969年6月由宋兴旺等人始建，占地面积6500平方米。① 曾生产铡草机、打场机、小拖拉机车斗、06－18车床等。1979年末，转产液化气钢瓶。

5. **农机补贴**

由乡组织，对联合收割机、拖拉机、播种机、玉米切秆机等农机进行推广，每年，全乡各村可落实二十余台的农机购置补贴，补贴额度为购买资金的30%。

近三年对农业现代化设备的投资大概有20余万元。农业现代化设备投资资金的来源主要是申请上级补贴资金和个人自筹资金。投资资金显得不足，需要联合收割机、播种机、玉米秸秆粉碎还田机等。现在，农机由村委会负责召集。机械主要来自本村、周围村及外地车辆。南流寺村现有的耕作方式分春秋两季。夏季收割小麦用联合收割机，秋季用人工收割玉米。夏季麦收需要联合收购机6台左右，秋季需要旋耕犁、播种机、玉米秸秆粉碎还田机

① 安阳市殷都区西郊乡志编纂委员会．殷都区西郊乡志，2006：133.

各 6 台；收费标准为小麦收割 50 元／亩，耕地、切秆 45 元／亩，播种 15 元／亩。[①]

农机跨区作业由上级统一安排，2011 年麦收期间，全乡共组织 50 余台联合收割机进行机收，其中 10 余台为上级联系的跨区作业机械，其余为周边提供，南流寺村 2011 年夏，组织了 6 台跨区作业机械，完成了村千亩麦田收割。

（二）良种推广

新中国成立前，没有专门的种子管理机构和科研单位，小麦、玉米等主要农作物，一直沿用农家品种，长期未能更新，混杂退化严重，产量很低。1965 年，中央制定了“四自一辅”的种子工作方针（即自选、自繁、自留、自用，辅之以必要的调剂）。1978 年冬，国家农业部又提出了“四化一供”的种子工作方针（即：种子生产专业化；加工机械化；质量标准化；品种布局区域化；实现以县、区为单位组织统一供种），使优良品种逐渐得到推广和普及。

20 世纪 50 年代至 60 年代主要是种子的引进和调剂。70 年代大队成立了科研组（种子队），设有试验田（场），以繁育品种和玉米制种为主。1975 年春，麦垄套种玉米技术从河北定县引入西郊，玉米产量提高 25% ~30%，收获期提前 10 天左右。1981 年之后，全乡的良种繁育都有七里店农场、种子公司负责实行一级提纯、二级繁育。玉米采用集中连片制种，为农业提供了高质量的种子。1985 年家庭联产承包责任后，所用种子开始由乡级农业技术推广站销售供应。1992 年 4 月，对全乡农民实现小麦、玉米种子统一供应。1995 年，种子开始由统一供应转为市场销售。近三年，南流寺村的种子使用情况良好，没有发现假种子坑农现象。年消耗的种子约 14 吨。玉米不是单一品种种植，每年根据不同情况，在上级农业部门指导下，由农户自由选择种子品牌。

---

①② 该数据由实地调研收集。

1. **小麦**

1949—1984 年，小麦品种进行了五次更新，1986 年后，小麦品种更新速度加快，引进新技术、新措施，小麦的产量提高幅度较大。20 世纪 90 年代，南流寺村所在西郊乡引进一批高产、稳产抗适性强的新品种，对原有的主要品种进行更新，使之更趋合理。21 世纪初，又进行了一次种植的优良品种的更新。现今，小麦种子从安阳市种子公司购买，有良种补贴每亩 10 元；小麦品种主要有温麦 6 号、宝丰、周麦等。亩产最高达到 1100 斤，平均亩产达到 900 余斤。①

2. **玉米**

20 世纪 50 年代中期引进“白马牙”和“安东黄”，增产 54%。1954 年“白马牙”玉米普及。1963 年开始推广玉米杂交种“新双一号”和“双跃四号”，到 1966 年种植面积 3400 亩，增产 4%。70 年代引进和普及了单交种“郑单 2 号”和“豫农 704”，搭配品种有“安单 21”、“豫双 5 号”，1979 年得到普及，比 1969 年增产 84%。1983 年从安阳县引进“掖单 2 号”单交种，1984 年大面积推广，比 1979 年增产 18%。② 1986 年后，随着玉米杂交种的推广、普及，产量不断提高。1988 年 1 月，在各村全面推广农作物良种，推广的玉米新品种有“丹玉十三”、“新黄丹 85－1”。现今，玉米种子从安阳市种子公司购买，有良种补贴每亩 10 元。玉米品种主要有“中单 8578”、“费玉 3 号”、“北青 210”、“中博郑单 23”等，平均亩产达到 1100 余斤。③

（三）农产品加工厂

西郊粮油加工厂原为西郊油厂，于西郊东风人民公社成立后 1959 年 11 月兴建起来，有职工 24 人，用土式棰砸式机压进行榨油生产。1963 年发展为 40 人，生产工具改为“大杠”、“拨轮”和“手轧液压榨油机”，1968 年兼营蔬菜和醋酱的生产。1971 年，废除陈旧设备，改为 6 台 90T 液压电动榨油机，大大提高了产品质量，减轻了工人的劳动强度。1973 年查处旧车全部翻新，

---

① 该数据由实地调研收集。

② 安阳市殷都区西郊乡志编纂委员会．殷都区西郊乡志，2006：117.

③ 该数据由实地调研收集。

购置了“三五”型全套磨面设备，增设了面粉车间。1975年更名为西郊粮油加工厂。1980年，厂长对职工择优录取，实行定额定资比例浮动的工资制。

（四）农作物病虫害的防治技术推广

1949年至1955年，农民多为个体生产，治蝗用鞋底打、手捉、土埋为主，继而发展为喷粉器、喷雾器。合作化后，施药工具逐渐改进，病虫害防治向前迈进了一步。1956年至1972年，“DDT”、“六六六”、“1059”、“1605”、“3119”等农药普遍推广使用。1960年，干旱严重，虫害四起，粮食作物受害，粮棉大减产。1961年4月，公社（全乡）首次用飞机治虫。1964年公社（全乡）第一次用上飞机喷洒农药。1973年至1979年，病虫害防治以生物、物理和化学防治为主。开展了以瓢治蚜（人工助迁和自然利用）。

1980年至1985年，随着农村经济体制的变革，病虫害防治由集体防治变成个体户防治和专业队承包代防等，新的高效低毒农药问世，并逐渐普及应用，剧毒性重度农药已被淘汰。1986年起，农业防虫治虫开始实施“一喷三防”（喷施农药，防虫、防病、防干热风），是小麦中后期管理的主要措施。每年的4—5月，对小麦喷施微肥和药剂，进行病虫害综合防治。1990年，开始使用农作物化学除草剂，后推广面积逐渐扩大，除草剂品种已由一个发展到多个。近几年全村没有大的病虫害，全村在夏季和秋季粮食作物生长中对一些红蜘蛛、钻心虫等病虫害进行必要的防治，效果良好，粮食连年获得丰收。现今，有小型机动喷雾机2台。农户锄草用除草剂，常用小型喷雾器或人工喷洒农药。每年根据不同情况，在上级农业部门指导下，由农户自由选择农药的品牌、种类。每年农药的使用量约1吨，农药的种类主要有乐果、甲胺磷等。

（五）化肥的推广

全村使用化肥的种类有氮、磷、复合肥料和微量元素四大类。1952年8月，农业生产互助组在全乡农村兴起。是年，氮素化肥硫酸铵（俗称肥中肥）开始施用。1954年村初级农业生产合作社迅速发展起来，全乡普遍成立初级社，办法是：自愿参加，出入自由，兼顾土地。自此，氮肥大量用于农业生产。1955年，全乡基本实现了农业初期合作化，同时还试办了高级社。1956年全乡成立了高级农业生产合作社。由于“小氮肥”技术容易掌握，而且所需投资少，建设周期短，收效快，比较适合县一级的情况，而且产品可以自产自用，因而深受欢迎。20世纪50年代末由于长期单一使用氮素化肥，导致了氮磷比例失调，缺磷成为提高产量的障碍。1978年氮、磷、钾三元素在全乡普遍施用。主要有氮酸氢铵、尿素、氨水、磷矿粉等，部分还施用了复合肥，亩施量逐年增加，产量逐年翻番。从1981年起，磷肥大量用于农业生产。复合肥由于价格贵，主要用于根外施肥（即叶面喷洒）；微量元素肥料仅做过多次试验和示范，没有大面积使用。化肥的用量逐年增加，农作物产量不断提高。

近几年来，化肥的年使用量每年约100吨；使用有机肥，年有机肥的使用量约5方/亩。[①] 每年根据不同情况，在上级农业部门指导下，由农户自由选择品牌化肥施肥等。常用肥料的种类有二胺、复合肥、尿素、磷肥、氮肥等，亩均100公斤，无补贴，购买渠道主要在本村商店购买，并主要用人工施肥。

（六）水利科技推广

新中国成立后，水利建设有了很大发展。新中国成立初期人民政府在南流寺设立了万金渠管理处。1955年农业合作化后，开始打井抗旱。1958年春，兴修“五八英雄渠”，后由于水位偏低，中途停工。南流寺1961—1962年改建三支渠，解决彰武水库移民住房。1963年8月，大雨、大暴雨连降10多日，大暴雨最长时达13小时，形成了前所未有的洪灾。平地积水最深处能达两米。一片汪洋，水天一色。加之上游水库裂口，山洪从西向东，从曲沟经乡境南北流寺等一带低地直泄市区。村南边的万金渠决堤，村里遭受百年来未有的洪水灾害。南流寺房屋倒塌1000余间，冲倒将要成熟的秋庄稼，冲毁蔬菜、西瓜，700余亩良田庄稼绝收，造成极大损失。政府对此采取了紧急救灾措施，一面发粮、款补救重灾区，一面发动干部、群众抗洪排涝、生产自救，基本维持了群众生活。1963—1966年打机井4眼。1970年，为了充分

① 该数据由实地调研收集。

利用水源，减少渗漏，进行了水利田园化和硬化渠道建设，在南流寺试建，改大畦为小畦，改长畦为短畦。1975 年 5 月 1 日，西郊东风公社下的骈家庄大队利用本地水利资源，在万金渠上建成一座 40 千瓦的小型水利发电站，正式投产发电。[①] 南流寺也于 20 世纪七八十年代在万金渠上建发电站。1977 年大搞农田水利基础建设，治水改土，村里成立了水利专业队。1978 年 10 月，疏通卫河工程开始。各村相继组织民工到卫河参与“会战”。

农业合作化的长处在于可以快速动员、组织劳动力，进行大规模的农田水利等基础设施的建设。从农业合作化向人民公社的转变，很大程度上也推进了农村的农田水利建设。在安排“三五”国家建设资金时，毛泽东提出，发展农业主要应依靠大寨精神，国家农业投资可适当减少，以缓解资金不足的矛盾。学习大寨精神，建设大寨式稳产高产田，成为农田水利基本建设的要求之一。

农田水利建设还带动了“小水泥”的发展。农村人民公社用这些水泥修建了大量中小型水库、水渠、提灌站、机井等设施，在抵御自然灾害、建设旱涝保收农田方面，发挥了重要作用。1970 年 4 月，为适应当时农田水利建设的需要，共集资 10 万元，其中公社拨款 3 万元，兄弟单位援助 7 万元，由黎香等同志在公社西侧筹建西郊水泥厂。该厂建成后，先后在西郊农田水利建设和道路硬化过程中共支援水泥 15000 吨。由于产品质量好，标号高，信誉可靠，自生产以来，曾畅销北京、天津，广东省湛江市，湖北当阳、武汉、应山，河北秦皇岛，山东菏泽、聊城，本省许昌、驻马店、商丘、兰考等省市，被安阳市评为先进集体单位。

1978 年后，实行班组承包责任制。用混凝土硬化斗、支、毛渠，大大节约了用水。1985 年，实行家庭承包责任制后，机井由集体统一管理、调配，对承包户的土地进行灌溉。南流寺于 20 世纪年代到 80 年代中期间硬化西地农渠 4 道、头道渠 1 条；安装全村自来水管打机井 5 眼，于 90 年代初新打机井 4 眼。1993 年修建 1 座提灌站。1995 年对灌溉渠道全部进行硬化。同年万金渠取弯改直，进行硬化。为节约土地和水资源，从南流寺、郭流寺、骈家庄修暗渠而过。又于 90 年代末硬化农渠 3 道，总长 3000 米。[②] 第 2 座提灌站

---

① 安阳市殷都区西郊乡志编纂委员会．殷都区西郊乡志，2006：283.

② 安阳市殷都区西郊乡志编纂委员会．殷都区西郊乡志，2006：422.

于2008年修建，同年新打机井5个。

南流寺现有水渠、提灌站、机井等水利设施，现用于农业生产灌溉。水渠共8条，其中20世纪80年代修建4条，1995年以后修建（硬化）4条；提灌站2个；机井5个，其中2008年修建2个，1993年修建3个；其余有农用水泵、管道等，农用水泵有4台；无节水灌溉机械。使用农用排灌机械4台。①

（七）科教兴农

1977年9月，西郊乡科学技术协会成立。后又成立西郊乡农业技术推广站。1990年4月29日，建立西郊乡农业技术服务中心。西郊乡科学技术协会成立后，采取多种形式向农民进行科普教育，如放映科教电影，利用农村集市庙会开展咨询活动。在南流寺村，曾利用古庙会开展科技和图片展览，结合农忙季节组织科技讲座，开办文化技术学校，组织科技夏令营活动。1985年，向全乡农民发放技术资料10000份。2005年，向农民发放各类名、优、特种养殖技术资料20000份，举办各类科技培训班6期、1200余人次，制作宣传版面20余块。② 村里设立了农村文化学校、人口文化学校，向农民传播科学技术知识。

1985年在全国“万名创造杯”竞赛活动中，西郊乡荣获“万名创造杯”6个。南流寺小学荣获其中1个。南流寺于20世纪70年代至80年代中期建成村第一所小学校；1986年11月10日，西郊乡召开“三十中教学楼落成典礼及集资办学”现场会。2005年1月6日，河南省第七届“乡村青年文化节”暨“百日百乡百万农村青年科技大集”启动仪式在北流寺举行，特邀市、区农业专家等进行了现场科技咨询。为互通科技信息，村所在西郊乡除和兄弟单位交流科技经验外，还经常采取请进来、派出去的办法交流科学技术。截至2006年，共培养农业科学技术人才200余人，其中，助理工程师及相应职称8人，技术员及相应职称40人。近年来，科普推广由区、乡主管部门组织，村配合组织管理及协调人员。每月进行远程教育科普培训，每年就近在

① 该数据由实地调研收集。

② 安阳市殷都区西郊乡志编纂委员会．殷都区西郊乡志，2006：155.

学校等公共教育机构进行“阳光工程”和再就业培训时，也有部分的科普培训。

（八）电力电信及其他

电力方面，1958 年 7 月，徐家桥大队在全乡（公社）首先用上了电灯照明，同时安装了电磨、电碾和广播。1962 年 6 月，各村自筹资金架设全乡的线路，共计投资 47.5 万元，各村农户先后安上了照明灯，村中安装了电磨、电碾和抽水动力机，从而取代了有史以来的油灯和牛拉石磨、石碾。南流寺 1961—1962 年首次架线通电，1963—1966 年建电磨、建电碾。1966 年，农村全部通电。据 1985 年统计，全乡共架设高压线 44 公里，低压线路 145 公里，有变压器 88 台（11420 伏安），电动机 196 台（4152 千瓦）。[①] 21 世纪初，进行了农村电网改造，统一了电价。

电信方面，1959 年东风人民公社装置了电话总机一部，下设分机 44 台，线路长 34 公里。行政村和乡办企业都通上了电话。1969 年西郊公社成立后，装置了电话总机一部，下设分机 25 台，并设有 4 条外线。20 世纪 80 年代以后，电信事业迅猛发展，西郊总机逐步撤除，村和各企业全部安装了电话专线。以后，电话专线开始进入农村家庭。

其他方面。关于沼气工程的建设，20 世纪 70 年代后期，按照上级要求，开展沼气池建设活动，但由于当时技术条件有限，建成的沼气池基本无法使用，后停建。2005 年，富民沼气工程的实施下，资金由区、乡、村三级共同投资，在南流寺建成数个沼气池，并投入使用。1988 年 8 月，乡政府为促进农民的种粮积极性，设立了“农业高产奖”。1990 年 5 月，在全乡开展吨粮田目标工作。1992 年 4 月在全乡开展了农技推广十项目标竞赛活动，还开展“发扬红旗渠精神，双评双升奔小康竞赛活动”。1994 年 6 月，在全乡各企业中开展了社会主义劳动技术竞赛活动。1994 年 8 月，大力推广日光温室和经济林，并出台有关奖励办法。1996 年 5 月，在全乡积极开展玉米高产开发活动。1997 年 2 月，西郊乡认真落实日光温室、新菜田开发任务。1999 年 9 月 21 日，为大力发展高产、优质、高效特色农业，提高农业的整体效益，实现

---

① 安阳市殷都区西郊乡志编纂委员会．殷都区西郊乡志，2006：297.

农民增收、农村稳定的目标，西郊乡制定了西郊乡农业结构三年规划和实施意见。2003年“如何把殷都区建设为一个文明富裕的现代化新区”大讨论活动。2005年西郊乡加大农作物秸秆综合利用力度，全乡农作物秸秆综合利用率及粉碎还田率达到了91%以上。2005年11月，狠抓建设社会主义新农村工作，把整治村容村貌、拆除违章建筑和村务财务大清查活动作为建设社会主义新农村的切入点。

十、医疗和社会保障事业

（一）医疗

1. 医疗制度的变迁

南流寺村的医疗制度处于不断的变迁中，据村里的负责人介绍，1966年前，村里的医生是个体的，小病村里都能解决，但是看病还是以乡卫生院为主。在集体经济时代，由于村民每次生病都得跑到公社医院去又远又贵，村里开始推行赤脚医生制度。“赤脚医生”是农村合作医疗制度（合作医疗是随着新中国成立后农业互助合作化运动的兴起而逐步发展起来的）的产物，是农村社员对“半农半医”卫生员的亲切称呼。“赤脚医生”这种村级的医疗卫生人员不但承担起了一些小伤小病的治疗，以及大病的初步诊断，还担负起了“预防为主，治疗为辅”的责任。据当时的赤脚医生孙全合回忆，当时村里的医疗卫生条件很差，连听诊器、血压表等这些基本的仪器都没有。最重要的是当时村里的卫生情况也极其糟糕，疟疾、霍乱等肠道传染病盛行。为了改变这种现状，孙全合和几个赤脚医生肩负起带领村民与疾病作战的责任。每年在春夏之交时就开始对全村进行消毒，对卫生死角大清除，并且熬中药，将这些预防药物送给全村的人，每年历时八天，连续三年，终于赢得了这场卫生战争的胜利，村民没有人再得那些传染性肠道疾病。但是，由于井水里面细菌多，孙全合他们就每天都对井水进行消毒，数十年如一日，风雨无阻，一直到村里用上了自来水。

1981年，随着农村实行土地承包责任制，对合作医疗实行了改革，实行收费、免费、保本经营加补贴的农村医生个体承包等形式，农村医疗也开始由家庭、个人承担起来。由于改革后医患之间呈现直接的交换关系，看病费用越来越贵。薄弱的家庭经济力量无法承担农民大病的治疗费用，普遍存在看病难、治病贵的情况，一些农民因病致贫、因病返贫。为了改善农村的社会医疗保障，2002 年 10 月，在《中共中央、国务院关于进一步加强农村卫生工作的决定》中明确提出“逐步建立以大病统筹为主的新型农村合作医疗制度”，目标是：加强以乡镇卫生院为重点的农村卫生基础设施建设，健全农村三级医疗卫生服务和医疗救助体系，保障农民获得基本卫生服务、缓解农民因病致贫和因病返贫。

新型农村合作医疗是政府支持、农民参与、社会资助的一种新型农民医疗互助共济制度。以自愿参加、多方筹资，以收定支、保障适度，大病统筹为主，兼顾门诊补偿，公开公平、民主监督为原则。

(1) 筹资方法

和其他地方一样，南流寺村的新农合制度实行个人缴费、集体扶持和政府资助相结合的筹资机制。筹资标准为每人每年 150 元。其中参合农民缴费标准为每人每年 30 元，中央、省、市、县四级财政对参加新农合的农民每人每年补助分别为60 元、30 元、12 元、18 元，各级政府合计补助每人每年 120 元。其中，37.5 元纳入门诊统筹，用于参合农民在乡卫生院门诊和村级定点医疗机构看病使用；其余部分用于参合农民大病住院报销。

筹资办法主要是在区政府统一组织领导下，采取多种形式，积极引导农民以家庭为单位参加新农合。具体筹资由西郊乡政府、北蒙街道办事处牵头，村委会组织，以村委会为单位收取个人应缴纳的参加新农合费用。西郊乡、北蒙办负责将参加新农合农民缴纳的费用上缴到区新农合基金专用账户，并将参合人员花名册及时汇总上缴农合办，由安阳市人寿保险公司新农合补助服务中心及时将参合人员信息录入区农合微机管理系统。对于农村五保户、特困户参加新农合需缴纳的个人费用，由民政部门负责解决。

(2) 补偿标准

合作医疗基金只能用于参合农民的医疗费用补偿。政府要保障的公共卫生服务项目如计划免疫、妇幼保健、健康教育等不列入新农合补偿范围。新农合基金用于支付《河南省新型农村合作医疗报销基本药物目录》内的药品费用、新农合诊疗项目和医疗服务设施范围目录内的诊疗费用。对使用目录外的药品费用、诊疗费用和超标准收费、自立项目收费，以及违反基本药物政策规定、药品不按规定比例加成、超过统一限价标准而造成的不合理费用，新农合基金均不予支付。

全区参合农民住院报销起付线为：乡级定点医疗机构 100 元、区级定点医疗机构 300 元、市级定点医疗机构 800 元、市外定点医疗机构 1000 元；封顶线为 6 万元，以当年实际获得的统筹补偿金额（包括门诊慢性病等特殊病种补偿）累计计算。住院补偿按比例进行，起付线以上部分的合理医疗费用，根据医疗机构级别划定补偿比例范围，补偿比例分别为：乡镇级 70%、区级 60%、市级 40%、市外 30%。

表 1－9　**2010 年殷都区新农合的报销起付线、报销比例和最高限额**

医院级别	起付线（元）	报销比例（%）	封顶线
乡级	100	70	参合年度内 6 万元
区级	300	60	
市级	800	40	
市外	1000	30	

（3）报销程序

参合农民在区、乡卫生院门诊和村级定点医疗机构就诊，需持合作医疗证，直接报销，每人每年最高可补助 37.5 元，家庭成员共享，参合年度内有效。当年结余的家庭账户资金仍然可以在下一年继续使用。

参合农民在区、乡级定点医院看病，实行“一证通”。住院患者凭合作医疗证，先交住院费，出院后一定限额内的（报销金额 3000 元以下），在所住的医院按规定比例直接报销，限额以上者到人寿保险公司新农合服务中心办理报销手续。

参合农民在市级定点医院住院的，需在住院后 3 个工作日向区农合办电话备案；在市外定点医院住院的，需在住院前，到区农合办办理就诊手续。参合农民在市级及市外定点医院住院出院后，持出院证、费用发票、费用清单（含住院当天门诊费用）、户口簿或身份证、合作医疗证、转诊证明和由医院加盖公章的病历复印件（指总费用 5000 元以上的），到人寿保险公司安阳分公司新农合补助中心审核报销。

2. 医疗救助制度

安阳市殷都区还有城乡困难群众医疗救助制度，根据《殷都区城乡医疗救助实施方案》中的有关规定，救助的对象主要是享受城镇、农村低保户家庭成员，享受农村五保户供养人员和因患大病后无法生活的特困家庭成员。主要的救助方法是：救助对象患救助范围内病种所产生的门诊和住院有效医药费用，扣除各类医疗保险报销、有关单位报销、补助之后的门诊和住院剩余有效医药费用，救助比例：1000 元以下，按个人负担费用的 20% 补助；1001~3000 元，按个人负担费用的 30% 补助；3001~6000 元，按个人负担费用的 40% 补助；6001 元以上，按个人负担费用的 50% 补助。救助最高限额年累计不超过 10000 元。城乡医疗救助金是一项政府性专项资金。区财政每年根据我区上年度城乡最低生活保障金支出总额的 30% 安排城乡医疗救助金，纳入区财政预算，列入“城乡医疗救助资金”专户，实行专账核算，专项管理，专款专用。

医疗救助制度与新型农村合作医疗制度是相辅相成的，二者既有区别又有联系。两者的联系在于，医疗救助政策的实施，是对新农合制度的有力补充，是对农村医疗的二次救助，进一步解决了村民医疗过程中的困难。两者的不同点在于，首先，实施原则不同。新农合实行的是国民待遇原则，只要按要求参加合作医疗，缴纳费用，均可以享受到相同的、无差别的服务和补充；但医疗救助施行的是有差别的医疗补偿，根据每个家庭实际承担的医疗负担的不同给出不同的补助标准，目的是均衡由于医疗费用而产生更大的贫富差距。其次，筹资方式不同。新农合采取的是参与者付一定的费用，政府承担其余大部分费用。医疗救助的资金来源有三方面途径：一是地方财政补助；二是中央财政补助；三是通过社会捐赠和其他渠道筹集到的资金。由此可以看出，医疗救助并没有农民个人资金的融入，完全是社会对个人的补助和援助。

3. 南流寺村的医疗现状

南流寺村目前有四个诊所：孙中林诊所、孙付军诊所、马新平诊所、孙合军诊所，它们全部位于村中心主干道两侧，基本医疗设备都比较完善，主治医生均为本村村民，均有上级颁发的乡村医生执业证书。四家诊所中孙中林诊所和马新平诊所是村里新农合的定点单位。

南流寺村于 2007 年施行新型农村合作医疗制度，目前全村每年都有 98%

以上的村民参加新型农村合作医疗，人员约3000人，参合资金每年约9万余元。参加新型农村合作医疗的农民（以下简称参合农民）患病可凭本人的《殷都区新型农村合作医疗证》在本市定点医疗机构选择就医。本市定点医疗机构不能处理的，由区新农合管理中心审批可以转至市级以上医疗诊治。殷都区定点医疗机构有：市人民医院、市妇幼保健所、市中医院、市第二人民医院。市级定点医疗机构有：安阳市结核病防治所、安阳市脉管炎医院、安阳市铁路医院和解放军一五一医院。

新型农村合作医疗在南流寺村推广四年多来，受到了广大村民的欢迎，但其中的不足之处也亟待改进。首先，仍有个别村民未被纳入新型合作医疗范围。其次，村民反映新农合只能报销住院和大额医疗费用，如果村民没有住院则不能报销；有的医药花费虽然属于报销范围，但是村民不了解相关政策规定而且报销手续烦琐，很多村民尚未从中受益。总的看来，新型农村合作医疗制度在南流寺村比较完善，但对于村民来说，手续不免烦琐，如果要进一步在农村推进农村合作医疗，应相应地简化手续，提高报销比例。同时应加强宣传，用村民身边因合作医疗、医疗救助受益的例子，让村民们长远地看到合作医疗的好处，让更多的人参合，这样才能让农民在医疗方面得到保障。

（二）社会保障

无论是在改革开放前经济相对落后时期，还是生活水平大大提高的现在，南流寺村的社会保障都比较完善，尤其是最低生活保障制度，对于残疾人以及其他生活有困难的人群，村委会都予以相应的保障措施。

1. 最低生活保障制度

贫困群众在任何时代任何社会都存在，但是，由于社会保障制度不同，解读和减轻贫困问题的方式也不同。南流寺和其他地方一样，贫困户所享受的福利待遇经历了不同时代的变迁，从集体经济时代的“五保户”到家庭承包后的“五保户”、“低保户”。

人民公社化时期，南流寺村的村民凭个人劳动获得工分，集体获得收入后，按总收入的3%提取公益金，主要用于支付困难户、孤老病残、医疗等费用。村里的贫困户，平时由民政部门分发一些粮食，到春节时生产队发点面，为他们提供一些福利。据原生产队的会计介绍，当时有两位孤寡老人享受“五保户”待遇。生产队为他们提供住所，派社员专门负责照顾，该社员的劳动也算工分。老人们则时常给队里的孩子们进行道德教育。这种保障制度，使无力支撑生活的老人不仅有所养，而且有所作为，比较和谐美满。

家庭联产实行承包制后，集体经济名存实亡，由集体提供的生活保障没有了，生老病死皆由农民个人承担。由于个人经营能力、身体健康状况不同，农村出现了两极分化现象，许多贫困农民的正常生活失去了保障。

为保障农村贫困群体的生活，河南省安阳市于2006年开始推行了农村最低生活保障制度。年人均收入在1200元以下的家庭，可以申请加入低保，具体的申请、管理基本参照安阳市2009年5月21日印发的《殷都区农村居民最低生活保障实施办法》中的规定。

南流寺村委会负责低保工作的民政专干王军详细地介绍了村民申请低保的过程：申请享受农村低保待遇的，按照属地管理原则，以家庭为单位，由户主或委托村民小组向村民委员会提出书面申请。申请时申请人必须提交以下材料：第一，农村居民最低生活保障申请书；第二，户口簿原件和复印件、身份证原件和复印件；第三，申请享受农村低保家庭成员的身份证原件和复印件；第四，家庭收入情况或相关证明材料。村民委员会在接到农村低保申请人的申请材料后，对申请人的家庭经济和实际生活等情况进行调查。首先对申请人的家庭情况进行登记，核实其家庭基本情况，对其家庭收入进行计算，并成立由村民委员会成员、村民代表及其他人员参加的评议小组进行评议。对经评议认为符合低保条件的申请对象，在村务公开栏张榜公布7天，广泛听取意见，无异议后认真填写《殷都区农村居民最低生活保障待遇申请审批表》，并做出初审意见，上报乡、街道办事处审核；乡、街道办事处负责对村民委员会报送的申请材料自受理之日起20个工作日内，通过入户调查、邻里走访等方法，对申请人的家庭人口、经济状况和生活水平进行核实，确认符合农村低保条件后签署意见，并将有关材料和审核意见上报区民政局审批；经核实不符合农村低保条件的申请人，应当书面通知申请人并说明理由；区民政局负责对乡、街道办事处报送的有关材料和审核意见自受理之日起15个工作日内进行复核办结审批手续，经区民政局审查，对符合享受农村低保条件的家庭通知乡、街道办事处发给《安阳市农村居民最低生活保障金领取证》，村民委员会以户为单位张榜公布7天，接受群众监督，有异议的，由村民委员会进行复核，并按上述程序重新核查，情况属实的，予以纠正。农村低保金按季度发放。低保对象领到的保障金应用于其基本生活所需。享受低保待遇的人员可持证到指定地方领取。

而在基层实际工作过程中，程序往往是不一样的。据民政专干王军介绍，村委会每年都会对村里各家各户的情况进行摸底，根据掌握的情况进行比较，然后将低保名额按比例在各个小组进行分配。为了方便村里的村民，每季度王军将低保金从乡民政助理那里领回，再统一发放给村民。

根据申请人家庭收入和支出情况，家庭成员的病、伤、残程度、劳动力状况等因素将农村低保对象分为三类：一类对象为长期重点保障户。包括主要劳动力伤亡、重病、重残，家庭其他成员无劳动能力等特殊困难家庭。二类对象为长期保障户。包括家庭主要劳动力伤亡、重病、重残，家庭其他成员劳动能力较差，生活状况短期内不会有很大变化，需要长期保障的家庭；由一方抚养未成年子女的单亲家庭。三类对象为短期保障户。包括家庭主要成员有劳动能力，但需要赡养或抚养的人口较多，负担过重的家庭。这三类家庭成员每个月保障标准不一样，一类70元/月，二类60元/月，三类50元/月。同时，对低保对象家庭在就医、就学、住房等方面的费用也给予减免照顾。

南流寺村对低保对象实行动态管理，分类施保、分类审核（一类每三月审核一次、二类每半年审核一次、三类每年审核一次）。享受低保待遇的家庭人口和收入情况发生变化的，应当书面告知管理审批机关，以便及时办理停发、减发或者增发手续。

可以看出，南流寺村的低保制度比较健全，整个审批、发放程序也比较规范，但其中也存在一些“人情保”的现象。“人情保”主要发生于两种群体，第一个群体为村委会干部的亲属或好友；第二个群体为村中的党员，后者主要是因为由于村级民主制度的施行，社会保障制度成为村干部争取选票的工具的结果。“人情保”现象的产生，扭曲了农村最低生活保障制度的公平性，损害了基层村委会组织以及党和国家在人民群众中的形象，降低了政府的公信力，是农村最低生活保障制度中亟待解决的问题。不过这个问题现在已经有成熟的解决方案，安阳市殷都区委书记李南沉率先提出的“十大员制度”就是普及基层民主的有力举措，这个制度立足于百姓的主体性，能充分调动他们的积极性，实施他们本应具有的监督建议权，不仅有利于对干部的监督，更有利于基层民主工作的展开。现在这个制度在其他街道办已经推广了一年多，成效显著，不久，这项制度将在西郊乡，在南流寺充分展现它的效力，随着基层民主工作的展开，“人情保”现象也将彻底从南流寺消失。其次，审批低保资格时也存在一些问题。有村民反映，在审批低保时，只核算申请人的收入，不核算支出，有些家庭有病人，一个月的医疗费用就上千元，而年人均收入又超过了1200元，往往不会被纳入低保的行列，虽然有新型农村合作医疗的报销，但是他们的困难也没法完全及时得到救助。因此，评定申请人收入是一方面，将支出纳入核算也是必要的，这样的低保资格评定制度才更公平合理，当然这也是很多地区共同存在的问题，这就需要我们不断完善农村居民的最低生活保障制度。

2. **社会保险**

社会保险是一种为丧失劳动能力、暂时失去劳动岗位或因健康原因造成损失的人口提供收入或补偿的一种社会和经济制度。目前农村提供的社会保险有养老和医疗两种，医疗保险主要是第一节介绍的新型农村合作医疗制度，养老保险则有家庭养老、失地农民养老等，本节将先介绍后者，其他单独在第三节中介绍。

随着安阳市殷都区城中村改造进程的不断加深，失地农民的养老保险问题得到了社会各界的广泛关注。安阳市政府于2006年12月25日颁布实施了《安阳市被征地农民社会保障试行办法》。失地农民养老保障主要以大龄和老龄人群为主，主要办法是参保人员一次缴纳一定数额的养老保险费；实施“城中村”改造的，男年满50周岁不满60周岁、女年满45周岁不满55周岁的，以上年度社会平均工资的60%为基数，按20%的比例一次性缴纳10年的养老保障费，个人承担60%，政府承担40%，退休待遇标准为每人每月160元，调整办法主要参照城市最低生活保障标准，着眼于低水平保障。但是，失地农民养老保障与现行的城镇养老体系相比，养老金标准存在差异，享受标准不足以维持基本生活，使得失地农民参保积极性不高，南流寺村的村民目前也很少参加。因此，在制度设计上应充分考虑失地农民的实际情况和特点，本着“广覆盖、低费率、保基本”的原则，为失地农民设置一套单独的养老保障制度，由现行城镇企业养老保险经办机构统一管理、分别建账、单独运行、独立核算。

3. **社会优抚**

社会优抚是针对军人及其家属所建立的社会保障制度，是指国家和社会对军人及其家属所提供的各种优待、抚恤、养老、就业安置等待遇和服务的保障制度。根据《军人抚恤优待条例》的规定，优抚对象指：中国人民解放军的现役军人（含中国人民武装警察部队现役官兵）；革命伤残军人；复员退伍军人；革命烈士家属，因公牺牲军人家属，病故军人家属；现役军人家属。符合规定条件的人员享受定期抚恤（补助）待遇，应当受到社会的尊重。南流寺村严格按照《军人抚恤优待条例》的规定，2010 年为本村烈属王娥梅和带病回乡的军人孙祥只两位老人发放优待金共计 2380 元，米、面、油等物品合计 2000 余元。充分保障了社会优抚工作在基层地区的实施，对于维持社会稳定，保卫国家安全，推动经济发展的社会进步具有重要意义。

（三）养老

不同经济状况以及社会制度下，南流寺村的养老方式也各有不同。在集体经济时代，养老的各种费用开支部分由集体承担。

南流寺村有良好的尊老养老的传统，村里的乡亲们素来好客，他们对待素不相识的客人尚能如此，对待有养育之恩的父母更是极为孝顺，因此在南流寺村子女不赡养父母的情况基本不存在。

自家庭联产承包制实行以来，南流寺村的养老方式又发生了变化，由于农民各自都分得一定的土地，所以就沿用中国传统的家庭养老方式，“养儿防老”是这种模式的形象概括。对于那些无儿无女的老人，家庭养老模式无疑成为一个社会问题，对于那些孤寡老人，问题则更为严重。因此根据南流寺村目前的具体情况，养老大致分为两种：一种是家庭养老模式，二是社会养老模式。前者是主体，后者为补充。

“家庭养老模式”的费用来源于两种渠道，其一是来源于老人一生的积蓄，其二是子女们支付的养老费用。对于某一特定家庭的老人来说，这两种费用是同时存在的。我们将老人积蓄在养老费用中居支配地位的养老模式称为“自主养老型”，将子女支付费用占支配地位的养老模式称为“子女养老型”。据村里的负责人告诉我们，村里家庭养老模式中“子女型养老”能占到

80%左右，只有少部分老人靠自己的积蓄和劳动生活，60岁的孙银生老人虽然跟儿子住在一起，但是他和老伴两人完全靠自己生活，他是村里很知名的木匠，平日里会做些小板凳和案板之类的东西拿到集市上去卖，偶尔也接些零碎的木匠活，维持老两口的生活。孙大爷的孩子并不是不孝顺，但孙大爷考虑到孩子盖房也有不少的外债，于是便在自己能做的时候多做一些，为孩子们减轻些生活上的负担。“子女型养老”的实现一方面取决于子女孝顺与否，另一方面取决于子女的经济状况。子女善于经营，身体健康，下一代负担轻，经济条件好，对老人的照顾情况就会好一些。前面已经介绍到，尊老爱幼是南流寺村优良而且长久保持的传统，所以村里的年轻人对老人都非常孝顺，村里的大部分家庭也都有条件使老人们的生活过得平安、顺心。例如南流寺村的“十大员”徐石良老人，他家的孩子很有出息，兄弟几个在外面开了一个小厂子，生活上很宽裕，因此对于老人的需求，孩子们都会自愿满足，平时经常给老人一定的零花钱，有机会还带老人外出旅游，放松身心。老人生病了，几个孩子都会分担治疗费用。

“社会养老模式”主要是由村委会和民政等部门对孤寡老人实行救助的一种养老方式。南流寺村的社会养老模式与该村团结互助的优良传统有着密不可分的关系。与养老相似，村子里有个老人早年丧子，家里也没有其他子女，这些年他们的生活和养老都由村子里的邻里来接济，东家给米，西家给菜，还帮助他家修缮房屋。南流寺村村委会还会定期发放抚恤金表示慰问，村里还承担了他参加新农合的全部费用，并且负责他过冬取暖的所有费用。每逢节日村里还派专人送去油、鱼、鸡等物品。现在老人的生活很安稳，有任何困难都会及时得到左邻右舍的帮助和扶持。

随着国家各项方针政策的推进，老年人的各种保障措施逐步的规范化。在“三个代表”重要思想和科学发展观的理念逐步地深入民心，以及社会主义新农村建设的逐步推进的过程中，按照国家的指导要求，积极开展多种形式的群众喜闻乐见、寓教于乐的文体活动，满足农民群众多层次、多方面的精神文化需求。南流寺村村委会以老年人协会为依托，从老年人的实际情况出发，坚持“老有所养、老有所教、老有所学、老有所为、老有所乐”的方针，急老人所急，想老人所想，以服务老人，提高老人生活质量为根本出发点，开展了形式多样的健康文艺活动，建立了一套比较科学、规范的管理制度。2005年村投资21.6万元，建成老年活动中心，购买活动器材37件，把老年人活动中心办成村民拥护和老年人喜爱的健康快乐之家。村里的老年协会除了会定期地组织各项娱乐活动外，每到节日或者大型的活动，村委会搭建的大舞台都会举办各种类型的娱乐节目，有时邻村的北流寺村的老人也会赶来参加。老人们都说，“现在精神特别好，学点东西还可以回家教教孙辈”。丰富多彩的文体活动寓教于乐、寓教于德，构成了南流寺村一道亮丽的风景线，更激发起老人们不断发挥余热的热情。

尽管南流寺村的养老制度对于目前的状况来说已经较为完善，但还是存在一些问题亟待解决。随着城镇化过程的加快，一部分村民要进入城镇生活，进城农民的养老成为一个新问题。更值得关注的问题是空巢老人的存在。据有关数据显示，目前我国城乡空巢家庭超过50%，部分大中城市达到70%；农村留守老人约4000万，占农村老年人口的37%，城乡家庭养老条件明显缺失。在南流寺村有三分之一的青年人外出打工，空巢老人的现象在南流寺村也比较普遍。现代意义上的家庭养老不同于传统意义上的家庭养老。传统意义上的家庭养老是指纯粹由家庭来赡养老人，政府与社会并无所作为；现代意义上的家庭养老是指在大力弘扬孝道文化的背景下，在政府尽其所能提供低标准养老保险的基础上，由子女来管理老人的吃、住及其他生活照料，提供精神慰藉。尤为值得强调的是，针对空巢老人的生存现状，政府需要从政策上予以规范、强制，譬如通过立法制定一个空巢老人的最低赡养标准，真正做到老有所养。农村空巢老人生存现状已成为我们无法避开的社会命题。农村养老服务体系也并不是孤立的，建立完善的社区养老服务体系并不能仅仅依靠政府单方面的资源，而是应当加大整个社会的支持力度。首先，引导全社会树立尊老、敬老、爱老的良好风尚。其次，要建立健全社会保险制度，尤其是要完善医疗保险制度将社区卫生服务机构纳入医疗保险定点机构，积极开发护理保险险种。最后，要提高空巢贫困老人的救助标准，根据他们医疗、生活费用支出较多的实际情况，在最低保障标准的基础上增加一定的补贴，确保空巢贫困老人基本的生存权利得以实现。

十一、南流寺村的教育

教育是一种有目的、有组织、有计划、系统地传授知识和技术规范等的社会活动①。教育历来是劳动者素质技能提高的基础，是国家立国之根本和持续发展的关键。中国农村人口 8.8 亿，农民的平均受教育年限不足 7 年，4.8 亿农村劳动力中，小学文化程度和文盲占 40.31%，初中文化程度占 48.07%，高中文化仅占 11.62%，大专以上文化程度者仅占 0.5%。在广大农村地区农村向现代化的生产方式和生活方式转型的过程中，依靠这样低素质的群体来完成产业结构调整的任务是非常困难的。因而农村的教育急需加强。

我们走访和调研了南流寺村的学校和教育状况，发现该村的教育一方面存在着问题，另一方面却在进行着教育改革并逐渐彰显其优势。将南流寺村的教育改革放在大环境中看，它只不过是河南安阳殷都区教改的一个小小缩影，将南流寺村的教育状况放在大环境中看，它也仅仅是中国广大农村地区教育状况的一个现实折射。

（一）南流寺村教育的历史沿革

南流寺村历来有着重视文化教育事业的传统。早在 20 世纪 30 年代，村里就设有私塾。当时全村的私塾先生共 4 人。村里的适龄儿童可以任选一名先生跟从其学习。一般情况下，课程的学习会在私塾先生家中进行。学费也不是直接的货币形式，而是每年上交先生 2 斗米（合现在 10 斤左右）。私塾先生教授的课程包括《三字经》、《百家姓》、《孟子》等，还有珠算的练习。这种形式的学校在南流寺村直到 1947 年新中国成立前夕才被取缔。

1947 年，南流寺村迎来了解放。也在国家政策的扶持下建成了自己的学校。坐落在村子南边的小学命名为南流寺小学。包括南流寺村和附近的郭流寺村两个村子的学生都到这所学校来上学。新中国成立初期，南流寺小学全校共四个年级，每个年级两到三个班，每班十几个人。那个时期正是人才缺乏的时候，整个学校只有几名教师。每位老师都不得不担负起全校四个年级、全部科目的教学工作。

到了 20 世纪 80 年代，南流寺小学初具规模，但是占地规模仍然很小，一共只有 14 间校舍和一个大操场。校舍全为砖瓦结构，比较牢固。操场上各种体育器材并不丰富，只有简单的篮球、单杠、双杠等。1984 年，南流寺小

① 百度百科，http：//baike.baidu.com/view/23942.htm.

学共有5个年级，由于生源稀少，每个年级只有两到三个班，一班40人左右。相比于学生数量少，学校的师资也很匮乏。全校只有20名老师，因而每位老师的教学负担仍然很重。但是和以前相比，基本可以做到不同的老师教授不同的科目了。

南流寺小学的教师都是由国家分配来的，一般都是本地人，但是也有例外。外来的民办教师也可以在学校工作。民办教师和国家分配的正式教师不同，正式教师是由国家财政直接拨款发工资，而民办教师则是由村里直接给发工资。在“挣工分”的日子里，民办教师们的工作就直接顶了工分，再按照工分的多少发放工资。

南流寺小学开设的课程包括语文、数学、体育、音乐、美术、思想品德等。但是相应的配套设施并不多。教室里仅有桌椅、黑板等教具，其余全无。在最初南流寺小学建校的时候，孩子们还需要自带板凳来上课。到了冬天，取暖设施只有教室里的一个铁炉子。那时的学费也很便宜，每名学生每年只需要五六元。对于这所基本得不到政府扶持款项的小学校来说，唯一的经费来源就是学生上交的学费。因此，学校的各项工作开展起来就显得捉襟见肘。

在这样“上边不管，村里不重视，老师消极怠工”的情形下，南流寺小学的教学质量并不出众。按照村里人的说法，南流寺小学仅仅是孩子们暂时学习的地方，只要家里有条件，家长都会把孩子送到乡里乃至更远的安阳市读书。南流寺小学的老师们也因为没有好的教学成绩，也不积极教育孩子而得不到社会各界的认可。有些家长甚至对老师产生了反感情绪。这在教育界是罕见的。

2004年，南流寺村和周边几个村子商量后，决定将各自的小学进行合并，建成新的中心学校。南流寺小学就此完成了它的使命而被拆迁。目前，村里适龄儿童都在村东新建的殷都区实验中学就读。

（二）南流寺村教育的现状

1. 学龄前教育

目前，南流寺村共有幼儿园3所。分别为素玲幼儿园、金色童年幼儿园，以及一所安阳市加幼儿园连锁加盟园非常卓越幼儿园。非常卓越幼儿园的规模最大，生源也最多。

三所幼儿园中，有两所是私人开办，因为某种原因都没能得到相关部门批准的营业执照。另外一所加盟园营业执照状况不详。整体水平在农村中属于中等，师资、硬件设施等均一般。

素玲幼儿园覆盖范围为邻近三个村落，主要接收本村儿童。现共有儿童60多名，年龄分布在3~6周岁。全园设有大、中、小三个班，同时还有一个学前班，专为学龄前儿童开设。园内教师6名，均为女性。专职接送司机三名，负责早晚孩子的接送工作。素玲幼儿园的教师也是依个人家的房屋所改造，共有4个教室，每班一间教室。院子内配有滑梯等比较简单的玩具设施。素玲幼儿园的学费收取每月每人次200元，管一日三餐。每天给孩子们的饭菜都有科学营养的菜谱。调研组走访该幼儿园时，看见周一到周六的菜谱漂亮的刷在幼儿园一进门的影壁上。另外，素玲幼儿园对孩子的安全保障工作做得比较到位。在幼儿园院墙的外侧，笔者赫然见到一个摄像头，防止孩子在院外发生危险。同时，幼儿园早晨8点上课，几名专职司机7点开始就早早地去接孩子上学了，争取从门口到门口，不让孩子出一点危险。至于幼儿园内的教学情况，该幼儿园显得比较平常，均为普通的教学手段。

金色童年幼儿园位于村委会斜对面，有漂亮的画着卡通图案的院墙。现拥有儿童70多名、教师7名。这所幼儿园是当地村民宋喜芳一人所建。教师有的是幼教毕业的，有的是初中毕业的，也有年龄大一点经验丰富的。园长对老师的要求就是不要求老师文化素质多高，但要求一定要对孩子们认真负责。金色童年幼儿园的老师经常组织去大幼儿园学习。如果一些教学方法很好，就会鼓励老师们尽量学着在教学中使用。比如讲诗，孩子们听不懂，老师就拿出和这首诗配套的图，让孩子们看大挂图，按顺序说各自的想法，然后老师再领孩子们带着自己的想法回到诗中。金色童年幼儿园开设了语文、数学、英语等课程，同时配有绘画课和体育课。宋喜芳个人很抵制教授孩子四书五经，她认为这些对孩子们来说太枯燥了，孩子们应该在快乐中学习成长。总体来说，这所幼儿园的水平还是不错的。

非常卓越幼儿园是2008年吕玉叶加盟开办的。吕玉叶园长自身毕业于安阳师范学院，虽年纪不大，却有着丰富的教学经验。该幼儿园规模在南流寺村里最大，现有160~170名儿童，分为大、中、小班和学前班共四等八个班级，每班约二十人左右。小班人数较多，因而占据了园内最大的教室。吕园长称，幼儿园现有教师12名，其中有四五个是专业幼教出身，能够给每个班级配两名老师。且老师都是经过总园培训才分配到加盟园中，经验丰富。在学费方面，尽管每月比其他幼儿园多收取20元，但是饭菜是保质保量的。非常卓越幼儿园最大的特点在于开设的课程。包括识字、口才、书法、数学和英语。这些课程足够满足一个小孩在启蒙阶段所需的知识量。

目前，全村几乎所有家庭的学龄前儿童都在这三所幼儿园中学习和生活。在对待儿童的学龄前教育问题上，南流寺村的村民显得比较积极，大家都希望自己的孩子不输在起跑线上。因此，南流寺村的学龄前教育是比较成功的。唯一的缺陷在于村委会对学龄前教育的支持不足。如三家幼儿园中的两家都没有营业执照，村委会不仅对此没有说法，也不能够提供帮助，这对于村民自发开展教育活动的积极性是有打击的。

2. 基础教育

2004年以前，南流寺村有自己的小学——南流寺小学。该学校位于农村边缘地带，占地七八亩，共有学生200多名，教师不足20名。因为教学质量特别差，本村的家长都愿意送孩子去市里读书。2005年，经教育资源整合后，该村与骈家庄、郭流寺、王邵村、北流寺五村组成了一所9年一贯制学校——安阳市殷都实验中学，招收附近几个村庄的学生。现南流寺村的学生大部分都在这所中学的小学部与初中部就读。

安阳市殷都区实验中学位于南流寺村东，殷都产业集聚区西，为5层以下楼房，占地62亩，建筑面积11000平方米，服务半径1.2公里，辐射人口1100人，现有在校生1290人，教职工104人。调研小组也走访了这所传说中的因为特点突出、已经接待过3000多名来访者的学校。

来到安阳市殷都区实验中学的大门口，笔者一行人被门口的女警卫拦在外面，“现在是上课时间，闲杂人等不能入内”，说明来意后，笔者还是被要求在此等候，直到校长出来了解了情况，调研小组才得以进入这所学校。这说明学校相当重视学生的人身安全和校园的环境安全。

现任校长杜晓波，是殷都区实验中学的第三任校长，于2010年9月走马上任。杜校长为我们介绍了这所学校的基本情况。

在硬件设施上，中学拥有两座教学大楼和一座办公大楼，每间教室可容纳50~60名学生，教室配备有电扇、日光灯、空调取暖。设置有一间多媒体教室和计算机教室，以及音乐室、美术室，均能容纳1个班上课。学校有40余台电脑，建有校园局域网。

在师资配置上，学校有教职工104人，中学部40名，小学部60多名。平均年龄38岁，全为汉族，绝大多数毕业于师范类学校，如安阳师院，安阳一师（中专）、安阳二师（中专），为师范专业、大专以上占98%。教师都来自安阳市本地，学校师生比为1∶13。全部教师均由区教育局负责拨配。在中学部，拥有高级职称的教师七八名，小学部则有二三十名。有的老教师原始学历不高，但通过后期进修也得到了高级职称。通过实施人事制度改革，学校形成了一支高素质的教师队伍，现学校国家级骨干教师1人、省学科带头人2人、市名师1人、市学科带头人2人，市骨干教师10人，区名师3人，区学科带头人2人，区级骨干教师7人。

据校长介绍，在南流寺村所在的整个西郊乡没有高中，初中只有两所，为该实验中学和另外一所育才中学。因此，附近的学生除了被父母送到外地读书者之外，基本都是在这两所学校中择一就近就读。实验中学的生源比较稳定，这和学校正在实行的教育改革是分不开的。教育改革的优势逐渐彰显，家长们也就逐渐放心把孩子交给学校。2009年，小学部共850人，中学部320多人，到了2010年，小学部952人，中学部为260人。南流寺村每年有约30名适龄儿童到殷都实验中学就读。

该学校开设的课程包括：小学课程设置为语文、数学、英语、音乐、体育、美术、作文、科学、思想品德、写字、劳动等。初中课程设置为语文、数学、英语、政治、物理、化学、生物、体育、美术、音乐等。除此之外，在小学部和中学部都设有舞蹈班、跆拳道班等特长班，不收取费用，学生凭兴趣主动参加。在殷都实验中学里，没有重点班或者实验班的区分，所有的孩子一视同仁的对待，不单纯的为升学率而办学，这也是该学校的一大特点。而这种特点，正折射出了殷都区教育改革的主导思想。

建校两年来，殷都实验中学先后被评为市绿化先进单位、市少先队工作先进单位、区教育质量优良奖等，共获区级以上表彰30余次。由于成绩显著，学校被确定为国家《主体多元》课题实验学校、省“十一五”规划课题《农村九年一贯制学校管理实践研究》实验学校，现学校承担区级以上实验课题6项，初步形成了以教育科研实验为主导的办学特色。而我们也从对殷都实验中学的走访中，逐渐看到了殷都教育改革的曙光。

在教育经费问题上，殷都实验中学的经费来源为上级拨款，数量为小学人均上级拨款每年330元，初中人均上级拨款每年583元。该程度的拨款已经可以满足一所中学的日常运营。但是相对于市中心的学校，还是有一定差距。

3. **高等教育**

恢复高考制度后，南流寺村每年都出大学生。南流寺村的村民自豪地告诉笔者，今年他们村刚刚出了一名同济大学的高才生。在小小的村子里，这是一件非常值得庆贺的事情。在中国，大学年龄段的人口有56%的是农村人，但是这些农村人只有一半能够上大学，而且大都上的是技校和普通高校。更为普遍的情况是名牌大学向着城市人严重倾斜。为什么农村人不能上名校？专家解读其原因为“中国的偏远地区，包括北京近郊，缺少教育资源”。因此，在农村人口众多的河南农村地区，大学生显得尤为可贵。南流寺村能够每年都出大学生，能够有考上同济大学之类的名校的孩子，这不能不说是该村的一个骄傲。无疑村里对于孩子们的教育非常重视，村民告诉调研组，他们对于村里的家长和孩子们采取鼓励培养的方式。如果孩子考上本科院校，每人奖励5000元，考上大专院校每人奖励3000元，费用全部由村委会来出。在此政策引导和鼓励下，2010年南流寺村共有3～5人考入大专以上院校。

在我国一些偏僻的农村地区，绝大多数人都离高等教育很遥远。但是农村地区要想早日向城市靠拢，早日实现城市化的进程，必须将教育特别是高等教育放在一个重要的位置予以重视。城市化不是简单地将农民成建制地迁入城市，而是一个自然的经济发展过程。城市发展需要的是有较高科学文化的人才和劳动力，低素质、不符合城市发展需要的大量人口进入城市，必将带来一系列严重问题。目前，以南流寺村为代表的我国广大农村地区，高等教育的步伐远远跟不上时代的需要，农村劳动力整体素质低。那么，像南流寺村这样的小村子，除了鼓励人们更多地接受高等教育、重视高等教育之外，还应重视成人教育以及职业教育等多种提高村民素质的教育方式。只有改善农村的教育状况，增加农民受教育的年限，提高农民的科技文化素质，使他们具备融入城市知识经济社会的能力，才能有效转移农村剩余劳动力，实现城市化健康发展。

4. **成人教育及职业教育**

目前来说，我国农村地区的职业教育是从中央到省、地、县、乡建立一个相互连接、上下贯通的农民科技教育培训体系。通过科学规划、组织和协调农民教育培训机构参与农民科技培训，从而有效地整合农业教育资源，提高农民科技教育培训资金的使用效益，提高培训效果。充分利用现有农业广播电视学校体系或农业科技培训机构，逐步建立和完善以农业部农民科技教育培训中心为龙头，以各级农业科技教育培训中心为骨干，以高中等农业院校、科研院所和农业技术推广机构为依托，以企业与民间科技服务组织为补充，以县、乡、村农业技术推广服务体系和各类培训机构为基础的农民科技培训体系。在全国逐步构建一个资源整合、优势互补、手段先进、功能齐全、管理规范、灵活高效与农村经济发展规模和要求相适应的全国农民科技教育培训体系。南流寺村根据国家政策的指示和扶持，在村里也开展了一些职业教育。近几年来，南流寺村的接受职业教育者相比于接受普通高等本科教育者要多一些。村里去年职业技术学校毕业约30人，其中约有10人经“师徒帮带”掌握必要技术后，在周围企业就业。有10余人考入中专、技校等学校。毕业学生绝大多数回乡就业、创业，从事财务、技工等工作居多。通过这些教育，使学生掌握了一技之长，促进了更好就业，收入也有明显提升。

平时，南流寺村还开展各种不同形式的教育活动。如各种职业培训，远程教育、青年团员教育、文明市民学校活动、教育进农村实践活动、党员“三会一课”、政治文明社会管理“三大举措”活动、外出参观以及时事政治宣讲等。

（三）殷都实验中学的教育改革

南流寺村的教育状况，最值得称道的就是殷都实验中学正在进行的教育改革。它不仅让众多教育学家和调研者眼前为之一亮，更是传达了一种“以人为本、以学生为本”的理念，无论怎样，该项改革都将在安阳教育史上留下浓墨重彩的一笔。

殷都区实验中学的教育改革是在整个殷都改革的大背景下进行的。在殷都区委书记李南沉的倡导下，殷都区将“一切相信群众，一切依靠群众”作为政府工作的准则。体现在政治的层面，就是政府开展“十大员活动”，各项工作由老百姓自己参与，老百姓自己做决策，政府只是一个实施者和监督者；体现在经济层面，就是由农民通过合作制建立自己的公司，自己开发自己的土地，杜绝农村地区土地财政问题；而体现在教育的层面，就是殷都区正在轰轰烈烈进行中的教育改革。殷都区实验中学作为教育改革的先锋，有着充分的自信：这所学校的老师相信他们的学生有自主学习、自主管理的能力；这所学校的领导相信他们的老师有温暖生命、启迪心灵的能力；这所学校更加相信他们的学生家长和他们一样，都是一心为了孩子。中国共产党的路线“一切相信群众，一切依靠群众”在殷都教育改革的实践中，得到了最好的诠释。

走进殷都实验中学，首先看到的是写在主教学楼一侧的校训，当笔者问起这行校训的含义时，杜晓波校长笑着摇了摇头，说这个校训是2005年的，早已过时。现在他们公认的校训是“要有光”。这句来自于《圣经》的话语富含的意义就太多了。作为学生，每个人都是能发光的太阳；作为老师，教育的职责就在于给学生带去温暖；作为校领导，倡导的是全校的阳光文化。所以，殷都实验中学把“温暖生命、启迪心灵”作为老师的教风。一句“要有光”，就折射出教育改革的根本理念，那就是“以人为本，人文关怀”。

殷都区教育改革的第一个特点就是充分相信学生。殷都区实验中学的教育改革最特别之处，就“改”在学生的上课方式上。笔者走进初中部的某间教室，发现和普通的学校课堂不同，全班的桌椅被摆成四组，每个小组围成一个圈，而老师则站在教室正中，指导学生进行讨论。了解之后，我们才知道，这就是被称为“双向五环”的教学模式。第一老师不写教案而写“导学案”，学生根据导学案进行预习；第二学生合作讨论学习，教师参与；第三学生展示学习成果，老师激励；第四学生深入探究，老师进行引导；第五学生达标，老师对其进行测评。而孩子们分成小组，把课桌围成圈都是为了能够便于自主学习和互相讨论。有些人会质疑，这种方法对于一些自主学习能力强的孩子是一件好事情，可以激发孩子的自主学习欲望，但是对于那些自制力差的孩子，岂不是起到了事与愿违的效果？但是，这正是殷都区教育改革的高明之处。杜晓波校长告诉我们，改革，最怕的就是哪漏补哪，东拼西凑，永远是治标不治本的浪费精力，相反改革的路径应该是首先回到原点。教育改革和殷都区的其他改革一样，都要回到原点上去。教育的本质就是“温暖生命、启迪心灵”。放手让孩子自己去学是相信孩子的表现，只有相信孩子，才能真正回归生命的本质，实践教育的精髓。而一旦老师相信了孩子，对于孩子自身来说就是一个极大的激励，他们自然会充分发挥自己的主观能动性，变“讨厌学”为“我要学”。任何时候，相信造就出的能量都是无穷大的。

再加上老师在旁细心引导和激励，这样的教学改革出成果也是理所应当的。殷都区政府在改革的过程中做到了“相信群众”，所以他们的城管工作、信访工作、工商管理工作、城中村改造工作都能顺利进行，而教育改革的过程中，老师们做到了“相信学生”，所以他们的教学工作取得了前所未有的成绩。

在殷都实验中学开展的富于特色的社团活动中，也处处体现着“相信学生”的理念。在小学部，学生社团以课程的形式纳入了日常课程中。每周三、周四、周五的下午第三节课都是社团活动课。但是这门社团课的特殊之处就在于，没有老师组织，全部由学生负责。每个社团的团长和副团长都是学生，有的社团的指导老师也是学生自己。学校里有一个孩子小时候在少林寺学过武术，所以现在就由他来担任武术社团的老师。学校老师完全不会涉及其中。就这样，殷都区实验中学的社团活动开展得如火如荼，热情的杜校长还邀请我们前去观看小学生的合唱团表演。在社团里，每个孩子的主动性都被最大限度地挖掘出来，他们真正地成了自己的主人和学校的主人。

殷都区教改的第二个特点，体现于对老师的管理上。杜晓波校长告诉笔者，他们学校的领导除了担任行政岗位外，都是要在各个年级担任教学工作的。这在全国的学校来说都是独一份儿。校领导只有深入到教学一线岗位，才能了解学生的想法，才能体会老师的难处，才能正确地制定一些措施让学校更好地发展。于是校领导们平均每人每周都有 10 节左右的课程，在上课的间隙才能忙着处理学校的各项行政事务。也正是因为领导肩上的责任太重，负担太重，因此这所学校的中坚力量都是少壮派。同时，殷都区实验中学对老师还采取年级组管理制度。就是“年级组说了算”。学校和其他教育机构一样，会对老师的教学成果做出评定。但是殷都实验中学的这个评定并不是针对老师个人的，而是针对年级组的全体老师的。在日常教学工作中，每个年级组自成一个单位，负责全年级的教学、管理等各项工作。年级组内可以自由调配资源，互相合作与竞争。年级组既是具体工作的执行人，也是责任人、管理人、督导人，学校所有与教师、班级、学生相关的工作，都由年级组负责。如三好学生的评定、优秀教师的评选、年级组教师的聘任、学科教学的组织等。因此，学校教育教学的每一项工作都直接分配到年级组，由年级组具体再分配到教师，各有分工。而学校的总务、教务、教科等部门则围绕着各个年级组，与层层递进的年级组一起，构成了高效管理的年级组系统，即便是主管教务的副校长在年级组，也得服从年级组长的管理。这样的方式无论对于老师或者学生，都是充分发挥其团结协作精神的最好途径。更重要的是，这是校方领导充分相信教师，事事依靠教师的思想精髓之所在。也只有相信教师，才能充分调动教师的工作积极性，让他们在各自的工作岗位上发挥最大的光和热。

殷都区教育改革的第三个特点，是家长委员会制度。具体来说，就是学校和家长代表建立联系，学校的一切事物都要通过家长委员会的认可。杜校长举了一个例子来给我们说明家长委员会的作用。普通学校给学生做校服，都是由学校联系厂家，做好后由家长购买，一套价格 60～80 元。但是殷都区实验中学不一样。首先由学校通知家长委员会学校要给学生做校服一事，由家长委员会动员学生家长联系各自熟悉的服装生产厂家。家长委员会选定五六家合适的厂家拿着布料和样式到学校进行比价。学校根据布料和样式的好坏，还有价格的高低从这些厂家中进行选择，最终确定一家校服生产商。通过这种方式，殷都区实验中学做出的校服既美观，质量又好。最后价格为 30 元每套。众多家长都很满意，有的还为孩子购买了两套。家长与校方的矛盾没有了，校方更依赖于家长了，家长也通过参与学校的管理工作而更加了解学校的难处了。家长委员会是学校领导充分相信家长，事事依靠家长的表现。家长与校方共同合作，齐心协力，才能给孩子创造出最舒适的读书环境和条件。

总的来说，殷都区教育改革的精髓就是“一切相信群众，一切依靠群众”。改革刚刚进行没多久，效果并未完全显现出来。但是我们有理由相信，这种以人为本的人性化教育改革，必将有着光明的前途。

十二、南流寺村的风俗习惯与文化生活

（一）宗族文化特色

宗族文化是同宗、同族经过千百年的提炼和整理所形成的约定俗成的民俗文化，传承于宗族世代之间。它根源于中国古代社会的宗法制度，是中国历史上的社会主流文化形态，与儒学、礼教文化相得益彰，成为汉族文化不可分割的一部分。在不同历史时期，宗族文化具有不同的内涵表现，到现代，

中国很多地方依然保留着难以割舍的宗族情结。

南流寺村至今仍然保留着宗族文化传统。村里的孙氏家族保存着从明朝时期开始建立的孙氏族谱，记载着明初两位孙氏祖先从山西洪洞迁居至安阳，繁衍生息至今二十四代的源流历史。近代历史上，孙氏家族在保一方水土平安、抗击日寇侵略者等方面都发挥了举足轻重的作用，这些与其宗族文化传统是密切相关的。2011 年清明节，南流寺村孙氏家族举办了规模浩大的十年祭祖大会，修订了翔实的孙氏族谱，以此激励孙氏后代饮水思源、传承历史、再创新篇。

1. 南流寺村宗族观念

(1) 宗族观念的产生

宗族观念，起源于中国古代社会的宗法制度，反映的是按血缘远近区分嫡庶亲疏的等级观念。早在商周时期，中国社会就确立了以宗族为核心的社会制度。西周时，周王自称天子，其嫡长子为“大宗”，继承王位，其余诸子与庶子为“小宗”，分封为诸侯，并在各诸侯国内为“大宗”，由嫡长子继承其职位。其余诸子和庶子为卿大夫，以此类推，形成以血缘关系维系的大宗族。宗法制度是巩固贵族世袭统治的工具，至西周后期，后世地主阶级继承周代的宗法制，并加以改造，超出大夫、士的范围。因而，直至清末，宗法制是天子至庶人都必须遵循的维系整个古代社会的基本制度。

文明社会伊始，面对严酷的自然及社会的生存斗争，家族只能以较小的规模存在，有独立生存能力的子孙逐渐脱离父族另立宗族。春秋战国时期以后，一个宗族所包含的人口往往可达几千；魏、晋、隋、唐时，个别豪门大姓甚至有上万人。宗族作为一种社会关系形态，在中国历史上经历了长久发展，延续到现代，虽然宗法制度早就不复存在，但是宗族观念却依然流传于民间，形成了一大传统文化特色。

南流寺村的村民，祖上都是明朝年间从山西洪洞县老槐树下迁来的，全村有孙氏、韩氏、徐氏、李氏、马氏、孟氏、王氏、齐氏八个家族，其中人口以孙氏家族为最多，有 2000 多人，其次为韩氏家族 500 多人，徐氏家族 200 多人，李氏家族 100 多人。这几个家族世代聚居在一起，和睦相处，友好往来，家族观念世代传承。到现在，村里的男女老少大都清楚自己是家谱中的世代，对家族中的长辈尊重，对幼辈呵护，族人之间在生活各方面互相帮助、亲善友爱。

(2) 宗族观念的内涵

①祖先崇拜

祖先崇拜是宗族观念中最为核心的内容，这与儒家思想密切相关。在中国的传统文化中，儒家思想占统治地位。儒家祖师孔子强调，“仁”是核心，“孝”是根本。而“孝”又以“子嗣”为主，“不孝有三，无后为大”，这意味着人生的意义和血缘的延续紧密地相连，生命的意义在于把祖宗的“香火”延续下去。汉族的家族或宗族仪式中，祖先崇拜可以说是最核心或最重要的部分。一个人的存在是由于他的祖先，而祖先的存在是由于他的子孙。古人认为阴界祖先的生活必须靠阳界子孙的供奉，祖先既无人照料其阴间的生活，阳界的子孙也将不能在祖先的庇佑下接续香火。因此，修祠堂、修祖坟、修族谱正是尊祖敬宗所必需的宗族活动。

②伦理观念

集权官僚制社会的家族把儒家三纲五常的伦理观念作为族人的基本原则和道德规范。三纲、五常观念来源于孔子，记载于西汉董仲舒的《春秋繁露》一书中。书中认为，在人伦关系中，君臣、父子、夫妻三种关系是最主要的，而这三种关系存在着天定的、永恒不变的主从关系：君为主、臣为从；父为主，子为从；夫为主，妻为从。亦即所谓的“君为臣纲，父为子纲，夫为妻纲”这三纲。三纲皆取于阴阳之道。具体地说，君、父、夫体现了天的“阳”面，臣、子、妻体现了天的“阴”面；阳永远处于主宰、尊贵的地位，阴永远处于服从、卑贱的地位。“五常之道”实际上是“三纲”的具体化。仁、义、礼、智、信五常之道是处理君臣、父子、夫妻、上下尊卑关系的基本法则。

③个人修养

宗族观念还有一个重要内涵就是鼓励男子提高修养，功成名就，光宗耀祖，推崇儒家“修身齐家治国平天下”的思想。这与其崇拜祖先、三纲五常的伦理观念是密不可分的。崇拜祖先，所以以祖先血脉为荣，后世的功名依赖于祖先的保佑，同时又是对祖先的慰藉。如果有人考得功名，家族里的头等大事是祭拜祖先，以慰藉祖先在天之灵。宗族观念也鼓励个人在修身养性的同时，胸怀大志，为国立功。在儒家思想中，家是国的基础，国由家组成。个人对家族的认同会扩大到对整个国家民族的认同，进而在特定时期会产生强烈的爱国主义情结，增强民族国家的凝聚力。

（3）南流寺村宗族观念新内涵

在现代，随着文化生活方式的转变，人们的意识早已发生变化，虽然对于祖先仍然存在着一定程度的敬畏之情，但是其崇拜程度已远远不如从前。民间的宗族观念也摆脱了旧社会的诸如三纲五常中的不合理成分，在新时期也有了新的内容和特点，以重修族谱、寻根问祖、宗族联谊等特色出现的宗族文化构成了新时期的宗族活动。

在南流寺村，宗族活动主要是以重修族谱、祭祖联谊等的形式进行的，在最新版的族谱修订工作中，孙氏族谱中特意加入了女性成员的姓名，足以体现新时代男女平等的思想。2002 年，孙氏祖先社孙氏后裔 20 余人代表审议并通过了新的孙氏辈字，“英俊立奇志，文武智贤良，忠孝福荣华，仁德永吉祥”，该辈字从 21 世开始使用，对南流寺孙氏辈字的解释明确体现了宗族观念的新的内涵。总体来说，这二十个字包含了人们对美好生活的向往，是做事做人的根基。

爱国爱家方面：这里用了忠孝贤良这四个字。忠，就是忠于祖国忠于人民，孝，就是孝顺爹娘，尊敬长辈。贤良，是在家要做贤妻良夫，要当好孩子。这些都是做人的根本。

追求美好生活：这里用了福荣华三个字。福，是有福气，幸福。荣华是繁荣兴旺，荣华富贵。荣的本意是草木茂盛，比喻人的生活就像草木得了好水土一样，长得很旺盛。

为人处世方面：用了仁德两个字。与人交往要仁字为本，并且做个有道德的人，要做仁人志士，崇尚道德高尚。

修身立志方面：这里用了立志文武奇智这六个字。志，是要有志气，不能得过且过活一生。文，是文化知识，知识就是力量。武，是能劳动会战斗，人都应该成为文武双全的人。奇，是勇于创新不甘平庸。这个立字表达的意思很重要，人，要有自尊，要站着做人，什么时候也不能躺倒不干，什么时候也不能卑躬屈膝，立字讲的就是这个道理。立人的同时还要立事，就是人生要选准一个事业干下去，不能一生一事无成。智是智慧聪明。

追求形式之美：用了英俊两个字。我孙氏族人不但追求上述的内在之美，而且也追求外在的形式之美，两种美的结合才是最完美的美。英，是蓬勃有朝气；俊，是长得好看。这两个字包含的意思就是期望我们孙氏子孙，男的个个英俊，女的个个漂亮。

由此可见，新时期南流寺村的宗族观念更多地以个人修养为主，对子孙后代寄予的希望是忠孝仁德，智勇双全，追求美好生活。虽然也继承了儒家的忠孝思想，但其出发点是国家人民和做人之根本。这也是宗族观念随社会历史发生变化的结果。

（4）南流寺村宗族观念在近现代历史的变迁

宗族观念产生于宗法制度，与小农经济生产方式相适应。随着社会制度和人们生产生活方式的变化，人们的宗族观念也有明显的变化。在南流寺村，宗族观念也随着近现代社会生产生活组织方式的变化而呈现相应的变化。南流寺村中的八个家族以孙氏家族最有代表性，一是由于其家族人员数量居多，二是缘于其在特定历史时期凝聚的巨大力量。

①抗日战争时期

“民国”时期，农村基层的行政制度普遍实行保甲制。南流寺村以正对关爷庙的南北街为界，街东为东保，街西为西保。保甲制度的实施，意在强化地方政府的行政职能，加强对基层民众的控制，同时削弱地方宗族的势力。日本入侵安阳后，原政权机构名存实亡，汉奸政府与土匪勾结，治安混乱。各地土匪纷纷各自划定势力范围，建立所谓的“保险地”，即保证自己势力范围内民众生命财产的安全。此时，南流寺孙有富联合族叔孙秀璧也乘势建立万金渠“保险地”。由此，南流寺村的宗族势力以孙有富领导的“孙家班”为代表，开始了从确保一方平安的狭隘地方势力，发展成为坚定的抗日武装力量的艰难历程。

南流寺村以及附近村庄吃水主要靠村南的“万金渠”，但是自从各地土匪迭起，村庄的用水安全便难以得到保障。“孙家班”的成立，原为保卫地方吃水用水的安全。在孙有富拉队伍之初，孙尚志就对他说：“当队长不能当汉奸，不能帮日本人打中国人。如果当汉奸，姓孙的不要你！”此后，孙有富接受孙莜尚、宋子美的抗日思想教育，才整顿了队伍，发展成为一支抗日武装力量。

孙氏家族在安阳的抗日斗争中发挥了举足轻重的作用，孙尚志、孙莜尚、孙有谋、孙有智等人领导安阳县万金渠水利自卫团，在安阳抗日史上谱写了光辉的篇章。同时，南流寺村也有五名孙氏抗日英雄牺牲在抗日战场上。孙筱尚，曾参加“一二·九”抗日救亡运动、中华民族解放先锋队。1937 年从交大毕业后，他毅然放弃待遇优厚的工作机会，不顾新婚的妻子，回到家乡组织民众抗日。他教育改造地方匪性队伍，领导安阳县万金渠水利会自卫团进行抗日斗争，最终于1943年9月被敌人诱捕牺牲，年仅29岁。此外，还有孙有运、孙生元、孙生山、孙有智，也都牺牲在抗日战场上。应该说，孙氏家族在抗日战争时期表现出的爱国主义精神，恰恰体现了宗族观念在特定时期的历史表现，家族精神凝聚起的力量也是不可估量的。

②新中国成立初期

新中国成立后，社会制度发生了根本性的变革，政治上人民当家做了主人，经济上社会主义集体制度代替了传统的私有制度。合作化运动、“人民公社”制度的实施，将个体农民的生产活动纳入到跨家庭的集体组织当中，这种超出传统的血缘关系的生产组织方式，削弱了家族在家庭生产中的作用，淡化了人们的宗族意识。在南流寺村的情况也是如此。新中国成立前每年都要进行的祭祖活动，在这个时候已经很少进行。家族成员也更多是投入到集体生产建设中去。到“文革”时期，破“四旧”等活动，对传统的宗族文化造成了巨大冲击，孙氏家谱同样被抄。但是，抄到的孙氏家谱却被族人孙怀忠、孙燕生看到，他们经过商议后决定把族谱保存起来，由此免遭销毁。

③农村经济体制改革后

农村经济体制改革后，实行家庭联产承包责任制。农田土地分家到户，个体生产重新取代了集体劳作，南流寺村农民的生产生活又恢复了以前家家户户的小农模式，再加上人伦、亲情等天然社会关系的作用，宗族观念得以强化。1980年，孙有丰和孙克温等在家族里有威望的人聚集在一起，商议续订族谱，此后便委托孙明武、孙万魁等人主持这项工作。修订族谱，要将新中国成立后出生的人都统计出来，写进族谱，意味着这份流传有600多年的族谱经过短暂的间断后又重新得以续补，也昭示着宗族观念的重新显现。修家谱、立碑、举办十年祭祖联谊大会，这些散发宗族文化气息的活动在南流寺村孙氏家族的努力下，如火如荼地开展起来。

应该说，中国五千年文明的延续，与世代相传的宗族观念及家族传统有重大关系。家族内部，规矩章法、文化礼仪都得到很好的贯彻和发扬。民间流传的传宗接代思想不仅是血脉的延续，更是精神文化的传承。正是众多家族的传承，才汇聚成中华文明的源源流长。

2. 南流寺村的宗族文化

现代南流寺村的宗族文化起源于复兴的宗族观念，集中体现于家谱文化和祭祖活动等形式中。

(1) 家谱文化

①家谱

家谱，又称族谱、家乘、祖谱、宗谱等，是记载同宗共祖的血缘集团世系人物和事迹等方面情况的历史图籍，它与方志、正史构成了中华民族历史大厦的三大支柱，是我国珍贵文化遗产的一部分。[①] 家谱以记载父系家族世系、人物为中心，是由记载古代帝王诸侯世系、事迹而逐渐演变来的。就其内容而言，家谱是中华五千年文明史中最具有平民特色的文献。

先秦时，社会上流传有《周官》、《世本》等谱学通书；秦汉以后，又出现了《帝王年谱》、《潜夫论·志氏姓》、《风俗通·姓氏篇》等谱学著作。到魏晋南北朝时，门阀制度盛行，家谱成了世族间婚姻和仕宦的主要依据，于是便迅速发展起来。隋唐五代后，修谱之风更是从官方流行于民间，以至遍及各个家族，出现了家家有谱牒、户户有家乘，并且一修再修、无休无止。因此每次修谱，也就成了同姓同族人之间的大事。家谱、族谱，是一个家族的生命史。它不仅记录着该家族的来源、迁徙的轨迹，还包罗了该家族繁衍生息、婚姻、文化、族规、家约等历史文化的全过程。

"参天之木必有其根，怀山之水必有其源"，追根溯源、认祖归宗是民族文化的追求，也是中华民族的天性。南宋右丞相文天祥曾说，"家之有谱犹国之有史。以纪事实，谱以序昭穆，昭穆之能明则家派曷得而蒙哉，今赖氏谱牒历历有源守而勿失，开卷一览上以见先人之勋业，以下见后人之嗣绪，非善继善述者能之手，书此为观。"通过家谱，能够了解家族的历史，从而唤起族人对同族的团结关心，敦亲睦族、饮水思源，加强同族群体的凝聚力。

②重修家谱

俗话说，盛世编志，太平修谱。由于历史的机缘，孙氏族谱在"文革"时期没有被销毁，从而得以保存。这部历经600余年沧桑历史的族谱，如今就珍藏在南流寺村的孙氏第19代世孙孙明武家中。这部族谱线装而成，工整的正楷毛笔字，记载了明代两位祖先古老和少老兄弟二人，从山西洪洞县大槐树下迁徙到安阳，扎根在此，繁衍后代至二十一世的风雨历程。新中国成立后，由于社会经济文化等影响，人们的宗族意识开始淡漠，家谱只是被族人保存，并没

---

① 摘自2001年2月7日"办社图函29号"文件。

有进行修订。到1980年，家族里较有威望的孙有丰和孙克温等人聚集在一起，商议续订家谱族，此后便委托孙明武、孙万魁等人主持这项工作。

重修家谱，主要有两项繁重的工作要做，一是统计信息，二是编写族谱。在前期的统计工作上，他们以这份明代的手抄本族谱为依据，村里村外挨家挨户落实和求证，登记子孙名字排序上谱。统计已经迁居外地的孙氏子孙的资料则更要费一番周折。统计资料的工作基本完成后，由孙明武执笔来编写族谱。原来的家谱是按世代的顺序编写的，从先祖在安阳扎根开始记录，第一世是始祖生养的古老和少老兄弟二人，第二世只有仲贤一人，仲贤生二子刚、祥为第三世，以此方式撰写家谱。随着家族世代繁衍，后代子孙越来越多，其分支也越来越多。如果再按照原来的记录方法仅按世代顺序来编写，已经很难表达清楚其中血缘的远近关系。于是，他们决定采用分门分支的办法来续写家谱，把第五世的三个祖先兄弟分为三个门，后面的按照门的顺序来续写。这样，门与门、支与支之间的关系就显得更加清晰。他们就这样兢兢业业、一丝不苟的劳作，前后经历了十年时间，终于在1991年春，印刷出版了孙氏家谱，并由孙万青和孙长喜合写了序言。出版的孙氏家谱从明朝第一世古老、少老开始写起，一直写到二十二世，完整而又清晰地再现了家族的世代传承。这份族谱总共印刷了100本，由家族里集资1000多元来支持印刷。

族谱的重编和出版得到了孙氏家族成员的认同，很多在外地的族人都纷纷表示要捐资赞助定期修订家谱，以弘扬家族文化。2000年春，家族中有声望的人又聚在一起，商议重修家谱。会上，家族里的长者孙有谋老先生建议将家族妇女的名字也登记在册，体现新时期男女平等的观念，这个提议得到大家的一致认可。会议还商议决定改变排版的次序，由横排变为竖排，使得血缘关系看起来更加清晰。这次编排的工作任务同样交给了孙明武来做。有了第一版家谱为基础，第二版家谱的重修工作不到6个月的时间就完成了。第二版孙氏家谱于2003年面世，编写至孙氏二十三世，由孙万青撰稿，孙有纯修订，并于2003年清明节祭祖立碑为记。碑文如下：

“岁在癸未，时维孟春，增订《孙氏家谱》完竣，立碑为记。”

我村流寺，古名渔庄；位古都邺城之西，名镇水冶之东。绿水环绕，杨柳成荫，土地肥沃，物产丰盛。南凭隋唐即开之水万金长渠，清流激湍，滔滔不舍昼夜；北枕宋元已存之安林大道，车水马龙，辚辚未辍春冬。昔我始祖古老、少老兄弟，于明初自洪洞来邺。其一定居梨林头村，后代延续至今；其一定居我村，子孙繁衍至今二十有三世矣。

物华天宝，星斗光射锦绣墟壤；人杰地灵，先祖德泽贤良子孙。我孙氏族人勤劳淳朴，聪颖睿智；世有才人，代有杰士。明清之季我族有举人、贡生、监生、庠生多位；亦有八儿八秀才、教子有方之良父，力举千金石狮、行走如飞之武士。民国时代，我族有高中生、师范生、大学生多名；亦有享誉全县、德高望重之名校校长。日寇入侵，烽火燎原。我族志士，或抛离富庶家庭傲踞西山，顽强战斗于沟壑；或不顾初孕少妻从戎远方，马革裹尸于疆场。我族仁人更组织地方武装，乔装跟敌寇暗斗于市内，明枪同奸伪争战于乡间；输送抗日联军以情报和粮棉，维护地方民众生命和财产之安全。其主要领导处变不惊，临危不惧，壮烈牺牲于敌人屠刀之下；另一领导率部持续战斗，直到日寇投降。我族抗日业绩和抗日人士，载于新修安阳市县志；在安阳抗日战争史上，有我孙氏光辉篇章。新中国成立，我族有地市厅局领导，任职党政文教部门；有教授、研究员，治学高校、科研单位；有博士、硕士、学士，向学术高峰攀缘；有生产模范、企业能手，贡献、创造在经济战线。改革开放以来，我氏偕同全村他氏族人奋搏勤劳双手，怀抱凌云壮志，广开财源，强村致富。发展生产，创工厂于村北；大办教育，建学校于庄南。现我氏族家给人足，人寿年丰；男有所长，女有所用；老有所养，少有所学；全姓欣乐，泄泄融融。

我孙氏懿德代传，蔚然成风。素来团结互助，相亲相爱，甘甜分享，患难与共；跟全村他氏友好相处，视同一家，同舟共济，荣辱齐承。望我后世子孙，继承、发扬、光大先人之优良传统，更勤劳，更文明，更团结，更友好；老已老以及人之老，幼已幼以及人之幼；先人之忧而忧，后人之乐而乐；偕同全村他氏建设小康农庄于当代，趋向大同家乡于未来。

十八世　孙良明撰文

安阳师范学院副教授　任治国　书丹

公元二〇〇三年清明节　《孙氏家谱》编辑组

孙氏族人祭祖社　立

南流寺村孙氏家谱的修订，意在激励孙氏子孙后代饮水思源，继承先祖德风，弘扬爱国主义精神，与人为善、奋发图强，开创美好新生活。到现在，孙氏族谱的第三版修订工作已经完成，正待出版。第三版的孙氏族谱编写到孙氏二十四世。2011 年清明节，孙氏家族举办了大型的十年祭祖活动，并邀请了全国各地孙氏族人前来参加，共同祭奠祖先、联谊亲情。

（2）祭祖活动

①祭祖

祭祖活动是宗族活动里面最为重要的仪式，按照民间传统的观念，自己的祖先和天、地、神、佛一样是应该认真顶礼膜拜的。因为列祖列宗的“在天之灵”，时时刻刻在关心和注视着后代的子孙们，尘世的人要通过祭祀来祈求和报答他们的庇护和保佑，同时通过祭祖仪式，来缅怀自己的祖先，激励后人。

南流寺村的各大家族祭祖活动也是古来有之，直到新中国成立前，村里还延续着每年农历十月家族祭祖的传统。新中国成立后，村里的大型祭祖活动很少举行。根据村里人回忆，从新中国成立后到现在，孙氏祭祖活动只搞过五次。借着第三版孙氏族谱的修订工作，孙氏家族决定搞一次大型的十年祭祖活动。他们拟定了南流寺孙氏祭祖联谊会第六届组委会名单，联络了家族在外地的成员，并且组织了孙氏家族成员的捐款活动，每家每户捐款从十元到千元不等，最终收集到 1 万元的捐助，来支持这次族谱修订和祭祖活动。

2011 年清明节，南流寺村孙氏祭祖暨续谱第六届联谊会在南流寺剧院如期举行，当天剧院里面人满为患，来自全国各地的孙氏宗亲代表参加了祭祖活动，其中中原孙氏古今文化研究会会长孙尽忠先生也来到现场，此外还邀请了村里村外其他姓氏的代表参加。祭祖活动由村党支部书记孙志安主持，鸣放礼炮、敬燃高香、诵读祭文、集体行叩首礼，祭祖仪式完毕后各地宗亲留影纪念，并观赏附近文艺团体及河南豫剧团的表演，联谊活动持续了五天，取得了很好的效果。

②祭文

祭文是一种文体名，是在告祭死者或天地、山川等神祇时所诵读的文章。体裁有韵文和散文两种。内容主要为哀悼、祷祝、追念死者生前主要经历，颂扬他的品德业绩，寄托哀思，激励生者。同时，祭文也是为祭奠死者而写的哀悼文章，是供祭祀时诵读的。南流寺村第六届流寺孙氏祭祖暨续谱联谊大会上诵读的祭文，涵盖了追忆先祖、激励后人、联谊亲情的寓意。祭文如下：

物有报本之心，人有思祖之情。今天，我们在先祖古老、少老迁徙、生息的地方——流寺隆重举行第六届孙氏清明祭祖暨续谱盛大活动，现在我受氏族组委会委托，向大会作简要讲话：首先，我代表组委会，由衷地感谢为组织本村大会及为续谱付出众多辛劳的孙氏宗亲和工作者，感谢梨林村头胞族代表参加大会，感谢鹤壁孙氏代表团光临，感谢特邀嘉宾兄弟朋友光临祝贺，谢谢大家！

我氏先祖古老、少老，自明初洪洞迁徙安阳西流寺村、梨林头两处定居，繁衍生息至今西流寺村二十四代，后裔有2000多人；梨林头村二十六代，后裔有5000多人。有史600余年，逝者如斯。我孙氏后人勤劳睿智，与兄弟氏族和睦相处，亲如兄弟，共创文明，共建美好家园，共享美好生活，厚德载物，泄泄融融。在中华民族大家庭中我氏族与中华民族同呼吸、共命运，在不同的历史阶段，为人类文明与进步都做出了相应的努力和贡献。

清明祭祖，是中华民族几千年的传统美德，沿袭至今，已经成为当今社会一种能够产生家族凝聚力的行为方式。我氏各位后裔不分高低贵贱，从四面八方汇聚流寺祭祖，充分显示了孙氏家族的凝聚力与向心力。祭祀祖先，追忆先人是我们的民族之魂魄。今天我们之所以从四面八方相聚在这里，虔诚地举行这次盛典活动，还因为我们的身上都有着共同的血缘，我们的骨子里都有着相同的基因，无论走到哪里，我们都是血脉相连，手足同根的一家人！我们以传统的祭祀形式来缅怀先祖，寄托着四面八方全国各地，乃至海峡两岸，孙氏同胞们的思祖之情。在缅怀先祖，弘扬祖德的同时更加激励我们后人承前启后，发奋图强，艰苦奋斗，再展宏图的雄心壮志！我们所有孙氏子孙都应该发扬先辈们为家族、为民族的兴旺繁荣而不屈不挠，艰苦创业的精神。都应该紧密地团结起来，相互帮助，相互支持，共谋发展。都应该尊老爱幼，扶弱济贫，互尊互爱。都应该为家族为社会为国家多做贡献，为社会和谐繁荣富强尽心尽责。

一始祖聪慧好学获庠生之称，自此时勤劳好学之风世代相传，成事者甚多。古有教子有方的八儿八秀才之良父；近有远近闻名的教育家孙尚志；相传能夹八百斤石狮子而行走的六世祖武生孙栋（孙八百）；近有在日寇侵华国难当头之时，族人有识之士同仇敌忾，共赴国难，浴血沙场；古有贡生举人、监生、庠生；今有教授、博士、学士；古有州同吏员；今有政府任职的干部、公务人员。古时男耕女织、男孝女贤；今有企业家、实业家、各行各业经济能手；好儿媳、忠孝男比比皆是。为经济社会快速发展大显身手，各显神通。

水有源，树有根。传承历史，继承文明。我先祖德泽，恩泽后人。

最后，我代表祭祖续谱组委会再一次感谢同门族人对本次活动的鼎力支持和热情参与！感谢所有为这次活动做出贡献的各门族人！同时我衷心祝贺大会取得圆满成功。愿我先祖硕德懿行，泽被子孙！我孙氏家族蓬勃发展，再铸辉煌！

③祭祖大会流程

第六届流寺孙氏祭祖暨续谱联谊大会，不仅祭奠了孙氏祖先，同时起到了孙氏家族成员之间以及各家族之间联谊的作用，凝聚亲情、传承文化。

中国古代祭祖位次很有讲究，孙氏祭祖大会同样继承了传统的祭祖模式。附近村庄的嘉宾、村中其他姓氏的嘉宾到场参加祭祖仪式，祭祖者按位次不同，依次而坐。主祭者和司仪长坐第一排；陪祭者是各家族代表和嘉宾、各地孙氏宗亲代表和续谱主要负责人，坐第二排；到会的各地宗亲则整齐排列，在指定位置。以下是第六届流寺孙氏祭祖暨续谱联谊大会的流程：

主祭人：孙志安

司仪长：孙安林

全体肃立，主祭者、陪祭者就位。

第一项：介绍邀请嘉宾及献礼品

鹤壁梨林头村胞族代表—献礼—入座

鹤壁开发区孙氏族人代表—献礼—入座

郭流寺村嘉宾代表—献礼—入座

北流寺村嘉宾代表—献礼—入座

同村特邀嘉宾有：韩生全、韩世昌、韩福庆、韩同彬

徐照民、徐石良、徐树堂、宋和顺、马连生、马治平

陈爱军、陈　牤、李新年、李廷林、李爱军、李大胖

齐成林、王爱国、王　军、张治国、贾黑丑、尚王元

田　龙、申丑只、孟运成、骈玉军、刘国只、郭付顺

就位入座。

对光临这次盛会的特邀嘉宾，我们表示热烈欢迎并致以真诚的感谢！

第二项：全体肃静、主祭者、陪祭者就位

第三项：鸣放礼炮、击鼓奏乐

第四项：敬燃高香：上孙氏家族昌盛香；（由会长志安敬燃高香）

敬燃大烛：燃天麻地佑烛；（在鼓乐中由司仪长安林敬燃大烛）

第五项：恭读祭文：（所用参祭者面向始祖像前俯首肃立，主祭者恭读之前，向始祖像一鞠躬，读后一鞠躬

祭文二：（由万青恭读、司礼同上）

第六项：梨林头村胞族代表讲话

鹤壁孙氏代表讲话

特邀代表讲话

第七项：行叩拜礼：全体参祭者面向始祖像行三叩首礼

一叩首

二叩首

三叩首

第八项：各地宗亲轮流上香致祭

第九项：合影留念（会长与司仪长负责安排）

庆典礼毕安排就餐

（二）宗教信仰

南流寺村拥有较为浓厚的宗族观念，村民思想意识受传统文化影响较深，因此，在宗教信仰上以佛教、道教为主，并无外来基督教、天主教等宗教。

南流寺村的佛家道教信仰由来已久，很多家户都供有财神爷等神龛，定期烧香祭拜。此外，村里还有大小五个寺庙，供奉观音等神像雕塑。其中最大的是位于村中主干道旁的南观音菩萨庙，是村里先祖从山西洪洞大槐树迁居此地时修建的，已经有六百余年的历史。1997 年为纪念先祖迁居此地，村里人自发捐资，动工重修南观音菩萨庙，当月落成，当年塑像开光，新庙建成。此后村里人唱大戏三年以表诚意。在唱戏年间，又有各地前来的香客捐

资，2003 年南观音菩萨庙又得以重建。如今，寺庙的大门上方匾额上题字“南流寺文明乐园”，已经成为群众精神生活的聚居地。

跨入庙门，庙堂正中供奉着一尊金光闪闪的观音菩萨像，塑像前方有桌案香炉，供人烧香拜祭。庙堂左侧是一张床，以供负责管理寺庙的人临时休息。庙堂右侧摆着高高低低的板凳，大概有二十几个，据说每到晚上，村里四五十岁的妇女便会聚居在这儿，大家一起唱佛歌，既能尊佛经佛，也能娱乐身心。佛歌大都是民间传诵的，后来有人专门做了记录，然后大家传抄开来。以下是摘抄的几首佛歌歌词。

歌曲一

春风儿高，寒风儿刀，
一伙善人都来了，来了来了都来了。
来到这里都热闹。
先上一碗清茶，
再上一盘樱桃，
樱桃味好，杏儿牙刀，
花红果的长得巧，
还有仙桃味气好，
梨儿树上黄了皮，
又有那粒粒的斗斗毛，
石榴张开嘴笑，
枣儿披的大红袍，
还有柿饼的，还有那麻里桃，
还有苹果葡萄菠萝橘子和香蕉，
俺把这里的都上到，众位神灵儿都用好，用好您用好。
请您把这真经量上几套。

歌曲二

一朵金花开的白，人在世上别贪财，出门遇见明确付，学会好话转回来；
二朵金花开的喜，家下又撇我贤妻，撇下贤妻还好些，一对婴孙泪喜喜；
三朵金花开的黄，家下又撇我老娘，我老娘在家身受苦，我在外边坐金莲；

四朵金花开的新，师傅教我早念经，好经念了千万卷，走遍天下有人听；

五朵金花开的全，师傅教我这几年，好经学到腹内里，待到阳间做盘钱；

六朵金花开的好，好来好去上金桥，上去金桥阴阳室，骑的毛驴过早桥；

七朵金花开的圆，他去山上受风寒，老道问他哪里去，他去山上送金卷；

八朵金花开的红，说佛念佛都有功，老道问他哪里去，我去西天报名姓；

九朵金花开的鲜，四季快到末梢年，快快说来快快传，传得快来留一半；

十朵金花开的花，照到北京皇上家，正宫娘娘挽太子，文武百官戴金花；

十一朵金花开的先，家家户户敬老天，谁要不把老天敬，枉在世上走一凡；

十二朵金花都开完，他把神位都请全，请全不为别的事，请全为的听经卷。

歌曲三

一路香上到玉皇大帝；

二路香上到关公二郎；

三路香上到三官治世；

四路香上到四海龙王；

五路香上到五通大帝；

六路香上到土地城隍；

七路香上到七星人斗；

八路香上到八大金刚；

九路香上到九天仙女；

十路香上到十帝阎王。

（三）文化娱乐活动

1. 地方文化特色

（1）豫剧

豫剧旧称“河南梆子”、“河南高调”，新中国成立后，经过几代老艺术家的不断创新，更名为“豫剧”。早期豫剧表演的舞台装置极为简单，往往只用芦席、箔子一挡，台上一桌二椅，即可开演。打小锣、敲梆子的人员兼“检场”。进入城市后，有较固定的剧场，舞台装置才有所改进。豫声剧院已采用一些布幕、布景，旦角服饰讲究“老旦清，正旦俊，花旦风流”。此后又受京剧服饰的影响，已基本与京剧服饰相同。豫剧的乐器一般有二胡、板胡、琵琶、竹笛、笙、古筝等，有时还有大提琴等西洋乐器伴奏。传统曲目以历史小说和演义为主，如《封神榜》、《三国戏》、《包公戏》、《杨家将》、《岳家将》、《花木兰》、《穆桂英挂帅》、《铡美案》、《红色娘子军》等曲目。豫剧唱腔圆润，旋律流畅，节奏鲜明，吐字清晰，气势或磅礴或细腻，极具感染力，在民间流传甚广。因此，豫剧也是我国最大的地方剧种，居全国各地方戏曲之首。

在南流寺村，很多村民都会唱豫剧。七八个人就能组成一个豫剧团，有人拉头弦，有人拉板胡，有人拉二胡，再有五六个人来唱，就可以听到正宗的豫剧了。唱豫剧一般都是晚上，在村委会的娱乐活动室里，大家伙儿没事也都过去听，凑个热闹，是村民们自娱自乐的好方式。近几年，基于当地的文艺基础，安阳市组织业余文化下乡艺术团，由西郊乡成立老年协会，制作了《名段唱腔曲谱提示》，以支持农村文艺事业的发展。有了这本唱腔曲谱，村民们经常演奏的曲目也有了依据，这里面大都是些历史名段，如《朝阳沟》、《红灯记》、《香魂女》、《桃花庵》、《包青天》等。以下村民中广为流传的名段，《赵铁贤未曾说话热泪滴》。

赵铁贤未曾说话热泪滴，
哭了声孩他娘我那狠心的妻。
往日里来看你全是报喜，
今日里我可要诉诉委屈。
我的那个妻呀。
自从你两眼一闭，撒手而去，
这个家弄得我措手不及。
白天当爹爹，拉弦去卖艺，
夜里又当娘，缝补儿的衣。
孩儿想他娘我想俺的妻，
搂着我那两个儿哭哭啼啼，

清明来扫祭，不敢对你提，
怕就怕你听见了影响你安息呀。
我的那个妻呀，我的那个妻呀。
你可知这些年我吃过多少苦，
你可知这些年我受过多少屈。
吃苦受屈全都为儿女，
没想到儿女大了反倒把我欺。
扯断我的弦，不让我欢喜，
像个大骆驼关在那个笼子里。
我的那个妻呀。
我也是个人呀，我也有所需，
年轻人老年人心是那个一样的。
一辈子没有过开心满意，
阳世间做人一回你说屈不屈呀？
我的那个妻呀。
我也不怨天我也不怨地，
怨只怨我娶了一个短命的妻。
我活的不得意，
死还死不起，
最害怕给孩儿们坏了名誉。
总这样活下去有啥兴趣，
一百年跟一天内容差不离。
你若对我还有意，
快点把我叫过去，
实在不行花俩钱，
阎王爷那送送礼，
让我早归西吧。
我的那个妻呀，
我的那个妻呀。

南流寺村的豫剧除了具有自娱自乐、丰富村民文化生活的作用，一些村民也发现了其内在的经济价值。在河南有一个习俗，但凡有喜庆的事情发生，都喜欢请剧团来唱戏。与其自己在家娱乐，不如组织乐团。这事由村里面敢想敢做的人牵头，去年十月份成立乐团以来，现在队伍已经发展到30多个人。他们自己配备了大鼓、小鼓、三连鼓、小号、中号、萨克斯等乐器，请专业老师来指点，很快就能演奏出拿手的曲目来。附近村庄的结婚仪式上，他们经常被邀请去表演，费用每人每天40元。这也是文化与经济结合的一种方式。

(2) 跑旱船

旱船，顾名思义，是指陆地上行使的船，是一种模拟水中行船的民间舞蹈，它是汉族民间表演艺术形式之一，一般在逢年过节时表演，预示来年风调雨顺。

“旱船”是依照船的外观形状制成的木架子。在这种船形木架周围，围缀上绘有水纹的棉布裙或是海蓝色的棉布裙。在船的上面，装饰有红绸、纸花，有的地方还装有彩灯、明镜和其他装饰物，把这只或者十几只船装饰得艳丽不凡。乘船者一般是一个人，有时也有双人、四人甚至七人共同乘用一只船的。乘船者所表现的多是姑娘、媳妇，也有扮演其他人物的。

“跑旱船”，表演者中有一名“艄公”划桨引船，在前头带路，做出各种各样的划船动作。而乘船者在表演中快速走碎步，这样能使船身保持平稳的状态前进，犹如在水面上漂动的船那样，颇为形象地塑造出水面行船的情景。表演时，前面有人击鼓敲锣，加上五彩缤纷的秧歌队伍，很是热闹。

(3) 秧歌舞

秧歌舞，又称扭秧歌，历史悠久，是我国最具代表性的民间舞蹈形式之一，也是一种民间广场中独具一格的集体歌舞艺术。秧歌舞具有自己的风格特色，一般舞队由十多人至百人组成，扮成历史故事、神话传说和现实生活中的人物边舞边走，随着鼓声节奏，穿着彩色的衣服变换出各种队形，舞姿丰富多彩，热闹非凡，深受村民欢迎。

南流寺村一直保留有扭秧歌的传统，逢年过节，村民就会穿上戏服、扮上彩妆，到大街上扭秧歌。平时每到晚上，村委会大院里就会特别热闹，音乐响起，中年妇女就会纷纷聚集到一起，扭起秧歌舞。

2. 文化娱乐设施

(1) 文化大院

南流寺村民的业余文化生活非常丰富，除了唱豫剧、扭秧歌之外，还有一个特别的去处——南流寺文化大院。南流寺文化大院与村委会同院，建于2005年，占地2000余平方米，设有健身房、图书室、棋室等。2006年，南流寺文化大院被评为“省级文化大院”。平时，村民可以到这里锻炼筋骨，翻阅杂志，一起下下棋。

图书室位于村委会一层，图书种类较多，大部分是农业科技类的书目，其次是社会类、文学类以及家庭教育等种类，总量有6000余册。图书室不到30平方米，摆满阅读的桌椅，在靠墙的一侧排满了五个书柜，每一书柜有特定的类别，分别是老年春秋、少儿图书、时事书籍、古典小说、农业科技。

健身房位于村委会小楼对面，面积大约有50平方米，这里面有跑步机、臂力器等健身器材，是南流寺村委会投资12万元购置的。棋牌室位于健身房旁边，面积有20平方米，设有军棋、象棋，跳棋，来这下棋的中老年人较多。村里还有一个多功能的教育室和活动室，是村里投资100多万元建成的，它是农村的教育网络，村里会定期播放家教知识等，帮助村民完善对孩子的成长教育。此外，文化大院本身也是村民集中活动的地方，一到晚上，文化大院里有扭秧歌的，有唱豫剧的，相当热闹。

（2）南流寺剧院

南流寺剧院紧挨文化大院，是2005年由村委会筹资十几万建成的。院子有五六百平方米，舞台有200多平方米。舞台顶部被刷成天蓝色，映现出五个金光闪闪的大字：南流寺剧院，剧院上方还有五颗金星。

这里是村民大会的会场，同时也是各种娱乐活动、庙会传统戏剧演出的剧场。刚刚结束的孙氏祭祖大会也是在这里举行的。同时，作为村民的休闲场所，这里还是村里放电影的地方。

南流寺村放电影也有较长时间的历史了。在新中国成立初期，主要是西郊乡公社放映队来村里放映。到1962年，村里由懂得放映技术的村民建议，购买了一部放映机，他们利用晚上时间在村里的空地和这里的老舞台放映，每个月一般会放映四次以上，内容为爱国主义影片和宣传教育片。20世纪80年代以后，由于电视的普及，村电影放映逐步停止。现在，由于电影下乡政策，村里又开始放映电影了，放映地点就在南流寺剧院，内容多为红色老电影。对于村民来说，南流寺剧院又成为大家业余休闲的重要场所。

第二部分 农户

十三、从事私营业的家庭

（一）自强不息的小商户——孙秀英家

在我们到位于村委会南边的四平门市部对孙秀英一家进行采访之前，我还以为她对我来说只是一个普通的访谈对象。但是没想到，与她的谈话会带给我们这么多的感触，即便是现在我也常常想起这位坚强、乐观、勤劳的妇女和她的家人们。

孙秀英，女，汉族，55 岁，读完小学五年级后辍学。育有三子，大儿子宋志强 29 岁，二儿子宋宪伟 24 岁，小儿子宋马伟 22 岁，三人都是初中文化程度。孙秀英有孙辈三人，两个孙子一个孙女。现在她和二儿子、二儿媳齐薛一起生活。孙秀英的丈夫宋海平生前是安阳机床厂工人，2005 年因为车祸去世。家中原有 2 亩半耕地，每年能收获小麦、玉米各 1400 斤左右，2010 年耕地被南流寺村新区征用。孙秀英家有三个连锁商店，是在孙秀英的带领下多年苦心经营的结果。现在她自己经营四平门市部，大儿子经营位于北流寺村的一个小超市，二儿子经营一个以太阳能热水器为主的建材店，三儿子经营一个小商品店。三个连锁店的商品各有侧重，互不竞争，哪家店人手不够就互相帮忙进货送货。

孙秀英做生意源自一个偶然的机遇。在她 22 岁时，北流寺村供销社招聘服务人员，她就前去报了名。本想从事理发、修脚等服务工作，却没想到录用后被分配到生产服务部门担任售货员。从此，她便与买卖结缘，并以此为生计养活自己、养活家人。孙秀英是一个非常勤快的人。在北流寺村供销社上班时，孙秀英每天早晨 5 点起床，先把家里杂活做完后，再走 25 里地赶在早晨8点前到达供销社。孙秀英在工作时认真负责、待人诚恳热情，从不缺斤少两，因此年年都被评为优秀工作者。一直到26岁，孙秀英才与宋海平结婚。这个年龄结婚在当时属于相当晚婚，问及原因，她说：“女人没有资本结婚没啥用”，“我凭着自己的劳动自己养活自己，不愿意花丈夫的钱”。就是这样一位具有独立精神的女性，1983年凭着一股子闯劲从供销社辞职，拿着凑出来的一万元开了第一家属于自己的小卖部。即便是自己做老板，孙秀英也没有丝毫的懈怠。她每天早晨5:30就起床，首先打扫店铺外面的卫生，再收拾店面，6:30正式开门，一直营业到晚上11点，农忙时甚至要开店到凌晨2点。当时，店里主要经营土特产、油盐、农药、化肥、种子和烟酒，村民买的化肥农药等生产资料，孙秀英都是实行送货上门。农忙时，孙秀英常常一个人将一百多斤的化肥扛到地头，在田间和铺面往返几趟送货，经常顾不上吃午饭。当时，孙秀英家里还有2亩半耕地，她不仅要顾着店里的生意，还要下地干活，她不仅做生意有一套，下地干活也是一把好手。我们问她，地里和店里两头都要照顾，觉不觉得辛苦。孙秀英急忙说，其实她还是很喜欢种地的，因为种地其实比做生意要简单得多，有投入就一定会有收获，看着庄稼从种子慢慢变成可以收获的粮食，能让她感觉到付出的劳动是有收获的。孙秀英既要照顾生意又要照顾地里，很是辛苦，这也使得她不能常常陪在三个孩子身边，没能让三个孩子感受到多少母爱的温暖。但是她知道自己奋斗就是为了给三个孩子提供更好的生活条件，为了更好地赡养自己的公婆和娘家的父母。有了这些奋斗目标，她也就不觉得有多苦，反而还能体会到为家人付出和奋斗的快乐。凭着这股干劲，以及薄利多销的经营策略，孙秀英店里的生意越来越好，生活也越来越好，她和丈夫两个人也筹划着要为三个儿子盖房子。

孙秀英原本以为日子将会永远这样平静充实地过下去，但是噩运却接踵而至。二儿子16岁时，因为误食含有甲醇的假酒而导致酒精中毒，差点儿就丢了性命。孙秀英花了很多时间和精力照顾二儿子，当二儿子的身体终于完全康复时，命运却给孙秀英带来了更大的挫折。2005年夏天，当孙秀英像往常一样等着丈夫下班回家吃饭时，却等来了丈夫出车祸去世的消息。但是这个突如其来的打击并没有击垮孙秀英，因为她知道“要顾活人，不能顾死人”。丈夫不在了，她仍然要将三个孩子抚养成人，还要赡养四位老人，作为家里唯一的壮劳力，她肩上的担子更重了。孙秀英说，她这个女强人是被逼出来的，即使她想逃避，生活还是逼着她不得不面对并不美好的现实。于是她从丧夫之痛中重新振作起来，尽管内心承受了巨大的痛苦，她仍然每天坚持准时开店。说起这些难过的往事，孙秀英的声音突然变得很低，语气里满是惋惜，尽管眼里含满了泪水，她还是忍住没让它们掉出来，脸上依然是那坚强自信的表情。她相信，辛勤的劳动不仅能养活自己，也能养活家人，让他们过上更好的生活。

说起现在的生活，孙秀英虽然思念丈夫，但儿子儿媳都孝顺听话，她并不感觉孤单并且觉得很满足。现在孙秀英自己一个人经营四平门市部，这个门市部位于南流寺大街南段，分为前后两个院，一共大概有三十平方米，经营包括土特产、油盐、农药、化肥、种子、烟酒在内的上千种商品。店门外放着一个手写小黑板，上面写着店里刚进货的化肥名字，这就是孙秀英做的广告。广告的内容不仅会随着店里商品的变化而变化，也会随着季节的变化而变化。冬天做煤炉和烟囱的广告，夏天做冷饮、饮料的广告，农忙时就做种子、化肥农药的广告。前院主要摆放食品、饮料烟酒，后院用于储货和摆放农药化肥。四平门市部的商品种类很多，基本可以满足村里人的生活生产的需要，不论是穷富都能在这里买到称心合意的商品。平时，她还要定期进城看看大超市里都卖些什么，哪些东西卖得好，她会根据这些信息调整自己门市部的进货种类，力求保证自己的货不落伍，她特别坚定地说应该“活到老学到老”。同时，进货时她会特别注意所进货物的生产日期和保质期，坚决不能在自己的门市部里卖快要过期的货。因为自己的门市部是面对村里的乡亲、邻居，是为他们服务的，所以自己不能做坑人的事情，卖出的商品顾客如果想换想退随时都可以。每当门市部进了新货，孙秀英就会到村委会利用那里的免费广播给大家做广告。如果村里有人要买一些门市部里面没有的商品，还能跟她订货，由她帮村民进货。现在四平门市部客源稳定，经营基本无风险。虽然每件商品的利润都很少，比如一瓶酒赚 0.5 元的利润、一包化肥 0.2 元的利润，但是只要辛勤劳动，每月纯收入也有大约 2500 元，每月将店内积攒的废品卖掉还能有将近 400 元的收入，并且所有收入不需要纳税，每年只需支出 300 元用于各种证件的办理审核。

孙秀英是南流寺村的“诚信十大员”中的一员，我们问她是怎么开展工作的，她说得很简练“哪里需要就到哪里去，给大家起个模范带头作用，主要就是为大家服务”。孙秀英把“诚信”两个字拆开理解，“诚”就是真心实意地做生意，“信”就是不卖假货次货、不坑蒙拐骗。孙秀英觉得在自己村里做生意，面对的顾客都是平时交往密切的乡亲，如果她在做生意的时候有不诚信的行为，不仅会对自己的生意造成不好的影响，更重要的是会让乡亲们在背后戳自己的脊梁骨，丢了自己的脸面。作为“诚信十大员”光起带头作用、顾好自己是不够的，孙秀英还要监督南流寺村里的其他商户是否诚信经营。同时，协调和解决村民在消费过程中发生的纠纷，避免纠纷的扩大和恶化，维护邻里间的和谐关系。但是，在殷都区开展“十大员”的活动之前，孙秀英就已经开始做类似“诚信十大员”的一些工作。不过，她觉得“十大员”活动的开展给了像她一样热心村里事务的村民一个正式的“名分”。这个“名分”增加了他们这些热心人在解决村民之间纠纷、协调村民和村两委之间矛盾、监督村两委工作等事情上的底气。由于孙秀英诚信经营，热心帮助别人，南流寺村还将一个安阳市郊区保护消费者权益投诉站设在了四平门市部里。

与孙秀英的交谈让人感觉到她是一个充满了能量的人。她说，每天在门市里搬货送货，本身就是一种锻炼身体的方法，所以她现在身体特别好。她也不愿意闲下来，不仅仅因为做生意能挣钱，而且劳动能让她感到快乐，这快乐不仅是心理上的，而且还能让她的身体保持健康的状态。再说，现在家里的耕地被村里征用用于新村建设，再也不需要下地做农活，平时就顾着门市部的生意，已经轻松了不少。不过，随着三个儿子相继成家立业，孙秀英还是萌生了要歇一歇的念头。有时候，她甚至想生一场病，这样自己就能踏踏实实的休息两天。她的这个想法着实让我们觉得很吃惊，但同时也让我们体会到了一名习惯了坚强面对生活的女性的艰辛。今年6月，三个儿子分家了，由于二儿子的生意刚刚起步，孩子还小，所以孙秀英跟着二儿子生活，帮他一起照料生意和孙子。三个儿子今后每人每月给孙秀英500元的生活费，她打算用这个钱每年外出旅游两次，开阔眼界，在她看来，人就应该出去走走，看看外面的世界，走到哪学到哪，这也是她一直以来的心愿。说起对孙辈的期望，孙秀英说自己的文化水平不高，所以希望孙辈们都能好好读书，将来读大学，这样就能更自由地选择他们自己喜欢做的事情。

孙秀英把我们带到宋宪伟的五金店里时，齐薛正在组装太阳能热水器的样板，宋宪伟在后院整理存货。孙秀英觉得三个儿媳中二儿媳齐薛坚强开朗的性格最像自己。齐薛今年25岁，郭流寺村人，与宋宪伟育有一子。齐薛嫁入南流寺村后，一直与婆婆孙秀英同住，她觉得婆婆是一个很和气的人，对自己也非常好。现在齐薛和宋宪伟一家经营一个五金店，以卖太阳能热水器为主，同时兼卖五金、卫浴、小家电等。他们租用临街的一间大约15平方米的店铺进行经营，店后有一个大约20平方米的院子用来储货，店铺的租金是每年4000元，该店经营的这4个月平均月纯收入大约是2500元。现在小店刚刚开了4个月，虽然生意才刚刚起步，但是店里已经有了近千种商品。前院的货架上摆满了各种五金商品，型号齐全，后院放了6套太阳能热水器，这些都是别人预订的，看起来生意还不错。平时齐薛主要负责照顾店面，进货卖货点货，丈夫则负责太阳能热水器的安装和维修。齐薛说她和丈夫都没有做生意的经验，现在生意上的事情都要向婆婆孙秀英请教。婆婆告诉他们说，开门做生意首先要做的就是诚信，不能以次充好，以假冒真。其次，必须要笑脸迎人，不管自己遇到多大的困难和委屈，就算是夫妻之间吵架，也要对上门的顾客微笑。最后，赚钱不是最重要的，“钱不重要，人重要”，只要肯劳动，勤俭节约，生活就会越来越好的。说起未来的规划，齐薛说她和丈夫都没有想那么长远，现在想的就是赶快让店里的生意步入正轨，尽快把开店投入的4万元成本收回来。

有人说，父亲是家的梁，母亲是家的墙。没有梁，家会不结实，但是如果没有墙，则家难以成家。身为一位女性，孙秀英身上的独立自信令人钦佩；身为一位母亲，孙秀英坚强勤劳令人尊敬。在采访孙秀英的过程中，我们深深地被她面对困难和磨难的乐观豁达态度所打动，也衷心地祝愿她的每一天都能像现在这样健康安宁。

表2-1　　孙秀英家庭调查表

农户家庭基本情况							
户主姓名	孙秀英	民族	汉	文化程度	小学	家庭人口数	4
劳动力人口数	3	在校生人数	0	就读学校	0		
家庭固定资产和耐用消费品情况							
住房	1	占地面积（㎡）	200	汽车	0	农用车	1
摩托车	1	电视机	1	洗衣机	1	电冰箱	1
照相机	1	影碟机	1	组合音响	1	自行车	1

续表

收入及收入来源（元）							
收入合计	62600	种植业	2600	出租房屋等	0	本乡镇就业工资	0
外出打工	0	从事运输业	0	政府补贴和社会救济	0	其他经营收入	60000

支出及支出类别

支出合计	18400	生产支出	1900	其他支出	0			
生活支出	衣服	红白喜事	通信	娱乐	交通	教育	食物	住房
16500	1000	1500	1000	1000	1000	0	11000	0

（二）冷饮批发户——孙宝生家

南流寺村一共有两家冷饮批发部，这次我们采访的孙宝生家是其中规模比较小的一家。孙宝生家的冰库建在自家的宅基地上，和家里的院子挨着。我们去到孙宝生家时，正好有人在他家的冰库外批发雪糕，感觉他家比我们曾经采访过的其他家户要热闹得多。

孙宝生，男，汉族，47 岁，南流寺村人；妻子郑文霞，女，汉族，46 岁，曲沟村人。育有二女一子。大女儿 25 岁，本科毕业，小女儿 23 岁，小儿子 18 岁。孙宝生家中还赡养着自己 80 多岁的老母亲和孙宝生的智障弟弟。在做冷饮批发生意的同时，孙宝生家还耕种着南流寺村西边的 4.2 亩耕地，平时种植玉米和小麦，正常年份能收获 4000 多斤的玉米和 3000 斤小麦。收获的玉米出售，小麦留做家中口粮。孙宝生家的院子不算大，和其他家户一样有东西两厢房，以及北面的正房，都是平房。院子里搭着一个透明的雨棚，占了大半个院子。冰库紧临院墙而建，占用宅基地的一部分，占地 9 平方米左右。孙宝生一家 7 口就住在这个缩了水的院子里，空间并不富余。

孙宝生最开始不是做冷饮批发的生意，而是租用别人的店面开了一家小零售商店，商店的生意普普通通。当时也卖冷饮，由于南流寺村没有专门从事冷饮批发的批发商，店里卖的冷饮就全靠孙保生夫妻二人骑着自行车到安阳钢铁下属的冷饮厂进货。有时候，刚进到的货很快就卖完了，只得再去一趟冷饮厂进货。这让孙宝生萌生了做冷饮批发的念头。1994 年，孙宝生与人合伙开了南流寺村的第一家冷饮批发部，专门从事冷饮批发。由于村里没有人专门从事冷饮的批发，孙宝生和合伙人的生意一开始就很火爆。当时他们主要从安阳钢铁厂下属的冷饮厂批发冷饮雪糕，回村后再转手给村里的零售商店和小超市。一只雪糕他们赚取 1 分钱的差价，即使是这样，从安阳钢铁厂的冷饮部批发回来的雪糕一到村里就会被村里人抢着买光了。所以，他们并不需要担心销路，也没有其他人来竞争。如果生意一直这么进展下去的话，孙宝生的生意必然会越做越大，但是 1995 年发生的一个小插曲改变了孙宝生和合伙人之间的合作关系。当时，孙宝生家已经有了两个女儿，并不符合再生育一胎的条件，但是郑文霞却怀上了现在的小儿子。因为当时村里对超生查得很紧，所以孙宝生夫妇决定去外村把孩子生下来。由于超生是违反国家规定的，所以孙宝生夫妇决定将孩子的户口落在外村，并对村里人严格保密。但是出于对合伙人的信任，孙宝生还是觉得应该将家里添丁的消息告诉合伙人，结果没有想到合伙人将此事捅了出去。孙宝生虽然觉得自家超生确实理亏在先，但是合伙人这么做实在是辜负了自己对他的信任。于是在 1995 年，孙宝生和合伙人拆伙了。孙宝生拆伙的过程充满了戏剧性，当我们询问女主人是否能把这个戏剧性的转折写出来后。郑文霞豁达地说，事情都已经过去那么久了，孩子都已经长那么大，写出来也没什么。

孙宝生单干后，原先的合伙人变成了他在南流寺村生意上唯一的也是最大的竞争对手。孙宝生家的冰库一共有 2 个冰柜。一个冰柜是 1995 年开始单干时购置的，一个是最近刚刚采购安装的。建冰库、买冰柜以及冰柜的保养维修费用都很昂贵，前后共花费近 15 万元。孙宝生的冰库一共能储存 2000 多箱雪糕，一箱雪糕平均装有 30 根雪糕。在雪糕销售较好的夏季，孙宝生会将冰库里堆满雪糕，2 ~ 3 天就能把冰库里的雪糕全部销给零售商。在雪糕销售的淡季，孙宝生只会在冰库里放 700 箱左右的雪糕。因为孙宝生家的生意规模较小，所以孙宝生只会在旺季实在忙不过来时雇用工人搬货送货，平时这些工作都是由孙宝生、郑文霞夫妇自己完成，三个孩子也会在放假的时候帮夫妇分担一些。每卖出一箱雪糕，扣除每度 0.73 元的生产用电后，一箱雪糕平均能挣 0.5 元钱。郑文霞说以前做生意进货送货都是靠人力，现在家里有一辆三轮摩托货车后，一次可装 200 多箱 1000 多斤雪糕，进货送货全靠这辆三轮车。尽管现在进货送货省了不少力，但是生意上和前合伙人的竞争却一点都不让人省心。除了担心由于夏季雷雨天气导致停电而造成冰库内雪糕融化之外，孙宝生想得最多的就是如何在与唯一的竞争对手的竞争中保住自己的冷饮批发生意。

孙宝生经营的冷饮批发门市部的经营情况与我们采访过的其他商户的情况很不一样。之前我们采访的南流寺村的商户们与同行间的竞争并不激烈，他们基本都觉得自家的生意客源很稳定。但是孙宝生家经营的冷饮批发生意却在本村遇到了非常大的竞争，这个竞争在我们这些外人看来挺残酷的，因为似乎两家都想独占鳌头。前合伙人现在的生意规模比孙宝生的要大得多。孙宝生说他的竞争对手的冰库能装差不多1万箱雪糕，忙时要雇六七个人帮忙才能忙得过来。生意上，孙宝生和竞争对手都较着劲地想赢过对方。孙宝生现在主要从安阳钢铁集团下属的雪糕厂和双翔冷饮厂进货，且在南流寺垄断了这两个厂的冷饮产品批发生意的经营权，同时他也经营蒙牛、伊利的雪糕批发。尽管孙宝生垄断了安钢和双翔的产品，前合伙人也还是有办法和孙宝生竞争。前合伙人把从安阳市蒙牛、伊利购进的雪糕以进货价卖给零售商，以此与王宝生抢市场，然后再从山东、山西等地批发一些王宝生没有经营权的雪糕品牌加价卖给零售商。这种方法大大地挤压了孙宝生经营的市场空间和利润，使得王宝生只能依靠从安钢和双翔批发的牌子赚钱。孙宝生为了摆脱这种生意上的困境，一方面他从不拖欠应该付给安钢的货款，以巩固在南流寺村的经营垄断权，另一方面他积极开拓河北邯郸的市场。即使是这样，孙宝生也觉得和前合伙人之间的竞争让他有些吃不消，这种竞争不仅对两个人来说是一种消耗战，而且孙宝生的较小规模冰库也使得他在竞争中处于被动的劣势。但是既然已经建了冰库，投入了那么多钱，还添置了新的冰柜，所以不管面对多大的竞争压力，孙宝生还是会将批发冷饮的生意继续做下去，只不过要拓宽视野，不能把眼光再局限在南流寺村。

冷饮批发生意具有明显的季节性差别，生意在夏冬有旺淡季之分，这样看来冷饮批发并不是一个容易经营的生意。虽然由于冷饮批发在南流寺村里有相当的需求，但是两家冷饮批发部在一个村子这么小的市场空间中竞争，对两家来说都不是好事。我们建议两家可以再度合作，整合两家资源，如冰柜储藏量、进货渠道、零售商客户等，从而扩大两家的盈利空间。这个方法对两家来说都是一个双赢的选择。但是郑文霞却不这么认为。她觉得自己家的冷饮批发部现在在两家的竞争中已经处在一个被动的劣势，对手有能力在市场上打压他们的价格。时间一长，他们的劣势会更加明显，再和对手提合作已经不可能了。说起两家的竞争关系，郑文霞显得很激动，昔日的伙伴居然变成今日的竞争对手。而家庭中的客观条件造成了两家在竞争中态势的不同，这又让郑文霞感到无奈。尽管现在家里的生意遇到了一些困难，但是孙宝生夫妇并没有决定放弃，他们一直在积极地想办法。在我们采访的过程中，不断有电话打到孙宝生的手机上，要求他赶紧送货。这样看来，孙宝生家的冷饮批发生意并不算差。郑文霞说现在两个女儿都已经工作，可以自食其力了，家里的开支节约了一些，估计2011年可以多积攒一些钱，就可以尽快地扩大冰库的规模。她说现在最重要的就是先保住自家拥有的安钢和双翔两个冷饮牌子在南流寺村一年一签的经营权，然后尽快地扩大自家冰柜的储藏量，未来生意还是有希望越做越大的。

冷饮批发生意在旺季的收入占孙宝生家全部收入的70%以上，在冷饮生意的淡季，孙宝生夫妇必须找各种办法开源节流。郑文霞说当初和孙宝生结婚就是看上了他聪明、老实、肯吃苦、勤快，还自学有手艺，这个手艺就是电焊活。入冬前，在冷饮批发的生意不那么好时，孙宝生就会购进一小批钢材焊制农村取暖用的煤炉。一天的时间孙宝生能焊两个煤炉，一个煤炉的售价原先是650元，现在是550元，一个煤炉能赚60元。只是由于孙宝生做的煤炉只在自家销售给南流寺村的村民，所以卖的量并不固定，时多时少。焊煤炉剩下的边角料也被孙宝生焊成了家中使用的小椅子，院子里的遮雨棚也是他自己焊的。郑文霞在生意的淡季会在村里或者安阳钢铁厂附近做零工贴补家用，具体做什么并不固定，只要能挣钱她都会做，但是由于心脏的毛病她不能干太重的体力活。为了节约开支，即使是旺季郑文霞也会尽量不去雇用工人运货，而是自己穿上厚厚的棉袄进入冰库搬货，然后再开车送货给零售商。从一定意义上说，孙宝生夫妇不完全是农民，他们也是生意人。他们身上不仅有生意人的竞争意识，懂得销售策略，还保持了农民勤俭节约的品德。

其实在孙宝生和合伙人拆伙单干时，他们经营的规模应该是差不多的。但是为什么经过了十几年的经营，孙宝生家冷饮批发生意的规模与竞争对手的差距会那么大呢？郑文霞觉得是因为自己家里的生活负担要大一些。孙宝生家一共要养活7口人，每年这7口人的开支就不是一个小数目。孙宝生夫妇作为3个孩子的父母，不仅要提供3个孩子生活学习的费用，还要为两个女儿准备嫁妆、要为儿子准备结婚的所有费用。孙宝生不仅要赡养80多岁的母亲，还要照顾完全没有能力养活自己的智障弟弟。由于孙宝生、郑文霞夫妇的身体都不好，医药费的开支就要占去他们家庭开支的很大一部分。孙宝生在 1993 年就检查出心脏有问题。郑文霞的心脏由于心肌梗死装上了支架，定期服药维持心脏机能。因此，孙宝生夫妇二人每年花费的医药费至少要 6000 元。虽然孙宝生夫妇都在 3 年前参加了新型农村合作医疗保险，但是郑文霞是在 2004 年做的心脏支架手术，手术近 4 万元的花费是不能报销的，自己要全额负担。而孙宝生夫妇服用的心脏方面的药也不在医保报销的范围之内，所以夫妇二人每年 6000 多元药费都得自己全额承担。这些因素极大地增加了家庭的开支，压缩了本该用于扩大批发生意规模的资金投入，从而影响了批发生意的发展速度。孙宝生家的房子从外观看已经有些年头了，屋内的装饰也显得过时了，客厅墙裙漆的绿漆也已经斑驳。可以说孙宝生的房子在我们走访过的几户做生意的人家的房子中是最为陈旧的。正是由于孙宝生夫妇把扣除一家 7 口人必需的生活费用后的全部利润都尽可能多地投入到生意之中，那么房屋的翻新就能省则省。

男主人孙宝生在采访过程中一直都保持着淡定的微笑，语速不疾不缓，在向我们介绍他和对手的竞争情况时语气也很平静。女主人则相反，语速很快，声音洪亮，中气十足，根本看不出来她的心脏是通过支架来维持运转的。我们离开孙宝生家时，已经接近下午 5 点，当时孙宝生家冰库缺货，他的两个女儿正准备驾车往安钢下属的冷饮厂去进货，等她们把货拉回家并送货完毕时，估计已是下午 6 点。但是，我想对他们一家来说，这样的忙碌正是他们所期盼的。

表 2 -2　**孙宝生家庭调查表**

<table>
<tr><td colspan="8">农户家庭基本情况</td></tr>
<tr><td>户主姓名</td><td>孙宝生</td><td>民族</td><td>汉</td><td>文化程度</td><td>高中</td><td>家庭人口数</td><td>7</td></tr>
<tr><td>劳动力人口数</td><td></td><td>在校生人数</td><td>0</td><td>就读学校</td><td colspan="3"></td></tr>
<tr><td colspan="8">家庭固定资产和耐用消费品情况</td></tr>
<tr><td>住房</td><td>1</td><td>占地面积（㎡）</td><td>260</td><td>汽车</td><td>0</td><td>农用车</td><td>1</td></tr>
<tr><td>摩托车</td><td>1</td><td>电视机</td><td>1</td><td>洗衣机</td><td>1</td><td>电冰箱</td><td>1</td></tr>
<tr><td>照相机</td><td>1</td><td>影碟机</td><td>1</td><td>组合音响</td><td>1</td><td>自行车</td><td>2</td></tr>
<tr><td colspan="8">收入及收入来源（元）</td></tr>
<tr><td>收入合计</td><td>85300</td><td>种植业</td><td>5300</td><td>出租房屋等</td><td>0</td><td>本乡镇就业工资</td><td>0</td></tr>
<tr><td>外出打工</td><td>0</td><td>从事运输业</td><td>0</td><td>政府补贴和社会救济</td><td>0</td><td>其他经营收入</td><td>80000</td></tr>
</table>

续表

支出及支出类别（元）								
支出合计	39300		生产支出	5800		其他支出	6000	
生活支出	衣服	红白喜事	通信	娱乐	交通	教育	食物	住房
27500	1500	2000	1500	1000	1500	0	20000	0

（三）太阳能热水器代理商户——孙彦林家

我们在南流寺村调研时，发现在村委会周边地段有很多商户，他们经营一些村民的日常生活用品、蔬菜水果、小饭馆和家用电器，这些商铺基本集中在村委会周边，便于村民前来购物。村委会处于南流寺村中心地带，因此，这里算是南流寺村比较繁华的地段了，我们采访的孙彦林就在这一带经营着太阳能热水器代理商铺。

孙彦林，男，1965 年出生于一个普通农户家庭。现在南流寺村委会办公楼的东侧 200 米处经营一家太阳能热水器商店。我们调研小组的人去店里采访孙彦林时，他正坐在商铺外面乘凉和旁边的商户聊天，看见王军带我们去采访他，他很热情地站起来招呼我们去他商铺里坐一坐，孙彦林个头不高，皮肤黝黑，短头发，穿一件紫色条纹 T 恤，一条灰色短裤，一双明亮的大眼睛，脸上带有自信的微笑，看起来应该有多年的从商经验了。孙彦林现在经营的商铺除了代理太阳能热水器之外，还销售电风扇、水暖、管件的零配件，商铺面积有 20 平方米，正对着商铺门口放着一个太阳能热水器，商铺靠墙的四周放着货架，上面摆满了代售的商品，在对着商铺门的货架上面供着一位财神爷，这在一般商铺是比较常见的。商铺西边的墙上有一个大窗户，窗户下面放着一张单人床，床旁边放着一个玻璃柜台，玻璃柜台里面放着一些日用品。在村里太阳能商铺的工作比较清闲，而且村里民风淳朴，一般不会发生盗窃案，孙彦林累了的时候就会在这张小床上休息一会。现在孙彦林一天都在商铺里干活，有时候会去给村里的农户装太阳能，或者修理管道，没事的时候可以和村民在商铺外面聊天，日子过得比较自在。

孙彦林一家四口人，妻子赵文君 1966 年出生，高中文凭，现在是南流寺村 2 组组长，孙彦林提起他妻子就赞不绝口，说赵文君做人非常好，在乡亲们那里很有人气，不管什么事情，只要有村里的人来找她去帮忙，她都会去，在南流寺村口碑很好。提起赵文君的工资时，孙彦林有些不好意思开口，最后才说赵文君现在一天的工资 10 元，一个月 300 元，“也挣不了几个钱”。女儿现在新乡学院读大专，学的专业是会计电算，今年三年级即将毕业了，女儿毕业后在哪里工作是孙彦林比较关心的问题，孙彦林比较重视家庭团聚，所谓：父母在，不远行。他希望女儿毕业后在安阳附近找工作，但是女儿打算在新乡找工作。孙彦林觉得女儿在新乡找到工作也可以，但是，他对女儿说：“你要是在外面找了工作，以后回家，我就不会给你开门。”他女儿听了这话之后应该比较明白父亲的意思，但是，她自己还是想着如果能在新乡找到好工作，就会在新乡工作，以后，她父亲应该会理解她吧。孙彦林还是希望一家人可以在一个地方生活。虽然他对女儿的要求比较严格，但是孙彦林的儿子却没有读完初中，对此，孙彦林表示很无奈，他儿子今年 16 岁，家里希望他能读书，但是他比较贪玩，不愿意学习，孙彦林对此也没有办法，他说：“打了他也没有变化，还是原来的老样子。”儿子初中上了一年就辍学回家，因为年龄还小，出去打工家里人也不放心，所以辍学后一直在家里待着，平时帮助父母干点农活。孙彦林的父亲过世了，现在 72 岁的老母亲和他们在一起生活，孙彦林夫妇负责照顾她的日常起居，一家三代人过的还算顺心。据孙彦林介绍，他现在经营这家商铺一个月收入 2000 元，商铺租金一个月 200 元，在南流寺村，孙彦林家的太阳能商铺生意还算比较好的，我们采访他的时候，经常会有顾客进来买东西或者换一些零部件，孙彦林都很认真的和顾客讲解怎么安装，怎么使用。孙彦林家里现在种植 1.3 亩旱地，一年种两季，一季小麦，一季玉米，小麦亩产 800 斤，一斤小麦 1 元，玉米亩产 1000 斤，一斤玉米 0.7 元，孙彦林家的粮食主要供应自己家里人消费，没有销售出去。在南流寺村也没有经济作物，现在南流寺村的收入主要不是来自农业收入，每家每户基本上都会做生意或者外出打工。孙彦林家里的收入主要靠孙彦林的商铺，赵文君的工资平时补贴家里的日常开销，农业收成主要是用来自己家里消费。

孙彦林家 2010 年主要有三项支出，分别是女儿上大专花的学费和生活费总共 1 万元，家里的食品支出 2400 元，红白喜事也有 3000 元的支出，去年家里没有人生大病，因此，医疗支出就是购买一些日常用的药品，没有特别大的支出。孙彦林家里现在住着 103 平方米的砖混结构房，而且还有一个小院子。家里的日常耐用消费品有一台电视机、一台电冰箱、一台洗衣机、一辆电动车和一辆摩托车。孙彦林现在经营一家商铺，经常会有一些生意往来，需要和村里农户、商家联系，但是他却不用手机，他基本上每天都在商铺，村里有人找他就会直接来商铺，不用给他打电话，如果他不在商铺的话就去他家里找他，一般他都会解决问题，这在当地也算是一个特例了。孙彦林家里冬天用火炉取暖，在南流寺村基本上家家户户都用火炉取暖，而且基本上都烧的是煤球。

孙彦林出身于一个农民的家庭，从小就会帮着父母做一些农活，高中毕业后觉得自己考大学很渺茫，他认为自己没有实力考大学，所以就没有参加高考，以后一直就没有机会上大学。他高中毕业之后就开始学习电焊工，这是他父母的一个愿望，希望家里能出一个有技术的人，以后可以不在农村受苦了，所以孙彦林高中毕业后就学了电焊工，刚开始他一直跟着别人干活，大概干了五年，就不干了。在打工的五年里，生活比较艰苦，而且干的活都是临时性的活，他开始还得边干边学技术，而且也没有固定的工作地点和工作时间，东家承包活了，就带着孙彦林他们出去干一段时间，没有活了就在家闲着，做点农活。所以孙彦林一般一个月出去工作十天到十五天不等，有时候会连续出去工作几个月，这要根据干活的情况来定，一般都是抢修公路这类活比较多，刚开始干活时，一天能挣 4 ~5 元，这都是 20 世纪 80 年代末 90 年代初的工资，之后一天工资十几元不等，根据做的质量和数量来确定，多干多发，少干少发，原来做电焊工时，孙彦林经常会看别人脸色，心理很不舒服。虽然现在在南流寺村一个电焊工一天能挣 100 元了，但是孙彦林表示自己还是不会继续去做电焊工给别人打工，他自己对于现在的生意比较满意，因为可以自己做主，不需要看别人的脸色，自己家里的生意想什么时候开门就什么时候开门，家里有事的时候可以随时回家帮忙，所以相对于电焊工来说比较自由，而且收入也可观。孙彦林 23 岁和赵文君结婚，结婚后，赵文君就一直是村里小组组长，孙彦林说："村里有 3000 人，有一半的人都认识她，赵文君的脾气很好，对村民的事情都比较热心，对公家的事情很上心，一切都为公，虽然个头不高，但是人长得富态，人缘也好，给家里的生意带来了很多便利。"结婚后，孙彦林内弟给他介绍了太阳能热水器代理的生意，他自己也很喜欢自己独立经营一家商铺，因为给别人干活经常会受气，看别人脸色，而且各方面要求也高，自己开一家商铺，就都由自己做主，可以迟到一会，也可以早退，自己累了，也可以关门休息，不用受老板的气，对于这家商铺，孙彦林很满意，表示会继续经营下去。孙彦林说自家太阳能热水器之所以能经营这么多年和自己的为人处事有很大的关系，自己脾气比较好，村里的人买了自己的东西，他都负责给安装好，有什么问题随时都可以找他。我们在采访他的时候会有人进来买东西，有一位30岁左右的年轻人，拿着一个房子排雨水的管道来找孙彦林换，孙彦林很热情地接待了他，并且和顾客商量着怎么安装的问题，最后，顾客比较满意的回去了。孙彦林的内弟在曲沟镇经营太阳能商铺，据孙彦林说曲沟镇面积比西郊乡大，而且经营太阳能的商铺比较少，所以生意比较好做，而在南流寺村就有3家太阳能商铺，竞争比较激烈，而且安阳钢铁厂就在南流寺村附近，在安钢的厂区，经营什么商品的商铺都有，很多村民喜欢到那里去买东西，因为那里商品比较丰富，去一次可以有很多选择，也可以购买一些必需品。孙彦林自己经营的这家商铺虽然不能赚什么大钱，但是可以挣一个养家糊口的钱，所以孙彦林对于自己的生活还是比较满意的。

孙彦林现在经营的太阳能热水器属于国家家电下乡品牌，所以孙彦林现在的工作比原来复杂了一些。他先把太阳能热水器销售出去，然后带着销售的单据，到国家相关部门领取补贴。虽然农户购买热水器可以减免部分费用，但是农户自己不用去国家相关部门领取补贴，直接在购买商品时就可以少交减免部分的费用，然后由经销商去领取补助。这样，孙彦林自己就要再多做一些工作，他每次销售完之后要带着购买者和自己的身份证还有销售的相关凭证去领取补助。对此孙彦林表示很不满意，他觉得这件事情对自己没有什么好处，反而给自己增加了很多麻烦。他说："每一次都要带全身份证和手续，在工作日去政府部门领取补助，这比原来的工作量大了很多，太麻烦了。"他认为家电下乡给他带来的一些经营程序比原来复杂。家电下乡虽然会给经营者带来一些额外的工作程序，但是作者认为一方面家电下乡可以增加内需，另一方面代理商可以增加自己的销售额。所以从总体来说对于孙彦林的商铺还是比较有利的，他可以多销售出去一些太阳能热水器，从而增加他的营业收入。

孙彦林对自己的生活很满意，现在家里也没有人得大病，家里人的身体也比较健康。自己家里的房子能够全家人居住，而且房子还带着一个小院子，夏天可以在院子里乘凉，家里的一些东西也可以堆放在院子里，现在一家人住得很舒服。孙彦林考虑到如果以后搬迁，他担心自己分的房子不够一家人居住，也没有小院子，而且以后的房子会不会是一平方米换一平方米？装修还得花钱，很可能会再往里面添一些钱，这样就很不划算了，因为现在他们家的房子够住，搬到楼房里家里的母亲会不会住的习惯？他认为以后搬迁后肯定没有现在住的舒服，现在虽然正式的价格还没有公布，只给了一个参考价，但是，孙彦林觉得还是现在住得比较舒服。如果要搬迁的话，自己可能还会随大溜吧，但是他还是觉得现在的房子永远是自己的房子，有房产证。至于以后的房子怎么样，自己心里没底，也挺担心的。孙彦林的妻子是村里的小组组长，家里经常会放一些村里的政策宣传材料，孙彦林没事的时候就自己翻翻看，了解一些村里的政策动态，一般村里的政策自己都知道。提到“十大员”组织时，他说：“我知道“十大员”，我也是“十大员”，这个时间太长了，现在我也不知道自己是什么类型的“十大员”。“十大员”没什么意思，过过眼就不记得了。”孙彦林认为，现在农村人太实际，“十大员”是无偿的，大家就不愿意去做。可见，他并不是很了解“十大员”组织的性质和“十大员”的功能，他对“十大员”组织并不关心，觉得“十大员”组织和自己的关系不大。

表 2－3　**孙彦林家庭调查表**

农户家庭基本情况

户主姓名	孙彦林	民族	汉	文化程度	高中	家庭人口数	4

劳动力人口数	2	在校生人数	1	就读学校	新乡学院

家庭固定资产和耐用消费品情况

住房	1	占地面积（㎡）	105	汽车	0	农用车	0
摩托车	1	电视机	1	洗衣机	1	电冰箱	1
照相机	0	影碟机	0	组合音响	0	自行车	0

收入及收入来源（元）

收入合计	29550	种植业	1950	出租房屋等	0	本乡镇就业工资	3600
外出打工	0	从事运输业	0	政府补贴和社会救济	0	其他经营收入	24000

支出及支出类别（元）

支出合计	20250	生产支出	2550	其他支出	200

生活支出	衣服	红白喜事	通信	娱乐	交通	教育	食物	住房
17500	1000	3000	500	0	600	10000	2400	0

（四）加工制造户——孙付国

户主，孙付国，男，1971年出生。妻子柴爱霞，1972年出生，去年刚生了一个胖小子孙俊辉，现在家里做全职太太。还有一个女儿孙依珊，1993年出生，现正在安阳市二中读高一。孙付国是这个村里至今唯一一家自办的加工制造家庭小作坊的老板。能成为村里第一个吃螃蟹的人，需要胆量和气魄，而他谦和地说，“也没别的办法，想让生活过得好点嘛。”采访地点我们选择在他的厂子里，也是他的家。2005年新建的二层楼房，总面积达240平方米左右。我们从联络员王哥那得知光那片宅基地买下来就需要二十多万元，加之建筑、装修费用几万元，一栋新屋得花三十多万元。迈入高大的铁门走进他的家，整个庭院和一间坐西朝东的配房都被各种机械设备、零件和生产工具占据了。麻雀虽小，五脏俱全。机器在轰轰作响，孙付国和他的两名工人身穿蓝色工作服，上印有安钢的标记，正忙碌着，很是专注。

孙师傅个头不高，看起来干练、踏实。起初，他对我们有一定的戒备心，不知我们这些不速之客会给他的厂、他的家带来什么不安稳的因素。当问及厂的经营情况，他泛泛地回复道：“没啥，无非是赚点工资钱。”在闲聊的过程中，他慢慢地明白了我们调研的意图和诚意，逐渐打开了话匣子。

1. 建厂前的个人经历

1987年到1995年，孙付国一直在厂里上班赚钱。初中刚毕业的他先在安阳市第一减速机厂打工。在那里做了一年的学徒，刚进厂拿着正一级技工的工资（每月36元）。当时副一级的工资是33元/月。两年后，这个厂子改制搬迁，由个人承包，而且新厂址离家远，他就不愿去了。这时他无意中提到退保的事，“包括我当时办的社会统筹，都废了。后来我到劳动局去找我的统筹档案，没有找到。”交的钱也就没法退了。他的眼中透出几分无奈。我再追问他当时签的合同内容，他只说那时候还小，都忘记了。现在孙付国搞个体企业，社会养老保险等诸类的社会保障更与他无缘了。在今天，就业的农民工就业流动性更大，而社会养老保险并不能跨区域转移，退保问题引人关注。

孙付国接下来在一家生产法兰的厂子担任管理生产的工作。不同于过去，光干活不操其他的心。做生产管理时，他对业务的各个方面开始有了全面的了解。“厂子自从我开始管理，生产效率比过去高了五到六倍。”老板一定舍不得他离开。20 世纪 90 年代初，那时候的工资 10 元/天，已经算高工资了。正是这段积累，为他回来自己办厂打下了坚实的基础。

2. 建厂之初

1995 年起步建厂，父亲和姐夫投入了大量资金用于购买一台机床，大概花了 2 万元，24 岁的他资金投得最少，算是入了个技术股，厂房就是自家的庭院，免租金，那时更谈不上雇得起工人了。入加工制造这一行需要投入的成本较低。在农村，像他这样，依靠亲缘关系白手起家的并不少见。“那个时候也不知道哪来的干劲儿，和俺姐夫接到了活儿就不分白天夜里地干。现在真没有过去那么大精力了。”干的都是小活，干不了大活。毕竟当时只有一台机床。起初，生产铁架、法兰，后来慢慢地改成主要给别的厂子加工蜂窝煤机等，现在给其他厂子加工机械配件，赚加工费需要投入的成本少。当时，孙付国对厂子能否生存下去，心里非常有底。厂子生存的基础是这个地区巨大的机械制造需要。很多制造设备的公司走的是抓技术和销售的道路，大批或全部机加工工作发外加工，自己最多做一个装配和调试。接到的活通常都是大些的厂子嫌价格低，利润几乎没有，而小作坊靠自己做，省了人工费、厂房租金等成本，这便是赚的钱了。“价格基本上和市场差不多，稍微低一点，毕竟咱是在家里面。”值得一提的是，厂房的租金等成本省下来，靠的是农民有自己的宅基地。孙付国说，20 世纪 90 年代中后期，不仅当地的活多，还能接到邢台、郑州和林州等河南、河北以及其他地方的活。厂子所在的地段是西郊乡西片的南流寺村，有不少工业企业。而且安阳钢铁集团、大唐安阳发电厂两大国有大中型企业、贞元集团液化气基地具有一定的带动优势。当然，这些只是外部条件，能否生存下来，首先在于技术是否硬，能否吃苦。得姿态放低，才能稳得住长期合作客户。我们问孙师傅，为什么村里别人撑不起一个加工厂，而他办起来了。他说：“我也说不清原因，也许是我的技术比别人高。”他自豪地回忆道，过去上班的时候，一次全乡生产技术比赛中，他得了第四。稳定的客户关系，靠的不是给熟人或客户回扣这些手段，“靠的就是干的活好，质量好，信誉好。”他接的单一般都是熟人或客户介绍来，不轻易接受非熟人介绍的活，担心干了活儿白干。村民还是习惯于将“钱—物”的交换关系置于一种他们熟悉的私人关系网络，并通过人情关系的保障，避免陌生人之间可能发生的欺诈行为。建厂的成本大约两年后收回。

3. **厂子的发展及现状**

从雇不起外来工人，到雇用两名工人；从一台机床到2010年新添置了一台二手机床。值得庆幸的是，买这台二手机床时正便宜，花了一万多元，今年就涨到了两万多元。市场价格起伏这么大，“自己需要用的时候，它就很贵你也得买。”2005年开始，孙付国开始独自承担全部投资，并雇了两名工人。现在主要生产和加工机械零件（齿轮、轴等）、民用蜂窝煤机的配件及采暖炉的配件炉面等。更重要的是人的进步，“现在我若愿意干，就能替两人干。毕竟我干的时间长，一个熟手能顶两生手。”作为高级技工，孙师傅如果外出打工的话，月薪能拿到6000~7000元。“开这个厂子，无非是赚点工资钱。无非就是比上班更自由一点。自己想干就干，自己不愿意干就休息。在外面打工，我受不了那个约束。”这样的话，孙付国反复地说。

虽然干加工，不需要冒大量的资金投入的风险，但别人若不把活儿给你，没有活干，“机器设备歇着就是风险。”活少的时候，留下工人们也困难。得想法儿找活干。近几年，机械加工制造业竞争激烈，利润也很低。据安阳市统计局有关数据显示，装备制造工业增速持续走高。“沿海的加工制造厂的设备比内地要先进得多。”干这行的越来越多，前些年能接到外地的业务，现在就不大可能了。往年并不分淡季旺季，近几年则相当明显，有两三年到了夏天就没什么活干，持续三四个月。机器闲了，人也歇着。直到九月份，开始忙活两三个月，过了年再忙活个把月。蜂窝煤机、采暖炉等用得多，磨损得也就快，接到的活自然多些。

孙付国是个肯钻研的人。在技术革新改装方面有自己的成果。“就是为了让它干一些特定、非常特别的活。”他向我们介绍摆放在院落中央的机器，这是他自己进行技术改装，专门用来生产和加工采暖炉炉面的机器，市场上没有专门的机器设备。当我们问及是否申请专利时，他谦虚地说，“也不是太特别的东西。其实没有啥，无非是买点旧设备拼装。把这个拆开用到那个上面，重组。不过是让自己干活省点劲儿，干得快一点。”初中毕业的孙付国能自造市场没有的机器设备，并用于实际生产，是件了不起的事情。

厂子的收支情况，通常给工人开一千多元的月薪，剩下的都是自己的。现在这个厂子，一年能赚到五六万元的利润。

对于孙付国而言，能拿到与在外地打工相差无几的报酬，还能照顾老人、孩子，尽享天伦之乐，这何乐而不为呢？

4. **宅基地征用**

宅基地征用过一次。孙付国尽量地回避这个话题。“当时建村委会的时候，给人家的房子拆迁了。”王哥向我们介绍道。宅基地征用或许确实是一个牵扯多方利益相关者的敏感问题。采取的方式是，地皮换地皮，但现在的宅基地面积比原来少了60平方米左右。另外，村委补了两万元的建筑费用。

5. **幸福的一家**

孙师傅有着幸福的家庭生活。与爱妻的婚照，是前年新照的，挂在客厅里。婚照中他的爱妻显得很富态。采访的期间，恰遇着妻子抱着7个月的儿子遛弯回来，孙师傅见了娘儿俩眼睛眯成了一条缝，情不自禁地笑起来。他的奋斗与付出不就是为了他的妻子和儿女吗！柴爱霞见了我们，很热情地要给我们倒茶递烟。我们连忙请她坐下和我们一块儿聊聊。当问及家庭的具体收入开支情况，孙付国道他没有仔细算过，笑着对他的妻子说，“他们问我这些问题，你应该知道，你跟他们说。”

6. **女儿的教育费用及总收支情况**

女儿在城里读高中年开支细则如下：

一个学期住宿费200元×2=400元；

生活费300元×9个月=2700元；

补课费60元/时，每星期4小时，这笔开支最大。总体来说，女儿教育年开支超过10000元。加上红白喜事、通信、食品、看病、衣服、农田的生产性支出，去年的总支出大概20000~30000元。孙付国和我们谈家庭支出比谈收入，爽快了很多。看来是农村人不露富的习惯心理在起作用。家里还有农田1.8亩，主要靠父母帮着种。农田里的粗活重活，当然还是由孙付国来做。他一般不去地里干活，因为一旦有客户来找，得从地里跑回来。这么来回跑不方便。一年的收成大概1800元。

总收入=加工制造厂的利润50000~60000元+农田收入1800元

=51800~61800元；

总支出=20000~30000元；

总收支=总收入51800~61800元-总支出20000~30000元

=21800~41800元。

家里的耐用消费品情况，电视、电冰箱、洗衣机、手机等都齐全。

7. **对城中村改造举措的态度**

南流寺城中村改造内容涉及新居建设、宅基地房屋拆迁，以及刚成立不久以“富民”为宗旨的众资公司。

我们了解到孙付国是众资公司的股东之一，投了 1 万元资金，入了 10 股。孙付国十分看好这个公司的前景，他说“毕竟公司做的是新型材料，销路应该可以”。他家是我们采访 20 余家农户中唯一入股的农户，孙付国一家在全村中的地位及富裕水平属于中等偏上。

问及其妻柴爱霞愿不愿意搬到新的住宅小区居住，她犹豫地笑着说：“还是随大溜吧，大家搬了自家也搬。”他们一定考虑到了宅基地对于他们一家尤为重要。因为它不仅是一家人的住所，更是全家收入源加工制造厂的厂址。“农民集中居住”要求农民从原来的宅基地迁出，集中到小区居住，而空闲地将被高价出售或搞成开发区卖给开发商。作为在工业化中唯一一个可能带来受益的宅基地补偿问题、上楼致穷问题引人担忧。

表 2－4 **孙付国家庭调查表**

农户家庭基本情况

户主姓名	孙付国	民族	汉	文化程度	初中	家庭人口数	4
劳动力人口数	2	在校生人数	1	就读学校	安阳二中		

家庭固定资产和耐用消费品情况

住房	1	占地面积（㎡）	240	汽车	0	农用车	0
摩托车	1	电视机	1	洗衣机	1	电冰箱	1
照相机	0	影碟机	0	组合音响	0	自行车	1

收入及收入来源（元）

收入合计	56800	种植业	1800	出租房屋等	0	本乡镇就业工资	0
外出打工	0	从事运输业	0	政府补贴和社会救济	0	其他经营收入	55000

支出及支出类别（元）

支出合计	22440	生产支出	2500	其他支出	0			
生活支出	衣服	红白喜事	通信	娱乐	交通	教育	食物	住房
19940	3000	3000	240	0	100	10000	3600	0

（五）凉皮商贩户——孙双林

这是村里最繁华的一条街道，道路新修建不久。富裕一点的人家几乎都住在这一块，交通便利，安全卫生，商铺也不少。两张红色的遮阳棚引人注目，撑起了大约10平方米的空间。这正是我们的采访对象孙双林夫妇的凉皮铺：白雪商标的冷藏柜，两三张桌子配着几张小凳，一带轮的凉皮柜，十来听啤酒搁在冷藏柜的一旁，想必村民时常吃着凉皮就着酒，边吃边喝！下午的这个时间客人并不多，夫妇正好都守在摊上，男主人身着白色T恤，浅灰的长裤，裤腿卷到膝盖，坐在板凳上，女主人身着带银亮片的黑外套和黑长裤，站在凉皮柜前。这就是我们的采访农户户主孙双林和他的妻子李秀芹。王哥这样向夫妇俩说明我们的来意，“民族大学的学生来搞调研，要写书，宣传咱们南流寺村。要采访各行各业有代表性的。”热情而爽朗的老板娘李秀芹骑车引我们到她家中。

1. 实惠又好吃的凉皮

家门前几只看门狗，不停地叫唤，不知道陌生的这几个人为啥来打搅它们的主人。院落里零星摆放着盆、桶、缸、平底锅等，色拉油、菜刀等摆在长桌上。想必夫妇俩每天起早贪黑地在这里完成做凉皮的各项工序：做面皮、洗面皮、蒸面皮、切面皮及做调料等。走进家中，家具、窗帘、床上用品都还是半新的，装修也比较入流，这是刚盖不久的新房。房子很宽敞，两层的楼房东西13米，南北9米，还有两间地下室，加起来接近300平方米。衣服、杂物、被褥等摆放得有些零乱。看来屋子的主人把精力都放在了赚辛苦钱上，无暇整理收拾家务。

孙双林1962年出生，17年前开始和妻子经营凉皮小铺。妻子李秀芹，也是1962年出生。现有一儿刚外出打工两个月，还有一个在读幼儿园的小女。大女儿和小儿子在该村是普遍的。或许和计划生育政策有关，若第一个孩子是女儿，准许生第二胎。生男生女在村里并不是完全一回事。在接下来更深入的采访中，我发现“孩子”一词专指的是儿子，不包括女儿，女儿称为姑娘。李秀芹谈到孩子，她沉默了一阵后，“咋说呢，你们采访我？往好里说还是往坏里说呢。”她一定有难言之隐，话题转而谈当下凉皮铺的情况。村里这条繁华的街道上，有卖各种小吃，“今天你们来吃凉皮，免费！加上调料，好吃!"李姐谈到自己做的凉皮，很得意也很大方。调研对象在接受访谈中这种得意自豪的心理，有利于她流露真情、叙述真事。

开始做的时候，不赚钱。近些年好些。农村人图经济实惠，"光好吃还不够，农村人就图多点，实惠点，能吃饱。"在他们眼里，凉皮不光是解口馋的零食，俨然可当作一顿能吃饱吃好的健康快餐了。"前些年人家都涨价，我不给他们涨价。今年一下子东西多贵呀，就今年才涨了，3块一份。去看看东西原来多少钱一斤，现在多少钱一斤啊。大豆色拉油现在涨到5块多一斤了。"成本上涨了，而售价又不能多涨，用品质次一点便宜一点的大豆色拉油行不行呢。这可把李大姐问急了，"这凉皮不光天天卖给别人吃，俺自己也天天吃！给你吃啥油，俺也吃啥油，一样，没有两样油。用的油是农村人普通用油，也不是什么最好的油。"生意不是时间长了就必然会变得越来越好，关键就是实惠、好吃、卫生。

夫妇俩对乡村里的人即使是外村的人，无论是谁，都挺客气，不坑人，不怎么惹是生非。"村里的环境比以前好多了。"近几年争当创卫城市，卫生治安环境有所改善。卖凉皮，面向大众，"工资也上涨了，所以我卖凉皮也好些。"说到这里，她不由得笑了。与城里的小商贩处境相比较，村里的流动商贩经营环境倒是好得多。

2. **丈夫的病**

李姐因为小时候条件不好，上学上到四年级就辍学了。她七岁就没有爸了，又有姊妹兄弟五个，她最小。有几个姊妹兄弟，20出头的年龄，娶媳妇的娶媳妇，盖房子的盖房子。"没有爸了五个孩子让妈多操心啊。所以交学费交不起，没有爸了不愿意上了。"李秀芹有一个坚强的母亲，或许是对她幼小心灵影响最大的人。

自己没读多少书，但望子成龙。在她看来，再有手艺，读了书，有文化还是好点。自己多么辛苦都希望孩子多上点学，多读点书。又提到孩子，她再一次沉默。"咋说呢，我以前有两个孩子，大孩子出了事故，又养了一个小姑娘。别提他了，再也不提过去伤心的事了。"我们的心也随之一揪，连忙转问到现在儿女的情况。李秀芹这样向我们介绍她的儿女："大儿子孙志锋，志气的志，雷锋的锋，18岁。小女儿孙欣悦，欣欣向荣的欣，6岁。"母亲提到自己的骨肉总是情不自禁地透出一丝自豪。儿子现在不再上学。初中毕业还有三个月的时候，打死也不愿上了。值得庆幸的是，李姐的小儿子也很懂事，不像别的孩子整天玩，他离开学校后就开始赚钱，赚了两个月的工钱了。女儿现在上学前班，马上就该上一年级。

“现在过两天算两天，没有啥。天天忙忙苦苦，忙忙碌碌。”她说，回过头来看也挺充实，她也不爱打麻将，不干活也觉得没有意思。但关键还是经济条件有限。“他爸在儿子出生不久，椎间盘突出，不能干活了。可是还要养孩子供孩子上学，咱学凉皮卖凉皮吧。那时候就这样想。干卖凉皮就这样干了十七年。”丈夫之前在农村打工，做过铆工，可能还做过别的。农村人干的活通常是临时的，干啥赚钱就干啥。他患了腰椎间盘突出后，想着就近赚点钱，那时也没想到能干到这时候，现在也算是老牌子了。“我这人不好张扬，能干就多干几年，不能干就算了嘛。”话语中带着一丝心酸无奈。他们当时一没多少本钱，二没有技术能力，幸好有这个低门槛的平台，让他家有了一个自力更生的空间。家里还有 1.9 亩田，自己种。南流寺村现有的耕作方式分春秋两季。夏季收割小麦租用联合收割机，秋季用人工收割玉米，需要租用旋耕犁、播种机、玉米秸秆粉碎还田机；收费标准为小麦收割 50 元 / 亩，耕地、切秆 45 元 / 亩，播种 15 元 / 亩。“要手割的时候忙，就两个人做。一般农田的活都是我干。尽量不让他做。他不能干也没法，若累得趴下了还得伺候他。”太重的活她没有希望他去干。在家里一起看着凉皮摊子的确是较好的选择。

丈夫患病八九个月后，到北京空军总医院看过一次病，既没有做手术，也没有吃药打针，“没有多花冤枉钱。”她说，给他正骨后，病情好多了！从最当初不能走天天躺着，到现在这个程度。到北京看病是亲戚介绍的，听说别人把病看好咱也就去看了。之后，在家养病花了 10000 多元。

“你可别小看女人，女人也挺能干。村里的能干女人多得很。”整个家就是靠李姐撑起来的。不撑起来没有办法。家里条件好妇女就不用干，可以在家收拾家务。干活的都是经济状况不好，妇女才自己干。李姐现在一天是真累，四点就起床开始做凉皮，在外面做到晚上九点多开始收摊。回来还要涮涮、做做、切切，十二点才能睡。一个人干特别累。中午一般没有休息过。“我已经习惯了，呵呵。”

3. 事故赔偿金与新楼房

这别墅规模的楼房并不全是家里赚钱盖的，也没有谁帮忙。说到这里，她低下了头。“我是最不幸的一个。采访我来啊。你们看我外表很强啊，其实我内心脆弱得很。”大儿子出了事故后的赔偿金加上自己的存款30000多元，盖了这房。很大程度上这房是为小儿子娶妻盖的，用这种方式来处理丧子得来的这笔赔偿金，对李秀芹而言或许能带来最大的心理慰藉。中年丧子、丈夫壮年病倒，她都坚强地挺过来：这世上似乎已没有什么能击垮这位看似普通的农村女人了！新楼房寄托着一位自强的母亲对未来的希望。

后来又买了电视、电冰箱、电脑等，各种耐用电器也齐全得很（见表2-5）。电脑买了一年多，一次性交了两年的网费1000元。至今，村里仅28%的人能享有电脑。这一切都是预备给儿子结婚用的。亲戚邻居也没有一个人帮助过她，政府也没有补贴。“我谁也没靠，没有一个人能靠。农村人嘛，得心甘。”

4. 收支情况

“卖凉皮开始不赚钱，现在改革开放了，日子好过些，近三年经济条件比较好。”在李秀芹看来，我们的来意是宣传党和政府的政策。她或许是刻意使用了诸如“改革开放”、“创建卫生文明城市”这一类的政策名词。凉皮铺从大年初八初九就开张了，能出摊就出摊，不能出摊再不出，一直维持到阴历十月，天冷了就不出摊了。亲戚朋友有事帮忙随礼（3000元/年）、四个人的生活、子女的教育费用等开销大概要花10000多元。小姑娘念书现在花得多，在私人幼儿园光学杂费90元/月×10=900元，早中晚接送她回家吃饭。医疗方面，李姐本人大病没有，小病不断，生了病这一天就没法干活，小病新农合不报销，住院才报销。她本人看起来身体挺硬朗，可我们得知，2006年她做了一个妇科手术，切了一个子宫瘤，花了3000~4000元。2007年才有新农合，所以没有享受到报销。除去支出，家里近三年来一年能存10000元左右。

5. 利益攸关的“城中村改造”问题

我们的采访接近了尾声，村委会的王哥进来了，李姐说话多了些拘谨。我们问及整体搬迁的问题，“咋说呢……”她迟疑了。开明的王哥连忙说：“有啥说就说啥。”“这房子是要给孩子结婚住，如果要搬迁，给我一层够吗？不够吧。我家有多少平方米，还给我折合多少平方米。或者至少要给我两套房子，孩子一套我一套，就算面积小一点。”李姐还是主要考虑儿子的结婚娶妻住房问题。农村人忙忙碌碌一辈子，无非是为了填饱肚子和下一代。为儿娶妻盖房，是最重要的事情之一。

新住宅区建起来后，李大姐还担心生意方面会不会受到影响。谈到这个敏感问题，她情绪上略有些激动，叹道：“全家就靠这点收入，大队没有帮我一分钱，亲戚邻居没有帮我一分钱。房子也是大孩子的赔偿金。现在一年的纯收入能有10000多元，我现在很满足很满足。因为男人不能赚钱。”王哥在一旁帮她说明具体情况，满脸是同情和理解。她接着表达自己的愿望，“我想着以后能有食品街，又不脏又不乱，而且有规划，又好管理。我们这些商贩都集中在一处，那样多好！”李姐的这个建议很有参考价值。在城中村改造过程中，有必要为低收入群体搭建低门槛的创业就业平台，为他们留下生存的空间。如可考虑投资修建一些低租金或免租金的市场，以规划创业小区或饮食（百货等）一条街等形式搭建相关平台，引摊入市，既方便一方百姓生活，又提供创业就业机会。

王哥向李姐再次说明我们的来意。在她爽朗的笑声中，我们结束了采访，并留影纪念。忘不了李姐呈现给我们的笑脸，安之若素，并对明天充满希冀。

表2-5 **孙双林家庭调查表**

<table>
<tr><td colspan="8">农户家庭基本情况</td></tr>
<tr><td>户主姓名</td><td>孙双林</td><td>民族</td><td>汉</td><td>文化程度</td><td>初中</td><td>家庭人口数</td><td>4</td></tr>
<tr><td>劳动力人口数</td><td>3</td><td colspan="2">在校生人数</td><td>0</td><td colspan="2">就读学校</td><td></td></tr>
<tr><td colspan="8">家庭固定资产和耐用消费品情况</td></tr>
<tr><td>住房</td><td>1</td><td>占地面积（㎡）</td><td>300</td><td>汽车</td><td>0</td><td>农用车</td><td>0</td></tr>
<tr><td>摩托车</td><td>1</td><td>电视机</td><td>1</td><td>洗衣机</td><td>1</td><td>电冰箱</td><td>1</td></tr>
<tr><td>照相机</td><td>0</td><td>影碟机</td><td>0</td><td>组合音响</td><td>0</td><td>自行车</td><td>1</td></tr>
<tr><td colspan="8">收入及收入来源（元）</td></tr>
<tr><td>收入合计</td><td>25000</td><td>种植业</td><td>1000</td><td>出租房屋等</td><td>0</td><td>本乡镇就业工资</td><td>0</td></tr>
<tr><td>外出打工</td><td>0</td><td>从事运输业</td><td>0</td><td>政府补贴和社会救济</td><td>0</td><td>其他经营收入</td><td>24000</td></tr>
<tr><td colspan="8">支出及支出类别（元）</td></tr>
<tr><td>支出合计</td><td colspan="2">15140</td><td>生产支出</td><td>0</td><td colspan="2">其他支出</td><td>0</td></tr>
</table>

生活支出	衣服	红白喜事	通信	娱乐	交通	教育	食物	住房
15140	600	3000	240	0	100	10000	1200	0

（六）阳光布艺——李海燕

李海燕是一家名为阳光布艺店的女老板，这家店定做窗帘、沙发巾、床罩等各种布艺饰物。中午 11 点，我们先寻到阳光布艺的门市。布艺店开在我们天天出入南流寺村必经的一条街道上。清晨、傍晚时分，这里尤其热闹，熙熙攘攘：不仅两旁的门市开放，不少流动商贩也上了街，卖服装、卖菜，各种日常用品应有尽有。红底色衬着“阳光布艺”四个字，引人注目。午间，这里相对冷清，阳光布艺店也不再营业。于是，联络员领着我们找到李海燕的家。到了她家大门口，装潢颇有讲究，一眼就看到大铁门上悬着“勤和家兴”四个大字。李海燕从厨房的忙碌中脱开身来，打开大门。她身着黑色带彩色花纹的紧身裙，束着烫染装扮的头发，高挑而匀称的身材，脸上洋溢着热情的笑容。这是她 2009 年新建的楼房：院落的结构和村里其他家大同小异——方整的围墙、庭院，住房与做厨房的配房通常分开，二层小楼，一层的面积有 130 平方米左右，明亮而舒适。整体上看，家里的装修十分入流，和城里中等偏上水平的市内装修相差无几。色彩和各种装饰物搭配得协调而精致，客厅里可爱的熊宝宝衬着液晶屏大尺寸的电视机，茶几上摆放着盛有手指饼、果汁的托盘，紫蓝色的花瓶插着米黄的玫瑰，插座上、雪亮的墙壁上也装点着美丽的图案、花纹。访谈中，李海燕显得有些拘谨，一不露富，二不露才。联络员期间向她说明，我们采访的对象选择有代表性的，有医生、教师、大队长等。而她作为开窗帘店的典型人物特来拜访。

1. 阳光布艺

关于阳光布艺商铺信息（店铺面积、月租、杂费、收入等），可能出于对商业秘密有所顾忌。她只是给了我们一些模糊的回答。这家布艺店是南流寺村仅有的一家，位于村通县城的街道上，1996 年开张营业。时下，农村新娘的嫁妆里已没有了缝纫机，缝缝补补、窗帘、沙发巾、床罩等各种布艺饰物的裁剪功夫，农村的少女和城里的少妇一样不熟练了。改革开放以来农村的生活也宽裕了不少，除了生活必需品的消费如住房、日常开支、购买化肥种子等农业生产资料、医疗、子女教育等之外，人们开始追求更高的生活质量，布艺这个行当在农村开始有了广泛的市场。

“在农村开门市，更加稳定。投资少些，风险也小些。在城里或许赚得多，或许也亏得多。”铺租、税收等成本的征收要少些，但是客源也远不及市区。南流寺新建的社区里只有这一家布艺店。可是，现在交通便利，因此县城里类似的商铺也是小店的竞争对手。据了解，县里的布艺店售后服务相当周到。比如客人在店里定做窗帘儿，服务人员会到客人家里来测量尺寸，安装等也不必客人操心。海燕家布艺店的样式、花纹等必须得更新及时，跟得上市场的变化，才能满足村里尤其是年轻一代的需要。即使裁制工艺上尚处于大众化水平，但服务周到工价较便宜，能赢得熟人、亲戚朋友的欢迎。这样才能保证货物及时出售不致积压，店家的资金流转才能顺畅。阳光布艺现在基本上能保证不存货。

常年里，冬季的3个月是布艺店的旺季。因为结婚典礼比较多，装修新房，这个时候布艺饰物的需求量比较大。现在，结婚典礼也并不集中在冬季，淡季旺季也不太明显。自2010年10月以来，棉花的成本上涨，物价涨得厉害，大家口袋里的钱也随之缩水，生意便没有以往好做了。而且，布艺饰品对农村人而言，毕竟是奢侈品类，不属于必需消费，对它的需求量不太稳定，有起有伏。

海燕既是布艺饰品的设计师又是制作者，而这一切主要靠自学成才。“过去家家女孩都会做衣服，都会做衣服就都会裁剪，就都会做窗帘。”她低调地说。她十七八岁时，曾跟着开裁缝店的姨妈干过。二十三岁的她开始自己独立开这家门市。

2. 农村家庭妇女的日常生活

几次问及该门市的收入情况，她只说，“农村人嘛，在农村赚点油盐酱醋钱！”她觉得，只要在农村，好也好不到哪里去，不好也差不到哪里去。或许由于丈夫在遥远的外地城市打工，她能够更为强烈地感受到自己与城里人之间的相对贫困。她有很足的赚钱动力，“每天都忙忙碌碌，没有时间。每天的生活除了做窗帘就是做窗帘，没有活儿就在那等。没有时间去打牌、看电视，洗衣服等乱七八糟的事。”像李海燕这样，村里多数的中青年妇女都选择“离土不离乡”，她们或在附近的工厂打工，或开门市，以获得一份自己的收入来源，补贴家用。而回到家后，得忙着干家务、做饭、洗衣、辅导小孩等。周末也得在家做全面清洁。与她们母亲那一辈妇女相比，那时由于地多，妇女主要在家耕地；现在的地少，就都出来赚钱。这一代农村生产的历练要少得多，同时对城市生活有着更强烈的向往，对收入的预期也远远高于上一代人。

村里有舞蹈队，日常有不少文体活动，供妇女们自娱自乐。“我也想去参加文体活动，锻炼身体，但没有时间。这不，还落下了颈椎病。”李海燕很少参加村里的妇女活动，她的时间被家庭和赚钱的工作几乎占满了。“做家庭妇女之前，少女的时候，不像现在，没啥事做。”在学校上学，放了学后也无非是干农活，在家里帮着养鸡、养猪等。值得注意的是，能干贤惠的李海燕给现在自己的定位，依旧是“家庭妇女”。

3. 家庭状况

现代农村妇女与传统妇女相比，多数有了自己的一份工作。然而，对于家庭经济的意义，比较于男人的工作，是相当有限的。李海燕的丈夫孙魁林，1970 年出生，在外地做电焊工。打工没有固定的地方，上半年刚去过四川。孙魁林时而下海，时而上岸，选择的是“两栖就业”的方式。由于农业收入已经在家庭收入的比重很低了，外来业务是决定下海上岸的重要因素，在外有活干就在外干活。孙魁林一年大约 6～7 个月在外，月薪 2000 元左右。

16 岁的女儿，初三马上要中考了，在住校，光吃饭大约花 300 元/月，每年的开支 5000～6000 元。6 岁的儿子在读幼儿园，200 元/月，中午在幼儿园吃饭，晚上再接他回家，每年大概花 3000 元。作为母亲的李海燕鼓励支持孩子读书，“哪个不望子成龙，望女成凤！”在她看来，读了书能赚钱更轻松，更会赚钱。家里还有 1.4 亩的地。两季的收成，一般一季用来补生产性开支，一季作为纯收入。当我们问及她关于各项收支细则时，她说：“问得太细致，普通农民，有时候多有时候少，没有啥统计。”她并不情愿回答，数据比较模糊不太准确。估计家庭食品费用 300 元/月 ×12 = 3600 元。红白喜事一次 50～200 元不等，手机费用 20 元/月 ×12 = 240 元，生产性支出包括阳光布艺门市的房租 3000 元左右，加农业生产性支出 300 元左右。2010 年家庭日常支出总体情况见表 2－6。耐用消费品情况详见表 2－7。

表 2－6　**2010 年李海燕家庭日常支出表**　单位：元

支出及支出类别								
支出合计	23240		生产支出	3300		其他支出	2000	
生活支出	衣服	红白喜事	通信	娱乐	交通	教育	食物	住房
17940	2000	3000	240	0	100	9000	3600	0

资料来源：本表数据由作者调研整理所得。

表 2-7　　　李海燕家庭固定资产表

家庭固定资产和耐用消费品情况							
住房	1	占地面积（㎡）	260	汽车	0	农用车	0
摩托车	1	电视机	1	洗衣机	1	电冰箱	1
照相机	0	影碟机	1	组合音响	0	自行车	1

资料来源：本表数据由作者调研整理所得。

当丈夫在外拼搏努力时，小家庭的稳定和睦的意义非常之大。每个尚未被真正甩到村庄底层的家庭，都有奋力向上流动的愿望，女子在外闯荡赚钱以带来家庭经济的腾飞，固然不如男子容易。像李海燕这样的女子，实际上还是以顾家为主，做点工作补贴一下家用。如果丈夫一旦在外成功，她们这份工作就可以不做。村里现就有不少稍富裕的农户妇女不出门赚钱，只需在家把家务料理好。祝愿李海燕家庭幸福，生意兴隆。

十四、从事民间文化的家庭

（一）木匠——孙银生家

孙银生是南流寺小有名气的木匠，不仅是因为手艺出色，而且是因为乡邻经常请他帮忙制作木质器件，孙银生总是很爽快地答应，并且收费低廉，所以在村民中有很好的名声。但是孙银生并不是一个全职木匠，在 2003 年退休前，孙银生已经在安阳钢铁厂当了 33 年的工人。

孙银生有两个儿子，大儿子，今年 39 岁，已经干了十多年的运输生意，有两个孩子，儿子今年 16 岁，初中毕业后就去打工了；女儿今年 11 岁，现在在殷都实验中学上 3 年级。小儿子，今年 33 岁，一直做铆焊工生意，常年在外包工，每次出门都是 3~6 个月，现在有一个 10 岁的女儿，也在殷都实验中学上 3 年级。我们前去采访时，孙银生正在小儿子的院里，原来两个儿子是轮流赡养孙银生，一年一搬，今年轮到小儿子了。

我们在采访时注意到，孙银生两个儿子的房子都是刚盖不久的二层楼房，格局几乎一模一样，提起这件事，孙银生也感慨许多。原来孙银生家里以前属于住房困难户，因为有两个儿子，却只有一处老房子，又没有别的宅基地盖房。后来，村委会为了解决这些住房困难户的住房问题，又迫于全村土地的紧张形势，于是将村南头不再使用的新小学操场和二层楼房规划为村民宅基地，共规划了3排，然后由住房困难户在此处进行地皮竞价，而且每块土地由于地理位置的不同和面积的不同，底价也不同。孙银生家购买的这两处地皮，一前一后，标注的底价都是2.5万元，经过多轮竞价，最终前排的以5.7万元购得，后排的以5.8万元购得。但是后来由于前后排的面积调整，由长17米宽14米调整为长17米宽15米，所以前后排又分别增加了6000元和5000元的土地购买费给面积减少的第三排住户，这样，两套房子仅地皮就花了12.6万元，2006年盖房子的支出是每套二十多万元，两套房子总计花费了六十余万元，这在农村是一笔相当大的支出，所以孙银生家欠下了不少债务，房子盖好以后仅进行了一些必要的装修，家电都没有怎么购置。但是经过这几年全家人的共同努力，之前所欠下的不菲贷款已经还得差不多了，现在，大儿子还有两三万元的负债，小儿子还有五六万元，这一两年内就可以还清了。而以前的那套老房子也转卖出去了，因为村里的政策是只有出让了老宅基地，才能多购置一份住房指标。

了解了孙银生这两套房子的由来后，我们突然想到了南流寺村将来的小区规划，因为规划中南流寺的村民以后将住在新建的高层住宅区内，这样的话，他们新建的房屋将面临拆迁的风险。于是，询问孙银生是否了解南流寺未来的小区规划，老人无奈地点了下头，并深深地叹了口气。原来，前不久，村里刚来登记过孙银生这两套房子的面积，但，仅仅是面积！孙银生为此忧心忡忡，虽然两套房子，每套都有320平方米，但决定房子价值的不仅仅是面积，材料和新旧程度也是很重要的影响因素。孙银生说，以后的小区搬迁可能是按面积补偿，我们家的房子都是刚盖的，而且眼看贷款就要还清了，却还要拆了搬到新小区里，这不是劳民伤财吗？为此，我们又采访了安阳市殷都区区委书记李南沉，他对此事进行了详尽的解释。首先，这是一个误会，房屋的计价不可能仅仅按面积，而且房屋的科学价值现在有一套专业且成熟的计算方式，这个是肯定会遵守的。其次，也是最重要的，南流寺未来的新农村建设，尤其是新小区建设，村民不仅仅是以房屋的价值入股，还要以宅基地的面积入股，而不是金钱入股，这样才能保证各家各户的主体地位不被侵害，并能保证新成立的众资公司是代表全村人民的。但是这样做就会导致新小区建设缺乏资金支持，面对这种困境，李书记想出的办法可以用两个字概括——“期货”，具体内容是：村民以房产、土地入股，经拍卖环节，使土地的集体所有性质转化为国家所有，这样盖的房子才是大产权房。当然，拍卖只是形式，实际是自己拍，自己成立的公司买，这样能保证价格不会上涨，又转变了土地性质。接着，请建筑公司开发建设小区，建设资金先由建筑公司垫资，待房子盖好后，再拿部分房产作价抵押偿还建设资金和利息，如果建筑公司不要房产，也可把这部分房产变卖收回资金后，再做抵偿。这样村民不掏钱即可实现拆旧房换新房，而且顺利从农民转化为市民，从种地转化为种楼。这个办法的立足点就在于确立群众的主体地位，保证他们的利益。这样，现在全国拆迁工作中普遍存在的农民和政府、开发商对立的事件就不会发生。

孙银生家原有2.9亩地，2010年9月，由于村小区规划，将这块土地征用了，补偿标准是每年1500元/亩，一年分两次支付，第一次是1月10日，结算前半年；第二次是7月10日，结算后半年，资金直接打入个人账户，孙银生今年1月已经领取了去年10月、11月、12月的补偿。而且这个补偿标准并不是固定的，每年会随着物价的变化而增加或保持不变，即保持向下刚性。据我们了解，这个补偿标准在去年还是1200元/亩，但由于这一年物价飞涨，所以补偿标准也相应提高到1500元/亩。而1亩农田一年可以种两季农作物，一季小麦，一季玉米，产量均是1000斤左右，价格也相差无几，均是0.95元左右，这样种田的收入大概是1900元，再加上良种补贴、灌溉补贴，粮食补贴，大概还有50元的补助。而一亩地的成本主要包括：买种子、化肥、农药，浇地，犁地，播种、收割、脱粒、切秆费等，一亩地的成本接近1000元，这样，种一亩地，不计算人工成本的净收益也不过1000元，而且由于南流寺人均耕地面积较少，更体现不出种地的优越性，所以，相比较而言，将土地转为商业和工业用地更加适宜。孙银生对此也持赞同态度。

退休而且失去土地的孙银生并不是把时间主要花费在制作木制品上，这主要归因于身体机能的下降。去年的后半年，孙银生突感腿疼，住进了安钢医院，后期又由于脑袋有轻微的梗塞，做了手术，共计花费了9000余元，还好孙银生作为安钢的退休工人，能享受到一定比例的医药费报销，这次住院共计报销了5000余元。出院后的孙银生，由于手脚还有些麻木，就很少从事重体力的木工制作了，而且他平时也没有打牌、抽烟的习惯，这次生病后更是把酒也戒了，现在的孙银生过着平淡但快乐的生活，希望老人一切都好！

表 2－8　　**孙银生家庭调查表**

农户家庭基本情况

户主姓名	孙银生	民族	汉	文化程度	小学	家庭人口数	9

劳动力人口数	6	在校生人数	2	就读学校	殷都实验中学

家庭固定资产和耐用消费品情况

住房	2	占地面积（㎡）	320	汽车	0	农用车	0
摩托车	0	电视机	2	洗衣机	2	电冰箱	2
照相机	0	影碟机	0	组合音响	0	自行车	4

收入及收入来源（元）

收入合计	79300	种植业	100	出租房屋等	0	本乡镇就业工资	0
外出打工	30000	从事运输业	25000	政府补贴和社会救济	0	其他经营收入	24200

支出及支出类别（元）

支出合计	34700	生产支出	200	其他支出	10000

生活支出	衣服	红白喜事	通信	娱乐	交通	教育	食物	住房
24500	500	3000	1000	500	1000	500	8000	10000

（二）祭祀扎纸艺人——孙太星家

孙太星是南流寺远近有名的扎纸艺人，从小就学会了三辈相传的扎纸技艺，而且又教会了儿子、女儿和儿媳，使得孙家祖传的扎纸技艺得到了传承。但是孙太星并不是一直专职扎纸生意，在 1991 年之前，他的身份是一名优秀的小学教师。

孙太星，1946 年生人，是南流寺孙氏第二十世。8 岁开始在郭流寺小学（那时南流寺行政上隶属郭流寺）上学，由于父亲是安阳县曲沟乡政府的会计，所以 1960 年小学毕业后，孙太星搬到曲沟乡曲沟三中上初中。当时，学校离家很远，但是每天还要走个来回，再加上当时是全国自然灾害最严重的时候，没有饭吃，中午只能带个暖瓶，里面装上一些稀饭，以此充饥。但正是这段最艰苦的岁月磨炼了孙太星的意志，极大地增强了他在学习上的拼搏和进取精神，而且父亲作为一个文化人，在当时极其重视和支持孩子的学习和教育。1963 年，孙太星顺利地考上了当时安阳县最好的中学——安阳一中。坐落在马氏庄园里面的安阳一中，汇聚了当时安阳县最优秀的学生，学习竞争十分激烈，但孙太星依然能保持每年班级第一的好成绩，作为班里的学习班长，大家都十分看好他能顺利考上大学，从此改变农民的命运。但不幸的是，1966 年，由于“文化大革命”的爆发，高考制度被取消，孙太星很遗憾没有参加高考。提起这件事，孙太星依然十分的惋惜，因为作为一个农村子弟，高考可能是他们改变命运的最好机会，孙太星也一直努力着，但是现实是残酷的。1966 年，高中毕业的孙太星只能选择回郭流寺小学做一位民办教师。这一干，就是二十多年，除了 1984 年因为民办教师转正问题没有得到解决，停了两三年外，其他时间一直在郭流寺小学，后来南流寺小学教书。孙太星主要教数学和语文，作为当时郭流寺小学学历最高的老师，孙太星在教学岗位上的成绩也十分卓著，得到了很多奖励，并当上了郭流寺小学的教研组组长。但能力和荣誉都够资格的孙太星还是没有赶上 20 世纪 80 年代民办教师转正的高潮。在中国，农村民办教师的待遇一直比较低，即使到了 80 年代，每个月的工资也就 6 元。作为一个为中国农村教育贡献了二十余年的民办教师，孙太星面对低待遇、差条件，一直任劳任怨，但是没有得到转正还是让孙太星心里无法平静，因为没有得到转正，在孙太星看来就是对自己这么多年工作的否定。他们曾经联名上书给各级政府，国家一些领导也曾表达了对他们的同情，要求解决他们的问题，但一直到今天，相关政策也没有出台，转正更是杳无音讯。到了 1991 年，心灰意冷的孙太星选择回家务农并专心经营扎纸生意，一直持续到今天。

孙太星的祭祀扎纸手艺并不是教学这二十年学习的，而是从爷爷那辈传下来的，聪明好学的孙太星，自幼就学会了扎纸手艺，空闲时也总给父亲当帮手。在民俗中供奉纸扎是从原始、奴隶社会的墓葬、殉葬俑演变和发展而来的，在宗法社会乃至近代一直伴随着人们祭祀祖先、怀念亲友而延存至今，现代的纸扎花圈、花篮等造型样式仍是本土的祭祖观念的延续。它表明了民俗的传承性和丧俗观念在民众中的遗存。但是，“文化大革命”时，祭祀扎纸被当作“四旧”来批判，更不让从事，所以停业了几年，但是中国农村祭祀的传统观念根深蒂固，有时也会有人偷偷找他们扎纸。后来，孙太星虽然一直从事小学教书工作，但是扎纸手艺也没落下，一直作为副业经营，而且还教会了自己的四个子女和妻子，将这个传统文化延续了下去。1991 年，孙太星专心经营扎纸生意后，由于时间充裕，孙太星可制作的扎纸种类和数量不断增加，由于手艺精湛，在乡邻的传播下，他的生意越发红火。我们从村委会出发，到孙太星家这短短的几百米路上，就碰到了两户前来购买扎纸的村民，可见孙太星的扎纸是多么受欢迎。

我们去采访时，孙太星和儿媳妇正忙着制作一个一人高的大殿，大殿通体共有近二十根芦苇秆，长短不一，这都需要提前设计好，并在选料、配料时裁剪好，然后才可以搭建骨架；骨架搭建完毕后，还要测量骨架的粗细、长短，因为芦苇秆是不能裸露在外面的，还要用彩纸包裹住它们，至于大殿的前后左右也都需要彩纸粘贴，所以每一块部位都要丈量并裁剪。我们看到大殿旁边的地上有很多裁剪的纸屑，可见测量、裁剪的任务量非常大。裁完纸以后就需要把彩纸一块块地粘贴到设计好的部位，作为一个立体结构，粘贴时肯定要讲究先后顺序，通用的原则是先后边再两边，先里面再外面。最后一步是施彩，但是大殿的正面部位粘贴的是购买来的印有图案的彩纸，所以省略了大部分彩绘的工作，只需要画一些砖瓦、台阶、花纹图案即可。这样，一台精致的大殿扎纸就制作完成了。通过上面的介绍，想必你能了解到制作一个大殿的工序是十分的复杂、琐碎，而且每一步都是手工劳动，不但需要制作人心细、手巧，而且要把整个设计图案了然于心，制作难度很大，所以十分的费工时。

孙太星现在有三个女儿和一个儿子。大女儿、三女儿现在在家务农，但空闲时也会从事扎纸手艺，其中，大女儿有 1 个女孩、1 个男孩；三女儿嫁到了大坡村，有 2 个儿子；二女儿则在电厂对面开了一家门市店，经营花圈、纸人等祭祀物品，有 1 个正在上幼儿园的儿子；小儿子今年 32 岁，有 2 个男孩，一个 10 岁，在安钢小学上学，一个 2 岁。现在小儿子一家人和老两口住在一起，儿子平时在市里公交公司开车，但每天都会回家，有时也会帮忙制作扎纸。儿媳则和 10 岁的小孙子在安钢附近租房，平时为孩子做饭、洗衣，周六、日放假后就回来和一家人团聚。当然，儿媳在空闲时也经常在家帮孙太星老两口经营扎纸手艺，在众人的支援下，家里的扎纸生意十分红火。小孙子所上的安钢小学是安钢职工子弟小学，教学质量很好，为了能够接受好的教育，家里花了1500元借读费，后来上涨到三四千。而如今，由于前去借读的孩子太多，学校为保证教学质量，已经不再接纳新来的借读生，从这个事情可以看出孙太星和他的子女也是十分重视孩子的教育，从小就舍得为孩子投入。

随着年龄的增长和长期的劳累，孙太星和妻子的身体都出现了一些异常。最近几年，孙太星因为鼻腔扭曲做了一次手术，花费了4000余元，平时还有痔疮和肩周炎需要防治；而妻子今年也年满65岁了，由于长期务农并照料子女，身体多处感到不适，平时每个月要花费几百元的医药支出，是家庭日常开销的主要部分。在此，也希望二老的身体早日恢复健康，操劳了一辈子的他们能够和一大家人共享天伦之乐。

如今，南流寺的城市化脚步正在逐步加快，但是中国几千年的传统祭祀观念并不会快速消散，花圈、花篮已成为现代祭祀的标准祭品，相信孙太星的祭祀扎纸技艺还会长久地流传下去。

表2-9　**孙太星家庭调查表**

<table>
<tr><td colspan="9">农户家庭基本情况</td></tr>
<tr><td>户主姓名</td><td>孙太星</td><td>民族</td><td>汉</td><td>文化程度</td><td>高中</td><td colspan="2">家庭人口数</td><td>6</td></tr>
<tr><td colspan="2">劳动力人口数</td><td>4</td><td colspan="2">在校生人数</td><td>1</td><td colspan="2">就读学校</td><td>安钢小学</td></tr>
<tr><td colspan="9">家庭固定资产和耐用消费品情况</td></tr>
<tr><td>住房</td><td>1</td><td>占地面积（㎡）</td><td>130</td><td>汽车</td><td>0</td><td>农用车</td><td colspan="2">0</td></tr>
<tr><td>摩托车</td><td>1</td><td>电视机</td><td>1</td><td>洗衣机</td><td>1</td><td>电冰箱</td><td colspan="2">1</td></tr>
<tr><td>照相机</td><td>1</td><td>影碟机</td><td>0</td><td>组合音响</td><td>0</td><td>自行车</td><td colspan="2">1</td></tr>
<tr><td colspan="9">收入及收入来源（元）</td></tr>
<tr><td>收入合计</td><td>81200</td><td>种植业</td><td>200</td><td>出租房屋等</td><td>0</td><td colspan="2">本乡镇就业工资</td><td>36000</td></tr>
<tr><td>外出打工</td><td>0</td><td>从事运输业</td><td>0</td><td>政府补贴和社会救济</td><td>0</td><td colspan="2">其他经营收入</td><td>45000</td></tr>
<tr><td colspan="9">支出及支出类别（元）</td></tr>
<tr><td>支出合计</td><td colspan="2">33400</td><td>生产支出</td><td>100</td><td colspan="2">其他支出</td><td colspan="2">15000</td></tr>
<tr><td>生活支出</td><td>衣服</td><td>红白喜事</td><td>通信</td><td>娱乐</td><td>交通</td><td>教育</td><td>食物</td><td>住房</td></tr>
<tr><td>18300</td><td>800</td><td>4000</td><td>1000</td><td>500</td><td>1000</td><td>1000</td><td>10000</td><td>0</td></tr>
</table>

（三）幸福美满的民间二胡艺人——韩世昌家

二胡，是我国的传统乐器。这次我们就来到一位民间的二胡艺人韩世昌家中做客。

韩世昌是南流寺有名的艺人，拉得一手好二胡，是村里民间文艺活动的带头人，怀着对他的崇拜之情，我们登门拜访了他。当韩大爷听完我们的来意之后，他便特别热情地跟我们拉起了“家常”。

1. 家庭基本情况

韩世昌，1940 年出生在一个普通的农民家庭，今年已经 71 岁了，初中文化水平。在叔叔的帮助下，韩世昌 1952 年至 1957 年就读于现在的安阳市实验小学，1957 年到 1959 年分别在安阳市第二中学读一年书和在安阳市第四中学读两年书。由于考高中时，虽然发挥得很好，但试卷上未写名字，因此没有成绩，未能继续读书。可是，“山重水复疑无路，柳暗花明又一村”，当时恰逢青海干部培训学校来安阳招生，韩世昌随即报名去青海省西宁市的干部培训学校学习。当时青海的生活条件极其艰苦，食不果腹，韩世昌在那里学习了一年之后便回到了家乡南流寺，之后便以务农为生。1962 他与年长两岁的妻子结婚，过着普普通通的农民生活。韩世昌的家里一共有六口人，除了夫妇二人，还有三个儿子和一个女儿。现在四个孩子都各自成家，他们平时都忙于工作，只有夫妇二人在家。

韩世昌的家中共有七亩地，虽然与孩子已经分家单过，但是因为孩子们长年在外地，所以老两口也就负责打理孩子们的田地，等到收割后，老两口也只留下自己那一亩八分地的粮食，剩下的由孩子们拿走。韩世昌老人的孩子们都很孝顺，儿子们每人每月给两位老人一定数额的生活费，四个孙子和三个孙女现在都还在上学，每当放假也都会回来看望二位老人。逢年过节时，一大家子人其乐融融，好不热闹。

两位老人现在所居住的房子仍十分简陋。一个小小院子里，坐落着两间砖瓦房。一间砖瓦房是用来放置各种农具和收割的粮食的，另外一间供两位老人日常居住。家中的主要收入来源就是靠种粮食所得到的费用，以及孩子们给的养老费，两位老人的生活也过得很简朴。韩大爷一家的支出主要集中在生产性消费和看病上。由于韩大爷老两口一共要料理家中的七亩地，每年花费在买种子、化肥、农药、除草剂上的费用就要5000元，再加上灌溉和收割的费用，共计8000元。虽然韩大爷老两口的身体都还算硬朗，但是毕竟年事已高，老年人的常见病还是有的，一年下来老两口看病吃药也要花去4000元。谈及现在正开展的新型农村合作医疗，韩大爷还是拍手称好的。因为这项工程确实给他们带来了实惠，现在合作医疗让他们感受到了协作所带来的便利，类似于一人有难、八方支援的效果，国家每年给补贴一大部分，个人承担很少的一部分。

2. 二胡情结

听人说，韩大爷从小就对文艺特别感兴趣，尤其对音乐课情有独钟。他也很有天赋，老师们都夸他有双灵敏的耳朵，对音符特别敏感，也正是在音乐课上韩大爷学到了许多乐理知识。在学校时韩大爷还积极参加学校组织的各种文艺班以及文艺比赛。在学校这个阶段，韩大爷主要拉一些东方红等革命歌曲，韩大爷拉二胡的功底就是在那个时候打下的。

韩大爷一直视二胡为自己的生命，每当闲下来的时候就会拉上一曲，使自己的心胸开阔。当年韩大爷从青海西宁干部培训学校又回到南流寺，在生产队干活的时候，他仍然没有把二胡落下，渐渐地，他便成了当时文化队的主力队员。

在2000年的时候，韩大爷生了一场大病，在医院住了许久。在住院期间，孝顺的儿女们看到韩大爷在医院里一直闷闷不乐。作为儿女，他们知道韩大爷一直喜欢拉二胡，同时二胡也对韩大爷的病有一定的辅助作用，因此他们就为韩大爷特地买了一把二胡，那把二胡，他一直用到现在。谈起儿女们孝顺他的二胡，韩大爷的脸上，洋溢着幸福、慈祥的表情。现在的韩大爷一共有两个二胡，一个就是儿女们送的这把二胡，另一个是韩大爷自己制作而成的板胡，据韩大娘说，这是韩大爷专门为唱豫剧而特别制作的。

3. 民间文化带头人

起初，韩大爷只是每天在自己家里拉上一小段，放松放松心情，但没想到，美妙的二胡声传到周围邻居的耳朵里，就这样大家一传十，十传百，最后，村里都知道韩大爷拉得一手好二胡。恰逢南流寺村里有几个爱唱豫剧的村民，于是他们和韩大爷在2005年组织了村里唯一的豫剧民间文艺小团体。当村里有了这个豫剧小团体的时候，村里的文化生活丰富起来了，也让村民们感受到文化生活所能带给人们的乐趣远远超过那些物质生活。

到目前为止，这个小团体共有成员6人，平均年龄都在40岁以上。韩大爷在这个小团体里负责用二胡伴奏以及敲鼓的事项，其他5人则负责演唱。每逢周一和周四，他们都会活动，每次活动最起码都要唱2小时以上。

他们最开始是在村委会里的老年活动中心活动，后来又改在韩大爷的家中活动。只要遇到他们的活动，很多村民都会围观欣赏，有时候，兴趣来了，大家还都会随着韩大爷的二胡声唱上那么一小段。据韩大爷的介绍，他们的小团体所排练的最为经典曲目就是《花木兰》、《朝阳沟》和《穆桂英挂帅》了。他们的小团体，不但会排练一些老的曲目，而且，他们还会经常学习一些新的曲目，说着说着高兴的韩大爷就给我们拿出了他视如宝贝的乐谱本。翻开乐谱本，我们的心有一丝的悸动。乐谱本上不光有复印的乐谱，还有韩大爷亲手抄写的乐谱，密密麻麻的，足足有一大厚本。随后，韩大爷给我们看他最新抄的一个曲目《赵铁贤未曾说话热泪滴》，说这几天他们的小团体正排练这支曲目呢。在我们的强烈要求下，韩大爷便乘兴演奏给我们听。韩大爷拉得节奏分明，抑扬顿挫间感情已经得以表达，我们听得十分入神，听毕，更是对韩大爷的技艺赞不绝口，钦佩之情也油然而生。

韩大爷这支全村唯一的文艺小团体是村里各项庆祝活动的主力，每逢过年过节的时候他们都要在村里表演一翻。每次表演前韩大爷他们都要进行精心的排练，反复研究乐谱，成员间还进行激烈的讨论。为了使演出的效果达到完美，韩大爷他们甚至还自掏腰包购买演出服。春节期间，他们要在村委会搭建的舞台上表演好几场，场场演出爆满，赢得村民的阵阵掌声，使村民们在欢声笑语中感受到有声有色建设社会主义新农村的成就，而且更增添了几分对新生活的向往与信心。

韩大爷他们不仅给村里带来了欢声笑语，还代表村里到乡里表演，获得乡领导的一致好评。

4. 善良贤惠的老伴

说起老伴，人们都说："少年夫妻老来伴，"老伴老伴老来做伴。夫妻白头偕老，长相厮守，是人生弥足珍贵、被人羡慕的一大乐事，是老人晚年生活减轻孤独、解除寂寞的灵丹妙药。说到老伴，韩大爷脸上洋溢着幸福的表情。生活中，老伴与他互敬互爱、相依相伴。在拉二胡这件事情上，老伴支持他、关心他、体贴他。韩大爷说老年相伴，晚年相帮，是他们夫妻间的福分。韩大爷的老伴不但支持他拉二胡，还当起了他们二胡小团体的“后勤部长”。韩大爷他们有时会代表村里到乡里表演，演出就自然需要演出服装，由于团体里几个成员的家庭并不宽裕，韩大爷就自己掏腰包制备演出服。韩大爷的老伴一向是勤俭持家，平日里过日子可谓是能省则省，得知韩大爷自己掏腰包制备演出服时，也只是长叹一声：“咱家也不富裕，可谁让你一辈子就这个爱好呢，只要你喜欢，钱花就花吧！”为了省钱，心灵手巧的老伴，就开始自己动手为韩大爷他们缝制演出服。

前年，韩大爷投资几万元，买了音响、电视机、摄像机。老伴是每场演出必到，跑前跑后为韩大爷他们摄像，回到家再放给韩大爷看，指出不足之处。韩大爷说，老伴已成了他们的“后勤部长”。而这一切都源于爱。“只要你高兴，你身体好，就比什么都好！”韩大爷的老伴常常这样对他说。

韩大爷很感谢老伴这些年来的支持与陪伴，是老伴物质上和精神的支持才使他能够安心做自己喜欢做的事情，老伴是他这辈子最大的财富。

5. 自制二胡与板胡

心灵手巧的韩大爷不仅二胡拉得好，还自己制作二胡。韩大爷首先给我们介绍了二胡的主要结构：第一，琴筒是二胡的共鸣箱，琴杆是支撑琴弦、接指操作的重要支柱；第二，琴轴用来调节二胡的音高；第三，千斤用于扣住琴弦；第四，琴马是联结琴皮琴弦的枢纽；第五，弓子用于拉奏二胡；第六，二胡的音响来源于琴弦的振动；第七，松香的作用是增大弓毛对琴弦的摩擦。接着韩大爷又给我们介绍了板胡与二胡的区别。板胡形制大部分与二胡相同，主要区别在琴筒和千斤。琴筒又叫瓢，圆筒形，用椰子壳制作，也有用木质、铜质或竹筒的。琴筒前口蒙桐木板是板胡发音的关键。板胡的音色特别清澈响亮，富有乡土气息。弓杆比二胡弓子长而粗，弓毛多而坚硬。千斤又称腰马，用牛角或红木制作，与二胡千斤所用材料不同。琴弦为丝弦或钢丝弦。板胡有多个品种。

由于韩大爷的小团队主要是唱豫剧，所以韩大爷给我们主要介绍了制作板胡的整个流程。首先是板胡材料的选择：包括椰子壳和面板材料的选择及处理以及挑选琴杆等材料。椰子壳要选老的，老的椰子壳是黑色的，质地坚硬，发音亮而清脆；椰子壳的形状必须选十分圆正的；椰子壳要求表面纹细、光滑，表面粗糙的椰子壳壁厚，不好加工。椰子壳选定后即放干椰汁，锯开大小头；挖掉壳内的厚白肉，保留椰子壳的内膜；充分晒干后用砂布打磨外壳，使壳壁厚薄均匀。蒙制板胡面板的泡桐树，要求质地结构十分疏松。板胡面板的厚薄没有定论。在打磨面板时，值得注意的是要细心，要循序渐进，不可急躁，要着重细听音色韵味，有时只要稍磨几下韵味就出来了，有时稍多磨几下，或用力重了一点，韵味就变了，或没有了，这是常有的事。然后，到专业的音乐用品店买来琴弦和弓子，再备好琴杆所需要的木材，一般需要硬材料。接着就是正式开始制作板胡，韩大爷讲到，制作板胡的关键步骤就是板胡的板面和椰壳的黏合。说着说着，韩大爷就详细地介绍起来：第一，要把琴杆插进椰壳里，放在水平桌子上，调整摆好，粘板的椰壳边缘朝上。第二，板上的纹路紧密的地方放在外弦处，比画好该放在与琴杆中心线的位置，用铅笔画条垂直线做记号。第三，黏合剂按比例调好，均匀涂在椰壳边缘上，不要使之往下流淌胶水，涂均匀后，快速把做好标记的桐板轻按上去，快速仔细找正后，压上几公斤的重物，使之粘贴的更严密结实，十分钟后取下，把椰壳外面的多余桐板，用钢锯小心仔细地锯掉，然后再用小锉修正漂亮。这样一个板胡就初具形状了，最后再把琴弦等加上去，一个完整的板胡就全部制作好了。

对于南流寺村的城中村改造问题，韩大爷也发表了自己的看法，韩大爷认为这是件好事，可以改善他们现在的住房条件和居住环境，既能享受收入保障又能融入城市里的生活。韩大爷表示他并不担心不能适应城市的生活，反而很乐于到城市里生活，这一点体现了韩大爷的进步思想。当问及住到楼房后他们的二胡小团体是否会受到影响时，韩大爷很坚定地告诉我们，这项活动他们会一直坚持下去的，当以后住进楼房后，他们可以在小区的院子里活动，到时候还能成为小区里的一道风景呢。有关拆迁以及补偿问题韩大爷表示会服从村委会的意见，但是希望村里的政策和措施能够做到合理可行，不能侵犯大家的权益。

6. 启示

在现在过快的生活节奏中，人们往往执着追求于物质生活，却忽视了精神生活所能带给人的快乐。也正因为如此，我们国家很多的民间艺术面临着前所未有的挑战。虽然文艺与生活的平衡，不能影响生产农作物，不能影响经济的发展，但是，可以影响人们的生活质量。精神上的开心，往往比物质上的开心更难能可贵。

现阶段，在各个城市，都出现了一批中老年活动中心，但是那真的可以让老年人找到快乐吗？其实，丰富老年人的文化生活，文艺活动比打麻将等更有利于身心。

在韩大爷的二胡声中我们结束了采访，韩大爷和韩大娘二位慈祥的老人送我们出门，二位老人1962年结婚，明年正值二老的50周年金婚，我们深深地祝福他们身体健康，永远幸福。

表2－10　**韩世昌家庭调查表**

<table>
<tr><td colspan="10">农户家庭基本情况</td></tr>
<tr><td>户主姓名</td><td>韩世昌</td><td>民族</td><td>汉</td><td>文化程度</td><td>中专</td><td>家庭人口数</td><td>2</td></tr>
<tr><td>劳动力人口数</td><td>2</td><td>在校生人数</td><td>0</td><td>就读学校</td><td></td></tr>
<tr><td colspan="10">家庭固定资产和耐用消费品情况</td></tr>
<tr><td>住房</td><td>1</td><td>占地面积（㎡）</td><td>150</td><td>汽车</td><td>0</td><td>农用车</td><td>0</td></tr>
<tr><td>摩托车</td><td>0</td><td>电视机</td><td>1</td><td>洗衣机</td><td>1</td><td>电冰箱</td><td>0</td></tr>
<tr><td>照相机</td><td>0</td><td>影碟机</td><td>0</td><td>组合音响</td><td>0</td><td>自行车</td><td>0</td></tr>
<tr><td colspan="10">收入及收入来源（元）</td></tr>
<tr><td>收入合计</td><td>14000</td><td>种植业</td><td>4000</td><td>出租房屋等</td><td>0</td><td>本乡镇就业工资</td><td>0</td></tr>
<tr><td>外出打工</td><td>0</td><td>从事运输业</td><td>0</td><td>政府补贴和社会救济</td><td>0</td><td>其他经营收入</td><td>10000</td></tr>
<tr><td colspan="10">支出及支出类别（元）</td></tr>
<tr><td>支出合计</td><td>9300</td><td>生产支出</td><td>4300</td><td>其他支出</td><td>5000</td></tr>
<tr><td>生活支出</td><td>衣服</td><td>红白喜事</td><td>通信</td><td>娱乐</td><td>交通</td><td>教育</td><td>食物</td><td>住房</td></tr>
<tr><td>4300</td><td>200</td><td>1000</td><td>400</td><td>600</td><td>100</td><td>0</td><td>2000</td><td>0</td></tr>
</table>

（四）续写族谱，凝聚孙氏宗亲——孙明武家

南流寺村的家族文化给人以很深的印象，而保存孙氏家谱的人就是这位孙明武先生，为此，我们专门对孙明武家做了专访。

1. 基本情况

孙明武1938年出生，今年73岁，是南流寺孙氏第十九氏世孙。幼年命运坎坷，10岁时母亲过世，家里有哥哥和妹妹，都是靠父亲一个人带大的。

孙明武小时候在南流寺村小学读书，学制是六年，1956年毕业后开始入队干农活。南流寺村有12个村民小组，孙明武被编入第10组，担任组里的记工员，负责统计工分。1959年父亲过世。同年孙明武被招入安钢做工人，培训一周后，被选入辽宁的本溪钢铁公司第二钢铁厂做车工，在那里从师于八级技工王治岐师傅。学徒工资是16元/月，生活拮据，师傅王治岐就经常拿自己的工资来补贴接济孙明武。1961年，由于工作表现突出，孙明武被破格提前一年转为一级工，工资是33元/月，每月扣除生活费用尚有结余。1962年，孙明武被安钢召回，升级为三级车工，工资是44元/月。回乡后，经人介绍，孙明武与妻子范仙清结婚。婚后生有两个儿子。1988年孙明武被升级为八级技工，工资也超过100元/月，同年退休。

孙明武的妻子范仙清是西良村人，今年也是73岁，看上去身体很硬朗，每天早上都跑到运河边上锻炼身体。孙明武家有两个儿子，大儿子孙献忠，也是机修工，是孙明武亲自带的学徒，车铣刨钳样样都行，现在安阳钢铁公司工作。孙献忠的名字是孙明武起的，取的是"文革"时期献忠心之意。同时，孙献忠还是一个书法家，在今年清明节南流寺村的祭祖大会上的毛笔字，就是出自孙献忠之手。二儿子孙孝忠，现在搞运输，也是多才多艺。受殷都文字文化的影响，他从今年开始痴迷于篆刻。他买来石头，自己钻研，现在已经有多个篆刻作品问世了。

孙明武家有一亩地，种有小麦和玉米，平时都是妻子在管理，这些年孙明武一直忙于续写族谱的事情，只有在农忙时才去地里帮忙。孙明武现在的退休金每个月有1614元，此外还有儿子的部分收入，这些钱除了用来支撑一家人的生活，还要用来支付孙明武的续谱工作的各项费用。对于孙明武续写族谱这件事情，全家人都非常支持。

2. 续写孙氏族谱

孙明武于1980年开始保存孙氏族谱。族谱是用来记录家族世系的，大多都是从久远的年代开始登记，在家族中代代相传，保存至今。可以说，族谱上记录的不仅是整个家族的世代繁衍，更是家族的兴衰历程。一部族谱就是一个家族历史的演绎。孙氏族谱也同样经历了风雨历史的变迁，从明代先祖迁居安阳开始记录，历经六百年世事沧桑，一直流传到现在，族谱记录已经发展到二十三世。孙明武说："六百年的东西保留到今天，历经抗日战争、解放战争等战争年代，还能完好保存下来，这是件很不容易的事情。这之间只要有一代人没有写，那么就不会流传到现在。所以这是非常珍贵的资料。”在孙明武家里，我们看到了保存完好的族谱原件，工整的毛笔字迹的变化，显示它经过的不同保管人的历程。前面世代的记录都很详细，而到新中国成立后的族谱记录就显得潦草了，这大概与现代人对家族文化的观念变化有关系。新中国成立后，孙氏族谱一直由家族里的专人保管，“文革”期间，孙氏家谱被抄，恰巧被族人孙怀忠、孙燕生看到，他们经过商议后决定把族谱保存起来，由此族谱才免遭销毁。到1980年，孙有丰和孙克温等在家族里有威望的人聚集在一起，商议续订家族谱，此后便委托孙明武等人主持这项工作。

孙明武深知这份流传600年之久的族谱的意义，族谱里面记载了明代两位祖先古老和少老兄弟二人迁徙到安阳，落地生根，繁衍后代。此后，经历了几个世纪的风风雨雨，现在孙氏后代已经牢牢扎根此地，并向全国各地辐射。这是同一股血脉的传承，无论孙氏后代走多远，他们的名字都被记录在这份族谱里，他们的根都会深深地扎在这片土地上，这就是孙氏族谱承载的家族历史的沧桑和厚重。孙明武把续写族谱看成是一件意义非凡的事情，族谱传到自己手中，自己就有责任把它完善。他以这份明代的手抄本族谱为依据，挨家挨户地登记，排序上谱，从此开启了他的续写族谱之路。

整理孙氏族谱是一项艰巨的任务，统计信息的任务繁重。新中国成立后由于种种原因，孙氏族谱一直没能系统的续写，“文革”时期还险些被当作封建残余给销毁，因此，孙氏族谱能够完好地保存下来已经很不容易，而族谱中这一时期的空白要靠重新汇集信息来填补。孙氏家族的成员都聚集在南流寺村和梨林头村，而梨林头村的孙氏后代居多，大约是南流寺村孙氏后代的两倍。梨林头村距南流寺村有三十多里地，要去弄清楚每家每户生了几个孩子、几个孙子，家里老人何时去世等情况并不是件容易的事情，况且还有些家户的孩子在外地工作或者举家迁居到外地，这种情况就会更加复杂。面对这些困难，孙明武并没有退却。他先是委托村里小学看守大门的老人给打听，孩子们放学时，老人就挨个盘问家里有多少兄弟姐妹等情况，这样初步掌握了一些信息，然后由孙明武详细统计具体的信息。每天下班吃过饭，他都要挨家挨户地去串门，把每家每户的情况弄清楚，然后根据村里人提供的信息，再去联系家在外地的族人。找到联系电话的外地人家主要是打电话联系，而没有找到联系电话的人家则要他亲自坐车去跑一趟。这些年他跑过山西、北京、太原等地，就是为了把这份孙氏族谱统计完整，不遗漏任何信息。就这样风里来雨里去，没想到这项工作一做就是十年。采访中，孙明武讲，只有把这件事情当成是自己的事情，才能有足够的耐心和细心来完成。而他最为欣慰的还是全家人的支持，这么多年来，一直是妻子在家洗衣做饭、收拾家务，免去了他的后顾之忧。虽然多年的花费如电话费、路费等都是孙明武自己支付，但是妻子儿子从来没有抱怨过，都是一如既往的支持。

编写族谱同样是一件耗费大量精力的事情。原来的家谱是按世代的顺序编写的，从先祖在安阳扎根开始记录，第一世是始祖生养的古老和少老兄弟二人，第二世只有仲贤一人，仲贤生二子刚、祥为第三世，以此方式撰写族谱。随着家族世代繁衍，后代子孙越来越多，其分支也越来越多。如果再按照原来的记录方法仅按世代顺序来编写，已经很难表达清楚其中血缘的远近关系。于是，孙明武想出一个办法，就是用分门分支的办法来续写族谱。他把第五世的三个祖先兄弟分为三个门，后面的按照门的顺序来续写。这样，门与门、支与支之间的关系就显得更加清晰了，只是编写工作就变得更加繁重了。孙明武白天上班，晚上回家整理编写族谱，就这样日复一日地辛苦劳作，终于在1991年春整理出版了孙氏族谱，并由孙万青和孙长喜合写了序言。出版的孙氏族谱从明朝第一世古老、少老开始写起，一直写到二十二世，完整而又清晰地再现了家族的世代传承。

3. 组织祭祖活动

祭祖活动是孙氏家族里的大事，新中国成立前，每年农历十月初一都要有例行的祭祖活动。祭祖活动是对祖先的祭奠和缅怀，同时也是增强家族凝聚力的一种方式。新中国成立后，人民公社等大集体观念加强，家族意识开始淡薄，祭祖活动也没有那么频繁了。而实行土地联产承包责任制以后，土地分田到户，集体意识转为个体意识所代替，再加上村里各类经济组织活跃起来，生产、运输等企业发展起来，村民外出打工、在外经商者增多，举家迁居外地者增多，组织一场祭祖活动不再是件容易的事情。据孙明武统计，从新中国成立后到现在，祭祖活动只搞过五次。于是，借着第三版的族谱修订工作，孙明武向大家提议搞一次大型的十年祭祖活动。这个提议得到很多人的支持，尤其是在外地工作生活的官员、学者，但也有一些人持消极态度，因为祭祖活动面临很大困难，主要有两点：一是活动资金的来源，二是家族思想的淡化，如今在村里兄弟两个成家后都要分家，这么一个大家族要聚集起来实在并非易事。但孙明武并不是这么想的，他认为资金是小事，祭祖是大事；资金可以由大家来集资，请企业家等成功人士捐助，而祭祖活动却是孙氏家族的一件大事，修订族谱、祭祖仪式，都是对孙氏家族精神的继承与发扬。在得到大多数族人的认可后，孙明武就开始着手准备工作。在此期间，他坐车到外地，一边统计从第二版族谱出版至今近十年间出生的孙家子孙并进行登记入册，一边联系相关人员参加祭祖活动，并且拟定了南流寺孙氏祭祖联谊会第六届组委会名单以及大会议程。考虑到与村里村外其他姓氏家族的关系，孙明武还特别写了请帖邀请外姓代表参加，每个姓氏都有一到三人前来参加孙氏祭祖大典仪式。而这次祭祖的费用，则通过孙氏祭祖组委会开会，决定由孙氏的三门家族各派代表去成员家里收集。集资额从十元到千元不等，最终收集到 1 万元的捐助。

南流寺村孙氏祭祖暨续谱第六届联谊会于 2011 年清明节在南流寺剧院如期举行。当天剧院里面人山人海，来自全国各地的孙氏宗亲代表参加了祭祖活动，其中中原孙氏古今文化研究会会长孙尽忠先生也来到现场，此外还邀请了村里村外其他姓氏的代表参加。祭祖活动由村党支部书记孙志安主持，鸣放礼炮、敬燃高香、诵读祭文、集体行叩首礼，祭祖仪式完毕后各地宗亲留影纪念，随后观赏附近民间文艺团体及河南豫剧团的表演。联谊活动持续了五天，取得了很好的效果。谈起这次来之不易的祭祖和大联谊活动，孙明武感慨良深，他说临近祭祖活动的几天非常忙碌，可谓是焦头烂额，夜里经常睡不着，想起还未安排的事情就赶紧起床写在纸上，第二天接着去做。虽然辛苦劳累，但是看到聚集起来的这么多同族成员和远方宗亲，他心里很是欢欣。

这些年来从编写族谱到联系各地宗亲，再到促成这样一个大型的祭祖和联谊活动，孙明武一直不辞劳苦，四处奔波，细心统计，坚持不懈。他用自己的行动向这份珍贵的族谱做了最好的交代。孙明武欣慰地说，“我也想借此次祭祖活动让年轻人来接手这件事情，我自己也该退休了”。族谱是要代代传承的，而传承的却远非一本族谱。相信孙氏家族的年轻一代，也会在这些长辈的言传身教中耳濡目染，继承和发扬孙氏家族的优良传统，就像祭祖碑文里写到的，“建设小康农庄于当代，趋向大同家乡于未来”。

表 2－11　**孙明武家庭调查表**

农户家庭基本情况							
户主姓名	孙明武	民族	汉	文化程度	小学	家庭人口数	4
劳动力人口数	4	在校生人数	0	就读学校			

家庭固定资产和耐用消费品情况							
住房	1	占地面积（㎡）	150	汽车	0	农用车	0
摩托车	1	电视机	1	洗衣机	1	电冰箱	1
照相机	1	影碟机	1	组合音响	1	自行车	1

收入及收入来源（元）							
收入合计	40468	种植业	1100	出租房屋等	0	本乡镇就业工资	0
外出打工	20000	从事运输业	0	政府补贴和社会救济	0	其他经营收入	19368

支出及支出类别（元）								
支出合计	14400	生产支出	1000	其他支出	0			
生活支出	衣服	红白喜事	通信	娱乐	交通	教育	食物	住房
13400	1000	1000	400	500	500	0	10000	0

（五）文艺生活铸就坚强的一家——齐艳芳家

村里有这样一位文艺爱好者，作为音乐教师在学校代课，却退离了工作岗位；原本拥有幸福的家庭，却飞来横祸，但是她却一直保持着对文艺生活的热情，面对生活的不幸而越挫越勇，凭借兴趣的力量铸就了坚强的品性，这就是齐艳芳家。

1. 基本情况

齐艳芳家现有三口人。齐艳芳，1964 年出生，今年 47 岁，高中文化程度。1985 年结婚，生有两个儿子。大儿子孙新超，今年 23 岁，在安阳市里开出租车；二儿子孙新科，今年 20 岁，在附近工地做焊接工作，有时候也开车去江苏送货。几年前齐艳芳的丈夫开车时不幸因车祸去世，家里只剩下母子三人维持生计。

齐艳芳家有农田 2.7 亩，以前都用来种玉米和小麦，小麦亩产 700 斤左右，玉米亩产1000斤，按照2011年春小麦0.92元/斤、玉米0.72元/斤的折算价格，种地年收入不到2000元。由于新村规划，部分农田要被征用建设工业园区，齐艳芳家的农田也被征用了2亩。这2亩地被征用建设厂房，企业按年给予补贴，去年征地的补贴是1300元/亩，今年涨到1500元/亩，基本能够涵盖种地收入。齐艳芳家的宅基地是13×17平方米的规格，堂屋加上东西厢房共11间，其中西厢房是去年盖的，装修得很漂亮，准备给将来成家的儿子住。在去年各项花费中，仅盖房和装修就花去十几万，齐艳芳向亲戚朋友借了两三万，其余的都是家里这些年来的积蓄。家中成员都参加了医疗保险，齐艳芳参加的是新农村合作医疗，一年30元的费用，费用带有保险性质，30元存入账户，当年未花完的第二年并不累计，账户清零。儿子孙新超和孙新科参加的是城镇医保，每年35元，因为他们读书时户口已经迁到城镇，毕业后户口只能留在城镇，不能转回到农村来。为了儿子结婚，齐艳芳在四五年前就向村委会申请了宅基地，交了两三万元的宅基地费用，但是正赶上这几年南流寺村搞新村规划，所以他们家申请的宅基地到现在还没有被审批。

2. 短暂的教学经历

齐艳芳的教学经历得益于她自小表现出的文艺天赋。早在孩童时期就喜欢唱歌跳舞，在学校里更是表现出文艺天赋的一面。1971年，齐艳芳开始在南流寺村小学读书，在学校举办的唱红歌比赛、六一儿童节的节目表演等活动中，多次受到学校老师的表扬。之后在安阳十六中读初中，两年毕业后读高中，于1980年毕业。毕业后齐艳芳主要在家务农，四年后，郭流寺小学急需一名音乐老师，于是就找到了在村里小有名气的齐艳芳教授音乐课。结婚后，丈夫对齐艳芳的工作也很支持。1991年，南流寺小学的李书芳老师受亲戚所托管理工厂财务，齐艳芳就转到本村的南流寺小学代教音乐课。她教的是学前班，当时的学前班有两个班，一个班里有40~50个学生，学生们都很喜欢听齐老师的课，因为齐老师的课生动活泼，善于激发起孩子们学习音乐的兴趣。在齐老师的悉心教导下，对音乐感兴趣的孩子也越来越多，有很多孩子后来考入了专业的艺术学校进行学习深造。这些对于一个老师来说，就是最大的欣慰。

齐艳芳的教学生涯并没有延续太长，虽然从参加工作以来就在各个学校担任音乐老师，但是齐老师的身份并不是民办正式编制，其工资待遇也受到一定的限制。齐艳芳担任音乐老师期间，一个月的工资有 45 元，当时的老师有一多半人是属于有编制的，在编的老师除了村里发的 45 元工资外，还有乡里的 18 元补贴。齐艳芳说，进入民办在编需要考试，但是只有拥有聘用证和任用证才能参加考试。而齐艳芳只是代课老师，没能进入编制。令齐艳芳感到遗憾的不是失去教职，而是不能利用教师这个舞台发挥自己的特长。南流寺村虽然已经发生很大的变化，将来的“城中村”改造计划也会将南流寺改造成安阳市城区的一部分。但是，南流寺村内的文艺空间毕竟有限，不能让齐艳芳充分地施展所长。特别让她舍不得的还有学前班的那些天真活泼的孩子们表现出的对音乐由衷的热爱。尽管齐艳芳心中对小学学前班的音乐教学充满了不舍，她还是不得不离开了教学岗位，在家务农。

3. 丰富的文艺生活

教学生涯虽然短暂，却给予了齐艳芳一家丰富的文艺生活。在学前班代课期间，齐艳芳就教儿子唱儿歌，自编自演一些小节目，带孩子们做游戏。五年前，村民组织豫剧团自娱自乐，两个孩子就鼓励齐艳芳参与，虽然齐艳芳没有正式学过豫剧，但是有较好的音乐功底，学起来也不是件困难的事情。在孩子们的鼓励下，齐艳芳报名参加了村里的豫剧团，很快她就喜欢上了唱豫剧，成为豫剧团异常活跃的一员。齐艳芳介绍说，豫剧是河南的地方传统戏剧，以前叫做“河南梆子”，在民间流传很广，南流寺村也有唱豫剧的传统，很多村民都会唱。唱豫剧对乐器的要求很简单，有个二胡板胡就够用了。她们经常是七八个人组成一个豫剧班子，有人拉头弦，有人拉板胡，有人拉二胡，再有五六个人来唱，就可以正式表演了。正规豫剧团的乐器比较多，一般有二胡、板胡、琵琶、竹笛、笙、古筝等，有时还有大提琴等西洋乐器伴奏，这些他们只是从电视上和相关的光盘里看到。豫剧的传统曲目以历史小说和演义为主，如《封神榜》、《三国戏》、《包公戏》、《杨家将》、《岳家将》、《花木兰》、《穆桂英挂帅》、《铡美案》、《红色娘子军》等曲目。齐艳芳比较喜欢的曲目有《穆桂英挂帅》、《花木兰》和《清风亭》等。齐艳芳开始学唱豫剧是跟着光盘学的，光盘里放出来音乐，她就跟着唱，学会了曲调就自己练习。有时候一边切菜一边唱，一边洗衣服一边记歌词，干活唱戏两不误。学会一首，就跟着大家伙一起唱，两个孩子下班回来也会去给母亲捧场。

在南流寺村，唱豫剧一般都是晚上，大多数时候在村委会的娱乐活动室里，有时候也到村民家里唱。在村委会唱豫剧时，村民们听到了都会过去，围着凑热闹，唱豫剧成为村民们自娱自乐的好方式。近几年，他们唱豫剧也受当地政府的鼓励和支持。由于当地的文艺气氛浓厚，安阳市组织业余文化下乡艺术团，由西郊乡成立老年协会，制作了《名段唱腔曲谱提示》，以支持农村文艺事业的发展。这本唱腔曲谱里面大都是些群众喜闻乐见的历史名段，如《朝阳沟》、《红灯记》、《香魂女》、《桃花庵》、《包青天》等，这些又增添了齐艳芳的豫剧曲目，照着这本名段曲谱来唱，比只听光盘学习要容易多了。

不仅唱豫剧，齐艳芳也在学着拉二胡，由于从小就喜欢音乐，学习乐理特别得心应手，乐感也就越来越好。但是二胡并不是一种易学的乐器。由于二胡是弦乐，弦发出的声音没有固定的位置，音准完全靠演奏者的乐感和对乐器的熟悉程度。对于齐艳芳这样的自学者来说，找到二胡弦上的音并演奏出完整的曲子并不是一件容易的事情。但是她说自己学拉二胡时，手指压到两根弦上，发出的声音她一听就知道是哪个乐音。有了这样的优势，齐艳芳学二胡学得特别顺手，很快就能拉一些基本曲目。有时候，豫剧团里表演器乐缺人手时，齐艳芳也可以做临时替补。

齐艳芳还喜欢跳舞，特别是扭秧歌等民俗舞蹈。村里一直都有扭秧歌的传统，逢年过节，村民就会穿上戏服、扮上彩妆，到大街上扭秧歌。平时，一到农闲时节，村里也会掀起扭秧歌的风潮来。为了更好地丰富村民的文艺娱乐活动，村委会专门配备了音响，为村民们扭秧歌播放音乐。这样一来，一到晚上，村委会门前就异常热闹。音响响起来，左邻右舍就都不约而同地来到村委会大院里，一起扭秧歌。大家兴致很高，有时候从晚上六七点一直跳到晚上十点才结束。随着跳舞的频率增多，跳舞的花样也丰富了。有适合年轻人跳的节奏感强的音乐，村里会跳的人就会教大家跳，也有适合老年人跳的健美操，大家一起锻炼身体，不亦乐乎。南流寺村的跳舞活动有一个特点就是只有女士跳，男士一般不参与，跳舞的人也不喜欢让男士参与。这大概跟很多地方流行的交谊舞有一定关系，南流寺的村民不喜欢这样的一些舞蹈，所以也不喜欢让男性参与进来。

对齐艳芳来说，唱豫剧、拉二胡、跳舞都是一种兴趣，这些兴趣也让他们家经常充满欢声笑语。两个孩子对于齐艳芳的文艺爱好特别支持，虽然平时在外工作很辛苦，但是回到家，听到母亲唱一段豫剧，就会瞬间感觉轻松很多。对他们家来说，齐艳芳的这些文艺爱好，给了一家人莫大的精神鼓励。从母亲退离教学岗位到父亲的不幸遭遇，这些年事业的不顺和生活的挫折给了他们家沉重的打击。但是他们能从困难中走过来，重拾开朗乐观的心态，一方面得益于一家人的坚强意志，另一方面则是得益于母亲这些兴趣爱好。有如此丰富的文艺生活，才能使一家人拥有健康向上的生活态度。

4. 简朴的日常生活

齐艳芳家的生活相对而言是简朴的，但却是积极健康的。两个孩子都有自己的工作，每天起早贪黑的劳作，为家里增添积蓄。齐艳芳则是在家负责家务活和部分农活，管好一家人的饮食起居。齐艳芳的生活很有规律，早上不到五点，她就起床了，围着村子四处走走，快步转几圈，这样能起到锻炼身体的作用，所谓“一日之计在于晨”，攒足精神力量去做一天的事情。齐艳芳一家的生活来源，主要是征收土地得到的补偿，还有两个儿子工作的收入，有时候，齐艳芳也会在附近打零工。最近一段时间，市里的城市绿化工作经常需要有人帮忙，都是栽花种草之类的较为轻松的活儿，一有这些机会齐艳芳就会积极参与，工作虽然轻松，但是从早忙到晚也是很辛苦的。这些工作的报酬也比较少，按天来计算，从10元到30元不等。一般一项绿化工程要十天左右，齐艳芳就是靠这样的不定期收入来添补家用。

谈及新村规划，齐艳芳面露难色，去年刚刚花去十多万装修的房子，如果被划入拆迁区域，村里也只能按平方米进行补贴，而不会考虑到房子新旧的问题，这样自己就要遭受很大的损失。而且新村规划的楼房，搬进去也要交很大一笔钱，对于这个本来就困难的家庭来说更是雪上加霜。齐艳芳认为，土地跟普通商品的性质是一样的，现在物价一直在涨，土地价格也应该涨上去，征地的补贴也应该多一些。正在被征用的工厂建设用地，厂方给村里3000元/亩，而到农户手中只能拿到一半，另一半被村集体占用，他们希望这个补贴也可以再多一些。谈及“十大员”的事情，齐艳芳虽然只是一个普通的村民，但是对这个会影响自己生活的活动还是有一些自己的保留意见。她觉得“十大员”的制度初衷是很好的，但是在现在的形势下，很少有人能主动说实话提意见的。就如同村里搞的众资公司和新村规划，即使有人有意见，提出来也只是少数，也起不了多大作用。一个人的力量毕竟是有限的，左右不了大局。如果“十大员”活动想收到预期的效果的话，恐怕改革的力度还要加大。虽然现在已经打开了让村民参与公共事务、监督村两委工作的口子，但是村民还是对这项活动开展的深度和广度持观望的态度，即使“十大员”自己，有时候也把握不了参与公共事务的程度。

表 2-12　　**齐艳芳家庭调查表**

农户家庭基本情况								
户主姓名	齐艳芳	民族	汉	文化程度	高中	家庭人口数	3	
劳动力人口数	3	在校生人数	0	就读学校				
家庭固定资产和耐用消费品情况								
住房	1	占地面积（㎡）	160	汽车	0	农用车	0	
摩托车	0	电视机	1	洗衣机	1	电冰箱	1	
照相机	1	影碟机	1	组合音响	1	自行车	1	
收入及收入来源（元）								
收入合计	38000	种植业	2000	出租房屋等	0	本乡镇就业工资	3000	
外出打工	30000	从事运输业	0	政府补贴和社会救济	3000	其他经营收入	0	
支出及支出类别（元）								
支出合计	10800	生产支出	0	其他支出	1500			
生活支出	衣服	红白喜事	通信	娱乐	交通	教育	食物	住房
9300	500	1000	1300	1000	500	0	5000	0

生活虽然简朴，生活压力也很大，但是齐艳芳一直保持着浓厚的兴趣爱好，丰富自己的业余生活，从容地看待生活的得失之事，从而更加乐观、更加坚强。

（六）老裁缝——董玉容家

我们对董玉容的访谈是在上午进行的，她很早就在门口等着我们了，一看到我们过来董玉容连忙快步出来迎接我们，使我们对她的访谈一下就感觉特别的期待，她的热情也让我们几个感到很高兴。走进董玉容的家里，一进大门首先是一间小的储物房，这儿放了几个板凳，估计这是跟邻居聊天时的座位。往里走是院子，虽然院子的面积也并不算大，但是董玉容把院子里的东西收拾的干净整齐，还正在晾着刚洗的衣服，董玉容领着我们进了家里的客厅。

安排我们几个坐下后董玉容就跟我们聊了起来，一看就知道董玉容是一位朴实善良然后还特别活泼开朗的村民，在后面的访谈中也证实了我们的猜想。董玉容告诉我们她是 1973 年出生的，属牛，今年 38 岁了，读书到高中毕业后就在本地工作了，是土生土长的本地人。虽然董玉容没有去过太远的地方，基本上都待在村子里，但是董玉容的普通话说得很好，基本听不出有太多方言的味道，这让我们也很惊喜，因为这样也方便了我们和她的交流，使访谈过程更顺畅地进行，可以达到事半功倍的效果。

董玉容有四个孩子，其中有三个女儿一个儿子。大女儿今年 12 岁，现在在安阳二校读四年级，成绩虽然一般但是学习还挺用功，在安阳二校上学离家里虽然远一点，但是因为女儿的姨家就在那边，所以大女儿的生活基本上由她的姨照顾，每隔一段时间就回来家里一趟。转到安阳二校上学的主要原因是那边的教学条件和教学质量相对来说比较好一点，希望给女儿提供一个良好的学习条件，争取获得好的学习成绩。董玉容的二女儿和三女儿是一对双胞胎，今年也已经 8 岁了，都在殷都实验小学读一年级。虽然当时没有见到这两个双胞胎女儿，但是从墙上挂的照片可知两个双胞胎姐妹都很漂亮可爱，肯定特别招人喜欢。董玉容的儿子是她最小的孩子，今年刚刚 4 岁，在本村的幼儿园上学，村里的幼儿园条件还算不错，幼儿园孩子的一天三餐都由幼儿园负责，每天都会有不同的食谱，家长对此也比较放心。从与董玉容的聊天中可以了解到她对孩子的教育问题还是很重视的，她不时地向我们了解一些有关孩子学习方面的经验和教训，还告诉我们每天她都会监督孩子写作业督促他们学习，希望自己的孩子也能取得优异的成绩，能够考上大学。看到这么多孩子，可以想象董玉容的家里平时一定是特别热闹，绝对不会缺少欢声笑语。

董玉容的丈夫是位货车司机，有自己的运输货车，但是他并没有单独地自己做生意跑买卖而是给别人搞运输，相当于做物流出租自己的货车，当然这样可以减少经济上的风险，保证相对稳定一些的收入。董玉容介绍说基本上能够运输的东西她丈夫都运过，只要有活就可以干，可见董玉容的丈夫特别能吃苦耐劳很有责任感。据董玉容介绍，丈夫一年下来收入差不多四五万元，是家庭的主要经济收入来源，现在自己在家里闲着没有正式的工作，基本上就是照顾这几个孩子。从董玉容说话的语气可以看出丈夫承担了养家糊口的重任，虽然他比较辛苦一点，但是还是很幸福，董玉容对自己的丈夫也特别理解，也很体贴他，把家里的上上下下的家务活全都包揽了，毕竟家庭和睦幸福才是最重要的。

董玉容家里现在已经基本上没有土地了，南水北调工程占用了她家里三亩土地，政府给了大约每亩土地1.9万元的补偿款，这是一次性的补偿，虽然董玉容心里觉得这笔补偿款有一点少，但是她认为应该坚决地支持国家的项目，响应政府的号召。不过现在也有一个好消息。就是村里的工业用地补偿金额比以前提高了，每亩土地每年都会有补偿款1500元，这对村民来说是一个好消息也是一个好政策。现在董玉容家里只有大约0.2亩的菜地，这点菜地足够家里的蔬菜供应了。

关于孩子教育方面的开销，董玉容显得压力不是很大。现在孩子的年龄还都小，主要是在上小学，由于九年义务教育的国家优惠政策，三个女儿上小学都花不了太多的钱，学费是由国家承担，衣服一律都是校服，几个女儿也都很懂事，平时也不胡乱花钱，主要就是生活方面的开支，相比之下，小儿子上幼儿园的花销倒还是一笔不小的数字，儿子今年刚开始上幼儿园，在南流寺村第三幼儿园入的园，还没半年已经花销了差不多一千六七百元了，不过为了孩子能够好好上学，董玉容觉得花点钱也是值得的。

与董玉容的交谈中我们得知她以前是一个裁缝，还有自己专门的店面，这时我们也注意到了她的屋子里有一台缝纫机，估计这是她以前做衣服的主要工具。通过董玉容的介绍我们了解到，以前邻村北流寺村有好多门面房，租金也不是很贵，大约每月60~80元，她就在北流寺村租了一个专门的店面给别人做衣服，当时做衣服的收入除了养活自己以外还能存下一点余钱，当时丈夫对自己的工作也很支持，因为自己可以挣得一部分收入来补给生活，据她回忆当时做一套西服大概收费30元的样子，这已经是十几年前的事情了，自从有了大女儿后董玉容就不再做衣服了，开始在家里专心照顾孩子。

董玉容介绍说家里的房子有180多平方米，是1997年盖的，一共有六间屋子。她的丈夫还有一个弟弟，是安钢的正式职工，家就住在安钢那边，但是经常回老家。父母也有自己的院子，但是白天基本上都来自己家里，在这一起吃饭还承担起了接送小孩上学的任务，看来爷爷奶奶对孙子孙女是很关心的。据董玉容说，父母对孙子和孙女都是一样看待，没有厚此薄彼的旧的观念，可见他们老两口的思想还是比较进步的。在不断的交谈中我们还了解到董玉容还是村里的“十大员”之一，是社会监督员，可能是由于她性格开朗与人热情的原因才选她当社会监督员的吧。但是据董玉容说，她平时偶尔出去转转也不是经常实行管理，可能是村里对“十大员”这个事情还不够重视，导致“十大员”没有完全发挥他们的作用。她建议村里要不断推广“十大员”的宣传与普及，同时她还建议“十大员”可以考虑轮流制，能让每个人都当一下“十大员”，这对于普及“十大员”的项目会有一些帮助，调动全村人们都争取做优秀村民，营造良好的村容村貌，这也是全村人的责任。对于这个事情我们几个也觉得村委会应该加强重视程度，普及推广“十大员”这个事情，这对全村来说也是一件好事，符合建设社会主义新农村的思想理念。

通过交谈，我们了解到董玉容平时的业余生活还比较丰富多彩。除了照顾几个孩子和做做家务之外，她还喜欢去看戏，村里会有专门的豫剧演出，每逢这样的机会董玉容基本上都积极参与，对于这些活动也都比较支持。没事时她还会出去到街上溜达一圈散散心，跟邻近的村民凑在一块聊聊天。晚上董玉容还经常会去跳舞，村里晚饭后有好多女性自发组织的跳舞，这不仅可以增加村民的娱乐项目还可以锻炼身体，是个一举两得的事情。说到这些东西时董玉容显得很有热情。通过这些经历可以看出董玉容的生活是多姿多彩积极向上的，在与我们的交谈中她也表现出这种乐观的生活态度，我们对这种生活态度也是大力支持的，当今我国新农村在加强经济建设的同时也要大力加强精神文明建设。

董玉容自己介绍说自家的条件在本村里应该算是中等生活水平，家里的各类硬件配套设施还算齐全，冰箱、电视、洗衣机、空调、电动车等一应俱全，冬天自家也有专门的炉子烧煤取暖，家里在生活和人情交往等方面一年下来的开销大概有 1 万多元，全家人都参加了新型农村合作医疗，家人都认为这是一项不错的政策，给村民的看病就医提供了便利和优惠，是一项很好的惠民政策，父母身体条件都还好，家里也没有人享受低保，但是会通过自己的双手和努力不断提高家里的生活水平，我认为这种自强不息的信念和决心是值得提倡和鼓励的，这点也是我比较欣赏的。

关于城中村改造问题，董玉容的态度也是比较理性的，她对住楼房还是住平房的问题并不是特别挑剔，觉得不论楼房还是平房都可以接受，认为自家都是好说话讲道理的人家，不会是钉子户，对于拆迁问题是好商量的，关键是各方面的费用和条件要合理公正。会支持国家和政府的工作，但是她也对基层政府的工作提出了建议和要求，认为村委会应该对拆迁的补偿透明化公正化合理化，使每个人都能保证自己的权益不受侵害，同时基层政府应该按照上级的政策进行拆迁和补偿，要把中央的政策落实到基层，这样才能响应上级的号召，为人民群众办好事办实事。

谈到家人的健康问题时，董玉容表现出了比较轻松的神情，父母的身体情况都比较好，自己和丈夫都正当壮年身体素质都很好，一年下来主要就是几个孩子头疼感冒之类的去卫生所看看，花销也不是很多，而且家人都参加了新型农村合作医疗，这项政策缓解了农民的就医压力。但同时她也提出了自己的一些建议和想法，董玉容认为农村合作医疗政策的落实存在一些问题，出现了与上级政策不对应的情况，再有就是合作医疗政策也有局限性需要完善和改进。在谈到社会养老保险问题时，董玉容表示没有参加也并不打算参加，她觉得这个保险对于自己的作用不是特别大，因为自己现在还年轻，对于以后的情况也不确定，认为这项社会养老保险并不适合自己的家人。再有就是社会补贴救济金包括像低保金和贫困补助等，董玉容的家人也都没有享受到，但是她并没有怨言，而是认为这些救济金应该给予更需要救济的人和家庭，自家的条件还算可以，应该靠自己的双手自力更生。但是对于社会补贴救济金的透明化和分配方面，董玉容建议应该更规范透明，坚持公开公正的原则，采纳村民的民主意见，避免出现不公正的现象，应该让更需要帮助的人得到国家的补助。关于这一点，我们对她的观点也是赞成的。社会救济政策本来就是一项社会公益的政策，应该本着公开公正平等的原则执行。村民的眼睛都是雪亮的，应该以民主的方式选出村中的困难人群与家庭，将救助给予最需要帮助的人，使这项惠民政策得以发挥最大化的作用，使它的利用效率最高效，这才是社会救济政策的精神和本质。

由于董玉容家的孩子比较多，我们也向村里的计划生育管理员了解了一下计划生育方面的政策。据介绍，计划生育政策本着以人为本的原则执行得相当严格。如果第一胎是双胞胎，那么不论什么情况都是不允许继续再要小孩的，否则就要进行严厉处罚。若是第一个孩子是女孩，鉴于农村的原因，可允许在第一个孩子达到 8 岁或母亲年龄达到 28 岁其中一个条件满足时，再生育第二个孩子。若是在这种情况下，再要第三胎的话就要进行处罚。像董玉容的情况就属于超生的情况，她的小儿子是超生的，据计划生育管理员说，董玉容的小儿子按照政策被罚了几万元。如果严重超生就会受到更加严厉的处罚，拒不接受处罚的会交由法院按照法律程序进行处理。按计划生育管理员的介绍，本村的独生子女所占的比例大约为20%，而且独生子基本上全部都是男孩。由此可知，在本村中，还是受传统生育观念的影响，但这也是一个普遍现象，南流寺村也并非一个特例。

通过对董玉容的访谈，我们最大的感受就是她对生活表现出来的积极向上的生活态度，从一进家门她就热情地与我们交谈，介绍家里的情况，给我们展现出一个幸福的家庭的场景。虽然在整个访谈的过程中，我们最多的是与她交谈，期间只见到了她的公婆一次，其他的家庭成员并没有在家里，但是我们明显地感到了那种祥和的家庭气氛。我想在这方面，董玉容家应该是每个家庭的榜样。当然这也是我们都期盼的其乐融融的家庭环境，这对增进家庭成员的感情和对子女的健康成长都是特别有利和需要的。

最后我们再次感谢董玉容女士接受我们的访谈，并同我们分享了她的一些经历和喜悦，我在此也祝愿董玉容的全家能够继续保持这种和谐的关系，家庭和睦，生活幸福。

表 2-13 **董玉容家庭调查表**

农户家庭基本情况							
户主姓名	董玉容	民族	汉	文化程度	高中	家庭人口数	6
劳动力人口数	2	在校生人数	4	就读学校	安阳二校 殷都实验小学		
家庭固定资产和耐用消费品情况							
住房	1	占地面积（㎡）	180	汽车	1	农用车	0
摩托车	0	电视机	1	洗衣机	1	电冰箱	1
照相机	0	影碟机	0	组合音响	0	自行车	0
收入及收入来源（元）							
收入合计	50000 ~ 70000	种植业	0	出租房屋等	0	本乡镇就业工资	0
外出打工	0	从事运输业	40000 ~ 50000	政府补贴和社会救济	0	其他经营收入	10000 ~ 20000

续表

支出及支出类别（元）								
支出合计	18700		生产支出		200	其他支出	400（就医）	
生活支出	衣服	红白喜事	通信	娱乐	交通	教育	食物	住房
18100	2000	4000	400	600	500	2600	8000	0

资料来源：根据董玉容口述整理，2011年7月。

十五、从事科教卫生事业的家庭

（一）文明家庭——张爱英家

一说起张爱英一家，村里的很多人都会竖起大拇指，不仅仅因为他们通过勤劳的双手走向了致富的道路，还因为他们家庭和睦、其乐融融，关心邻里、乐于助人，在群众中树立了良好的口碑。

张爱英的家就在南流寺村委会的对面，站在她家的院门口，我们看到一栋具有现代气息的别致的二层钢筋水泥小楼，墙壁上也都贴上了瓷砖，可以看得出张爱英家的富足和宽裕。正对着大门的是一条用水泥和砖铺好的小路，这条小路一直通到宽敞的院子里。路的左边是用砖垒起来的院墙。路的尽头是装有太阳能的卫生间，路右边便是家里的二层小楼，上下两层共有六间屋子，大约有200平方米。

在家里，我们见到了张爱英。打眼一看她就是个利落能干的家庭主妇，屋里院内都被她收拾的干净、敞亮，十分舒服。

随即我们便在院子里坐下来开始了我们这次的采访行动。

张爱英，1959年生人，今年52岁，圆圆的小巧的脸盘，美丽的笑容，开朗的性格，中等结实的身材和被晒黑的皮肤，这都不难看出，平时家里、田间地里的活都有她的一份力。

丈夫孙树发与她同岁，长年在外地打工。两人膝下有一个儿子和两个女儿，大儿子今年27岁，刚成家不久，和父亲一样，在外地做铆焊工。二女儿今年24岁，在安阳市的一家商铺上班，小女儿今年23岁，偶尔也外出干干活。

现在的张爱英过上了比较宽裕的生活，但以前的贫穷、艰辛的日子，她却始终不能忘怀。当回忆起这段往事时，她的脸上明显多了一份沉重。张爱英在1983年与丈夫结婚，丈夫十几岁时就失去了父亲，是母亲一个人不畏艰辛，承受不少磨难才把他和两个姐姐抚养成人，所以家里的条件极其艰苦。据张爱英回忆，当时的家里仅仅只有三间茅草房，院子的地势又比较低，每到下雨时雨水还会倒灌进屋里。这样的日子，对于我们这些没有受过苦的人来说，是无法想象的。然而他们到底是怎样从那段艰辛的日子挺过来的呢？他们的身上到底承受了多少痛苦？

丈夫孙树林是家里唯一的男人，也是家里的顶梁柱。于是，丈夫便担负起养家糊口的责任，因此与张爱英结婚不久，就外出到山西省洪洞县的一个焦化厂做铆焊工。铆焊工的工作十分辛苦。张爱英到现在都记得那一次去工地看望丈夫时的情景：当时正值三伏天，迎着炎炎酷暑，继续着作业。那时铆焊工作又进入了施工的高峰期，丈夫所在的班又接了一个重活儿，要求在五天内必须完成两座值班车房和三座消防用具房的整改，三十件特殊打捞工具的改制，六台四十平方米和十平方米的水罐制作，以及五十套高低床的加工任务。那时的丈夫就和班里的同志一起战高温，抗酷暑，蹲在大罐里一干就是五天。罐里就像蒸笼一样，更不要说拿着焊枪在里面干活了，那是热上加热，工衣湿了一遍又一遍。每逢夏天高温期，我们即便坐在电风扇下、空调屋里都酷暑难当，更不要说在38℃的高温下钻到大罐里干活的那份难耐。那种滋味也只有经历过的人才能明白。

那时候的他们，为了节省下往来工地和家中的路费，两个人真可谓是聚少离多，经历着两地分居的考验。虽然实际情况是相当艰苦，但是他们的感情却很好，结婚至今两人还从未红过脸，更未吵过架。张爱英很心疼自己的丈夫，她说家里能有现在这样富裕的生活完全是丈夫“狠”干出来的。其实啊，好的家庭是离不开夫妻双方共同努力的。丈夫在外挣着血汗钱，一年在家的时间还不足一个月，张爱英便义不容辞地承担着家中的所有家务和赡养老人的重担，连家里盖房子这么大的事，丈夫也只是在外地打电话询问情况而已。原先家里的三亩七分地也全靠张爱英一个人打理，那时候孩子还小，婆婆年纪大了，身体也不太好，村里的乡亲们看她一个女人家照顾这么一大家子也实在是不容易，就会偶尔搭把手帮帮她，张爱英说那段日子真是咬牙坚持过来的，也多亏了大家的帮助。

张爱英知道丈夫对婆婆有一片孝心，所以为了让丈夫在外安心打工，她便在家中对婆婆照顾得格外悉心，无论是衣食起居，张爱英都照顾得样样周全。每天一大早起床，张爱英就把隔夜浸泡好的小米、百合、山芋等杂粮放到锅灶上慢慢地煨煮成粥，待婆婆起床，服侍她穿衣洗漱，给婆婆用热毛巾擦脸，给婆婆把白发梳得服服帖帖的。早饭后她便搀扶着婆婆到室外散散步。每天当老人走了三五百步，她把老人扶回家休息后，她便拿起农具，下地干活了，等到中午再回家给婆婆做饭。老人的牙齿不是很好，因此喜欢吃切细剁碎的蔬菜，张爱英就按着婆婆的口味细细做，慢慢煮。午饭后婆婆休息一小时之后，接着吃点水果。下午婆婆静下心来打坐、念经，她便再到地里干活。晚饭吃的是烂菜饭，菜肴荤素搭配。饭后又是百步走，古语有云“饭后走一走，活到九十九”，天暖的时候在室外散步，雨寒在房内，从不曾间断过。随着老人年龄的增长，因此就更害怕孤独，渴望有人陪她聊聊天，说说话，张爱英就每天都会尽量抽空陪婆婆说话，让婆婆不觉得孤单。婆婆年纪大了，时不时会有点小感冒发烧的症状，但是，只要婆婆稍有一点点症状，张爱英总会在第一时间准备好药物，让婆婆服用，并精心服侍她，直到病愈。再后来婆婆因生病行动不方便了，张爱英就每天喂婆婆吃饭，亲自给婆婆洗澡，搀着婆婆在村里散步，还时常托人从城里捎一些营养品回来，给婆婆滋补身体。

就这样，张爱英每天默默无闻、勤勤恳恳地重复着洗衣、做饭、干农活这些再普通不过的事情，没有什么丰功伟绩，也没有过什么惊天动地的壮举，但她却以自己的善良、纯朴、贤惠、细心的良好品质，几十年如一日地孝敬婆婆，直到婆婆四年前病逝，村里的人们都夸赞这个贤惠孝顺的好儿媳。而这位纯朴的厚道媳妇认为，孝顺老人并不是为了得到别人的夸奖，而是做子女应尽的义务。听完张爱英的讲述，我们不得不向她投去钦佩的目光。

孩子，是祖国的花朵。把孩子培养好也是对国家、对社会的一种贡献，因此张爱英不管多累也要抽出时间来教育孩子，从不娇纵、溺爱。从孩子懂事起，张爱英就教孩子如何做人做事。为了让孩子从小孝敬老人、尊敬老辈、礼貌待人、学会感恩，张爱英首先以身作则、言传身教，教育引导他学会辨明是非。为了培养孩子独立生活的能力，从小养成良好的个人卫生习惯，主动让孩子参与家里的事务，培养孩子勤奋好学的精神，尽一切能力给孩子创造各种学习条件。其实父母就是孩子最好的老师。

通过丈夫的“狠”干和张爱英的勤俭持家，现如今这一大家子的日子是越过越红火，不仅盖起了二层小楼，家里装修得也很不错，家用电器也很齐全，最近家里还新装了两个空调和太阳能热水器。

到目前为止，家里的主要收入来源还是依靠丈夫在外打工的收入。但是丈夫孙树发凭借着过硬的好手艺和令人敬佩的人品，得到了领导的器重。领导经常会把工程的一部分承包给孙树发。孙树发就带领着一起从南流寺村出来的几个兄弟一起干。张爱英说丈夫是一个很朴实的人，虽然现在已经是一个包工头了，但是依然和工人们一起上工地干活，与他们同吃同睡，有福同享，有难同当。每当工人家里出了事情，孙树发就像对待自己家的事一样，热心帮忙，赢得了工人们的爱戴，使工人们都很踏实地跟着丈夫干活，从来不偷懒。丈夫的年纪也一年比一年大，虽然身体一直很好，毕竟岁月不饶人，张爱英心疼丈夫想让他退下来，把工作交给儿子去做，辛苦了一辈子可以回家享福了。但是丈夫一是觉得前两年儿子结婚，家里装修房子花去了不少的积蓄，二是觉得自己的身体还硬朗可以再干几年。张爱英知道丈夫是个做事情有打算有计划的人，所以也就不便阻拦。

虽说丈夫孙树发在外打工的收入比较多，张爱英一家开销也比较大，主要集中在三个方面：第一就是食品上的支出，由于家中的田地被征用，家里面一年到头的米、面就都要购买，家里六口人的花费自然不小。第二就是红白喜事的支出占很大一部分。在南流寺村，村民的家庭观念比较重，再加之村里的乡亲们以前对张爱英一家的帮助，张爱英一直不忘乡亲们的恩情，有道是知恩图报。第三就是看病上的支出，主要是家中小孙子看病的花费。

现如今家里的孩子也都长大成人，都能靠自己的双手养活自己。家里三亩七分的田地前几年也被南水北调工程征用了，只留有三四分的菜地，种一些豆角、黄瓜、茄子等日常蔬菜供自家吃。张爱英现在就每天早起去菜地看看，然后回家照看刚一岁半的小孙子，下午出去打打牌，晚上在家门口和村里的乡亲跳跳集体舞。说起跳集体舞，张爱英说大队为丰富村民的文化生活，请来专门的舞蹈老师给她们讲课。她很感兴趣，每天晚饭后都去跳上一段，既锻炼了身体又娱悦了身心，好不开心。

谈及现在正开展的新型农村合作医疗，张爱英一家都拍手称好。因为这项工程确实给他们带来了实惠。之前看病所有的费用都是个人承担，也有大病扛，小病拖的习惯。现在合作医疗让大家感受到了协作所带来的便利。国家每年给补贴一大部分，个人承担很少的一部分。她说尤其是去年，家里的小孙子因为咳嗽到安阳市妇幼保健院住院就花费了1万多元，还好有新农合的保障，一共报销了6000余元，减轻了家里不小的负担，使张爱英一家确实体会到了新农合的好处。

对于南流寺村的城中村改造问题，张爱英也发表了自己的看法，自己对住楼房还是平房的问题并不会太在意，唯一舍不得的是跟乡亲们这么多年的感情，所以只要大家都搬她也搬。有关拆迁以及补偿问题会服从村委会的意见，但是希望村里的政策和措施能够做到合理可行，不能侵犯大家的权益。当我们问到会不会舍不得丈夫打拼这么多年血汗钱换回的现在这么新这么好的房子时，张爱英还是表示了担心。虽说她家的房子已经盖了六七个年头了，但是房屋的装修是前年儿子结婚刚装的。而且在盖这个房子时，打地基就颇是费了一番工夫，为的就是能够长久地住下去，这辈子就不动了。说着说着张爱英脸上蒙上了一层不舍的表情，所以鉴于自家的房子是新修建，使用价值还比较大，张爱英希望村里在制定政策的时候能够考虑到这些因素，适当地提高补偿。根据我们了解的情况，村里已经对每家每户的房屋的情况做了一个初步的统计，在制定补偿方案时也会综合考虑房屋的各种状况，对于张爱英的要求，我们相信村委会和村民之间是可以达成一致的。

从张爱英家出来，我们感到她们一家被评为文明家庭是实至名归。踏实肯干的丈夫，勤俭持家的媳妇，孝敬老人的儿女，一家人其乐融融。争创文明乡村，文明家庭，任重而道远，只有每一户家庭都像张爱英一家一样，从我做起，从身边小事做起，这样，社会才能更和谐，国家的未来也才会充满希望。

表 2－14　**张爱英家庭调查表**

<table>
<tr><td colspan="8">农户家庭基本情况</td></tr>
<tr><td>户主姓名</td><td>张爱英</td><td>民族</td><td>汉</td><td>文化程度</td><td>初中</td><td>家庭人口数</td><td>5</td></tr>
<tr><td colspan="2">劳动力人口数</td><td>4</td><td colspan="2">在校生人数</td><td>0</td><td>就读学校</td><td></td></tr>
<tr><td colspan="8">家庭固定资产和耐用消费品情况</td></tr>
<tr><td>住房</td><td>1</td><td>占地面积（㎡）</td><td>220</td><td>汽车</td><td>0</td><td>农用车</td><td>0</td></tr>
<tr><td>摩托车</td><td>1</td><td>电视机</td><td>2</td><td>洗衣机</td><td>1</td><td>电冰箱</td><td>1</td></tr>
<tr><td>照相机</td><td>1</td><td>影碟机</td><td>1</td><td>组合音响</td><td>0</td><td>自行车</td><td>1</td></tr>
</table>

续表

<table>
<tr><td colspan="9">收入及收入来源（元）</td></tr>
<tr><td>收入合计</td><td>96100</td><td>种植业</td><td>100</td><td colspan="2">出租房屋等</td><td>0</td><td>本乡镇就业工资</td><td>0</td></tr>
<tr><td>外出打工</td><td>86000</td><td>从事运输业</td><td>0</td><td colspan="2">政府补贴和社会救济</td><td>0</td><td>其他经营收入</td><td>10000</td></tr>
<tr><td colspan="9">支出及支出类别（元）</td></tr>
<tr><td>支出合计</td><td colspan="2">22100</td><td>生产支出</td><td colspan="2">400</td><td>其他支出</td><td colspan="2">6000</td></tr>
<tr><td>生活支出</td><td>衣服</td><td>红白喜事</td><td>通信</td><td>娱乐</td><td>交通</td><td>教育</td><td>食物</td><td>住房</td></tr>
<tr><td>15700</td><td>1000</td><td>5000</td><td>600</td><td>600</td><td>400</td><td>100</td><td>8000</td><td>0</td></tr>
</table>

（二）孩子教育的成功之家——孙新立家

在联络员的指引下我们几个来到了孙新立的家里，走进孙新立的家中，我的第一感觉就是特别整洁，院子里杂物不多也都收拾得很整齐，走进屋里先是客厅，两边分别是卧室，客厅里的家具是橱子和桌子，桌子上摆放着钟表和电视机，另外还有茶几和沙发，屋子的布局简单实用，一点也不浮夸，给人一种很舒服的心情。

我们就是在孙新立的客厅里进行的访谈，孙新立告诉我们自己今年已经45岁了，属相是羊，初中文化程度。一看就知道孙新立是一位朴实的村民，他性格偏于内向不是特别善谈，在跟我们的交谈中也表现出了这种性格，没有长篇大论说一些作用不大的话，所讲的东西都是简单切题。孙新立有两个孩子，大儿子已经21岁了，去年以优异的成绩考上了同济大学，学环境保护专业，这为自家也为本村争了很大的光，在家里算是一件值得庆贺的大事情。小女儿是2003年出生的，现在已经在殷都区实验小学上小学了，女儿的学习成绩也很好，自己能够自觉学习，虽然她年龄还小但是表示一定好好努力学习考上大学，不能输给哥哥，可见小姑娘也很有出息。孙新立的妻子是1970年出生的，比自己小三岁，也是初中文化程度，虽然孙新立两口的文化程度都不是很高，但是他们在对孩子的教育有自己的一套方法，也已经取得了好的效果，还是相当成功的。

据孙新立介绍，他一共弟兄四个，其他的三个弟兄也都生活在本村，都是农民，他们也都有自己的院子。因为弟兄几个居住得比较近，平时来往也比较方便，有什么事情的话也能及时地相互照顾一下。每当逢年过节，孙新立都会经常与弟兄几个商量一下去父母那儿聚一下，让老人家也感受到家人的团圆，如果实在是忙得没时间的话就在各自家里吃饭。弟兄几个的关系相处得挺融洽的，对父母也都很孝顺，虽然都在农村务农没有多么丰厚的收入，但是都会尽力孝顺老人，尽到自己的责任，平时一有时间就去看望老人，过年时弟兄几个都会给老人一些钱用来补贴老人的生活。

孙新立告诉我们大儿子从小就学习成绩优秀，小学是在本村读的，当时不用怎么管教，儿子放学回家后就会自觉地认真学习和巩固功课。平时也就是经常地嘱咐儿子要珍惜时间用功学习，没有特别地批评教育更没有打骂孩子，全都是靠儿子的自觉，儿子自己特别懂事，总是虚心听取父母的教导。中考时儿子就以优异的成绩考入了安阳一中，安阳的高中教育竞争很激烈，只有班级前几名的同学才能考上安阳一中，在当时能够考入安阳一中已经说明儿子的成绩相当优秀了。高中三年虽然特别苦，学习和生活的压力都特别大，但是孙新立和妻子一直都是儿子的坚实后盾，不仅在生活上给予儿子细心的关照而且还不断地激励他学习和进步，儿子也以坚强的毅力跨过了自己最艰难的阶段，没有辜负父母的期望和培养，以高考的优异成绩证明了自己，最终被同济大学录取，这也算是对父母这么多年付出的最好回报了。因为儿子考上了名牌大学，村里还奖励了孙新立家里5000元作为对儿子上大学的补助，这在一定程度上也缓解了孙新立家里在教育方面的负担，孙新立对这个补助也表示了感谢。在谈到儿子的学习和成功时，孙新立也露出了欣慰的笑容，认为自己的孩子是很棒的，当然他也了解儿子在这么多年的学习过程中付出了很多努力和汗水，为儿子的成功感到自豪和骄傲，也希望儿子在大学里再接再厉，因为大学毕竟还不是人生的终点，儿子也还需要不断学习和努力来提高自己，孙新立表示他还将继续督促儿子的学习。

小女儿现在虽然只是上小学，但是孙新立对她的要求也挺高的，经常叮嘱她以哥哥为榜样好好用功学习，一般来说女孩子比男孩更听话更自觉，所以孙新立对女儿的学习也并不担心，而且现在女儿的学习成绩也特别好，放学回家后不用嘱咐就会按时认真地完成作业。因为年龄小，女儿现在来回上学都是家人接送的，妻子下班后回家做饭，照顾孩子的生活。女儿在学校里也很听话，与老师和同学相处得都很好，特别受老师和同学的欢迎。虽然在访谈期间我们没有见到孙新立的女儿，但是我们能肯定她是一个可爱文静的女孩，一定会像他的哥哥一样有出息。孙新立大哥的两个孩子从小就是邻居羡慕的对象，每当跟村民聊天说到这个话题时，孙新立总是会赢得一片赞赏。

孙新立对孩子的教育投入一点也不吝啬，他认为这是有必要的，平时即使自己的生活节俭朴素一点也要让孩子把学上好。儿子现在每年的学费和住宿费大概有6000元，都是自己想办法解决的，在上海上学生活的花销相对多一些，每个月都会给儿子七八百元的生活费，儿子也特别懂事，平时的生活也很节约从来不铺张浪费，儿子还告诉父亲说今年就要去参加勤工助学补贴一下自己的生活，同时缓解一下家里的经济压力。孙新立听到儿子的这些话时心里也很激动，觉得儿子真的是长大了。儿子经常会往家里打电话交流一下他在学校的生活和学习情况，学校里的奇闻趣事都会跟父母说一下，自己与同学和老师的相处情况也会告诉父母，好让父母放心地工作不必太挂念自己。现在小女儿上小学基本上花不了太多钱，学费由国家承担，基本上就是生活的费用，女儿每天都在家里吃饭花销比较小，而且小女儿也很懂事不会淘气浪费钱。

孙新立家里的主要经济来源是种地和打工，家里的土地基本上没有被征用，就是修路占用了二分地，政府已经给了补贴，别的工程也没有占用自家的耕地，现在家里还有二亩耕地，另外家里还有二分菜地，这点菜地足够提供家里的蔬菜供应。家里这二亩地主要是种植粮食作物，一年下来一季小麦一季玉米，两季能收入4000元左右，但是这些收入根本不够家里的开支，所以农闲时自己和妻子都会打工赚钱，自己外出打工一般会离家比较远而且在外待的时间也比较长，直到农忙时才会请假回家忙家里的农活，平时家里的农活主要是靠妻子来完成。据孙新立大哥介绍，自己外出打工的地点也不确定，哪儿有好的合适的工作就去哪儿，最远还去过广州那边打过工，在外面打工差不多每月能赚3000多元，比在家里种地的收入会高很多，这成为家里的重要收入来源之一，在外面打工时孙新立能干好多工作，建筑、电焊等他都会，孙新立说自己也没有专门的学过技术，就是在实际的工作中自己摸索着学会了，可见孙新立还是一个心灵手巧的人，对生活和工作有敏锐的观察力。在外工作虽然比较辛苦，条件也不是很好，但是为了家人能够生活得好一点，为了孩子能够好好读书，孙新立并没有觉得辛苦也没有怨言，他认为这是值得的，自己也应该这么去做，必须要尽到一个丈夫和父亲的责任。孙新立说他的妻子在安钢附近的华联超市打工，离家里也不是很远，可以比较方便地照顾女儿的上学和生活，妻子在超市主要是做商品的促销工作，每月能收入800元左右，虽然挣得不是很多但也减轻了家里的经济负担。

在与孙新立的访谈中，我们了解到孙新立现在的身体情况并不太好，每天都得吃药，在客厅的茶几上还有孙新立要吃的药片。孙新立告诉我们，去年年底时突然感觉身体不舒服，去医院检查结果确诊为脑血栓，在医院住了一段时间，治疗的差不多好了之后就出院了，现在病情已经恢复得比较理想了。这次突然的生病花费了家里不少钱，虽然孙新立全家都参加了新型农村合作医疗，但是住院的医疗费主要还是自己承担的，有关部门并没有给报销多少，他认为新型农村合作医疗的相关规定并不合理，报销的比例比较少，对农民的照顾还不够，仍存在一些问题需要解决和完善。从今年开始孙新立享受到了政府的低保补助，每个月可以获得政府的50元补助，对他来说这也算是一个政策照顾。孙新立告诉我们，等过一阵子身体完全康复了还会出去继续打工赚钱，因为自己不去赚钱养家的话，家里的经济状况很难周转，自己必须要承担起养家糊口的重任。当时我们几个也叮嘱孙新立注意保重身体，在工作的同时也多加休息。孙新立参加了社会养老保险，每年需要交纳280元保险费，因为自己身体情况不太好才决定投的这个保险，这也算是为自己年龄大了之后的生活做一个保障。

孙新立说自家的条件在村里并不算好，但是自己也没有埋怨过什么，一直都是努力地工作争取更好的生活。孙新立家里一年下来的花销主要是一家生活和孩子教育的支出，这在整个支出中占了很大的比例，一年光这两项开支就得两万元，当然这也是必要的开支没法节省。平时的人情来往一年也要花费两千元左右，这些花费每年的情况不一样也没法控制。再有就是去年自己生病花了一万多元，这也是自己没有预料到的，算是突如其来的花费，这也提醒了孙大哥在工作的时候一定要劳逸结合，赚钱养家固然重要但是保重身体才是第一位的，自己拥有一个好身体是多少金钱也买不过来的，孙新立也表示自己会注意身体，等过几年儿子毕业能够赚钱了，自己的工作压力到时也会减小很多。除了以上的花销之外，孙新立家里的支出就不是很多了，其他没必要的花费孙大哥一家都很节俭，像交通、通信、娱乐的费用一般就是能省则省，有钱用在刀刃上。

孙新立家里的房子和院子一共一百八十多平方米，孙新立说他家的房子是近几年刚修盖的，各方面都还比较新。家里的基本家用电器像电视、电冰箱、洗衣机也都有，还有一个电动车主要是妻子上下班和接送女儿上学用。由于孙新立长时间在外打工，每次回家都是农忙时而且忙完家里的活就又回去打工了，他对村里的好多事情和新闻也不是很了解，当我们聊到村里的“十大员”政策的时候，孙新立说自己也没听过，家里的人也没有谁是“十大员”，他表示有时间的时候再了解一下村民关于这个政策的情况。平时孙新立大哥的娱乐方式也比较简单，看出他是一位传统朴实的村民，一般就是在家里看看电视，主要是看新闻了解国家政策和一些教育的综艺节目，再有就是去街上逛逛跟村民聊会儿天消遣一下，别的像唱歌跳舞的娱乐活动孙新立基本不参加，因为自己也不会唱歌跳舞，而且由于性格的原因自己对这方面的娱乐方式也不是很感兴趣，不太喜欢吵吵闹闹的。

对于城中村改造拆迁的问题，孙新立表示自己还是乐意住平房，毕竟已经住了这么多年平房都习惯这种生活方式了，而且自家的房子是刚刚修建的还很新，自己还舍不得把房子拆了，再有就是住平房的成本比住楼房要低好多，可以为家里节约一部分钱用在别的方面。现在房价比较贵，要是搬迁住楼房的话，虽然村里会按自家现在房子情况给予一些补贴，但是也不能缓解自家买一套新楼房的经济压力。但是如果上级要求必须搬迁，那就要按家里的经济情况来实施搬迁了，要是家里实在没钱住楼房的话就不好搬迁了，因为家人还要生活，自己的孩子也还要上学，这些也都是一些大问题，也不想因为住一个楼房就把这些事情都影响了，搬迁的问题也是一个复杂的民生问题，孙新立希望上级部门能够妥善地处理，提出一个好的合理的解决方案，希望最后能获得皆大欢喜的结果。

通过对孙新立的访谈，可以感觉到孙新立是一个传统而且朴实的人，虽然他的话并不是很多，但是他对生活很乐观充满了希望，他对家人也很负责尽到了做丈夫和做父亲的责任，想到家人的生活和孩子的学业时，他就充满了能量和工作的动力。孙新立家里的条件虽然不算很好，但是他在孩子的教育方面的付出是很多的，而且在教育孩子时有自己的一套方法，这也是值得别的家长借鉴和参考的。在此，我们祝愿孙新立身体健康家庭幸福，希望他能继续乐观积极迎接每一天，也感谢孙新立接受我们的访谈，与我们共同分享一些宝贵的经历。

表 2－15　**孙新立家庭调查表**

<table>
<tr><td colspan="8">农户家庭基本情况</td></tr>
<tr><td>户主姓名</td><td>孙新立</td><td>民族</td><td>汉</td><td>文化程度</td><td>初中</td><td>家庭人口数</td><td>4</td></tr>
<tr><td>劳动力人口数</td><td>2</td><td>在校生人数</td><td>2</td><td>就读学校</td><td colspan="3">同济大学、殷都实验小学</td></tr>
<tr><td colspan="8">家庭固定资产和耐用消费品情况</td></tr>
<tr><td>住房</td><td>1</td><td>占地面积（㎡）</td><td>180</td><td>汽车</td><td>0</td><td>农用车</td><td>0</td></tr>
<tr><td>摩托车</td><td>0</td><td>电视机</td><td>1</td><td>洗衣机</td><td>1</td><td>电冰箱</td><td>1</td></tr>
<tr><td>照相机</td><td>0</td><td>影碟机</td><td>0</td><td>组合音响</td><td>0</td><td>自行车</td><td>1</td></tr>
<tr><td colspan="8">收入及收入来源（元）</td></tr>
<tr><td>收入合计</td><td>54200</td><td>种植业</td><td>4000</td><td>出租房屋等</td><td>0</td><td>本乡镇就业工资</td><td>9600</td></tr>
<tr><td>外出打工</td><td>40000</td><td>从事运输业</td><td>0</td><td>政府补贴和社会救济</td><td>600</td><td>其他经营收入</td><td>0</td></tr>
<tr><td colspan="8">支出及支出类别（元）</td></tr>
<tr><td>支出合计</td><td>35700</td><td>生产支出</td><td>800</td><td>其他支出</td><td colspan="3">10000（就医）</td></tr>
<tr><td>生活支出</td><td>衣服</td><td>红白喜事</td><td>通信</td><td>娱乐</td><td>交通</td><td>教育</td><td>食物</td><td>住房</td></tr>
<tr><td>24900</td><td>1200</td><td>2000</td><td>600</td><td>600</td><td>1500</td><td>7000</td><td>12000</td><td>0</td></tr>
</table>

（三）医生世家——孙合军家

走进孙合军的诊所，第一眼的感觉就是诊所的条件还算不错，里面布置得很整齐也收拾得很干净。进屋首先是一间问诊室，里面有两张桌子和几把椅子，这是孙合军日常接诊的地方，我们几个便是在这个房间里进行访谈的。问诊室的右手边的房间是一个病房室，里面有几张病床还有一台电视机，从问诊室往里走是一间比较大一点的屋子，是孙合军的药房和配药室，里面也有病床，这间屋子虽然东西比较多但收拾得井井有条。孙合军的诊所给人的感觉虽然规模不大，但是相对来说各项条件还算完备，可谓麻雀虽小五脏俱全，卫生诊所该有的设备都比较齐全。

孙合军是 1969 年出生的，今年已经 42 岁了，1987 年孙合军中专毕业于安阳卫校，在安阳卫校上学时学的是内科，当时的学校条件没有现在好，生活也很艰苦，自己心里也知道能够上学的机会来之不易，所以那会儿学习也很用功，把内科的基本医学知识学得也很扎实。孙合军介绍说毕业后就来到了南流寺村做乡村医生，已经工作了二十多年了，这么多年的从医经历让他总结了很多经验和方法。刚毕业那会儿孙合军还没有编制，后来经过 2004 年到 2006 年的培训，再上岗后孙合军医生才有了正式的编制，可谓一波三折来之不易，孙合军本人也很看重这个编制，毕竟这是一个保障。

孙合军的父亲以前就是一名赤脚医生，所以孙合军从小就受到了父亲的影响，还是小孩时孙合军就已经懂得了好多医学的知识和常识，这也促成了孙合军学医，当然这些储备的知识对孙合军进入卫校后的学习也起到了很重要的促进作用，使孙合军在学习的过程中有了事半功倍的效果。虽然孙合军最后还是听父亲的选择做了一名医生，但是孙合军的从医之路也不是完全服从父亲的，在十八九岁的时候，孙合军曾经还考虑跑外工作，还出去打工过一段时间，但是最后还是迫于父亲的压力又回来做起了乡村医生，对于父亲的强制和自己的选择，孙合军也没有觉得不对，现在既然已经做了医生这一个行业，就要干一行爱一行，把自己的本职工作努力做好，说到这儿的时候孙合军的态度很严肃，他告诉我们说做医生干的都是人命关天的大事，必须要认真正确地对待，容不了半点含糊。对于孙合军的工作态度，我们都特别赞成，既然自己做出了选择就要全力以赴把事情做好，尤其像医生这种人命关天的行业就更要严肃对待。

孙合军还有一个弟弟，现在已经上班了。孙合军家里一共有两个孩子，一个女儿和一个儿子。大女儿现在在汤阴县一中读高一，小儿子现在在殷都区实验小学读二年级。因为安阳的高中竞争比较激烈所以才把女儿转到汤阴县一中上学，对于子女的教育问题，孙合军还是比较重视的，认为必须要让孩子好好上学，他平时也经常督促两个孩子努力学习。女儿因为在外地读书每个月回家一次，平时吃住都在学校，生活上一个月大概花费 400 元左右，儿子现在是义务教育阶段，基本上花不了太多的钱，每天都会回家吃饭，基本上就是花费一些零用钱。孙合军的妻子是一名护士，也是安阳卫校中专毕业的，现在在家里闲着，有时诊所的工作忙，她就会来帮忙，对孙合军的工作也会有一些促进作用，因为两个人的工作都是在同一个领域的，所以也会有一些重叠和交叉。

孙合军的房子一看就很新，据他介绍，房子是 2008 年刚新修盖的，当地有专门承包盖房子的建筑工程队，按所盖房子的平方米大小算工钱，这是农村盖房的主要方式。他的房子一共有二百八十多平方米，其中诊所占用了大约八十多平方米，诊所的布局设计也是孙合军一手完成的。冬天家里和诊所的取暖设备主要是煤炭炉子，这是本村主要的取暖方式，对各家各户来说这种方法比较方便。平时家里基本上饮用村里集体提供的自来水，但是村里的自来水存在一个问题，就是不能连续二十四小时供应，而是限时段提供，这给村民的用水带来了一些不方便，每次都要准备容器储存一些水以备不时之需。

通过与孙合军的交谈，我们了解到他刚开始开诊所的时候是与父亲一起干的，父亲当时已经干了许多年，对自己来说也是一个老师，在工作中向父亲也学习了特别多的知识和经验。现在父亲年纪大了，身体也没有以前好了，自己也承担起了照顾父亲的责任，可见孙合军医生是一位孝敬父母的儿子。孙合军开诊所这么多年也经历了一些事情，开始时孙合军有扩大自己诊所规模的想法，但是由于条件的限制，这个想法并没有得到实现。前些年村里对几家卫生诊所进行过整合，打算合成一家规模更大的村诊所，实行了一段时间，最终由于机构组织问题导致效益不好和利润分配方面的原因，这个计划未能成功，最后还是分离出来各自干自己的诊所。孙合军对村里统一整合诊所的建议是政府成立医疗所，然后村里的医生竞争上岗统一标准给医生发工资，由政府统一领导和管理，公平公正公开地落实相关政策，这样才不会导致再发生像以前因为一些原因而干不下去的结果。当然这也只是孙合军自己的一些想法和建议，对于下一步村里对卫生诊所的具体措施，孙合军表示还是会听村委会的安排，尊重组织和大家的意见，也希望村委会和广大村民群众能够给出合理可行的方案和措施。

孙合军告诉我们在农村看病不像在城里的医院看病，没有挂号费，即看病是不收费的，因为农村诊所的成本毕竟没有城里的医院成本高，诊所也是为广大村民群众服务的，能够获得的收入就是赚一点医药费。相对于现在的物价上涨程度，诊所的收入并不是很高，还存在许多村民赊账看病的情况，因为是救死扶伤的工作，所以只要有病人过来，无论如何首先要给病人诊治，现在孙合军那里还有十多年前的医药费拖欠情况。而且现在村里大小诊所一共有四家，竞争也比较激烈，要想增加收入就得在服务质量和医术水平上不断提高，更好地为村民服务。孙合军诊所的药都是由专门的配送医药的人员配送的，他们每天都会咨询诊所的用药情况，确保诊所的医药库存得到保障。

上级卫生部门对乡村医生的开药也有严格的规定，要求乡村医生一次开药不得超过三天，三天后根据实际情况再诊断开药，孙合军医生也是严格遵守这项规章制度，从来都是只开两天的药然后两天后再根据病人的具体情况再次诊断开药方。上级对乡村医生的看病也有严格的要求，像孙合军所学的专业是内科，所以孙合军只能看内科的疾病，对于其他的疾病不允许他诊治，对妇科的要求更严格，因为以前有这方面的医疗事故出现过，上级对这方面要求很严，而且如果情况紧急的话仅仅可以进行消炎杀毒，孙合军医生从来都是严格遵守这些规章制度确保万无一失。孙合军严谨的从医态度也使他得到了收获，从医这么多年以来，孙合军的诊所从未出现过一次医疗事故和医疗纠纷，我们一致觉得这是难能可贵的，这也是其他的医生应该做到的，希望他们之间能够互相学习和促进，提高村民的身体素质，保障老百姓的身体健康，这才是合格优秀的医生所应该做到的。

上级组织会定期对乡村医生进行专门的业务水平培训与考核，一般都是由卫生局来组织。每年的流行病多发季节和遇到突发情况，例如 2003 年的非典时期，都会组织医生进行培训，孙合军对这类的培训表示赞成也很支持，因为他觉得这是有必要的，可以增长知识，提高自己的业务水平，增强自己的疾病预防意识。但是他也指出了这些措施在具体实施的过程中存在一些问题，例如隐性收费问题，对医生进行培训时会添加一些作用不大的收费项目，下发一些物品进行收费，有时上级部门会提出一些不合理的收费项目进行收费和征税，他认为这类情况是可以避免的，并希望上级领导重视一下这类问题。对于合理可行的费用孙合军表示他是愿意也是必须承担的，希望上级正确落实这些政策，监督下级部门，公平公正公开地执行政策，这对老百姓来说也是件好事。

据孙合军介绍，他的家人都参加了新型农村合作医疗，他认为这项政策是一项好政策，为老百姓就医看病提供了便利。因为自己是医生，所以家人的小病自己就能看好，但是如果病情严重的话就要去大医院，家里人身体还都比较好，就是父亲现在年龄大了身体不太好，每月享受国家的 50 元低保补贴，另外家里每年还有 100 多元的粮食补贴。孙合军家里的土地由于南水北调工程被占用了二亩多地，每亩地一次性地给予大概 1.9 万元补贴，对这个补贴标准孙合军表示有点少，但是他认为因为这是国家的工程需要，自己也愿意支持国家的工作，是可以理解的。土地被占用后孙合军家里现在还有不到一亩地，主要种植小麦和玉米，一季大概能收四五百斤粮食，如果只靠种这点地的话是不够生活的，孙合军告诉我们他家的条件在村里差不多算是一般情况，家里的各项生活设备基本上也都齐全，诊所里必备的医疗设施也都配备，这是一个诊所必备的标准。

孙合军平时的消遣方式并不是很多，看出他是一位朴实的村民，平时就是看电视，也会经常看书，尤其是医疗方面的书，不断地巩固和普及自己的从医水平和知识深度，偶尔也会出去街上逛逛跟村民聊一下家长里短，但是也不敢出去待时间久了，并且还不能离家太远，因为诊所随时都有可能有病人过来就医，自己必须保证要在第一时间赶到工作岗位上，要对村民负责。对于孙合军医生的敬业态度，我们都是钦佩的，他体现出了作为一名优秀医生所应该具备的良好医德和对病人的态度。

孙合军家里在生活上的支出每月差不多1000元左右，这是必须支出的部分，一年下来人情来往的花费差不多得三四千元，衣服穿戴上也会消费1000元左右，孩子的教育也是每年开支的一个重要组成部分，一年下来两个孩子的教育费用大概有五六千元，当然这还不包括孩子的生活费用，两个孩子还都比较懂事，平时也不会去浪费乱花钱。孙合军跟我们介绍说，诊所的诊治情况也有淡旺季之分，因为冬季流行感冒比较多，过来就医看病的人就会较多，其他季节相对来说就少了。

表2-16　孙合军家庭耐用消费品情况

项目	数量	项目	数量
电视机	2	拖拉机	0
电冰箱	0	卡车	0
洗衣机	1	小轿车	0
照相机	0	电话	1
影碟机	1	组合音响	0
电动车	1	手机	2
摩托车	0	自行车	1

资料来源：根据孙合军口述整理，2011年7月。

对于南流寺村的城中村改造问题，孙合军医生也发表了自己的看法，自己对住楼房还是平房的问题并不会太在意，拆迁问题会服从村委会和村民的意见，但是前提是政策和措施要合理可行，不能侵犯村民的权益，鉴于自家的房子是新修建的使用价值还比较大，孙合军希望村里能够考虑到这些因素，适当地提高补偿，当然据我们了解的情况，村里对每家每户的补偿情况也会综合考虑房屋的各种状况，对于孙合军的要求我们认为他们之间应该可以达成一致。对村里诊所的规划，孙合军表示会听村委会的意见，当然也会向村委会提出自己的建议。提到养老问题时，孙合军对这个还没有具体的规划，认为自己现在的年龄还不是很大，孩子也都还小，对于社会养老保险，孙合军表示会了解一下，如果适合自己的话会考虑参加。虽然自己的家人都参加了新型农村合作医疗，但是孙合军对这项政策也提出了自己的观点和建议，他认为这项政策在实际落实时还存在一些问题，以前合作医疗报销的比例是70%，现在反而下降到了60%，然后村里仅仅指定了两家新型农村合作医疗的定点诊所，村民办理的合作医疗仅仅可以在那两家诊所才能使用，孙合军认为应该逐步扩大定点医院的范围，使这项政策普及起来，这样才能推广新型农村合作医疗的政策，让更多的村民享受到更多更好的便利。

通过对孙合军医生的访谈，我们总体的感觉就是孙合军是一个朴实的人，作为一名医生他是一位合格优秀的医生，以对病人负责的态度来工作，虽然工作中也遇到过各种的困难和压力，但是他都从容地克服了。孙合军身为一名医疗工作者，对新型农村合作医疗政策提出的几点建议也是深刻的，这也是我们大家所关注的，我们希望也相信各项政策都会不断完善，更加符合人民和社会的需要。在此，我们祝愿孙合军工作顺利家庭幸福，也衷心地感谢孙合军医生能够接受我们的访谈，与我们分享了许多东西。

表 2－17 **孙合军家庭调查表**

<table>
<tr><td colspan="8">农户家庭基本情况</td></tr>
<tr><td>户主姓名</td><td>孙合军</td><td>民族</td><td>汉</td><td>文化程度</td><td>中专</td><td>家庭人口数</td><td>4</td></tr>
<tr><td>劳动力人口数</td><td>2</td><td>在校生人数</td><td>2</td><td colspan="2">就读学校</td><td colspan="2">汤阴县一中、殷都实验小学</td></tr>
</table>

续表

家庭固定资产和耐用消费品情况							
住房	1	占地面积（㎡）	280	汽车	0	农用车	0
摩托车	0	电视机	2	洗衣机	1	电冰箱	0
照相机	0	影碟机	1	组合音响	0	自行车	1
收入及收入来源（元）							
收入合计	31500～41500	种植业	1500	出租房屋等	0	本乡镇就业工资	0
外出打工	0	从事运输业	0	政府补贴和社会救济	0	其他经营收入	30000～40000

支出及支出类别（元）					
支出合计	17500	生产支出	400	其他支出	400（就医）

生活支出	衣服	红白喜事	通信	娱乐	交通	教育	食物	住房
16700	1000	1200	600	600	500	4800	8000	0

资料来源：根据孙合军口述整理，2011年7月。

（四）书生辈出的孙泰山家

我们最初确定访问名单时，考虑到教育对农家改变命运的重要性，特意请我们的联络员王哥推荐一家比较重视孩子教育的人家。王哥想都没想就推荐了孙泰山家，看来孙泰山家在这个村里是挺出名的。据王哥当时的介绍，他们家有两个大学生，去了才知道原来他们家的三个孩子全部都是大学生，这让我们很是惊诧。

孙泰山家是我们入户调查的第一户人家。在王哥的引领下，我们很快找到了孙泰山的家。他家是一个典型的北方农村建筑，进了大门就是一个小院子再加几间小平房。孙家三口人当时正在小院中聊天，听了我们说明来意后，很热情地接受了我们的采访要求。我们很快开始了交谈。

现在孙泰山家里只有三口人，他、老伴徐桃云和小儿子孙江峰。孙泰山生有两男一女，这在河南农村算是比较普遍的情况，他最小的儿子都已经大学毕业，大儿子孙文峰和二女儿孙华峰都已经各自成家，并且有着相当不错的工作。

其实我们更应该重点介绍他的三个子女。大儿子孙文峰是他们家的第一个大学生，本科就读于郑州大学道路桥梁专业，研究生阶段仍旧在郑州大学，学习的是水利专业，老人介绍说是因为水利专业更好就业，如今在安阳市规划局设计院工作；二女儿孙华峰就读于河南中医学院，毕业后也回到了家乡，如今在安阳市人民医院工作；三儿子孙江峰较小，本科就读于解放军信息工程学院，非军校专业，2010 年的毕业生，去年同样加入浩荡的考研大军，可惜没有考上，思虑再三最终没有选择工作，而是坚持再考了一年，显然这个决定换来了满意的结果，今年他成功考取了西安电子科技大学。

这个普通的农户家庭对孩子上学不遗余力的支持是有着其主观和客观上的原因。客观上说，徐桃云其实算是读书人家出身的，大姐和哥哥都是大学生，并且都有份体面的工作，这对孙家起着很大的示范和激励作用。主观上面，孙泰山的成长经历对孙泰山支持读书起着关键性的作用，他认为只有读书才能改变农村孩子的命运。

孙泰山出生于一个贫穷的家庭，爷爷去世得早，父亲从小过着“像奴隶一样”的生活，长大后开了一家小店也被日军飞机的空袭炸毁。只是到了土改后，由于断断续续上过一年半学，父亲被选为村里的会计，不久就调入曲沟镇任总会计，一年多后，甚至还进入了焦作财经学院进修。但是父亲的远离以及贫困给孙泰山带来了童年的痛苦记忆。由于父亲不在身边，母亲必须包下所有的农活，很难照顾到小孩。相反孙泰山 8 岁多就开始帮助妈妈照顾奶奶，在寒冷的冬天就去离家不近的地方取水。孙泰山在很小的时候得过肠胃炎，整天哭，当时农村更多使用中医治疗，可是没有效果，按照风俗本来是要把小孩扔掉的，可是母亲坚持不扔，尝试西医治疗，可是由于当时卫生条件差，医生连针都不会打，打错了地方，虽说最终捡回了一条命，但是却留下了伤疤，直到今天仍然还可以见到。孙泰山在 1958 年开始上学，成绩很好，在当时十几个村子组成的学校中，只有三个考上了初中，孙泰山就是其中一个，并且在读中学时一直是年级前三名。当时孙泰山的父亲虽说是乡的总会计，有一定的经济收入，可是由于父亲还要救济兄弟姐妹，所以管不了家里，孙泰山上学时竟然吃着糠，当时为了怕同学看见，就躲在围墙外吃，刚开始就着冷水吃，可是冷水闹肚子，后来改为就热水吃糠，由于这样还吃不饱，只有上课喝热水充饥，一边上课，一边喝热水。提到这段不堪回首的记忆，原本心情愉悦的孙泰山满含泪水，哽咽不止。个人命运在时代面前总是如此的渺小。

孙泰山高中上了一年，随着“文革”的到来，也开始加入了闹革命的大流，并且在1966年11月去北京目睹了毛主席第七次接见红卫兵。但是生活总得继续，没有了书读，孙泰山只有回家干活。过了几年，孙泰山去旁边的炼铁厂当了合同工，也算是安钢的工人了，当时的工作就是拉铁块。工厂技术改造实行机械化后，孙泰山转为生产工人，于是有了非农户口，由于具有一定的文化，又开始做文书。在这期间，孙泰山完成了人生重大的两件事：1973年结婚，1974年女儿出生。孙泰山在工作期间，工作非常努力，而且喜欢动一些小脑筋，比如改进机器，曾经由于一项技术改进还申请了专利，不过功劳被领导攫取了，专利署名并没有他，孙泰山虽有不忿，可是也无可奈何。孙泰山退休后也常常去别的企业帮忙，一方面挣点钱，一方面打发时间。可是长期的劳累导致了孙泰山的身体开始出现不适，后来由于神经衰弱，最终回到家休息。

孙泰山家如今主要的经济来源就是靠着孙泰山的退休工资，支撑着这个小家的基本支出，包括小儿子的教育支出。孙泰山的退休工资算是不错的，如今每个月有2000元，去年是1800元。老人由于是安钢的退休工人，享有养老保险，明年就可以每月领一份养老金。另外，家里虽然有两亩地，可是老人都有病在身，就让给了村里人耕种，家里有一小块菜地，种点当季蔬菜自家吃。

至于家庭支出方面，我们可以参考孙泰山家去年的家庭支出情况表。因为农村人都没有详细的记账习惯，所以这些数据都是孙泰山一家的大概估计，因此都是整数，但是数据与真实花费相差不大。从支出表中，我们可以看到孙泰山家的开支不算小，不过他的工资基本上都够用。最大的开支无疑是教育和看病，如今孙江峰已经考上研究生，研究生基本上能够自食其力，应该可以减轻一些家庭的负担。至于医疗上的支出，随着年纪的增长，老年人的疾病开始增多，孙泰山本来就有神经衰弱，需要一定的药物辅助，不久前妻子徐桃云得了老年退化性关节炎，出现了面瘫。我们去他家的时候还能看见老人手术后脸上贴着纱布。因此医疗支出成为很大的开支，去年花了将近5000元。这是老年人的常态，如今的医疗支出基本上成为常态。一旦出现大病，可能就需要成年的子女们负担一部分了。另外，孙泰山全家都加入了新合作医疗，在他们看来这是小钱，花一点小钱买个放心，是很值得的。事实上，徐桃云做手术，新合作医疗报销了40%，大大减轻了他家的负担。

孙泰山家日常的食品开支并不大，大概300元/月，这个数字在城市来说是挺低的，这可能与他们特殊的地理位置相关，介于城市和农村之间的独特地位，让他们过着城市的生活，却享受着农村的低消费。在中国，人情往来是成年人必需的开支，并且伴随着人的终生，开支的大小视个人的能力而定。虽然大儿子和大女儿都已经成家，也开始有着自己独立的人情往来开支，甚至有一部分会和父母重叠，可是这并不能够抵消父母这部分开支，这就是中国社会的独特情况，这一点在农村表现得尤为明显。农村的很多习惯并不能随着城市化而消失。

孙泰山几乎将所有的收入投在孩子的教育上，本来也没有什么余力再管孩子以后的生活，包括结婚生子。在与我们的交谈中，我们询问了关于子女是否每月给一定的生活费的问题。当时孙泰山只是一笑，我们就想会不会提到了忌讳或者私密的问题了，但是左想右想觉得这也没什么忌讳的，只是非常正常的话题。当我们提出我们的疑惑时，孙泰山笑着解释道，说孩子毕业后，没工作两年便谈朋友，然后考虑结婚的事，但是结婚需要房子，于是得存钱买房子，买了房子后，每个月还得还房贷；结婚不久后，又要生小孩，总之花钱的地方很多。城市如今的生活压力大，自己现在有退休工资够自己的生活了，不需要他们的钱，只是自己没有余力再去帮助他们了。孙泰山说，大儿子孙文峰结婚时，家里并没有出什么钱，基本上是孙文峰自己搞定，只是买房时给了他一万。女儿孙华峰结婚买房时，老人家还借了两万，但只是借，必须还，因为在农村能让女儿一直读到大学，这本身就已经是父母所能给的最好的嫁妆了。当然，这“借”和“给”还是体现了男与女的区别，至少在农村是这样的。

孙泰山家的房子在南流寺村是典型的北方平房，房子外部装修明显不如村里的大部分家庭。一方面是因为他家的主要收入都支出到教育上，没有余力还修葺装修房子。另一方面也是因为家里的几个小孩都已经“出去”了，大女儿和大儿子都已经在城里安家了，小儿子以后也不可能回到村里居住，只剩两个老人居住着，装修太好没有必要。事实上，农村人花大气力装修房子一般都是为了给儿子结婚用，这是普遍情况。从这个意义上说，城里和农村其实在结婚有房上是相通的，只是农村的居住成本远低于城市，问题远不如城市突出而已。现在孙泰山家就住着普通的几间红砖水泥平房，农村居住面积不小，大概有130平方米，取暖设施与农村相同，冬天没有暖气，使用暖炉，炉子是用煤球供暖。村里早已用上自来水，这就保证了饮水的卫生安全，在这一点上享受到了城市水平的服务。据我所知，北方农村由于相对聚集，很多村都使用自来水，一方面节约，一方面更好控制饮水卫生。在这一点上，南方的农村不如北方。孙家日常生活中做饭基本上夏季用电，冬季用煤，因为冬季要供暖，可以顺便做饭。当我们问及家庭的耐用消费品时，孙泰山不由得有些乐了，老伴也在一旁帮腔说："该有的基本上都有了。"我们也依照表格统计了一下，在日常家用电器上，除了照相机外，电视、电冰箱、洗衣机、DVD甚至音响一应俱全。孙泰山的儿子女儿的家庭各自都有照相机，老人没有必要要这个。日常出行也有电动车代步，相当方便。看来孙泰山在生活上更加注重实用性，注重真正对生活的改善。因为外部装修再漂亮，对生活改善无益，还不如把钱花在能切实提高生活的地方。显然，在这方面孙泰山受在外面见过世面的子女的影响，因为在我接触过的农村家庭中，往往都是外面弄得漂亮气派，里面却非常的一般。

孙泰山是苦出身，常年忙碌惯了，所以并没有形成什么特别的爱好，平常看看电视，闲逛一下。看电视一般就是看新闻，或者一些戏曲，老人往往喜欢这些。对他而言，了解一下国家正在发生的事情，关注一下政府的方针政策，不管是不是与自己有关，最起码活得明白一些，这是一项非常重要的休闲活动。孙泰山也经常出去散散步，因为自己身体有点不好，多逛逛也是锻炼身体的一种有效方法，而且还能和村民一块聊聊天，与村民保持适当的联系，这样时间也会过得很快。如今孙泰山又成了"十大员"中的治安巡逻员，四处闲逛已经不是个人的事情了，还是一项责任。对于闲逛的同时还能帮村里人做点事，孙泰山挺满意这一点。

这是一个令人羡慕的家庭，一个普通的农民家庭培养出三个大学生，其中两个还是研究生，这不能不让人佩服。同时也不能不让我们对孙泰山的家庭教育表示好奇，当问及这一点，孙泰山的回答非常朴素，与其他培养出大学生的农家并无区别：①坚信读书是农村孩子出头最好的途径，一定得让孩子上学；②尽量创造良好的环境给孩子；③让孩子多吃苦，吃过农活的苦头后，读书会更加刻苦。其实并没有什么新鲜或者高深的观念，很多农村家庭也做到了这一点，但是很多小孩往往并没有读出来或者直接就厌学了。看来，任何事物的发展都是内因和外因发展的结果，父母往往只能创造一个良好的外部条件，关键还是得看孩子自身的天赋以及个人意志，这在无权无财的农家尤其如此。按孙江峰的解释，就是“父母挺辛苦的，觉得自己应该努力学习才能报答他们，而且做农活太辛苦啦，还不如读书”。看来责任感和感恩意识以及适当的刺激，这些培养一个孩子成才的条件在哪里都是通行的。

表 2 - 18　　孙泰山家庭调查表

农户家庭基本情况

户主姓名	孙泰山	民族	汉	文化程度	初中	家庭人口数	3

劳动力人口数	2	在校生人数	1	就读学校	西安电子科技大学（2011 年下半年入学）

家庭固定资产和耐用消费品情况

住房	1	占地面积（㎡）	130	汽车	0	农用车	0
摩托车	1	电视机	1	洗衣机	1	电冰箱	1
照相机	0	影碟机	1	组合音响	1	自行车	2

收入及收入来源（元）

收入合计	21600	种植业	0	出租房屋等	0	本乡镇就业工资	1800/月
外出打工	0	从事运输业	0	政府补贴和社会救济	0	其他经营收入	0

支出及支出类别（元）

支出合计	17100	生产支出	0	其他支出	5000（看病）

生活支出	衣服	红白喜事	通信	娱乐	交通	教育	食物	住房
12100	0	1500	800	0	200	6000	3600	0

资料来源：根据孙泰山口述整理，相关数据以 2010 年为准，2011 年 6 月。

（五）南流寺村的高龄之家——陈天保和王改香一家

南流寺村年龄最大的是陈天保老人，今年 93 岁，他的老伴王改香今年 87 岁，这是村里年龄最大的一对夫妻。我们调研小组专程到陈天保老人的家中采访他。不巧的是只有老伴王改香老人在家，我们便和王改香一起聊天，了解一下她家里的情况。

我们调研小组到的时候，王改香老人正在家门口闲坐着，陈天保老人外出在村里散步。王改香热情地把我们带进院里，院子不大，但很整洁，院子里养着一只狗，见有外人来访，狗叫个不停，我们便在院子的过道和王改香攀谈起来。

王改香虽然已经87岁了，但是身体看起来很硬朗，耳不聋眼不花，和我们沟通没有什么障碍。但是王奶奶很多事情记得不是很清楚，村里的联系人也会时不时给我们解释一下。我们听说在家里都是王改香照顾陈天保老人的，家里的菜地也是王改香种的，甚至挑水做饭这样的活老人都能做。我们不禁感慨南流寺村的老人真硬朗。

王改香小的时候也没有机会读书，至今仍然不识字。王改香小的时候恰逢战乱，日本侵略中国，国共内战，民不聊生，老百姓生活苦不堪言。王改香记得那时每顿饭都是喝粥吃咸菜，经常吃不饱。记得有一年冬天她饿得难受将家里种地的种子吃了一把，结果被大人打了一顿。小的时候，经常做的就是挖野菜、放鸭子、割草、喂猪，等等。那时农民很少有自己的土地，都是租地主的地种粮食，每年除了交租，剩下的仅够自己家里人糊口。从12岁起王改香就开始跟着大人下地干活，那时她还很矮，家里人就给她做了一个短把的锄头。这些事情王改香回忆起来让我们感觉很有意思，但是当时的农民生活真的就是不干活就会饿死。

1937年抗日战争爆发，时局动乱，农民的生活更是雪上加霜。在抗日战争的时候，王改香并没有亲眼见过日本鬼子，她随家人东躲西藏，在战乱年代勉强生存。王改香给我们讲，在抗日战争时期，南流寺村出了抗日英雄，这里的村民自发成立的抗日武装。那时南流寺村有个村民叫孙筱尚，是北平交通大学毕业的。1937年孙筱尚交大毕业后，组织“安阳抗日义勇军”，当时的国民河南省政府并不承认其番号。1938年，孙筱尚和四五个进步青年到林县北部寻访八路军，并接受抗日任务，此后组织政工团，亲任团长，宣传抗日，破坏敌人的交通，偷袭日军据点。后来政工团被国民党县政府解散。孙筱尚到安阳县办“抗日联中”任校长。1939年随其胞弟共产党员孙有谋到抗日根据地秦家岭，并见到华北抗日民军司令朱程，朱程指示孙筱尚“抗日，需抓武装”。后来孙筱尚指挥地方武装抗日，1941年孙筱尚加入中国共产党。据说孙筱尚爱护士兵，关心下级，深受士兵爱戴，他不仅治军有方，还有胆识。到1943年，孙筱尚的部队发展到5个新中队，规模最大时700余人，枪支2000多支。这支地方武装探取日军情报，爆破铁路，破坏敌人交通，发动青年抗日，护送党、政、军干部，在安阳西部就像一颗钉在敌人心上的钉子。1943年10月，孙筱尚被骗到安阳城遇害，时年34岁。王改香给我们讲起南流寺村的英雄故事时显得有些激动，但更多的是自豪。

19岁的时候王改香嫁给了陈天保老人，那年陈天保25岁，两人结婚时家里没有土地没有房，这时我们想到现在的年轻人结婚，房是必须要有的，感觉社会的主流观念变了很多。结婚后，两人感情很好，一辈子也没有吵过几次架。开始的时候，她们两人做的是钉马掌的活，这活一直做了几十年。1956年，土地改革后家里盖起新房。王改香早年生过两个孩子，不过都夭折了，后来只养活了一个儿子。王改香给我们讲20世纪70年代是“文革”时期，农民不好好种地，也跟着上街游行，尤其是安阳市里乱得很，南流寺村相对平静些。那时农村都是归生产队管理，实行工分制，男的工作一天可得十分，女的工作一天可得八分。那时实行粮票、米票、肉票、布票，王改香说这是由于当时物资紧张，国家实行计划经济，使每个劳动的人都能满足基本需求。这让我们调研小组感到计划经济还是有优点的，当今社会的劳动者连买套房子都困难，物价涨幅远远超过工资涨幅，这让人不得不重新思考计划经济是否尤其有可取性。1989年南流寺村开始实行家庭联产承包责任制，家里才分到了自己的土地。陈天保和王改香有了自己的土地后，觉得生活更有奔头，只有土地属于农民自己，才能调动农民生产的积极性。王改香回忆那时每亩地的产量大概是五百斤左右。现在家里没有土地了，因为南水北调工程占地，给了不到2万元的补偿，这笔钱是由儿子陈犇代为保管的。不过王改香说，土地虽然被占用了，她也没觉得可惜，毕竟她和陈天保年纪都大了，种不动地了。

王改香说自己也有老年病，心脏不好，还有胃溃疡。自己没有低保、五保的补贴，老伴陈天保由于年龄超过90岁，政府会每个月给50元的高龄补助。老两口的生活费以及生病的开销都是儿子给钱，孙子不给。老两口有两个孙子，两个重孙子，重孙子已经七八岁了。王改香的生活是很朴素的，也很平淡，家里没有冰箱，没有洗衣机，也没有电视，平日里她们两口不听戏，也不打麻将。最经常做的就是在村里散散步，在家门口坐一坐，由于王改香家在村西，这里的老人比较少，她经常是自己一个人坐在家门口晒晒太阳，回忆以往的生活。王奶奶说自己家有小菜地，都是她自己种，除此之外还养了两只小鸡和一只狗。王奶奶待的最多的地方就是南流寺村，没有去过北京。

王改香给我讲现在的生活和以前比起来变化太大了，以前一亩地产量是三四百斤，现在是八九百斤，产量高了主要是由于使用了机械化耕种，种子好了，农民种地用化肥，这些都是科学技术进步带来的。以前都是给地主种地，农民没有自己的土地，现在村里人人都有自己的土地，农村人有自己的土地心里就踏实了。新中国成立前村里人随礼都是送鸡蛋、送粮食，现在随礼都是一二百元的送。以前只有在过年的时候吃一顿饺子，现在农民想吃饺子随时都能吃得上。以前生产队在村里的空地给村民放电影，那时看场电影对村民来说是很兴奋的，以前放的电影都是《红旗渠》、《刘三姐》等，现在村民都在自己家中看电视、上网，生活方式有了很大的改变。以前村里人出行都是靠马车，几乎家家都要养马，现在村里人几乎家家都有电动车，条件好的已经买了汽车。以前南流寺村和外面的亲戚联系主要是靠写信和电报，现在村里家家都有固定电话和手机了，条件好点的还用电脑上网和外面的亲戚联系。以前村里家家都有一口井，喝水要从井里打水，现在条件好了，村里统一安了自来水，喝水比以前方便多了。以前村里的卫生很差，村民把自家的垃圾堆在家门口的路上，现在村里请保洁公司专门负责清理垃圾，打扫卫生，整个村子干净多了。以前看病都是村里的赤脚医生给看，现在医疗水平进步了，小病在村里有新农合的诊所看，大病去安阳市里看。以前孩子上学都要家里掏学费，现在实行义务教育，小孩上学不用交学费。以前村里人住的房子都是泥房，现在都是砖瓦房了，有的人家还盖起了二层楼房，这都说明村民富裕了。从王奶奶的介绍中，我们发现南流寺村的村民生活方式变了，生活习惯也变了，可能这就是新时期的农民在逐渐向城市人转化的过程。

陈天保和王改香老人都是八九十岁的高龄，这是南流寺村里年龄最大的一对夫妇，老人能够如此高龄，我们不禁问老人有什么养生秘诀。老人说没什么秘诀，可能是遗传吧，南流寺村的人普遍都是高龄。她给我们讲要长寿，首先要做到生活中不要动气，做什么都要顺应自然，人活着不要有太大的压力，该睡觉的时候睡觉，该起床的时候起床，多劳动，多吃蔬菜，没事的时候多散散步，找人聊聊天，这样能预防老年痴呆。我们没想到王改香的生活作息与专家提倡的养生观念不谋而合。王改香虽然没有读过书，但是她有自己对生活的独特理解，我们猜测陈天保老人的生活习惯应该和王改香的习惯差不多，这都是高龄人相同的地方。

由于老人年龄大了，对村里新发生的事情不太熟悉。当我们问及“十大员”的活动时，老人表示没有听说过。我们给王改香讲解了“十大员”是怎么回事后，王改香说这是好事，政府要为老百姓做事她很支持，这样的活动应该发动全村的人都参与。老人的儿子陈犇以前在安钢工作，现在已经退休。王改香说现在的生活比以前好了，她的儿子退休后每月有2000多元的退休金，工人退休有退休金，可是农民不种地就没有收入，王改香说老百姓就图个实惠，希望政府能够多考虑一下农民，农民种地不易，每年的收入还很少。

王改香说，她和陈天保两人生活都很节俭，因为经历过苦日子，更懂得生活要点点滴滴地积累。她给我们讲每季收割麦子的时候，村里的打谷场会有很多掉下的麦粒，村里人常常不要这点粮食了，她看着很可惜，把这些麦粒收集起来，就这样每季收割粮食的时候她能拾几十斤的粮食。王奶奶说自己家里不缺粮食，儿子也不赞成她这么做，可是她觉得粮食扔了可惜，这些粮食在过去能救活好多人。逢年过节的时候儿子孙子会给她和陈天保老人买新衣服、新鞋，但是她和陈天保老人都舍不得穿，放在柜子里，平常穿的都是旧衣服，王奶奶说穿新衣服没用。我们不理解王奶奶和陈爷爷的做法，因为衣服已经买来了，不穿的话更浪费。可能这就是老人与我们年轻人之间价值观的差异。

我们见到王改香的院子里还养着小鸡和鹅，鹅吃的草是王改香在附近的草场割的，见到这么大岁数的人还如此勤劳让我们有些无地自容。王改香解释说，她是个农民，一辈子都在劳动，闲不下来，她认为劳动是人的根本。王改香的说法与我们学院刘永佶教授的劳动价值论说的是一个意思，王改香对劳动的理解让我们很钦佩。

我们问王改香知不知道城中村改造的事情，王改香说听村里的老人提起过。她说自己住了一辈子的平房，搬去楼房不习惯，她要养鸡、鸭、狗，搬到楼房里这些都养不了。老人说自己年龄大了，每天都要出门散散步，晒晒太阳，要是住楼房，就不方便了。她说自己老两口和儿子住在一个院里很好，互相有个照应。村里的年轻人可以先买安置房住进去，她想在平房里多住两年。

陈天保夫妇的儿子陈犇，今年60岁，以前是在安钢工作。王改香说自己的儿子很争气，在安钢工作了三十年，工作勤勤恳恳，任劳任怨。陈犇也很孝顺，老两口的衣食住行他都要过问，家里的柴米油盐是儿媳妇去买。王奶奶说儿子退休后还每天在外工作，自己不想给儿子添太多麻烦，能自己做的事情都自己做。陈犇从安钢退休后，就给女婿打工，相当于经理助理的职务，陈犇的女婿是一个成功的企业家，经济实力雄厚。陈犇给女婿打工每年有三四万元的收入。陈犇有一个儿子和一个女儿。儿子陈庆军给妹夫打工，做铁合金方面生意，在安钢租房子住。女儿陈庆雪是安钢工人，家住安钢。陈犇的儿女都有稳定的工作，这让他很欣慰。

陈犇的孙子（王改香的重孙子）今年已经七岁了，在上小学一年级，小孩有点淘气，但是很聪明，学习也不错。每到周末，小孩子都要跑到王改香的家里，和老人一起说说学校里好玩的事情。王改香说自己的重孙子很活泼，也很招人喜欢。王改香说城里的孩子一到放假就要补课，她非常不赞同。她说别看她没有上过学，但是道理她明白，做什么事不能傻做，要动脑筋。学习和种地一样，要琢磨到底应该怎么学，学习要一张一弛，她非常反对给孩子很大压力，让孩子一天到晚只学习。王改香听重孙子说最近学校改革，不像以前学生上课只能听老师讲，现在他们的课堂变成好几个圆圈，上课的时候他们同学间可以彼此讨论，老师讲课的时候少了，学生发言的机会多了。王改香说学习要活学活用，让孩子自己去想如何学习。我们听了王改香的看法表示钦佩，王改香的观点完全是素质教育所提倡的，她所排斥的就是应试教育。这时我们想起那句话：不听老人言，吃亏在眼前。看来年轻人要懂得倾听老人的话。

王改香和我们坦言她没上过学，不认识字，现在的很多新鲜事物她接受起来很慢，比如电视、电话、手机，她都还不会用，我们劝王改香这很正常。王改香最高兴的时候就是她和老伴过生日的时候。那时候全家人都能聚到一起，四世同堂，其乐融融，王改香说能活到这个年龄看到一大家人她就已经心满意足了。

我们与王改香的采访进展得比较慢，但是收获很大，了解了南流寺村以前的事情，抗日战争、解放战争、新中国成立初期恢复生产、“大跃进”、“文革”时期、家庭联产承包责任制等，让我们对这些往事有了直观的了解。改革开放后，南流寺村发生了巨大的变化，这都是共产党领导得好，王改香说这两年殷都区的改革使南流寺的村容、村貌都有了很大的改观，村民对未来的生活都充满了希望，王改香希望她可以继续看到南流寺村的变化。我们相信这样长寿之家一定可以生活幸福。

表 2－19　**陈天保家庭调查表**

农户家庭基本情况

户主姓名	陈天保	民族	汉族	文化程度	小学	家庭人口数	9

劳动力人口数	5	在校生人数	2	就读学校	南流寺小学

家庭固定资产和耐用消费品情况

住房	5	占地面积（㎡）	280	汽车	1	农用车	0
摩托车	1	电视机	2	洗衣机	2	电冰箱	2
照相机	2	影碟机	1	组合音响	0	自行车	2

收入及收入来源（元）

收入合计	100000	种植业	1000	出租房屋等	0	本乡镇就业工资	60000
外出打工	40000	从事运输业	0	政府补贴和社会救济	1000	其他经营收入	0

支出及支出类别（元）

支出合计	50000	生产支出	400	其他支出	0

生活支出	衣服	红白喜事	通信	娱乐	交通	教育	食物	住房
5000	5000	10000	1000	8000	3000	3000	20000	0

（六）村里的老教师——马连生家

在村干部的带领下，调研小组来到了马连生老人的家。家中的大门紧闭着，马连生的孙媳妇帮着我们叫了几遍“爷”，都无人应答。漂亮的孙媳妇打开大门让我们先进去等，却见老人正躺在正屋的床上乘凉。“老人家年纪大了，难免有些耳朵不好”，她解释道。为了调研组的来访，老人一上午都等在家中，没敢出门。

马家的房子一溜三大间，和所有南流寺村的院落一样，正屋坐北朝南，宽敞明亮，院东西各两间小屋，一边住人或储物，一边作为厨房。走进正屋，是一间宽敞的客厅，左右两边是卧室。装修朴素，看上去也有些年头了。屋里电视机、电冰箱、洗衣机等一应俱全。马连生老人热情地从卧室搬凳子给我们坐，还打开了屋里的电扇。

马连生是村里资格最老的教师，今年80岁的马老师在讲台上站了整整44年。谈起南流寺村及其周围的教育状况，老人如数家珍。

马连生，男，汉族，1932年生人，无宗教信仰。安阳县师范学校毕业，离休前是一名光荣的人民教师。马老师8岁开始在本村上私塾，跟着严厉的私塾先生学习《三字经》、《百家姓》、《孟子》之类，同时还学习珠算。老人家回忆，小时候在私塾上学的时光是至今难忘的。那时的私塾先生很严厉，全部的孩子都在先生家的一个屋里坐着，便于先生管教。谁要是不听话，先生就会用长长的木头戒尺敲他的手心。那时能够上私塾的都是男孩，并不怕打。马连生当时上私塾的时候，不用交学费，只需要每年给私塾先生交两斗米（合现在10斤左右）就可。1947年以前，整个南流寺村共有4名私塾先生，全村的孩子只要上学的，都是从这四位先生中选择。到了新中国成立后，私塾这种传统的教育形式就被取缔了。南流寺村也在国家政策的扶持下开始有了自己的学校。新中国成立初期，马连生从师范学校毕业，并没有留在南流寺村，而是去了前蜀村小学（现隶属河北省邯郸市）教书。老人回忆道，1949年新中国刚刚成立，正是人才缺乏的时候，整个学校只有他一名教师。于是，这位老师不得不担负起全校四个年级全部科目的教学工作。老人说，当时不仅老师少，学生数量也不多，全校一共才40人。一、二、三年级组成一个复式班，都在一起上课。上课时老师要给不同年级的孩子分开讲课。给一年级讲课的时候，二、三年级的孩子就要休息。那时的马老师堪称全才，不仅教授普通的文化课，诸如语文、数学之类，还要负责给孩子们上音乐课。而那时的音乐课无非就是唱些革命歌曲，诸如“没有共产党就没有新中国”、“东方红”之类的，唱起来铿锵有力，孩子们也非常喜欢。老人现在谈起这个革命歌曲，还是显得神采奕奕。

1951年，马连生调到了梨林头小学（现归河北省）教书。那时学校的状况稍微好转，四个年级配置了两个老师。但是老人提起那时的教育状况，最大的感叹就是那时学校里全部都是男生，女孩子基本没有上学的。这种状况在河南安阳地区直到20世纪90年代才有所好转。从20世纪50年代到90年代，马老师陆续辗转到了四五所学校任教，最终回到故乡南流寺小学，教学科目也从全科变成了专门教授数学。这位为教育事业奉献了一生的老教师，也得以亲眼目睹了南流寺村的教育状况的变革。

老人回忆，1984 年的时候自己回到故乡南流寺村小学任教，一干就是 8 年。问起马老师在孩子们心目中的形象，马老师笑开了花，“孩子们都不怕我”。原来，马老师年纪虽大，却一直走的是亲民路线。在孩子们眼里，马老师不仅是一名好老师，更是大家的好朋友。他不仅把枯燥复杂的数学课上得生动活泼，更是在课下关心孩子们的学习与生活。一道数学题，马老师能够变着花样用好几种方法给学生讲出来。每学期南流寺小学都会让学生对老师的工作打分，做出评价。马老师的分数一直都是高居榜首。

2005 年，南流寺村和周边几个村子商量后，决定将各自的小学进行合并，建成新的中心学校。南流寺小学就此完成了它的使命而被拆迁。马连生老师也因为自己年龄大了不再适合教学一线岗位而离休。现在的马老师赋闲在家，按照国家政策，每月可以领到 3300 元的离休金，同时还有每月 500 元的护理费。在安阳地区来说，生活费用完全不是问题。看着自家儿孙纷纷长大成人，孙子又有了小孩，老人在家尽享天伦之乐。

平日里马老师喜欢打打门球。老人说，村子里原来有好几个跟他一样爱好运动的老人经常约在一起打门球。村里有一个专门的门球场地供大家练习或者比赛使用。有时候，遇到大家兴致都高，就会分成两组进行对抗赛。说是对抗赛，老人们打得并不激烈。偶尔谁得了一分都会高兴好久。可是，最近几年，马连生老人的球友们纷纷辞世，约在一起打门球的日子也一去不复返。说起这些老人显得很是伤感。后来，老人喜欢上了豫剧，不仅自己在家听豫剧，村里一有庙会之类的活动，老人也会去凑个热闹，也算是给自己找个兴趣爱好吧。看得出来，南流寺村老年人的生活还是很丰富多彩的。平时家里人出去上班或者打工，老人们在家都会有自己的活动，或者聊天，或者打牌，或者听戏，或者打球，并不会感到寂寞。除了门球、豫剧之外，村里的各种文艺生活真算得上是丰富多彩，比如马家的孙媳妇每天傍晚就会到村部前面的空地上跟大家一起跳舞。另外，听说村里还有自己的鼓乐队和合唱团。小小的村子能够有如此多的业余生活，调研组不禁感叹南流寺村村民对于生活有着如此积极的态度。

马连生老人有一儿四女，儿子排行老四。只有三女儿继承了父亲的事业，成为一名光荣的人民教师，长年奋战在教育岗位上。其他儿女都分别拥有各自的事业。马连生老人现有孙子两个，孙女两个，也都已经长大成人。一个孙子在自己做钢铁生意，做得风生水起。调研组到马家采访的时候，第一个见到的就是马连生老人的孙媳妇。俊俏的孙媳妇看上去不过20岁出头，和村子里大多数人不同，她能够讲一口流利的普通话，虽然稍微带一点河南口音，也并不明显。于是，和调研组的交谈也显得顺利起来。孙媳妇怀里抱着马家现在唯一的小重孙，两三岁的样子，长得白白净净，很是讨人喜欢。看得出来，老人对这个小重孙格外疼爱。问及老人会不会在家教自己的重孙认字或者做算术，老人笑着摇了摇头，“现在的小孩教不了了，有妈妈护着，打也打不得骂也骂不得。”

马家的孩子们和马连生老人共住一套房子，常住人口10个。但是大多数时间只有老人和孙媳妇在家，其他人都是“日出而作，日落而息”，各自忙自己的事情。马连生的孙子生意比较忙，基本都不在家，平时就是由孙媳妇照看爷爷的日常起居和解决全家的吃饭问题。马连生老人生活很规律，但是年纪大了身体并不太好，经常有个小毛病，就自己到村里的诊所去看看病。药倒是长年吃的。但是老人并没有参加新型农村合作医疗，老人解释道，因为自己有每个月500元的护理费，所以并不需要新农合老报销。

作为农村人，马连生家和南流寺村的其他家庭一样，都没有或者有很少自己的土地。马家原有两亩地，在南水北调的过程中被征收了。一次性补偿3.5万元。老人惋惜地说“都被挖成河道啦”。问及补偿是否合理时，孙媳妇回答“不很满意”。原因在于如果自己种地，每年都能多少获得一点收入，这样被征收获得一次性补偿，充其量也只是补给了近几年的收入损失，10年以后的土地收益基本等于没有补偿。孙媳妇虽然不懂经济学，但是她考虑这个问题却是有板有眼，十分通透。

马家的房子不算小，但是对于这样一个庞大的家庭来说，还是住得比较紧凑。随着小辈们渐渐长大，各自结婚生子，对于房子的需求越来越大，这样一座大宅子显然不能满足全家人的需求。现在南流寺村正在进行城中村改造的规划。该规划要在村子一边建设新民居，村里其余的土地集中起来进行开发。面对“守着平房还是搬到楼上”这样一个问题，马家人显然已经考虑多时。孙媳妇给我们详细地讲了对于这个问题的看法。

现在村里人基本分为三类。像马家爷爷这样的老人，一辈子住在独门独院的平房里，不仅安静而且自在。想晒太阳就在院子里待着，不想晒太阳就回屋里休息。而入住楼房则存在一个上下楼的问题，老人年纪大了腿脚不灵便，除非住在一楼，才可能随意地出入。但是村里有那么多老人，不可能家家的老人都能分到一楼的房屋。

第二类人就是村里的中年人，他们出生在有院子的平房里，一切的生活习惯都与院子息息相关，一切的问题都在小院里解决，突然搬到楼房中去，难免会有很多不适应。除此之外，农村人们的日常交往都是发生在院子里，一般两家之间互相联系，从一个院子到另一个院子是非常简单的事情。但是一旦搬到楼房，邻里之间的关系会一下子疏远很多。

第三类人则是村里的年轻人。这些人跟前两种人不同，他们愿意到楼房居住，楼房的环境好，屋子干干净净的，不像院子一样需要每天打扫。而且年轻的村里人对于时代发展的敏感程度特别高。他们不仅了解城市的发展讯息和城市人的生活模式，而且向往自己也能过上这种高质量的生活。因此，村里的年轻人都愿意住楼房。同时，村里的很多年轻人正等着结婚，很多年轻人不愿意和父母甚至祖父辈共住一室，房子就成了结婚的当务之急。但是，南流寺村近年来为了开发土地搞建设，不能及时地放地给村民建房。这也导致很多村民的不满。趁着这次城中村改造的大好时机，很多年轻人都希望能够得到一套自己的楼房。需求是有的，但是年轻人资金不足也是个问题。刚刚走上工作岗位的年轻人不可能对新楼房有支付能力。于是，年轻人更倾向于“以平方米换平方米”。

其实，南流寺村在进行城中村改造时，初步规划时正是想使用这种“以平方米换平方米”的做法。具体来说，就是村里测出每家房屋的平方米数，再根据这个数字配给一套楼房。如果这家配给楼房的面积大于原有房屋面积时，多余的平方米数按照村里规定的价格由村民自行购买。对于马连生家这样的人口大户来说，现有的一套房子仅能换得一套楼房，不能满足全家人的需求。因而就要花钱再额外购买村里的新民居楼房。这对于经济并不宽裕的村里人来说，显得有些勉强。孙媳妇说，如果自家的这套房子能换两套楼房的话，那还是可以考虑的，这样家里人就都能住进新楼房了。

其实，马家的生活水平在村里还是算中上水平的，日常生活虽然不成问题，但一下子拿出购楼款却是不可能的事情。现在安阳市的楼房价格在3000～5000元/平方米。如果按照普通标准，在安阳市郊这样的楼房，市场价格应该是在

2500元/平方米左右。这是村民无法负担的。但是南流寺村村委会牵头成立的南流寺村自己的房产置业开发公司，负责村里的新民居工程。公司由村民自己出钱出力组建，几个人提供前期资金，后期由全体村民入股。这样，由南流寺村自己人开发自己的土地和建造楼房，省去了地产开发商在中间的环节，使楼房成本大幅下降。于是村民便可以近乎于成本价的价格换购属于自己的楼房了。同时，房产置业开发公司一旦盈利，入股的村民还将获得分红。这种形式早在20多年前就已经在农村产生，被许多专家定义为“股份合作制”。至于这种形式能不能最大化地保障农民的权益，笔者和南流寺村的村民们一起等待其实施的效果。有了房产置业公司这样一个特别之处，南流寺村的新民居价格自然“不同凡响”，据了解，价格初步定在1000元左右。相信这样的价格能够得到村民的赞同和支持。

表 2－20　**马连生家庭调查表**

农户家庭基本情况							
户主姓名	马连生	民族	汉族	文化程度	大专	家庭人口数	10
劳动力人口数	8	在校生人数	0	就读学校	无		

家庭固定资产和耐用消费品情况							
住房	1间正房 两间偏房	占地面积（㎡）	150	汽车	0	农用车	0
摩托车	1	电视机	1	洗衣机	1	电冰箱	1
照相机	1	影碟机	1	组合音响	0	自行车	1

收入及收入来源（元）							
收入合计	126000	种植业	0	出租房屋等	0	本乡镇就业工资	120000
外出打工	0	从事运输业	0	政府补贴和社会救济	6000	其他经营收入	0

支出及支出类别（元）								
支出合计	48600	生产支出	0	其他支出	19600			
生活支出	衣服	红白喜事	通信	娱乐	交通	教育	食物	住房
29000	8000	12000	9000	10000	0	3000	6600	0

十六、基层工作者家庭

（一）村民组长——梁春秀家

第一次见到梁春秀是在我们去别人家采访的途中，她正在自己的院子外整理小菜地，当时我们没有想到这个满脸笑容、干活麻利、看起来不起眼的妇女的生活经历并不似她朴实无华的外表那般简单。

梁春秀家的院墙和院门在临近的几个院子中是最新的，走进院子，第一感觉就是这个院子比之前我们到过的农户家的院子要大一些，而且充满了生气。院子里养着两只看门狗，用铁链子拴着，看到几个陌生人进了院便开始警觉地叫唤。院子的另一个角落，养着两只小白兔，只有三个月大，毛还没有长全。在客厅门口，还有两只小奶猫在打闹嬉戏，全然不顾陌生人的造访。向梁春秀说明来意后，她热情地将我们迎进客厅坐下，随后便开始了我们之间的交谈。

梁春秀，女，汉族，1968 年出生于梁邵村，家中有两个哥哥一个弟弟和一个妹妹，她排行老三，高中文化，18 岁时进入梁邵村淀粉厂工作，23 岁时与丈夫孙保国结婚嫁入南流寺村。育有一子 23 岁，当兵退伍后在安徽读书；一女 18 岁，现在安阳市幼师读书。几年前，丈夫孙保国骑摩托车回家途中不幸发生车祸去世，孙保国的弟弟孙新庭便开始负担孙保国两个孩子的生活和上学费用。梁春秀家原有耕地 3 亩，主要种植玉米和小麦，一般情况下小麦用来做口粮，而玉米会被卖掉，换取部分收入贴补家用。后来，其中的 1 亩耕地被企业征用，每年获得 1500 元的补偿款，按两次分期支付。2006 年，南流寺村新建村委会办公楼。原来的村委会办公地点废弃后，经过村里讨论，决定将村委旧址的宅基地卖给村民。梁春秀一家就以 6 万元钱的价格买下了其中的一块宅基地，规格是 18 ×22 平方米。2007 年梁春秀家开始新建房屋，包括建筑材料、人工费用、装修在内的总花费接近 15 万元，就是现在我们看到的梁春秀家的房子。房和院子占地约为 400 平方米，房子是平房，分为东、西两厢房和北面的正房。梁春秀自己一个人住在北面的正房里，正房里面先是客厅，客厅两侧进去的才是卧室和厨房，客厅装修得比较现代，看得出主人家的生活很富足。

南流寺村有十二个村民小组，梁春秀是村民第九组的组长。第九组一共有60户人家，共计229人。每个村民小组都有自己的村民代表，梁春秀也是第九组选举的四名村民代表之一，她今年只有48岁，但是已经做了将近20年的村民代表。南流寺村的村民代表三年一选举，由村委统一发放选票，村委并不推举候选人，由村民自由报名或提名候选人，并由以小组内的户为单位的选民进行不记名投票选举。2008年，梁春秀再次以最高票数当选第九组村民代表，并由该组村民代表推举为第九组村民小组组长。梁春秀的任期在2011年3月已经到期，但是由于2011年南流寺村党委、村委两委刚刚换届，各项工作刚刚回归正轨，所以把村民代表的选举推迟到2011年10月举行。梁春秀作为村民组长，每月有100元的补助，如果临时到村委帮忙每天会有20元补助，所以她基本上是为村民义务服务。

村民组长是出于基层的代表村民意愿的工作人员，他们日常的工作主要是化解村民间的矛盾，以做思想工作为主要方式。虽然处理的事情比较零碎，但是他们和村民之间的联系很紧密，对自己组内的村民情况比较了解。基于村民组长的这个优势，村委将低保名额的决定权交给了每个小组的村民组长，这让梁春秀感觉到自己责任重大。南流寺村的第九组村民小组按照村民人口比例，每年能争取到10个低保名额，低保户能够享受每月50多元低保生活费。梁春秀说，这个低保的钱不算多，但是对需要的人来说就是活命的钱。为了让低保的发放名副其实，每次她都要事先到申请人的家里走访情况。随着时间的推移，每个家庭的情况都会发生变化。有些家庭原来享受着低保，但是现在孩子长大能挣钱之后，家里的情况就不符合发放低保的条件了；有些家庭原来生活挺好，但是如果遭遇意外会使家庭情况突然变得很糟糕，这就符合享受低保的条件。2011年，南流寺村村民九组的低保发放情况是：3户孤寡老人，均为80岁以上的老人；5户单亲家庭，这5户都是父亲过世，母亲健在，两个孩子尚小不能劳动，家里耕地较少，靠母亲打零工维持生计；一个孤儿，男孩，17岁，现在除了领取低保还能打零工养活自己；还有一名残疾人。对于组内的困难家庭，梁春秀还会经常去他们家里走访，有特别困难的情况及时向村委反映，以争取更多的帮助。

让我们没有想到的是，村民组长和村民代表并不是梁春秀的全部身份，她现在还是南流寺村“十大员”中的计生监督员，平时协助村委的计生专干工作，这项工作是完全义务的，没有报酬。这项工作的内容比较琐碎，比如协助村里发放计生材料、收取证件、核查各家各户的生育情况等，这些工作都需要梁春秀走访到每家每户。当村委要发放生育证时，梁春秀必须要向村委的计生专干提供该户的真实情况，并监督生育证的发放工作是否符合国家规定。同时，由于现在村里的党委会、村委会、村民代表大会和村民大会全部公开，梁春秀作为公共事务评比员，必须对这四个会议的公开情况进行监督。尽管梁春秀身兼村民代表、计生监督员、公共事务监督员三项职责，但是她并不认为这三个工作有什么本质上的区别。她解释说“那就是哪里有问题就往哪里跑，都是要在乡亲中间干事情，都是为大家解决问题”，要说区别那就是以前她做村民代表能做的事情少一些，现在能做的事情多了。

梁春秀不仅是一名工作能力很强的基层工作人员，同时也是村民的贴心人。九组的村民之所以近 20 年来都投票选举她为村民代表，就是因为她为人正直，做事认真负责，热心地帮助大家。更重要的是，梁春秀这个村民代表是村委和村民之间的一座有效的沟通桥梁。无论在国家“南水北调”工程向村民征地，还是村东边发展企业征用农民耕地，抑或在建新村安置房的过程中，她都扮演了一个沟通的桥梁角色。村民如果对征地的补偿方案不满意，可以通过她向村委反映或者直接向村委反映。在村委开展工作的过程中如果遇到困难，也可以借助梁春秀和村民们之间的良好关系，向村民讲解村委各项工作的意图。在 2011 年，南流寺规划拆迁旧房建设新村，南流寺村九组的村民们也把自己的态度反映给了梁春秀。梁春秀说，现在九组的村民们认为旧房拆迁后的新居问题是当务之急。这个问题涉及两个方面，一个是村里新建安置房按照成本价出售给村民，但是这个成本到现在还没有公布，也没有公布成本价是如何核算的；另一个是大龄的年轻人希望能够第一批住进安置房，但是上了年纪的老年人不愿意住楼房，老年人认为住在平房比较方便并且舒适。梁春秀家的房子将来也会涉及拆迁的问题。我们问她这么新的钢混结构的新房，那么新的装修，舍得拆迁吗？她说，如果说完全舍得没有顾虑那是假的，但是如果村里制定的拆迁安置计划是合理的，她还是会帮助村里开展说服村民的工作。梁春秀是由村民选举出来的村民代表，她首先要对村民负责，要对得起乡亲们这么多年对自己的信任。有时候为了反映村民的问题，帮助解决村民遇到的困难，她常常要在村委会和村民家里两头跑，甚至还会两头受气。丈夫孙保国去世之后，梁春秀也萌生过退意，但是在她没有参加村民代表选举，而乡亲们还是选举她为村民代表时，梁春秀觉得不能辜负乡亲们对自己的信任，最后还是决定继续为乡亲们服务。

梁春秀的丈夫孙保国生前也做了第九组 18 年的村民代表，他是党员，2009 年时因车祸去世。梁春秀说丈夫孙保国是一个热心、能干和细心的人。他们夫妇刚结婚时，孙保国是做铝合金门窗生意的，村里人装修时需要买铝合金门窗的就向孙保国预订，孙保国上门安装和维修。同时，孙保国还到安阳钢厂接活，给钢厂焊门窗。虽然孙保国当村民代表的时间没有梁春秀的时间长，但是梁春秀说孙保国在村民中的威望要比她高得多。因为，农忙时孙保国不仅顾着家里的地，也会帮着其他的乡亲们浇地，哪家要是盖房子他也一定会去帮忙。孙保国在村外做生意的机会比较多，见过的世面也大，所以谁家要是在村外有什么事情也都找孙保国商量，他也会热心地帮忙出主意。平常的日子，主要是梁春秀下田劳作，孙保国在外做生意，但春播秋收时都是他们夫妇一块儿下田。家里现在住的这个新房，从打地基到装修，梁春秀基本都没有操什么心，都是由孙保国一手操办的。孙保国生前是这个四口之家当之无愧的顶梁柱。

我们想让梁春秀多介绍他们夫妇是怎么帮助村民、怎么协助村民解决工作的。梁春秀说，村民代表的工作没有我们想的那么复杂，思想复杂的人反而做不好这个工作。我们请她举个例子说明她是怎么帮助村民的，这倒让她觉得很为难。因为，那些我们能想到的、想不到的，几乎村民生活中可能会遇到的所有问题，都会找她帮忙。有些问题涉及群众比较多的时候，她就把大家的意见汇总起来跟村委反映，问题反映上去了她还要时时地监督村委解决。有些问题只是涉及一两个人，她也要如实地把问题反映上去，因为她代表所有组员。哪家有个困难需要人手的时候，她都热心帮忙，这自然就能获得大家对她的信任。但是，这个信任维持将近二十年也是一件不容易的事情。这二十年里，不能做一件坑人的事情，否则村民就不会再信任她了。梁春秀说这个信任其实是两方面的，一方面是村委也信任她能如实地向村民解释村里开展各种工作的原因和目的，另一方面是村民们都相信梁春秀会竭尽所能地帮他们解决问题。梁春秀作为村民代表、村民组长在基层的作用是不可或缺的，很多问题经过她的沟通就能得到解决，也就化解了村委和村民之间的矛盾。梁春秀觉得其实村委和村民之间的很多矛盾都是很小的事情引起的，只要双方能耐心地沟通，解决起来并不是什么难事。有人说，一个人在整个大局中的作用是有限的，但是梁春秀却尽力让这种有限的作用发挥出其最大的效能。她说，一个人即使不能影响大局，也应该恪尽职守，但求问心无愧。

孙保国还在世时，家里的日子过得很富足。但是，孙保国去世后，这个家一下子就失去了最大的经济来源。孙保国去世之后，两个孩子的费用由孙保国的哥哥孙新庭负责，这样就减轻了梁春秀很多的负担。现在，梁春秀每天晚上 5 点去村里的砖厂看管设备，一直工作到晚上 10 点才能回家，每月能有 1000 元的收入。每年梁春秀留下 1000 斤左右的小麦做口粮，每月还需要支出 700 元左右的生活费，即使不需要负担两个孩子生活学习的费用，梁春秀的生活也并不富裕，她希望企业征地后每年补偿的 1500 元的补偿款能根据现在生活的实际情况适当地上涨。当然，这个想法并不是梁春秀个人的想法，也代表了九组的绝大多数被征地村民的想法。梁春秀现在参加了新型农村合作医疗，每年交纳 30 元，平常生病就在南流寺村上的孙中林诊所看病，开药的药费还能报销一部分。只是，女儿在 2010 年因为鼻窦炎在安阳市里的医院看病，花去了将近 5000 元，这部分费用不能报销，只能自己承担。梁春秀说，丈夫去世，自家的日子确实没有以前富足，她是个普通的农民，不懂得丈夫做生意上的事情，所以并没有将丈夫的铝合金窗的生意继续下去。梁春秀并不是一个好吃懒做的人，但是丈夫的离开，起初让一直依靠着孙保国的梁春秀也非常的不习惯，她不知道丈夫去世之后自己应该怎么办。但是“哭也不会有人同情的”，所以她快速地整理好了心情，农忙时种地，非农忙时就在村周围打零工挣钱，生活还是要继续的。谈话进行到这里，我们突然间明白了为什么院子里养着那么多的小动物。丈夫去世，两个孩子离家在外，在这个偌大的院子里只有梁春秀一个人，孤单的她需要陪伴。

梁春秀是一个普普通通的农妇，她不富有，也没有所谓的权势，但是她有南流寺村第九组的村民赋予她的村民代表之职。严格来说，村民代表并不能算是一个职务，但是梁春秀二十年来，并没有辜负这个村民代表应该承担的责任。梁春秀是一位普普通通的女性，普通得有些平凡，但是她的付出和孤单的生活不是随便哪个人能够承担的。我们问她，10 月份的村民代表改选，还想竞选代表吗？梁春秀说：“只要大家还选我，我就继续当代表。”

表 2－21 **梁春秀家庭调查表**

农户家庭基本情况

户主姓名	梁春秀	民族	汉	文化程度	高中	家庭人口数	3

劳动力人口数	3	在校生人数	2	就读学校	安阳市幼师；安徽

家庭固定资产和耐用消费品情况

住房	1	占地面积（㎡）	400	汽车	0	农用车	0
摩托车	0	电视机	1	洗衣机	1	电冰箱	1
照相机	0	影碟机	1	组合音响	1	自行车	1

收入及收入来源（元）

收入合计	14800	种植业	1300	出租房屋等	0	本乡镇就业工资	100
外出打工	12000	从事运输业	0	政府补贴和社会救济	1500	其他经营收入	0

支出及支出类别（元）

支出合计	14300	生产支出	900	其他支出	5000

生活支出	衣服	红白喜事	通信	娱乐	交通	教育	食物	住房
8400	500	500	600	400	400	1000	5000	0

（二）村民代表——孙海顺家

村民代表是农村基层民主的形式，南流寺村目前发展的规划和以后如何落实村里搬迁问题对村民来说是很重要的问题，这两个问题村民都很关注，而村民代表则是实际参与这些问题的村民。在南流寺村有 48 名村民代表，而夫妇两个人都是村民代表的就只有孙海顺和孟文清夫妇了。

孙海顺和孟文清夫妇是南流寺村的村民代表，在南流寺村总共有 12 个小组，每组有四名村民代表，孟文清当村民代表有二十年了，孙海顺当了八年。2011 年 6 月 15 日，我们调研第三小组采访了孙海顺夫妇。孙海顺夫妇平时都外出工作，每年在村里待的时间不到半年，他们大部分时间都在外地承包钢结构工程，虽然他们不经常在村里，但是对于村里的大事他们都比较关心，而且都有自己的想法。我们要采访孙海顺夫妇还要提前预约，联络员王军替我们预约了一个下午，结果我们去了三次，孙海顺家中都没有人，幸好我们在路上碰到了孟文清，采访才能顺利进行。

我们在路上碰见孟文清女士时，她正骑着自行车往家里走，一头乌黑的短发，穿着运动T恤和一条五分运动裤，满脸阳光。她见了我们，问明了我们的来意后就带着我们去了她家，孙海顺家有2.5米高的铁大门，大门装修得比较好看，上面也贴着瓷砖。一进大门有一座坐西朝东的大房子和一座坐北朝南、坐南朝北的小房子，房子很漂亮，孙海顺家的房子建筑面积有150平方米，房子上面贴着瓷砖，显然是新盖的房子。我们进到了主屋，里面有7个单间，分别是三间卧室、卫生间、一个厨房和一个客厅。地下铺着地砖，客厅里放着一台电视机和沙发，沙发前面放着冬天用的火炉当茶几。这样的房屋结构很像城里的楼房结构，在南流寺村采访的新建房子的农户家里基本上都是这样的构造。

孙海顺一家有四口人，妻子孟文清1966年11月出生于一个普通农户家里，初中毕业后就一直在家里务农，也没有学什么手艺，结婚后一直在家干农活，孟文清有着中国传统妇女的朴实和善良，比较守本分，一直在家里操持家务，照顾孩子。直到前几年，孙海顺外出承包工程时，她就出去照顾孙海顺的生活，也给工地的工人做饭。我们和孟文清交谈时，她普通话说得比较好，性格也比较开朗，显然是很习惯和陌生人打交道。孟文清孙海顺夫妇育有两个儿子：大儿子孙志阳今年22岁，高中毕业后，没有上大学，就学了一个驾照，在姨夫家的车队开了两年小车，现在跟着父母承包工程；小儿子孙志立今年20岁，高中毕业后也没有上大学，直接就在父母的工程队里干活，我们采访孟文清时，他也在屋里，一会就跑出去玩去了。孙志阳和孙志立虽然年龄不算大，但是，孙海顺比较注重培养他们适应社会的能力，让他们跟着自己外出打工，而且去年他们在孙海顺的工地打工，孙海顺给他们每人发了5000元的工资，算是他们俩的劳动所得。孙海顺家在当地算一个中等偏上收入家庭，家里的房子盖得也比较大，装修得比较精致，都贴上了瓷砖。家里没有什么固定资产，就只有一些日常消费品，比如电视机、两辆摩托车、一辆电动车、一台洗衣机、一辆自行车、一部固定电话、四部手机。我们采访孙海顺时，他们家里承包工程用的机器设备不在家里，家里现在还有2.6亩地，主要种植小麦和玉米。收获的小麦和玉米主要是供应自己家里人消费，所以在购买粮食方面支出很少。2010年孙海顺家的收入来源有两项，一项是外出承包工程，另一项就是种地的收入了。孙海顺家里的收入主要依靠自己在外承包工程的收入，种地已经属于辅助性的收入，能够满足一家人口粮的需要。在南流寺村，亩产小麦800斤，亩产玉米1000斤，种植的小麦和玉米属于两季作物，小麦收割完了，才会种植玉米。每斤小麦1元，玉米每斤0.7元。

孙海顺家里现在主要的两项支出为红白喜事的份子钱和食品支出，家里的两个孩子现在都工作了，所以教育支出为零，孙海顺家庭条件比较好，所以在衣服方面的支出较多为2000元，由于他们经常会外出承包工程，所以他们家的交通费用也比较高，总共3000元。

我们在屋里采访孟文清时，孙海顺回家了，他身穿一身黑色的运动装，黝黑的皮肤，头发自然卷，小眼睛，看起来很机警，他问明了我们的来意之后，才逐渐地缓和下来，他拿了一张凳子坐在火炉旁边，给我们讲起了近年来中国地方政府的土地财政问题，他对于地方政府的土地财政表示很不满意，他认为在开发商、地方政府、农民之间，农民受益最少，而且现在矛盾积累得越来越多了，新闻里经常出现自焚事件，对此孙海顺表示很愤慨。他认为现在全国各地因为征地、搬迁的事情积累了很多矛盾，各个地方因此闹得不可开交，给我们列举了最近各省出现的强拆问题，可见孙海顺平时比较关心搬迁的事情，对于搬迁也了解得比较多。

孙海顺1965年5月出生于一个普通农户家里，高中文凭。孙海顺虽然没有考大学，但是从他的谈话中我们能感觉到他是一个很上进而且聪明好学的人，孙海顺家里父母一直是农民，所以他们希望自己的儿子以后能学一门技术，改变一下世代以来的生活方式，所以高中毕业后孙海顺就开始学电焊，他开始学电焊时一直都是跟着其他人做一些零活，这些临时的工作不能固定时间和地点，生活也比较艰苦，每年出去的时间也不固定，孙海顺这样一直坚持干了十几年，自己把电焊工的所有技术都学会了而且也学会了看图纸，说到这里时孙海顺脸上露出了得意的微笑，孙海顺现在对电焊这一行业也非常熟悉，不想再给别人打工了。他说："原来跟着别人干，现在可以带着人去干，老农民就这一项可以找口饭吃。"他认为自己有能力了，就应该带着村民出去干点活，让大家能够挣点钱。从1997年开始就自己承包工程，那年带了40个人去承包一些项目的电焊工作，这个项目是大型水泥厂的厂房电焊工作，这一次他们没有赚到钱，但是也没有赔钱。孙海顺并不因第一次的项目而灰心气馁，而是继续承包工程，他说："第一次承包工程没有赔钱就是赚钱了，哈哈！"，看样子，孙海顺的心态比较好，也很有头脑。刚开始承包工程时，由于没有很多的经验，自己也没有太多的工程，他就在河南省境内承包工程，这样慢慢地积累了一些经验，随着对电焊行业了解的深入，他逐渐发展到外省去做一些工程，这和孙海顺自身的素质有很大的关系，他一直都在坚持自学，包括工程队的管理、如何看工程图纸等各方面知识和经验他都非常注意总结和积累，我们调研小组的同学对于他的自学能力非常佩服，他的两个儿子高中毕业之后就不上学了，孙海顺很自信地告诉我们："学有钱，最现实。哈哈！"对于自己的人生经验，孙海顺想搬到自己孩子身上，对于读书上学他没有太多的期望。在2007年他承包了登峰中国下的一个水泥厂的电焊工程，2008年去山西做白灰窗做了8个月。2010年带了13个人和2个孩子给安钢做一些瓦工和电焊工，孟文清在外面主要负责给工人做饭，她性格很开朗，这和她经常外出有很大的关系，因为经常会和不同的人打交道，自己这些年也积累了很多经验，在和我们交谈中，他们夫妇的普通话讲的也非常好，减少了我们沟通的困难。今年截至我们调研时他们只出去了一个月，今天采访他们时他们刚从外地回来不久。在外面承包工程，面临的各种社会关系也比较复杂，有时候工头还拖欠他的工钱，对于这种情况孙海顺有时候也很无奈，但是他自己也有处理这种情况的原则："小工份不管，大工份要和他们算。你们有没有见过1+1=3，账目故意给你弄错，一年算一次工钱，算账胡乱给。"孙海顺常在外承包工程，对于拖欠工资的事情虽然很气愤，但是自己也没有什么好的办法，因为，在外面的这些承包项目都是在当地有一定的社会关系，你有时候去要钱真的是不方便。他说从2007年外面的社会环境比原来稍微好一些了。原来在外面承包工程的时候，别人拖欠你工资，你真是不敢要，因为在当地他们和黑恶势力在一起，你如果要工资的话，风险会非常大，有时候就睁一只眼、闭一只眼。别人欠的钱不是很多就不要了，甚至拖欠的时候每年算的账目都不一样，一年会比一年的钱少，这样他也没办法，只要能把大部分的钱要回来就行了。

孙海顺家有2亩地被征为村里众资公司生产厂房用地，去年一年一亩地补偿1300元，现在一亩地一年补偿1500元，在谈到村里的征地和城中村改造时，孙海顺非常关心南流寺村的发展，给我们滔滔不绝地谈起了地方政府的土地财政问题，并且列举了各地因征地补偿不合理问题引发的群体性事件。

对于南流寺村以后的发展，孙海顺说："想法正确，不切实际，要搞新村改造，就要先富民。而且补偿条例现在还没有出来，家里新建的房子怎么补偿？开发商和村委会签协议，老百姓思想意识低，很简单的道理都不明白。"孙海顺认为，中国粮食补贴、中国富民政策都很好，可是到了基层就变了味道了。如果是国家性的大项目，比如南水北调工程需要征地，这是很合理的，因为涉及公共福利，所有人都会受益，村民一般都同意征地。可是如果征地是用来给开发商开发的，这个性质就不一样了，因为开发商用它来盈利，而老百姓得到的补偿又很少，这就不合理了。目前，南流寺村正在进行城中村改造，农村新居正在建设中，具体的补偿条例和搬迁条例还没有出台，作为村民代表孙海顺很关心这件事情，据孙海顺说，村里已经开过很多会议讨论这件事情，可是现在还没有完全定下来，自己虽然是村民代表，但是很多时候很简单的道理，大家都不愿意听，他自己表示很无奈。今年在村支书孙志安的倡议下，南流寺村成立了一家众资公司，以1000元为一股，吸引村民入股，带领村里的村民共同致富，可是众资公司要生产则免不了要租借村里村民的土地，关于给村民的补偿是否合理？这个问题是现在村里比较热的话题，很多村民都很关心众资公司的发展，对于众资公司现在的承诺（据孙海顺介绍众资公司目前做的承诺是公司盈利后会给村里建一些公共设施）以后能否兑现等问题都很关心。据我们了解现在众资公司办公的地方就在村委会楼上，而且在建的生产用地也是从村民那里租借的土地，关于众资公司和村里的利益关系，给村民的福利等问题，村里的很多村民都比较关心。

孙海顺对于村里的这些问题很关注，也给我们调研小组的同学讲了很多他的观点，他认为村里搞城中村改造是一件好事，但是，怎么搞才能让全村的人都受益就是一件比较难办的事情，现在村里在建新村，以后全村都要搬迁，而这个新建的村民新居会不会再向村民收钱？没有钱的村民怎么办？众资公司占用村里的资源怎么回报村民？在搬迁中新房和旧房怎么折算？这些问题都是他所关注的。孙海顺认为，村民新区的开发应该由村两委带领村民一起开发，这样会节省很多成本，而不是像现在这样交给众资公司开发，这样村里受惠的人就比较少了。因为众资公司是一家股份制公司，公司以后发展了直接能带来实际利益的就是各位入股的村民，那些被众资公司占用了土地的农户每年每亩只有1500元的补偿费用，以后会不会因这些利益而产生矛盾？以后村民能不能搬进去也是一个值得思考的问题。孙海顺自己虽然有一些存款，但是他自己并没有入股众资公司。当我们问及他们家有没有人参加区里搞的“十大员”时，孙海顺对于这件事情并不以为然，他说：“我对‘十大员’不感兴趣，简单的道理摆在那里都听不懂。”他可能对于村里正在推行的“十大员”组织并不了解。孙海顺常年在外面承包工程，对于外面的社会环境接触得比较多，思想比较开放，想的问题也比一般村民多一些。因此，在村里的这些问题上谈得比较多，对于村里有人喜欢随大溜，孙海顺表示这样就会把自己的利益让给别人，对自己没有什么好处，因此，他在交谈中经常会说：“简单的道理，就是听不懂。”以此来表达自己心里的着急。

表 2－22　　孙海顺家庭调查表

农户家庭基本情况							
户主姓名	孙海顺	民族	汉	文化程度	高中	家庭人口数	4
劳动力人口数	4	在校生人数	0	就读学校			

家庭固定资产和耐用消费品情况							
住房	1	占地面积（㎡）	150	汽车	0	农用车	0
摩托车	2	电视机	1	洗衣机	1	电冰箱	0
照相机	0	影碟机	1	组合音响	0	自行车	1

收入及收入来源（元）							
收入合计	56630	种植业	3900	出租房屋等	0	本乡镇就业工资	0
外出打工	50000	从事运输业	0	政府补贴和社会救济	2730	其他经营收入	0

支出及支出类别（元）								
支出合计	17900	生产支出	700	其他支出	1000			
生活支出	衣服	红白喜事	通信	娱乐	交通	教育	食物	住房
16200	2000	5000	1200	0	3000	0	5000	0

（三）基层调解员——徐世良家

安阳市殷都区自 2010 年 10 月开展“争当十大员，为民促发展”活动以来，政府和百姓之间形成了一种有效的百姓反映—政府反馈的有效沟通模式。

其中“十大员”在参政议政、服务群众、参与中心工作等方面发挥了非常重要的桥梁作用，整个区的各行各业都涌现出了“热心肠”的老同志，他们调解邻里纠纷，在当地很有威望，成了协助区委和区政府的好帮手，被称为民间事务的“好管家”。在区委和区政府的指导下，南流寺也及时地宣传并且发动群众开展了相关的活动。村民几乎人人都参与“十大员”活动，经过了发牌和签名等程序后，真正践行的活动不是很多，但是现在居委会领导在新农村建设中碰到与征地、拆迁、补偿等问题时，还是要依靠一些在村里有威望的老人们帮忙协调处理矛盾和纠纷。这些老人们可能并没有理解“十大员”的含义，但是他们身上体现了中国普通老百姓的善良和真诚，主动地承担起调解员的任务，他们是名副其实的“十大员”。徐世良就是这样的一位热心肠的老人。

初次见到徐世良是我们第一天抵达南流寺居民委员会的办公楼，当时我们在孙安文的引荐下向大爷请教南流寺村庄的历史渊源，尽管语言上有些障碍，但是我们还是深入了解到关于村庄历史的民间传说。在采访期间，我们几乎每天都可以看到徐大爷在居委会大院门口旁边的屋子里，这使我们误认为大爷的工作是居委会看门的。后来当我们仔细和他详聊之后才知道徐大爷是热心肠，帮助居委会协调百姓之间纠纷。

1. 个人经历

徐世良生于1936年，今年75岁。徐大爷的祖上本来是个殷实之家，但是到爷爷这一辈的时候由于爷爷染上抽大烟的恶习，开始变卖家产直到破产，所以当徐大爷出生时，家里已经没落到一片狼藉，到他5岁时，父亲也由于疾病日积月累无法医治而遗憾地离开人世。父亲的去世无疑是给这个落魄的家庭雪上加霜，所以对于徐大爷来说，上学接受教育也就成为望尘莫及的事情了。徐大爷和奶奶、母亲相依为命，平时生活只有依靠奶奶和母亲务农以及帮人缝补衣服赚钱来维持，后来他慢慢地开始帮忙干活，逐渐成为家中顶梁柱。

1957年，徐世良经人介绍到安阳市包布厂上班，每个月可以有31元的工资。第二年，徐世良结婚了，随着几个孩子相继出生，他肩上的家庭负担越来越重，本来就不高的工资随着家庭人口的增加更是显得捉襟见肘。徐世良在工厂待了五年后，1962年辞职回到村大队工作，负责灌溉和基础设施建设，这样一方面可以挣工分养家糊口，另一方面也可以就近处理家里的琐事。

1978年，村大队调徐世良到乡供销公司工作，负责经营木材、钢材和百货三个门市，每个月可以领取31.5元的工资。就这样，徐世良干到1999年的时候，儿女们都长大了，接受教育和成家立业所需要的资金也增多，这时徐世良就辞职开始自己干。他利用自己过去十几年在供销公司积累的人脉和运营渠道，首先从批发商那里购买从南京、东北牡丹江等地运过来的木材，然后再拿到公路旁边的营销点出售。徐世良靠着勤快吃苦积攒了一些积蓄，翻修了自己的老房子。干了没几年后，徐世良开始转行，他又在附近的村庄边上租了一块空地，办起来一个小工厂，主要是炼铁，收入的增多也很大程度地改善了家庭生活。20世纪90年代末，纳米技术的发展以及新金属材料的出现带来了产业结构的调整，这也一举撼动了钢铁行业在老工业体系的核心地位，钢铁行业已是明日黄花，效益也不尽人意。顺应形势的变化，徐世良的小工厂在经营了7年之后也面临着转型的局面。徐世良这时考虑到自己也到了该退休的年龄了，就把工厂交给儿子们来经营，开始享受天伦之乐。

2. **家庭成员状况**

徐世良1958年结婚，老伴比他小3岁，是从附近村庄嫁过来的。他们有两个女儿，三个儿子，一共五个孩子。徐世良家人丁兴旺，现在已经是四世同堂，谈到这些，老人在享受着这些带给自己的幸福感觉。

大女儿生于1960年，早已嫁到西梁村，自家经营着一家小百货商店，有两个儿子和一个女儿。徐世良的大儿子今年45岁，高中毕业后就接管了父亲的工厂，现在主要是加工钢材，利用自己的机器按照订单的要求裁割钢板，生意还不错。大儿子有两个儿子，老大今年26岁，已经成家并且有一个2岁的小姑娘；老二学习成绩还不错，初中毕业后考上了河南省首批示范性重点高中——安阳市第一中学，经过三年的努力学习，去年考上了郑州中原大学。徐世良的二女儿生于1968年，现在在北士旺村，已经有两个女儿和一个儿子。大女儿初中毕业后就在安阳市商场打工；二女儿今年刚参加完高考，正在家里等待公布考试成绩；儿子在龙安区上重点高中。徐世良的二儿子和三儿子现在在合作经营一个工厂，老二负责资金方面，老三则主管工厂的业务等方面。二儿子今年41岁，也已经是一个儿子和一个女儿的父亲。他的儿子生于1989年，初中毕业后就在父亲和叔叔的工厂里上班，平时跟着叔叔在外谈业务和签合同。在叔叔的指导和帮助下，小伙子现在已经历练不少，有时也可以独当一面了，真是青出于蓝而胜于蓝！三儿子的女儿现在就读于重点中学安钢一中，明年即将参加高考，学习的压力也逐渐增大，不过徐世良希望孙女能够保持好的心态去面对考试，毕竟她的路还很长，真正的人生才开始。徐世良的小儿子今年38岁，当时因为家庭经济紧张高中没有毕业就辍学了。他现居住在安阳市，之所以会选择到市里生活，是因为他希望能够尽自己所能给两个儿子提供最好的教育条件。现在15岁的大儿子就读于安阳七中，小儿子今年9岁在安阳市自由路小学读书。

徐世良非常乐观，认为儿孙自有儿孙福，他现在最需要做好的是保有一个健康的身体，这就是儿女们最大的福气。而关于儿女的工作、家庭和事业以及孙子们的教育等问题都已经置身事外，不过他还是希望孩子们能够通过读书改变自己的命运。

3. 儿女争相敬父母

改革开放后，我国开始由计划经济体制转向市场经济体制，市场经济在提高效率、积累资本等方面毋庸置疑发挥了重要作用，但是另一方面它使得人与人之间的关系更多地被其背后的利益所主导和控制，这无形地会与所提倡的传统伦理道德相悖，有些甚至触及人们的道德底线并开始考验人性。尤其是城中村改造中涉及的利益主体是众多的，有个体的，也有群体的，他们的关系像蜘蛛网一样复杂。其中家庭作为一个组织，由此牵涉的各种利益关系也是复杂的，常常是公说公有理、婆说婆有理的交织状态。我们对于日常生活中父母与子女、子女之间因为抚养、赡养以及财产分割等方面纠纷已经习以为常。我们也有可能不禁要质疑一个法律越完备的国家是不是就越进步呢？而徐世良的家庭氛围非常和谐，从来没有因利益而发生过冲突，成员之间都是相互帮助、谦让，这在赡养父母方面表现得尤为突出。

徐世良的身体一直都很健康，这对于在外工作打拼的子女们来说是最好的安慰。但是2009年春节后，徐世良感到心脏很不舒服，并且这种状况发生的频率逐渐提高，持续的时间也延长。徐世良延续了中国普通农民那种忍耐的特点，心想着尽量不要给儿女们添麻烦，所以他就隐瞒了病情，平时偷偷服用一些阿司匹林和速心丸等药缓解病情。但是徐世良的小伎俩还是被孩子们识破了，这可是把几个儿女们急坏了。徐世良迅速被他们带到安阳市医院做全身检查，结果是患有严重的心脏动脉阻塞，并且已经影响到心脏功能，需要立即做心脏支架手术。他的子女们经过商量后决定让医生尽快给大爷做手术，大家有钱的出钱，有力的出力。几天后，徐世良就在医院做了手术。

徐世良在老伴和儿女们精心的照顾下，三天后就出院回家后静养。术后还需要服用不少种类的药物辅助治疗，同时还需要观察是否有并发症出现，这些都得到了所有儿女的支持。徐世良在他们的照顾下，半年已经基本恢复，平时只需要服用一些简单的药物。现在徐世良精神很好，平时就忙着做调解老百姓纠纷和矛盾的工作。

福无双至，祸不单行。徐世良的身体刚刚休养好不久，老伴咳嗽的老毛病突然加重，这又使儿女们的心揪起来了。儿女们带着母亲去安阳市，后来又转到郑州市的专科医院去检查，才查出徐大妈患有严重肺病。医院的大夫建议他们带着老母亲去北京的协和医科医院去治疗，因为那里有治疗此病的最好大夫、设备以及方案。全家经过讨论决定让大儿子、三儿子和二女儿陪伴母亲去北京就诊，随后他们几个人及时赶到北京协和医院，迅速安排老母亲接受治疗，最终徐大妈的病情因为治疗及时而有效地得到控制。一个月之后，徐大妈在医生的允许下出院回到老家静养身体，现在已经恢复了很多。自从老伴生病后，徐世良就承担起了大部分家务和照顾老伴的任务。徐世良逐渐感受到老伴到他这样年龄的时候，对自己更为重要，不仅是生活的伴侣，更是生命的一部分，这让我们加深了对幸福的理解——夫妻相扶到老本身就是一种幸福。

4. 村委的好助手——调解员

南流寺村自从被规划到安阳市城市范围后就成了典型的城中村，村委会为配合城市规划建设就开始研究进行新村规划建设，以此对村庄整合。新村规划已经经过清华大学的专家学者的充分论证，超前谋划了“三区（三个居民住宅小区）、三园（商业区、工业区、高效农业园）、一馆（高档酒店宾馆）、三中心（养老中心、医疗中心、幼教中心）建设”。2010 年 12 月第一期工程已经启动，工程建设首要解决的问题以及遇到最棘手的问题就是征地。最近村委正在解决一件这样的事情：几户老百姓的坟地之前被规划为小区建设用地，最近就需要村委会和村民协调迁坟的事情。常言道：“穷不改门，富不迁坟，”迁坟在中国的农村不是一件随意的事情，那么协调村民迁坟而不影响工程建设进度更不是一件随随便便的事情了。所以，村委会研究决定请村里的老支书和那些在村里有威望的老人们帮忙协调这些事情，平时就是热心肠的徐世良自然被村委会邀请了。徐世良介绍说他做村民的工作主要是靠群众以及家族的舆论压力，通过与他的亲戚朋友、家族的老人沟通和交流，让他们了解相关政策以及自己做出牺牲和贡献的意义，这样通过方方面面的劝导去说服当事人支持村委会新村建设的工程。这些天徐世良都在忙着这件事情，所以我们也是见缝插针才采访到他的。

对于新区建设的意义，徐世良深知这样可以节约土地，改善村民的居住环境，但是具体到自家情况的时候，他还是有一些忧虑的。他的大儿子3年前在村边上刚刚建了一栋崭新的小二楼，光是购买宅基地的使用权就花了11万元；二儿子的房子刚精装修不久；三儿子在村里的房子现在是徐世良住着，也是20世纪90年代花10万元建的，造价在当时来说都是非常高的。徐世良担心的是这些房子将来置换楼房的时候如何估价，又如何进行补偿，尤其是大儿子家房子的宅基地使用权的费用。这些问题本身也是城中村改造中的关键点，我国政府在这个过程中如何更好地发挥作用不仅需要理论上的探讨，更需要在实践中探索，这也是我们这一代人的责任和使命！

徐世良家的部分土地已经被中国修建107国道所征用，剩下的5亩地主要还是徐世良来打理。平时如果到翻地、播种、施肥和灌溉的时候，徐世良就会集中家中空闲的劳动力去干活，这样可以又轻松又快地完成任务。每年产的小麦都是徐世良留一些够老两口吃外，剩下的都平分给三个儿子。徐世良说现在种田已经是自己的一种习惯，不是什么负担了，只要干得动就会一直干下去。我们衷心地希望徐世良和老伴身体健康，相互扶持到永远！

表2－23 **徐世良家庭调查表**

农户家庭基本情况									
户主姓名	徐世良	民族	汉	文化程度	小学	家庭人口数	2		
劳动力人口数	2	在校生人数	0	就读学校					
家庭固定资产和耐用消费品情况									
住房	1	占地面积（㎡）	120	汽车	0	农用车	0		
摩托车	0	电视机	1	洗衣机	1	电冰箱	1		
照相机	0	影碟机	0	组合音响	0	自行车	0		
收入及收入来源（元）									
收入合计	25000	种植业	5000	出租房屋等	0	本乡镇就业工资	0		
外出打工	0	从事运输业	0	政府补贴和社会救济	0	其他经营收入	20000		

续表

支出及支出类别（元）								
支出合计		21700	生产支出		3000	其他支出		6000
生活支出	衣服	红白喜事	通信	娱乐	交通	教育	食物	住房
12700	500	4000	500	500	200	0	7000	0

十七、贫困户与困难户

（一）因病致贫户——孙玉顺家

南流寺村村民人均占有土地非常少，种地收入只能解决村民吃饭问题，其他方面的开支还需要村民自己外出打工或者自己开个商铺等。但是，对外打工或者开商铺的村民由于自己劳动技能不同，所从事的职业也不同，那么，他们的收入就会有区别，有的人会很快致富，而有的农户则只能保持一家人平时消费的需要。我们采访的农户孙玉顺就是这样一个农户，家里种地收入不多，而孙玉顺吹唢呐的收入也不多，近几年孙玉顺得了心脏病，需要吃药看病，自己原来从事的职业因生病也不能继续下去了，这样就给家里带来了极大的经济负担。

孙玉顺，男，1968 年 10 月 5 日出生，他是我们调研小组第三组联络员王军的小学同学。王军带着我们去孙玉顺家时，他正在屋檐下坐着休息，他面带青色，头发乌黑，双眉紧皱，表情比较痛苦，眼睛眯成一条小缝，脸上布满了皱纹，穿着一条浅黄色的短裤，上身没有穿衣服。孙玉顺住的院子里有三户人家，院子看起来比较大，也比较空旷，在院子南边只有一个自来水井，院子里其他两户是孙玉顺的兄弟。这种情况在农村比较常见，一家兄弟几个住在一个大院子里或者聚居在一起，平时互相之间都有个照应。孙玉顺家的院子大概有 100 平方米，一座房子坐南朝北，一座房子坐北朝南，这两座是孙玉顺两个兄弟的房子，这两座房子看起来比较旧至少建成 10 年了。孙玉顺自己的房子是坐西朝东的一间，这间房子上面贴着瓷砖，看起来比较喜庆也比较新，应该是新盖的房子，房子里面比较凌乱，可见家里的主妇应该比较忙，没有时间收拾房子。在孙玉顺房子的南侧正在修建一个新的房子，据孙玉顺说，这间房子以后给儿子结婚用，在南流寺村，家里的儿子要结婚时，父母都要给孩子准备房子。我们调研小组的成员坐在院子里的水井旁边和孙玉顺进行了访谈。

孙玉顺有三个哥哥，一个妹妹，他在家里排行老四，因此而得小名：孙四只，他的朋友和同学都叫他孙四只，孙玉顺现在家里只有三口人：孙玉顺、老伴杜红霞和儿子孙志国，女儿孙丽园在2010年刚结婚。孙玉顺的老伴杜红霞是一位勤劳善良的妇女，她家是世代居住在农村务农的农民，杜红霞结婚后一直在家务农并且照顾家里，这是一位传统农村妇女的生活方式，直到四年前孙玉顺生病了，她才会经常外出打工赚钱，养家糊口；儿子孙志国，今年20岁，初中毕业后就没有读书了，现在在外学电焊手艺，平时也干点零活，挣点钱。女儿孙丽园今年21岁，出嫁后也是以务农为主，在家里做家庭主妇，平时不常回家。我们采访孙玉顺时，家里只有自己的弟弟和弟媳在院子里干活，老伴杜红霞外出打工去了，儿子孙志国也不在家里，这种情况在孙玉顺家是“常态”，因此，他弟弟平时就会照顾孙玉顺的午饭。孙玉顺家是世代以务农为生的，因此，家里一直都比较清贫，即使是家里有人出外做生意或者打工，都是小买卖，挣的钱正好够家里的基本开支，没有太多的积蓄。

孙玉顺现在得了心脏病，据孙玉顺说医生给他诊断的是心瓣膜坏了，所以需要更换心脏，如果不换的话也需要一直吃一些营养药，而且也不能再做体力活了。孙玉顺生病已经有四年了，由于心脏不好，所以放弃了自己特别喜欢吹的唢呐，不能外出给别人演奏了，也不能做体力活。每天都在家里休息，有时候做一些简单的家务，但是，身体不舒服也给他带来了很多心理的痛苦，家里突然缺少一个劳动力，使本来不富裕的家庭更是雪上加霜，不仅不能补贴家里，而且还要给家里增加额外的开支，家里的农活都交给了老伴和儿子，孙玉顺又不能帮忙，自己也很难受。孙玉顺说如果要根治自己的这个病就要换心脏，但是要换一个心脏需要7万~8万元，现在家里没有钱，亲戚朋友那里也借不到这么多钱，因此，他现在没有足够的钱来做换心脏的手术，平时只能这样休息，吃一些营养药。孙玉顺家里有1.9亩旱地，菜地2厘，因此家里的口粮和蔬菜基本上不用花钱买。他们家住宅面积20.25平方米。现在家里的收入来源有两条途径，一是种地的收入，二是打工的收入。孙玉顺的儿子孙志国现在刚开始学电焊工，属于小工，挣的钱不多，只能够自己花，不能给家里补贴。孙玉顺的妻子杜红霞，现在有时间就去周围的工地做小工，赚点钱补贴家用，在南流寺村这样的零工一天工资 50 元。家里原来的积蓄基本上现在都用来给孙玉顺买药吃了，孙玉顺虽然加入了新农村合作医疗，但是吃药不能报销，因此就只能自己付医药费。他现在每个月吃药大概花费 200 元，妻子和儿子打工，再加上种地收入，一年总共有 1 万元，还要准备给儿子娶媳妇，家里生活很困难。在南流寺村小麦亩产 800 斤，一斤 1 元，玉米亩产 1000 斤，一斤 0.7 元。孙玉顺家总共种地 1.9 亩。

孙玉顺家里收入支出基本上持平，略有一点点盈余，主要支出为食品和医疗支出，分别为 3600 元和 2400 元，住房为自己新盖的房子，是用多年的积蓄而建的房子。在南流寺村，红白喜事一般都要随份子，关系比较好的可能随 100 ~ 200 元钱，关系一般的就随 50 元。这一项支出在孙玉顺家里也是比较大的一项，每年有近 2000 元。孙玉顺的女儿出嫁了，儿子现在打零工，没有教育支出。家里的收入主要靠妻子和儿子到工地做一些零工，地里种的粮食基本能保证自己家里吃，孙玉顺家里种有 2 厘菜地，也可以供给家里平时吃的菜。孙玉顺家里耐用消费品分别是：电视机一台、洗衣机一台、摩托车一辆、电动车一辆、自行车一辆、一部固定电话和两部手机，现在手机比较便宜，通信比较方便，所以基本上我们采访的农户都有一部手机，作为日常联系用。在南流寺村，小麦收割都是村里集体租用一台收割机进行收割，基本上不用人工去收割了，一亩地花 50 元，因此，村里的很多劳动力解放出来了，他们在闲的时候就去周围的铁合金厂或者工地做工，土地收入已经不是他们的主要收入了。但是，南流寺村的生活方式还没有转变。孙玉顺家里住的是砖混房，冬天取暖采用炉子，烧煤球，南流寺村的饮用水现在基本上都是自来水，农业灌溉用井水和河水。

孙玉顺从小喜欢热闹，也很喜欢吹唢呐，从 13 岁就拜师学艺，三年出徒，学徒期间一直都跟着师父的班给别人办丧事，不用交师父学费，也没有收入，他自己又特别喜欢吹，所以不会在意一些经济利益，偶尔也会有一些其他方面的报酬。有一次，师父带着孙玉顺去给人办丧事，孙玉顺记得那一天很累，可能是孙玉顺年龄还比较小，体力不如大人，忙了一天等把丧事办完后，主家没有给他钱，而是给了他两斤油条，据孙玉顺介绍当时一斤油条五角钱，他得到这两斤油条后非常高兴，因为这是他第一次劳动后得到的报酬，尽管不是很丰厚，但是他至今依然记得这件事情。当时农户家里的经济条件比较差，他们出去给人办丧事时，主家一般中午会管一顿饭，吃的都是小米饭和白萝卜丝，或者是馒头（馒头里面是萝卜，外面裹一层面）；现在家庭条件差一点的家庭就给他们上一个热菜和一个凉菜，家庭条件比较好的一般都会上 12 个菜。出徒后，他自己也成为丧葬事务的联络人，负责召集办丧事的人及和主家交涉一些办丧事的事宜。与师父的关系就成了合作关系，但是人情关系上还是以师徒相称。每次办丧事的收入都不等，都是丧事办完了之后主家根据自己家里的经济情况给他们一些辛苦费。一般情况下一个人一天 30～60 元不等。平均一个月会出去 20 次，一年能收入 1 万元，除了家里的开支外还略有一些结余。有一次，有人找孙玉顺去办丧事，事前他们没有谈辛苦费，孙玉顺就把自己的班子带了过去，辛辛苦苦忙了一天，主家中午只管了他们一顿饭，丧事办完后没有付钱给孙玉顺，班子里的人都来找孙玉顺要钱，孙玉顺没有收到钱，他也没有办法，只好带着大家去找主家要钱，但是主家就是不肯出钱，最后吵了一架完事了。这件事情就这样不了了之了，班子里的人也没有办法，因为孙玉顺也是一个受害者，是主家骗了他们，他们以后还是一如既往的合作。在南流寺有 3 个像孙玉顺这样的联络人，安阳县有 70 个班，他们之间也互相介绍人去给人办丧事，有时候主家会联系他们，让他们去地方的专业戏团联系人来给主家办丧事，他们就起到一个中间人的作用，这样主家会支付他们一些辛苦费和电话费。听孙玉顺说有时候主家会要求他们请安阳市剧团的演员来办丧事，有时候还会请到国家一级演员，这类家庭主要注重场面，不在乎会花费多少钱。有时候主家没有这么高的要求时，他们自己的班子就去给主家办丧事，这样他们的收入会比做联络人的收入稍微多一些。目前，在我国居民去世了要求进行火葬，但是，一般村里的村民不能接受火葬，因此，在南流寺村周边由于国家政策的变化，使得这里村民对丧葬的要求也发生了变化，据孙玉顺介绍，现在南流寺村如果人去世了就当天土葬，也不大办丧事，也不上报，等三年之后再大办一次。根据孙玉顺的经验，给人办丧事一般有季节性，立春、数九和数伏这样的大节气，人会去世的比较多，孙玉顺说："节气变了，身体不太好的人一般受不了，因此在这样的节气里，会办的丧事比较多，收入也多一些"，每年的这些时候他们就比较忙，过了这些节气，就可以休息休息了。

原来孙玉顺给人办丧事吹唢呐，每年都有近万元的收入，加上种地的收入，一家生活也没有问题。但是孙玉顺现在自己生病，吹唢呐和种地的活都做不了，吃一些营养药也要花费一笔钱，因此，家里的经济情况一年不如一年。家里的钱也不够孙玉顺彻底把病治好，自己目前还没有治病的计划，现在只有等自己的儿子孙志国攒到钱的时候自己才可能去治病。王军说："现在的年轻人挣钱之后，不跟父母要钱就不错了，补贴家里的很少了。"现在孙玉顺家里就有两件大事情，一件事是儿子孙志国的婚事，一件事情是自己治病的事情，南流寺村现在年轻人结婚大部分是亲戚朋友介绍，也有自由恋爱的，还有个别网恋的年轻人，孙玉顺对自己儿子的婚事看得比较重要，希望自己的亲戚朋友能给孙志国介绍对象，并且说要先攒钱让儿子结婚，然后再给自己治病。他说："以前我能挣钱他不能挣，现在他能挣钱了我又不能挣了。"反映了孙玉顺家的实际生活情况，"养儿防老"可能就是这样的生活状况吧。

孙玉顺夫妇是南流寺村的卫生协管员，虽然孙玉顺身体不好，不能做重活，但是，他可以把自己家门前的卫生打扫干净，这也算是"十大员"的一项责任，即"十大员"首先从自身做起，先把自己的事情做好了，然后再去做一些公共的事情。

表 2-24 **孙玉顺家庭调查表**

农户家庭基本情况							
户主姓名	孙玉顺	民族	汉	文化程度	初中	家庭人口数	3
劳动力人口数	2	在校生人数	0	就读学校			

家庭固定资产和耐用消费品情况							
住房	1	占地面积（㎡）	20	汽车	0	农用车	0
摩托车	1	电视机	1	洗衣机	1	电冰箱	0
照相机	0	影碟机	0	组合音响	0	自行车	1

收入及收入来源（元）							
收入合计	10000	种植业	2850	出租房屋等	0	本乡镇就业工资	0
外出打工	7055	从事运输业	0	政府补贴和社会救济	95	其他经营收入	0

支出及支出类别（元）								
支出合计	8850	生产支出	250	其他支出	2400			
生活支出	衣服	红白喜事	通信	娱乐	交通	教育	食物	住房
6200	0	2000	500	0	100	0	3600	0

（二）因病致贫的孙爱国家

我们在联络员王哥的带领下，在村里交错的路上拐来拐去，终于在一条马路旁边找到了孙爱国家。看到他家房子时，我们有些怀疑是否来错了地方。因为就外观而言，他家的房子算是不错的，与村里的其他家庭无异。进了门，一眼就看见大幅的毛主席头像。院子里放着一些小矮凳和一张轮椅。两夫妻坐在小院中，妻子坐在靠椅上，第一眼看上去，夫妻两人明显带着愁容。见到他们，我才觉得没有来错地方。说明来意后，史秀清放下了疑惑之心，见到我们谈话，总是着急地想插话，可能平时没有多少人与她交流。可是由于她讲话口齿不清又不是普通话，我们难以听懂，彼此沟通困难。孙爱国对我们解释，这是由于生病的原因。但是，为了安慰他的妻子，我们这一组特别安排了一个女孩去陪她聊天。

孙爱国，男，汉族，50 岁，无宗教信仰，普通话不太好，文盲半文盲。妻子叫史秀清，49 岁。他们生有一男一女。女儿叫孙山南，今年二十岁，2006 年辍学回家，一直帮着家里面干农活，一边照顾患病的母亲。儿子叫孙飞虎，今年十六岁，如今在技校学电工，今年春节后，不顾还未完成的初中学业，就进入了技校学习。

孙爱国从小家里贫困，只读了一年书，现在仅仅限于会写自己的名字。从小就在家里帮着干农活，由于当时是“文革”时期，干集体的活，挣着工分，当时未成年人只能挣到 5 工分，成人标准是 10 工分。干农活几年后，16 岁的孙爱国开始跟着村里人学做砖瓦匠，帮着建一些房子。但是没干多久，就受了工伤，不能再干这个活了。孙爱国的父亲是河南省鹤壁汽车运输公司的司机，父亲退休后，考虑到他家的特殊情况，孙爱国在 1984 年接了父亲的班，也成了一名司机。可是好景不长，国营单位的效益一直不好，在与民营运输公司的竞争中明显缺乏竞争力，但是一直好死赖活地拖了很多年，工资也是有一次没一次，终于在 2003 年破产了。鹤壁汽车运输公司破产后，由于极端困难，当时并没有给予员工遣散费。但是在 2009 年，这些下岗工人开始每个月领 400 元的生活费，领了两年，2011 年又停止了。在运输公司工作期间，孙爱国就得了腰椎间盘突出。因此，公司倒闭后，孙爱国也不能从事重的体力工作了。这样孙爱国家就丧失了最大的经济来源。

本来如果只是这样也就算了，可是生活往往喜欢将不幸降临到同一个家庭里，似乎这样才能印证祸不单行的道理。2006 年，孙爱国家准备盖房子，盖房子在农村是一件大事，同时也是一件很劳心劳力的活，各种琐事异常繁重，在农村往往都是由男人承当。由于不放心他人，也为了减少成本，所以一般也不承包给别人。孙爱国由于有病，操心盖房子这种活力不从心，于是很多事情只能由妻子史秀清操办。可是由于没有做好足够的资金准备以及预算，钱没有筹到就开工了，当房子盖到一半时，由于缺少资金，加上史秀清本人又是一个急性子，结果急火攻心，得了脑溢血。这次的病成为他们家经济急剧恶化的转折点。本来整个家庭还由史秀清操持着，现在这个家庭唯一的支柱都倒下去了。这一次的大病一下花掉了 4 万元，更糟糕的是，史秀清从此落下了后遗症，说话和行走都成了问题，更不用说工作了。在这种情况下，女儿孙山南上学只能是奢望了，为了照顾母亲，孙山南只能辍学回家。一边做些农活，一边照顾家里。房子在亲戚的接济下算是盖完了，但是家庭也因此欠了一大笔债。

孙爱国的家庭收入一直就不高，但是在下岗之前，甚至在妻子生病以前，家里其实还是过得去的，虽说不富裕，但是至少家里还有一份收入来源，也没有太大的支出。可是，自从妻子出事后，家境是每况愈下。我们可以从表 2 – 25中看出一些情况。去年整个收入，加上公司破产补贴才 6000 多元。孙爱国家由于是村里的贫困户，每个月都会获得一定的贫困补贴。2009 年以前按三个人算，每人 70 元/月，也就是每个月家里总计可以得到 210 元的补助。但是，可能由于村里有些村民的反对，2009 年开始只有史秀清一人可以获得贫困补贴，儿子和女儿都不再能获得。这件事一直让史秀清耿耿于怀，她认为村里人跟他们过不去，加深了心里的心结。收入最大的一部分来自破产补助，可是破产补助只能领两年，2009 年、2010 年都已经领了，这就意味着以后就不存在这个收入来源了，剩下的只有微薄的种地收入和低保补贴了。整个家庭的经济显得更加拮据，有时候只能去向亲朋好友借，但是中国向来有“救急不救穷”的说法，借钱借多了，却无法偿还，很多人都会避之不及，这也是史秀清一直难以开心起来的原因。

由于家庭经济情况贫困，孙爱国家的支出也相对较少，家里的那点微薄收入基本上都用于日常的生活开支上。在这种情况下，人情往来的开支自然与其他村民相比也偏少，每年大概只有 500 元左右，维持关系最近的那些亲戚，比如兄弟姐妹。物质决定意识，很多关系都是需要一定的经济基础去维持的。在医疗方面，史秀清由于有脑溢血后遗症，每年必须吃些西药，一年输两次液，都是去乡里的定点医院，每一次300元，现在农村合作医疗能够报销其中的70%，这确实大大减轻了他家的负担。当我们问及衣服上面的开支时，史秀清立马抢过话头，边扯着自己的上衣，一边激动地比画，说自己都已经好几年没有置办过一件衣裳了，丈夫、女儿和儿子也几乎没有置办什么衣服。我们看着他们身上的穿着，确实显得很旧了，想必应该穿了很多年了，更别提我们常挂在口上的流行款式了。

孙爱国家的房子也是红砖水泥平房，居住面积大概100平方米，取暖设施和其他村民一样，冬天没有暖气，使用暖炉，炉子是用煤球供暖。使用村里集中供应的自来水，这就保证了饮水的卫生安全。这些都是孙爱国家出事前就已经具备的基本保障，如今能够维持这些，已经是一件相当不容易的事情了。日常生活中做饭基本上是夏季用电，冬季用煤，因为冬季要供暖，可以顺便做饭。但是冬天的煤球费用是一笔不小的开支，对于没什么经济来源的孙爱国而言，无疑又是一根压垮他们的稻草。

当我们问及家庭的耐用消费品时，孙爱国有些落寞，妻子史秀清更是悲从中来，倾诉说："除了这座房子外什么都没有。"从表2-25可以看到，孙爱国家里只有电视一件像样的家用电器，而且还是多年前的老电视了。另外最值钱的财产就是一辆电动车和一辆自行车。手机是非常廉价的山寨机，而且很少使用，因为家庭实在没有太多的余钱。

在孙爱国看来，制约他们家农副收入增长的主要原因是，缺少劳动力和土地少。缺少劳动力是他们家的主观原因，土地少是客观原因。一般意义上估算，每亩地一年的纯收入也就不到1000元，忙碌一年并不能太大改善自己的经济状况。但是如果从另一方面来说，土地往往又是一项很好的收入来源，尤其是征地或者拆迁时。在南流寺，如今有很多户人家的土地都被征用，一般而言分为两个方面，其一是南水北调征地，每一亩耕地一次性补偿大约1.9万元，第二个方面就是村里工业园规划用地，这个是每年1500元，今年之前是1300元，一直延续到下一次集体分土地，据现在大约还有15年。如果土地多一些，这将是一笔不小的钱，尤其是对于孙爱国这种困难家庭。但是孙爱国家连自己的那一亩地也没有被征用上，所以至今还种着，一年也难以挣到什么钱。显然劳动力的问题更为重要些，不是说农业劳动力，如果劳动力够的话，可以靠打工挣钱。其实打工比种地更为划算。只是孙爱国家如今没有一个正常的劳动力，孙爱国和史秀清有病，儿子孙飞虎还要上学，女儿孙山南不去打工。很明显，疾病引起了家庭原来的经济支柱的倒塌，却没有新的支柱撑起，最终造成了整个家庭的贫困。

史秀清是一个好强的人，恶化的经济情况让史秀清一直很压抑，感觉生活缺乏乐趣。史秀清在提到自家的情况时，总是伤心不已，不断地念叨家里的情况差，别人瞧不起自己家。生活对于这个家庭而言只是一种惯性的延续，只有在谈到自己的儿子时，孙爱国和妻子的情绪才会好转，并且带有一丝的慰藉。

据孙爱国的叙述，儿子孙飞虎拥有体育特长，曾经在初中参加体育比赛脱颖而出，并且和其他省市的优胜者上了中央电视台，这件事情是他们家最自豪的事情。因此，体育老师就比较看好他，希望他能专门搞体育，以后能够当个体育老师，但是孙飞虎并不愿意，更不愿意上学了，今年春节过后就直接去了旁边的技校，学习电工。安阳市对特困家庭上技校有特别的优惠，并不需要学费，这使得孙飞虎能够免费地获得相应的技能教育，但是三年的学习对于没有经济来源的家庭来说，也是一种无形的负担。显然，孙爱国对儿子比较宠爱，以至于对儿子的选择没有太多的反对，他们都希望让他自由发展，让他去走自己的路。我们去孙爱国家进行家访时，并没有见到他的两个孩子，孙爱国解释道，儿子还在技校上课，一般晚上才回来，女儿去村里别的人家串门了。女儿自从2006年辍学以后，一直在家里待着，并没有出去找工作，只是帮着干点农活。可是他家总共才有一亩地，不需要多长时间，花多大精力去打理，孙爱国基本上也能够照顾好妻子。如今孙山南也已经20岁，都说穷人的孩子早当家，但是在辍学之后的四年里，孙山南并没有出去打工。正常来说，南流寺村离市区很近，找一份贴补家用而不忙的工作应该不难，村里有很多年轻人在城里工作着，可是，孙山南并没有去。当我们提出这个疑问时，孙爱国解释说，孩子当时辍学时年纪小，不便出去打工，后来待了两年后习惯了，就干脆不出去了。这跟孙爱国说儿子的情况的说法相似。我开始感觉到，这个家庭带着一种等靠要的惰性，明显缺少一种吃苦和奋进的精神，盲目地等待着救助，而不思自己努力去改变贫困的命运。政府的救济或低保补贴对于一个家庭而言只是杯水车薪，在中国农村尤其如此。我想，去年孙飞虎和孙山南低保补贴的取消，并非是村里的人与他家过不去，只是他们已经到了自食其力的年纪了，不应该继续享受这种适合失去劳动能力人群的保障了。孙家可怜，但是缺乏自立自强的意志和愿望，只能在这种贫困的境地始终徘徊。

对于城中村改造即将到来的拆迁，孙爱国和妻子也只是无可奈何。作为一个渺小的个体，在村里是没有话语权，用史秀清的话就是“被人看不起”的个体，在这个集体决定的大事是没有什么发言权的，更多的是随大溜，别人做什么，就跟着做。他们认为，如果大家都同意拆迁以及拆迁方案，他们也只能接受，关键是不接受也没有别的办法。在一个社区或村庄里，只有有威望的人的意见才有人听取，而威望来自于两种途径：其一是强大的经济地位，由于富裕才能让人信服你的能力；其二是庞大的家族势力，家族的庞大使得在群体中有一种无形的威权。但是很显然，孙爱国家不属于任何一种，可能连一般的民众都不如，因为事实上村民真的会瞧不起那些家庭贫困而没有希望的家庭。孙爱国一家基本上只能维持一个温饱而已，如果按照现有的方案进行房屋置换，那么到时候房子的装修费又从哪里来呢？这笔装修费对于普通家庭而言都不是小数目，更何况是依靠低保补贴的孙爱国一家。这其实也是很多村民的顾虑，只是在贫困家庭里显得尤为突出而已。

表 2－25　**孙爱国家庭调查表**

农户家庭基本情况							
户主姓名	孙爱国	民族	汉	文化程度	半文盲	家庭人口数	4
劳动力人口数	3	在校生人数	1	就读学校	安阳技校		
家庭固定资产和耐用消费品情况							
住房	1	占地面积（㎡）	100	汽车	0	农用车	0
摩托车	1	电视机	1	洗衣机	0	电冰箱	0
照相机	0	影碟机	0	组合音响	0	自行车	0
收入及收入来源（元）							
收入合计	6640	种植业	1000	出租房屋等	0	本乡镇就业工资	4800（补贴）
外出打工	0	从事运输业	0	政府补贴和社会救济	840	其他经营收入	0

续表

支出及支出类别（元）								
支出合计	3880	生产支出	500	其他支出	180（看病）			
生活支出	衣服	红白喜事	通信	娱乐	交通	教育	食物	住房
3200	0	500	200	0	100	0	2400	0

资料来源：根据孙爱国口述整理，相关数据以2010年为准，2011年6月。

（三）“外来户”——贾黑丑家

南流寺村有孙、韩、徐、李四大姓氏，这四大姓氏的人口大约占全村的90%，并且他们的历史可以追溯到明朝，相传是从山西省洪洞县大槐树迁移过来的。所以，当我们听到贾黑丑这三个字的时候，第一反应就是向联络人提出疑问——这户是不是“外来户”？孙委员笑着点头，他简单给我介绍说这个人是村里的能人，喜欢钻研《易经》，一生又遭遇过几次大的灾难，又不断地求医治病，还是个热心肠。所以，我们最后确定这家人作为南流寺村典型户之一。

我们在孙安文委员的带领下来到贾黑丑家里，贾黑丑夫妻俩热情地欢迎我们到屋里坐。贾黑丑皮肤黝黑黝黑的，脸上留下了岁月的沧桑，但是人很精神，性情直爽豪迈；他的妻子是一个老实巴交的农村妇女，总是笑呵呵的。在简单介绍完我们的意图之后，我们和贾黑丑夫妇很快就开始攀谈起来。贾黑丑的普通话非常不错，这与他经常在外求学求医的经历有很大关系，这样我们交流起来也非常流畅。

1. 个人早年经历

贾黑丑1950年出生在南流寺村，今年61岁。我们事先已经从他的姓氏了解到他家属于“外来户”，而他给我们讲述了他们全家迁徙到南流寺的过程。他的老家是安阳县贾村乡的，1942年的时候老家闹饥荒，难以维持生活，他父亲就拖着全家老小逃荒到南流寺，当时贾黑丑还没有出生，而他唯一的姐姐也才3岁，这样他们家就定居在南流寺直到现在。贾黑丑8岁开始在郭流寺小学读书，当时南流寺、北流寺和郭流寺的孩子们都集中在郭流寺的一所小学校里上学。1963年小学毕业后，贾黑丑顺利升入安阳市第十三中学，1966年学习期间正好赶上“文化大革命”开始，贾黑丑在接下来一年的时间就到全国各地大串联，期间去过上海、武汉、洛阳、北京和长沙，这对于一个农村娃儿能够去大城市开阔眼界确实是一个难得的机会。1967 年，贾黑丑初中毕业后就到安阳市棉花加工厂工作，一年后因为工资收入比较低就辞职回家。1968 年后半年，他被分配到南流寺第四小队的染坊当印花工人。两年后，他被南流寺村集体外派到安钢公司当临时工，按照集体工分制的标准每个月可以领取 30 元的补助，这在当时可是一笔不少的收入。贾黑丑说当时的工作非常考验人的身体素质，他一开始拉平车，后来又烧结块。烧结块就是把一些比较零碎的废铁扔进高炉内烧成块，这种工作尤其是在夏天更要忍受高温的煎熬，很庆幸的是贾黑丑年轻的时候身强体壮，支撑这些重活没有什么问题。贾黑丑清楚地记得 1972 年 12 月 31 日那天，他正式转为全民制工人，每个月工资 37.74 元，三年后，工资涨到 40 元，改革开放后的 1982 年工资再次调整到每个月 56 元，就这样贾黑丑一直干到因工伤内退。

2. 重大事故和求医经历

1994 年，一场车间事故彻底打乱了贾黑丑的生活节奏。一天正值贾黑丑值班，车间高空的一块吊板因为长期没有维护螺丝钉脱落而直接掉下来，而贾黑丑正好在吊板下面工作，丝毫没有防备的他直接被吊板击中。他的颅骨受到直接创伤，虽然及时地被送到医院接受了颅骨手术，但是这次受伤留下的后遗症带给他的痛苦和烦恼一直影响着他的生活，而他也因此内退在家休息。他在正式办理退休之前每个月的工资是 520 元，此外还有 30 元的医疗补助。他还享受工伤医疗保险，如果生病住院费用超过 600 元，可以按照相关的政策报销 60%、80%、85% 不等。随着物价水平的提高，每个月的医疗补助已经提高到 50 元。

贾黑丑颅骨受伤留下的后遗症不仅是身体的折磨，而且在精神上也造成很大的影响。他随时都担心自己的病情会复发，因为一旦复发那种不可遏止的头痛就如恶魔缠身一样使他难以摆脱那种痛不欲生的状况。1997 年，贾黑丑旧病复发，再次经历了痛苦的过程。他这次复发的病情比之前更为严重，从安阳到郑州，后来又辗转到武汉的医院才得到控制。这次花去医药费共 8000 多元，医疗保险报销了 82%，从那以后，贾黑丑的病情逐渐保持稳定一直到现在。

贾黑丑曾经痴迷于研究易经，而且他又是个热心肠，所以退休以后，他经常被亲戚朋友、街坊四邻请去帮忙迁坟之类的事。2007 年，他的一个朋友邀请他到一个偏僻的山上帮忙，尽管路途远，路况也不是很好，但是习以为常的他还是爽快地答应了。他们一行人乘一辆农运三轮车去山里，然而天有不测风云，三轮车在盘山路上的一个拐弯处不慎掉进路边的沟里，车上的人基本都遭到严重的创伤，贾黑丑也不例外，他被送到医院后被医生告知是肺出血、腰椎错位，还有五根肋骨断裂，腰椎是人体重要的神经器官，如果处理稍有不当就会导致患者瘫痪，贾黑丑又一次站在生命的十字路口，在家属的积极配合下，医生迅速给他进行了手术。幸运的是手术很成功，这才使全家人松了一口气。贾黑丑在亲人的精心照顾下，身体恢复得很好，一个月后就顺利出院。手术、住院等费用一共 8000 多元，安钢附属医院直接报销了 5000 元，自费 3000 多元。贾黑丑笑着感慨地说，我几次都逃脱了鬼门关，在这个过程中越来越意识到锻炼身体、保养身体的重要性。现在，他和老伴经常抽空会到附近的野外去爬山，经常出去欣赏风景，呼吸新鲜的空气，这样对身体都有好处。

3. 痴迷《易经》和气功

贾黑丑从 20 世纪 80 年代开始学习研究易经。当时他才 30 岁，还在安钢上班，他有几个同事在工作之余或者下班后就会聚在一起讨论易经。贾黑丑经常看到同事们在一起讨论得有激情，而且还很激烈，带着一种好奇的心情就会时不时地去旁听。久而久之，他就被易经里面那些深奥的东西所吸引，开始了自己的探索之路。贾黑丑利用自己所能支配的一切空闲时间研读易经，为了研究易经他不做农活，也不做家务，几乎每天下班后就一头扎进屋里看书。易经是我国博大精深的传统文化，想要研究它绝对不是一蹴而就的事，需要一朝一夕的积累。贾黑丑开始读原文的时候就遇到了很多困难，虽然不断地借助字典来读，但是理解它所表达的深层含义以及从全局或者整体上理解还是有障碍。满怀热情的贾黑丑经人介绍到龙泉市拜访李国庆老师，此后他就经常去李老师家里请教易经中的困惑，后来他经过老师的同意就拜李国庆为师了。人们常说，师父领进门，修行在个人。贾黑丑在理论上或者文本上得到了李老师的指点，进步很快，但是平时还是会遇到很多与现实相结合的问题，有时又得不到老师的及时解答，所以他经常会向同事请教，甚至有时会把易经爱好者请到家里来彻夜讨论。此外，他还会不时地花钱请教别的老师或者高手。贾黑丑现在也在感慨那时的他好像中了邪似的，也不知从哪里来的那种激情和那股劲头去钻研《易经》，也许这就是兴趣爱好的魅力所在。他现在已经很少那样去钻研《易经》了，如果有朋友请帮忙或者其他需要的话，他才会拿出来翻翻。

除了痴迷《易经》外，贾黑丑还一度疯狂地练习中华传统文化的精髓——气功。练习气功很大程度上是与他的身体状况有关系的，当时求医心切的他想通过气功方法医治颅骨损伤的后遗症。1987年，贾黑丑通过同事了解到石家庄有一所由郭志辰任校长的气功学校将有一个养生智能气功的培训课程。他果断决定报名去参加，自己乘车到石家庄待了25天，这次培训学习的费用都是自费，当时一共花了300元。1988年，贾黑丑又到辽宁省阜新市，向一个上海返俗和尚的儿子学习硬气功，这次也是自费。同年的秋天，他又辗转到兰州进行气功治疗。气功作为一种医疗方法是需要常年积累的，而不是一蹴而就的。贾黑丑恰恰没有认识到这个问题，每次在外培训学习的时候感觉都不错，但是回到家以后就很难坚持，自始至终也没有养成一种日日锻炼的习惯和意识。没过多久，他学的十八般武艺也就荒废了，而他的身体状况也没有因此好转。

4. 家庭成员状况

贾黑丑的老伴马艳芬和他同岁，今年也是57岁。马艳芬的身体也不是很好，尤其是膝盖，去年她的膝盖疼痛到无法走路不得已住院治疗，全部治疗费用8000多元，因为她已经参加新型农村合作医疗保险，报销了900多元。现在她已经恢复得不错，可以正常行走，但是偶尔还会痛，还需要通过药物辅助治疗。

贾黑丑夫妇俩一共有三个女儿，现在都已经成家立业。大女儿今年37岁，她初中毕业的时候正好赶上父亲因工伤而内退，安钢公司为解决贾黑丑家庭生活问题，决定安排一个子女接替他的工作，所以，大女儿初中毕业后就接父亲的班到安钢公司工作了。二女儿比大姐小两岁，今年33岁。她是初中毕业后考入安钢技校学习，毕业后就分配到安钢工作。三女儿今年32岁，2002年初中毕业后就到河南省团省委的郑州少儿教育学校学习小学教育，毕业后就被分配到西郊乡流寺实验小学任教师。贾黑丑的女儿们都在外工作，平时只能抽节假日的时间才能回家聚聚。

5. 家庭现状

贾黑丑家原来有3亩土地，经过一次土地调整后只有2亩。这点土地的农活对于贾黑丑夫妇来说就相当于是锻炼锻炼身体，因为单纯的体力活很少，平时犁地、播种和收割都是机械化操作，他们也就是需要给庄稼灌溉、施肥和拔草等。此外，他们经常要打理自留的菜地，自家种植的豆角、茄子、土豆、黄瓜和西红柿等蔬菜都是无公害的天然有机食品，这些东西在城市是很难享用到的。贾黑丑的弟弟是个残疾人，也因此没有成家，所以他们平时会送一些粮食和蔬菜过去。贾黑丑心里最放不下的也就是这个弟弟，不过他能做的也就是尽自己所能照顾他的生活。贾黑丑家里过去还养殖猪、牛和鸡等牲畜，到1985年的时候因为修建房子就不再饲养。

贾黑丑家的房子是1985年修建的，大约130多平方米，基本都是自建的。贾黑丑从小在父亲的影响下就会干瓦工一类的工作。他笑着说虽然自己爱好挺广泛的，但都不是很精通。不过修房子的时候，他也是赶鸭子上架也干了大师傅的工作，和几个朋友一起修葺了四周的墙。等到完工后，房子内部的简单装修都是贾黑丑自己慢慢熬出来的。他说慢工出细活，对自己修建房子是比较满意的，起码成本很低。

贾黑丑正式办理退休后的工资是每个月1400元，除去两人平时服用的药品外，他的工资足够维持两人比较宽裕的生活。家中的空调和电视都是四年前新装和新买的，不过空调归贾黑丑使用，因为老伴的膝盖疼的毛病特别忌讳使用空调。他们一有空闲就会去短距离郊游，这样可以锻炼身体，休养生息。贾黑丑说他和老伴的身体是女儿们最担心的事情，所以他们保持一个好的精神状态也是女儿们在外安心工作的前提保障。贾黑丑也是村委会协调小组的成员，帮助村委员解决百姓纠纷和争端。此外，他还会参加邻居的象棋等活动以娱乐生活。我们衷心地希望贾黑丑夫妇身体健康，越活越年轻！

表 2-26 **贾黑丑家庭调查表**

农户家庭基本情况							
户主姓名	贾黑丑	民族	汉	文化程度	初中	家庭人口数	2
劳动力人口数	2	在校生人数	0	就读学校			
家庭固定资产和耐用消费品情况							
住房	1	占地面积（㎡）	130	汽车	0	农用车	0
摩托车	0	电视机	1	洗衣机	1	电冰箱	0
照相机	0	影碟机	0	组合音响		自行车	1

续表

收入及收入来源（元）								
收入合计	20800	种植业	2000	出租房屋等	0	本乡镇就业工资	16800	
外出打工	0	从事运输业	0	政府补贴和社会救济	0	其他经营收入	2000	
支出及支出类别（元）								
支出合计	14200	生产支出	1000	其他支出	5000			
生活支出	衣服	红白喜事	通信	娱乐	交通	教育	食物	住房
8200	300	2000	200	400	300	0	5000	0

（四）同甘共苦一家人——秦秀琴家

织布作为一种重要的传统手工业随着科技的进步和发展在民间几乎已经消失，即使偶尔在夹缝中能够找到几个也都是高龄老人，而我们在南流寺村调研的过程中遇到了一位织布技艺高、热爱织布并且几十年来一直坚持织布的中年妇女——秦秀琴。

在入户采访的第二天上午，我们在居委会妇女范爱玲的带领下来到秦秀琴家，不巧她不在家，后来通过向街坊四邻打听才知她到不远的自留菜地干农活去了。范主任让我们在家门口等一会儿，她去菜地找主人。她家是在村东南方向的一条小巷里，黑色的铁门装有漂亮的瓷砖修饰，门前两边都种着月季，一簇簇开得正艳的花朵和整洁的小路相互映衬着，让人感受到生活的惬意。大概十分钟以后，范主任和秦阿姨一起回来了。秦阿姨非常热情地把我们请到家里，在搬凳子倒水忙活了半天后，我们才开始采访。秦阿姨一开始就表达了她最近也很想梳理一下自己已走过的人生，这次采访正好是一个很好的机会帮助她回忆过去的生活以及和丈夫同甘共苦的那些岁月。

1. 早年经历

秦秀琴1953年出生在曲沟村的一个普通农民家庭，今年58岁。她的兄弟姐妹比较多，共有三个哥哥和两个姐姐，她在家中排行老六，是家中年龄最小的孩子。1961年，秦秀琴开始上小学，但是她并没有因为是家里最小的孩子而受到宠爱，反而是从小就承担起一部分家中的重任。她记得在小学五年级的时候，在上午第二节课的时候就偷偷逃课回家帮忙，当时她的三个哥哥都在外地当兵，父亲自己经营着一个压面条小作坊，每天上午10点左右就是最忙最需要人手的时候，所以秦秀琴就逃回家充当帮手。五年后，秦秀琴小学毕业升入初中，两年之后，她凭着优异的成绩考取了高中，但是由于哥哥们都不在家，家中缺少劳动力，最后她忍痛放弃了继续求学的机会，回到家里务农挑起家里的重担。1976年，秦秀琴经人介绍认识了现在的丈夫，并且喜结连理。秦秀琴嫁到南流寺村后，一直与公公婆婆和睦相处，与丈夫相敬如宾。她的丈夫是家中的长兄，常言道长兄如父，况且当时他的父亲常年都在河北的陶瓷厂工作而很少能够顾家，所以，照顾三个弟弟和一个妹妹以及老母亲的重任自然就落在秦秀琴夫妇身上。平时，秦秀琴要帮助丈夫的弟弟和妹妹做衣服，照顾他们的饮食起居，对于这些她没有任何抱怨，认为不是一家人不进一家门，兄弟姐妹相互帮忙是理所应当的，所以，他们之间的感情到现在都非常好。

2. 与丈夫共同奋斗历程

秦秀琴家里除了公公的工资外，家庭的开支等负担就要夫妇两人来承担，随着几个孩子的降临，这种负担就越来越重。于是夫妇俩开始想办法谋生，1986年上半年经过深思熟虑后，他们东拼西凑了一笔钱买了一辆拖拉机，这样他们两个人就开始了艰难辛苦的奋斗历程。他们首先是要通过朋友和亲戚的关系争取到跑运输的活计，当时主要是运输石灰和石子。运输路途上的艰辛真是让夫妇俩吃尽了苦头，夏天的时候无论天气有多热他们都要在炽热的太阳下行驶，而更难熬的是冬天，尤其是去一些比较远的地方如果在山里面遇到大雪，他们就会被困在盘山公路上，他们不仅暴露在风雪中，而且还担心天气引起拖拉机一些问题。通常这样的情况下，他们就只能生个火堆来取暖，吃随身带着的干粮来解饿。秦秀琴只是记得曾经去过聊城、开封和山西等地，更为详细的一些路程已经消失在逝去的岁月中。

拖拉机到1992年的时候就基本完成了它的使命而被淘汰，秦秀琴夫妇俩认识到如果还想跑运输挣钱的话，那就只有一条路——换汽车。随着社会的发展和技术的进步，运输对于运载工具的要求也在逐渐提高，尤其是对于运载量，所以有远见的行内人都意识到这个问题，并且相继开始买吨位较大的汽车。秦秀琴和丈夫也认识到了这个形势，但是换一个吨位大的汽车不仅需要一笔数目不小的钱，而且还要承担安全等方面的风险。不过，他们最后还是利用家中已有的积累以及在亲戚朋友的借助下购买了一辆大货车，这样他们又一次开始了常年在外运输的生活。虽然汽车驾驶的条件和环境有所改善，但是他们两人的时间基本都在马路上度过，日常的饮食也很不规律。她的丈夫经常需要熬夜驾车，对身体的损耗很大，并且在行驶过程中精神要高度紧张，避免交通事故发生。秦秀琴在接下来的四年里就一直跟着丈夫在外跑运输，帮助装货、卸货以及结账等事情。在这四年里，他们的孩子就和奶奶一起生活，因为两个人基本都没有时间去照顾他们的饮食起居，所以，秦秀琴说她非常感激她的婆婆，要不是她精心地照顾小孩解除了他们的后顾之忧，他们是不可能常年在外的。货车运输本身就是一个带有极大风险的职业，平时如司机酒后驾车造成的事故是经常发生的，天有不测风云，这类灾难也降临到这个家庭里。秦秀琴回忆到这件事情的时候比较激动，就是简单地提了提，没有过多的描述。灾难带给人们的伤痛随着时间的流逝会慢慢淡化，但是不会彻底磨灭。也就是这个事故之后，他们家里处理掉伴随夫妇俩四年的汽车，随后秦秀琴回到家里照顾孩子和务农，丈夫到安钢当专职司机。之前的一切都翻过去了，这家人新的生活又开始了。

3. 家庭成员状况

秦秀琴的丈夫叫宋和平，今年57岁。他们共有四个孩子，三个女儿和一个儿子。儿女们都已经长大成人，而且成家立业。秦秀琴夫妻都尽自己的最大努力支持儿女们按照他们的意愿接受了最好的教育直至走上工作岗位。

大女儿1977年出生，今年34岁。她初中毕业后，18岁的那年正好赶上安阳市纺织厂找女工，于是抱着试一试的心态就报名了，没想到最后她被录取了。工作几年后，她和她的一个同事建立了恋爱关系，没过多久就结婚了，现在已经有一个女儿，小女孩已经是一名小学生了，周末或者寒暑假也能来秦秀琴家玩几天。

大儿子生于1979年，今年32岁，在安阳市实验中学毕业后，就考入安阳市体育运动学院。由于他是委培生，将来可以定向分配工作，所以学费比较高，每年需要15000元。这笔费用对于整个家庭来说是一笔很大的开销，秦秀琴回忆道当时二女儿和三女儿也都在读书，所以日子过得比较紧张，那时她还曾经经常出去做小工挣钱以补贴家用。1999年，大儿子从体校毕业。2000年，他就被分配到西梁村试验中学任体育老师。儿媳妇现在是安阳县一中的物理老师，他们已经有一个4岁的小女孩。儿子的家安在安阳县里，距离他的工作单位比较远，2008年在秦秀琴夫妇的支持下，他购买了一辆小汽车方便每天上班用。小孙女从小就是秦秀琴跟儿子儿媳妇一起给带大的，去年才刚刚上幼儿园，所以秦秀琴也是不久前才搬回家住的。

二女儿1981年出生，比哥哥小两岁，今年整30岁。她是初中毕业后考入安阳市卫生学校的，学习临床医学，毕业后，她就到一家诊所实习并留在那儿工作。两年之后，她下决心要自己干，辞职后就和丈夫一起在安阳市开了一家属于自己的诊所，现在经营得非常不错。他们平时都很忙，几乎没有周末可以休息，所以秦秀琴隔一段时间就会过去看看并帮忙做做家务。

小女儿1983年出生，今年28岁。她是初中毕业后就到商丘市学习计算机，主攻广告设计方面，现在在安阳市的一家广告公司工作。女婿是在郑州一所高校本科毕业的，后到安阳市纵横公司工作了，他的老家在安徽，平时休息就回秦秀琴家。

秦秀琴夫妇现在正是享受天伦之乐的时候，儿女们都已经事业有成。他俩平时最高兴的事情就是周末孩子们都回家聚在一起，大家热热闹闹地聊天、打牌和做饭，这也是他们感觉最幸福的时候。

4. 业余爱好——织布

秦秀琴在业余有一个爱好——织布，并且她已经把织布当作一种生活习惯。尽管现在我们日常使用的床单被罩都是工业化的制成品，但是秦秀琴依然会抽出时间织布来做床单用。织布工艺是一种极其复杂的工艺，从采棉纺线到上机织布，要经过轧棉、弹棉、纺线、打线、浆染、扽线、络线、经线、刷线、作缯、闯杼、掏缯、吊机子、拴布、织布、了机等十几道主工序，每道主工序中又有多道子工序，大大小小共72道工序，全部采用手工工艺，需要较高的操作技巧。秦秀琴从小就在奶奶和母亲的影响下，逐步掌握了织布的全套工艺工序。20世纪80年代之前，她每年都要花大量的时间织布，以便给家人做衣服。80年代后，大部分都很少织布，基本都是到商场买成品布，所以这种工艺在民间也逐渐消失。而秦秀琴把这种工艺一直坚持到现在，并且我们亲眼看见了她精湛的织布技艺。

纺线是织布的前期准备，20世纪70年代以后，这道工序基本已经被直接购买的成线代替。秦秀琴使用纺车的目的是将买到成捆的成线比较均匀地转换到梭子上面，买好的成线要经过扽线、经线等工序处理，才可以进入闯杼工序，扽线、经线的目的是理顺原本杂乱无序的线，为之后的工序做准备。闯杼即是用篾片将经线按顺序一根根分离插入杼中，使几百根经线各司其位，防止纠缠，闯杼时要特别注意每一根线与杼缝的次序必须彼此对应，如果有误将直接导致之后的工序无法正常进行，因而进行此项工序时必须小心谨慎。闯杼完毕开始刷线，刷线的目的是理清纠缠在一起的经线，使其一根根次序井然。刷线后的掏缯是织花布的一个重要工序，因为不同的掏缯方法决定了经线上不同的图案变化。织布前的最后一道工序是吊机子，所谓“吊机子”就是将织机的各部件全部组合调试出来，包括拴布、吊脚蹑、吊缯等。这道工序操作起来看似简单，却完全凭经验行事，如果这一工序做不好，织布过程就不顺，总是这里或那里出现问题，干起活不顺手。吊好机子后才能上机开始正式织布。秦秀琴一边展示织布一边介绍说，织布时，人的脑、眼、嘴、手、脚齐驱并用。脑要记着花样，指挥手、脚下一步的动作；眼既要盯着有无织错，又要盯着手不要拿错梭子，协调双手；嘴里要静记默念梭数：蓝纱四梭、红纱十六梭、白纱二梭……花样繁杂的要用上七八种色纱，各种色纱的梭数又不一样；手、脚要联动，一脚踩下去，双手推出机筘，其中持梭的手又随即将梭送出，穿过经纱织层，到另一手，双手放松机筘，让机筘随着机筘脚的惯性滑回原处，且动作要稳健敏捷，方能将布织得结实、匀称。如此往返循环，思想要高度集中，动作要利索干净，稍有疏忽就会事半功倍。

秦秀琴说织布已经成为自己生活的乐趣，空闲时就会坐上去织一会儿，每年织的布也就是做床单等用，这种土布做的床单在夏天使用非常舒适、吸汗、凉快。我们感觉她织出的一块块布就是一件件极美的艺术品，让人叹为观止！

5. 家庭现状

秦秀琴是个非常乐观的人，也是一个很会享受生活的人。现在家里一共还有 3.8 亩土地，因为土地处在南流寺村和安阳县的交界处，所以 107 国道和南水北调工程都没有征用这部分土地。秦秀琴平时会去田里打理庄稼和蔬菜，此外她周一和周四下午还会去参加自发组织的豫剧表演活动。去年，她还参加了固县组织的一个戏曲大擂台活动，最后还得了优秀奖，奖品就是她正在穿着的 T 恤衫。当然这是离不开她平时的刻苦学习和训练的，我们在她家里看到了复读机和一些豫剧唱段的磁带。她的业余活动非常丰富，不仅参加戏剧活动，而且还是村里的秧歌队队长，每年过春节的时候，她就会组织那些活动成员进行训练，等到大年初一那天到大街小巷表演，给大家增添了许多节日的喜庆。

秦秀琴的丈夫现在还是安钢的运输货车的司机，把矿粉从安钢运到大冶，每天要拉三次，每个月有3000元的工资。这些收入对于秦秀琴夫妇来说已经足够维持家中的开销，去年他们还新修建了一间西房，装修得都很好，主要是给儿子和媳妇平时周末回家准备的。秦秀琴夫妇两人现在生活都很幸福，希望他们保持这种幸福的生活状态！

表 2－27　**秦秀琴家庭调查表**

农户家庭基本情况							
户主姓名	秦秀琴	民族	汉	文化程度	初中	家庭人口数	2
劳动力人口数	2	在校生人数	0	就读学校			

家庭固定资产和耐用消费品情况							
住房	1	占地面积（㎡）	140	汽车	0	农用车	0
摩托车	0	电视机	1	洗衣机	1	电冰箱	0
照相机	0	影碟机	1	组合音响	0	自行车	0

收入及收入来源（元）							
收入合计	41300	种植业	200	出租房屋等	0	本乡镇就业工资	36000
外出打工	0	从事运输业	0	政府补贴和社会救济	0	其他经营收入	5000

支出及支出类别（元）								
支出合计	13600	生产支出	100	其他支出	3000			
生活支出	衣服	红白喜事	通信	娱乐	交通	教育	食物	住房
10500	400	2000	300	600	200	0	7000	0

第三部分　农民

十八、民间手工艺人

（一）老染房工人——孙全禄家

南流寺的染房和孙家锄钩一样，都是远近闻名的手工业，而且历史悠久，我们采访的孙全禄老人，家里就曾经经营染房。从1963年到1969年，孙全禄跟随父亲和大爷先后在自家和生产队经营染房。但是，1969年后，孙全禄离开了染房，转而跟随西郊乡建筑队学习木工手艺，而染房生意也随着1982年生产队解散而终止了。

我们去采访时，孙全禄正在家中打扫，他家的砖瓦房虽不算崭新，但也不算陈旧，屋子干净利落，一进客厅，最醒目的就数一套浅黄色的家具，造型统一，做工精致，虽不像崭新的，但也看不出多少岁月的痕迹。经询问，我们才知道，这个房子是2001年盖的，家具也是孙全禄自己做的，想必当初孙全禄家的家具也一定很受群众的欢迎，只是随着年龄的增长，身体有所不适，2000年时孙全禄老人也不再经营木匠生意了，转而去本村铆焊队做饭。因为南流寺村靠近安阳钢铁厂，关于钢铁铸造、铆焊的手艺比较好，所以在全国都比较受欢迎，生意比较红火，经常全国各地跑，孙全禄也跟随着铆焊队全国奔波，一直持续到今天，而且由于铆焊的工期较长，经常是一出去就是半年或数月，我们此次能采访到孙全禄老人实属幸运，因为他刚从外地回来，在家估计也就待半个月就又要“出征”了，不过值得庆幸的是，孙全禄老人只需要做饭，不需要从事重体力的铆焊工作，而铆焊队所发的工资在2005年前是30元一天，2005年后涨到了50元一天，不过也仅够补贴家用。

因为南流寺染房在西郊乡远近有名，是南流寺历史上著名的手工业，所以我们此次采访，重点询问了南流寺染房的历史。

南流寺染房在新中国成立前就已出现，而且不像孙家锄钩是独家经营，经营染房的有好几家，我们此次采访的对象中，孙全禄和孙全合二位老人就曾经经营过染房。南流寺染房生产的染布，色泽鲜艳，久不褪色，印花图样美观，很受群众欢迎，在《安阳市殷都区西郊乡志》上记载的新中国成立后的名人巧匠中，南流寺村有孙富贵和宁宝凤。孙富贵，南流寺村人，从 20 岁起接替家传印染手艺，经常在民间服务。最早用黄豆面和石灰粉作染料，在民间织的白布上能染出各种样式的花彩，受到方圆几十里群众的赞扬，后采用化学染料染出的花彩更加精美鲜艳。宁宝凤，南流寺村人，女，12 岁学会家传五彩花印染工艺。其工艺作品曾于 1984 年 10 月参加了“河南省民间工艺美术品展览”。①

后来由于纺织工业和印染工业的逐步发展，传统的染房越来越不适应时代的需要，生意越来越差，很多工人纷纷转学别的手艺，孙全禄选择了木工，并且一直干到 2000 年，后来就跟随本村铆焊队做饭了。

孙全禄家原有 2 亩多的土地，后来由于村工业区征地，被租用了，五六年前的补贴标准是每年 1200 元/亩，后来由于物价上涨，根据协议中规定的补贴标准跟随物价上涨的条款，去年，补贴标准上涨到每年 1500 元/亩，相比较农民自己种地的收入，还是比较合算的，而且有助于南流寺村早日实现城中村的改造，使村民由种地的农民转换为种楼、租地的市民。

孙全禄老人有一个儿子，今年 38 岁，是一名大货车司机，平时也经常出差跑运输，现在和老两口住在一起，而小孙子今年也已经 6 岁了，主要由儿媳妇和孙全禄的老伴照看。由于年龄偏大和长期的农务劳动，孙全禄的老伴身体并不好，今年已经 67 岁，患有高血压和糖尿病，2009 年还因此住进了安阳市人民医院，共计花费了 4000 余元，好在参加了新型农村合作医疗，报销了接近 50% 的费用。而孙全禄老人的身体则还算硬朗，除了耳朵有些听不清外，其他几乎没有什么异样，只是由于长期劳累，身体偏瘦。在此，祝愿二位老人身体早日康复，安享晚年！

---

① 安阳市殷都区西郊乡志．2005：176.

（二）“孙家锄钩”传人——孙全保家

孙家锄钩是南流寺村最出名，也是历史最悠久的手工业产品。《安阳市殷都区西郊乡志》上记载：孙家锄钩，式样美观、均匀适度，下地耐用，方圆几十里享有盛名。南流寺的孙家锄钩有多少年的历史，我们不得而知，《安阳市殷都区西郊乡志》上记载的比较有名的人物中，最早的是20世纪60年代之前的孙豹只，以打锄钩出名，有“崔魏炉锄板流寺钩”之谚语，可见其手艺高超。而我们采访的孙全保老人，今年已经63岁，他说打锄钩是从祖上传下来的，至今出名的已经有四代了，所以可以肯定的是孙家锄钩在新中国成立前就很有名了。而孙全保则是孙家锄钩的最后一代传人。

孙全保老人有2个儿子和1个女儿。大儿子在附近的水冶镇居住，主要从事铆焊工的职业，并有2个男孩，老大今年13岁，在安阳市七中上初中，老二今年8岁，在殷都区实验中学上小学。二儿子则在广州工厂里做铆焊活，主要负责油压机方面，由于工作比较繁忙，一年只能回一次家，并有2个女儿，大女儿今年6岁，小女儿今年4岁。孙全保的女儿则嫁到了郭流寺村，育有一儿一女，现在都还在上幼儿园。

此次村庄采访中，我们注意到很多中青年村民从事铆焊工的职业，关于这个疑问，我们也询问了孙全保老人，他说，由于本村靠近安阳钢铁厂，有不少村民在里面干过，而且有一些村民甚至开了为他们提供配件的小厂，所以本村村民普遍对钢铁加工、焊接有所了解，学习铆焊技术也很快，而且手艺也好，所以村里有不少新生代农民选择以铆焊工为职业，村里而且成立了铆焊工包工队，全国各地接业务，生意也很红火。至此，我们才醒悟过来，但也为他们充分利用所拥有的便利条件，努力学习，掌握生存技能而由衷地感到欣慰。

孙全保家原有几亩土地，但也被新农村建设而征用了，现在只剩2亩菜地，主要由老伴打理。老两口现在需要操劳的事情并不多，孙全保偶尔会去安钢帮忙搬铁块，时间不固定，一般是接到电话就过去；老伴除了种菜，平时还会接送孙女上幼儿园。

提起新农村建设，我们又想起了未来的小区规划，于是想了解孙全保对这件事情的看法，没想到老人是如此开明。他说，未来小区盖好后，想买两套房子，一套给小儿子一家住，一套老两口住，大儿子因为搬到水冶镇居住，也是刚盖的房子，所以不需要再购买了。之所以买两套，主要是考虑到和子女住在一起有诸多不便，而老两口也有足够的能力照顾自己，所以做了这个打算。我们不由得越发钦佩老人。

南流寺以村民土地和房屋折价入股成立的众资公司将会加快村民由农民向市民的过渡，由现在家家有土地过渡为家家有房产，新农村建设完成后，村民虽不可称为大富，但至少是小资，因此相信孙全保未来的生活一定会更美好！

（三）村里老木匠——孙来银

跟随着联络员，我们来到一片砖瓦房，显得有些破旧。20 世纪 90 年代以来，村民们大量盖起了新庭院，通常是砖混结构。木匠孙来银的家就在这里。门面还是装潢得颇有讲究。门的两侧贴着对联，抬头方见门上雕刻着“宽大为怀”四个字。房子建成有 40 多年了，还是当时生产队时期大家帮忙盖的。在简陋的院墙内有两栋呈“L”形布局的平房，朝南的正屋一间南北 4.5 米，东西 15 米，西向的配房南北 6 米，东西 5 米。一对近八旬的夫妇俩迎我们进屋，又连忙搬凳子到小院来，请我们坐下。老两口干净整洁，精神很好，孙师傅身穿一件白色棉 T 恤、一条浅灰色长裤，奶奶上穿紫蓝色衬衣，下穿深褐色长裤。我们的采访对象木匠孙来银便是这位师傅。他年纪大了，要求我们说话必须声大并表达清晰。热情的王哥说，“没事，你说，我给你翻译就行。”我们问孙师傅多大年纪了，他说自己老年多忘症，很多东西都想不起来了。他老伴赶忙从屋里找来户口本，供我们了解家庭成员的基本情况。原来孙来银出生于 1934 年。

1. 个人经历

采访的对象能清楚地回忆和表达自身经历与心路历程，固然是好。而对于一位老人而言，能在他的记忆中留下深深的印迹的那些人和事，显得弥足珍贵。

我们坐的板凳都是孙木匠亲手自制的。从他的爷爷辈儿开始一直是木匠，所以他从小就接触到木匠的活——制作板凳、砖木房子的房架等。

他回忆道，新中国成立前，木匠都没法活，穷得很。新中国成立后日子才好过些。生产队时期，在队里干活，赚工分，农户和农户之间多是互相帮忙，互相之间都不要钱，光管饭。泥工、瓦工干活会要点钱。大家当时都很忙，成人无论男女赚的是10工分/天。至今他还能清楚地记得当时下放农村知识青年的名字。生产队成立后不让干木匠活了，光在大队和大家一起干活。孙师傅当时心里也没别的想法，因为能在地里干活，赚得到工分、赚得到钱。那时一天六毛，也有五毛、八毛的。生产队解散后他又干起了木匠活儿，“手艺没有忘记”。直到改革开放时期土地承包到户后才开始赚钱，一天能赚20元，而且木匠一家子的饭也归主人管。老人对时间年代把握得不是很清楚，说是新中国成立后做木匠活有了钱赚。老人只能记得，“新中国成立”、“改革开放”这些历史的关节点，社会生活发生了深刻的变化。

其实，农村盖房用工，向来由亲邻帮工，由东家管伙食，并不支付工钱。这一习惯到20世纪80年代初迅速消失。在我看来，其原因是，80年代中期后，这一带外出打工渐成风气，因而有了日工价意识。这个意识在从前是不可能有的，正是这个日工价意识，使亲邻帮工建房的古老习惯再也维持不下去了。

20世纪90年代这里的农村也开始使用空心预制板，制作房架的需求减少。随着建筑业新材料、新结构、新工艺的推广，孙师傅的这门木匠手艺成了不怎么赚钱的手艺。木匠孙师傅还曾带过一个徒弟，叫孙三红，做建筑木工，现常年在外地的工地制作橡胶顶、楼梯，制板、梁的模具。孙师傅的大儿子年轻的时候也干的是木匠活儿，可现在彻底转行了，在安阳市做汽车内装修。过去木工主要建筑房屋木结构和制造木器，现在的建筑木工主要是制模，比如现浇楼板，过梁需要模具，还有临时住所搭建、临时门窗修建等。做木工现在一般做包工一天300元左右，点工10小时150元。毕竟是吃青春饭的，老了就很难继续做下去。若想一直做下去，只得边做边结交人脉资源，以后自己做包工老板，日子会好过些。

“木匠的活儿并不好干，挺费脑子。没有文化，活儿不好干。”做个小板凳，也得会算尺寸，干活的人有文化就能算得快些，没有文化就吃力些。“木头要用多少，下多少料，有文化好。”孙师傅上过三年的小学，他的父辈和爷辈可能上过一两年的私塾。孙师傅干了一辈子的木匠，看似平平淡淡。然而，这不显眼的活，要想干得漂亮，又快又好，可就成了件不易且要花心思的事！孙木匠干起活儿来有自己的巧劲儿，“有办法不用算账”他兴致勃勃地对我们说，并立马取来数个自制的模板。他一边介绍，一边积极地向我们演示使用这些模板，这是多么便利，干活儿轻松多了，“嗬嗬，没有什么好经验。没有文化，就要想没有文化的法儿。”调研小组的同学感叹道，这就是有文化啊，想办法把问题给解决了！孙木匠重视文化，小儿子也培养成了大学生。

我们总希望干了一辈子木匠活儿的孙师傅能给我们讲几件有意义、稀奇的事儿，可他说没有，直到采访即将结束，或许是被我们的诚意打动，木匠师傅滔滔不绝地和我们谈起自己20世纪50年代到首都盖大楼的事儿。一个农村的年轻小伙儿，凭借自己的本事，能为祖国首都建设贡献一分力量，是一件多么自豪的事情！1953年到北京盖大楼，孙师傅清楚地记得是为中央染料部、煤炭设计局、汽车公司盖大楼。当时劳动局招了当地60~70个木匠，签了3个月的合同，2.1元/天，管吃管住，工地上有5000~6000人。1954年又被劳动局召集为部队盖营房，1976年还建过电厂厂房。

从1953年开始，伴随着北京市发展国民经济第一个五年计划的施行，首都建设蓬勃展开。这五年内，北京市共完成各类建筑1744.4万平方米。在当时劳保条件差、机械化水平低的情况下，来自全国各地的能工巧匠们凭着对党和国家的无比赤诚，群策群力，忘我拼搏，昼夜苦干，在我国建筑史上留下了永不磨灭的功绩，谱写了世界建筑史上华彩乐章。近八旬的木工老人，回忆起当年那轰轰烈烈、热火朝天的日子，怎能不滔滔不绝！

据北京市劳动局统计1950年到1955年底，从外地招工13万人次。招用的大部分是农业社社员、复员退伍军人或壮工、瓦工、木工等有技术的青年农民，他们进京后，以临时工、预约工或季节工等形式参加首都的建设。各建筑企业需工人数统一由劳动部门调配。

现在每逢周末，老两口午饭后到市场上卖木制板凳，10元/个，卖一两个三个不等，有时到天黑一个也卖不出去。“市场上卖凳子多着呢，一般熟人来买我的。”奶奶道。

2. 家庭成员状况

奶奶18岁的时候就嫁给了20岁的木匠孙师傅。奶奶是家庭妇女，“在家做饭，洗洗涮涮，我有啥好干！”家里现还有1亩2分的地。老夫妇俩有两个儿子，老大上过高中未毕业，原来也是木匠，可是木匠的活儿辛苦且不赚钱，现在近50岁了，住在村里，在安阳搞汽车内装修。小儿子是大学生，1973年出生，安阳大学毕业后，分配到安阳市彩色显像管厂工作，2000年以前红火过一段时间，一年最多能赚十几万元，谁知年月变化得这样快！2000 年后工厂不很景气，小儿子被迫下岗。现在自己联络钢厂，跑钢材销售。下岗后又离婚了，娶进的媳妇嫌他家庭条件不好，房子旧，现在儿子还没搞上对象。老两口现准备再多盖几间新房，为小儿子再婚作准备。年纪这么大了，还在为儿娶妻盖房操心。院落里不时传来叮叮咚咚施工的响声，不远处有几个人正在施工盖房。夫妇俩似乎并没有为宅基地的房屋拆迁，要建新村这些即将发生的事情做过打算。

孙师傅的老伴患有心脏病、冠心病。去年 7 月住过一次院，在安钢医院花了 4000 多元，新农合报销了近一半。孙木匠除了腿疼等小病，身体算硬朗。老两口每天早上六点起来跑圈儿，锻炼身体。问及现在收入来源，奶奶乐着说主要靠干点木匠活，卖小板凳，10 元一条。大儿子给他们一天 1 元的生活补助。小儿子离婚后，正在攒钱成家，现跟他们一起过日子。

临行的时候，孙师傅一直送我们到很远的地方，我们衷心地祝愿两位老人身体健康，全家幸福。

十九、基层工作者

（一）兢兢业业的村委委员——孙安文

从我们刚到南流寺村调研，我们被这样的画面所吸引：干净而整洁的道路上晾晒着刚刚收获的小麦，老百姓的脸上洋溢着丰收的喜悦；道路两边的排水沟统一用水泥砖遮盖着，避免死水散发出异味。这么舒适整洁的环境给我们留下深刻的印象，而这些主要归功于南流寺社区居委会委员——孙安文。孙委员主管村里的文明卫生、农业等相关工作，而他也正是我们小组在南流寺村的调研联络员，我们的工作之所以能够顺利展开并完满结束也要得益于他的热心工作。我们在向他了解南流寺村基本状况的同时，也把他作为此次调研的典型人物而做了一次专门的采访。

1. 退休前的经历

孙安文 1948 年出生在南流寺的一个普通家庭，按照孙氏家族的家谱，他已经是孙氏第十八世。1966 年，孙安文 19 岁作为村里的棉花技术员被村委会推荐到新乡刘庄进行系统的生产技术培训，而且这个指标是村里当时唯一的。经过近一年的学习后，他回到南流寺村委会继续从事棉花技术相关的工作。1968 年，孙安文光荣入伍，成为一名陆军步兵，服务于祖国的边疆地区。部队是一个大熔炉，年轻的孙安文在此得到很多锻炼，由于各方面表现出色两年后就加入中国共产党，成为一名共产党员。到 1973 年，孙安文当时已经超期服役并于当年 3 月退伍。退伍后，他回到村委员工作，随后被调到乡武装部训练民兵，充分发挥其特长。两年之后，他又调到安阳市药用玻璃厂供应科工作，任管理干部，这样一直到 2000 年。2000 年前后，孙安文所在的工厂遇到企业发展的瓶颈，经营效益持续滑坡，为此厂领导班子开始进行股份制改革，以此改变工厂的现状。在这样的背景下，孙安文考虑到自己的年龄以及工厂的发展就内退下来。在正式办理退休之前，工厂除给他交养老保险外，每个月发 200 元生活费。对此，孙安文虽然有无奈的一面，但是站在工厂的角度，他也可以理解这样的待遇。

2. 退休后到村委会

孙安文自嘲属于那种不安分的人，退休后还得有事做。2001 年他在朋友的盛情邀请下就到安阳市益生堂药店帮忙，每个月可以有 500 多元的收入。但药店离家比较远，他必须住在药店，偶尔抽时间可以回趟家。期间，家里的重担就落在老伴肩上。他老伴叫马云，和他同岁，也是南流寺村的，两人有三个女儿和一个儿子，孩子们都已经成家立业。大女儿孙丽丽，今年 38 岁，嫁到龙安区王潘刘村，现在从事保险工作；二女儿孙丽静，1996 年安阳市农学院毕业后，到梁邵屯村的一个工厂当会计；三女儿孙丽娜现在是安阳市水厂的工程技术人员，是安阳市职业技术学校计算机专业毕业后分配到这里的；最小的儿子孙红峰，初中毕业后就到安阳市耀越实业有限公司工作，现在主管钢材销售。家庭是一个人工作的坚强后盾，但是在 2002 年，孙安文的这个后盾坍塌了——他的老伴由于脑血栓住院最后落下偏瘫的毛病，需要有人长期在身边照顾，因此，孙安文辞掉药店的工作，承担起照顾老伴日常生活的工作。

在孙安文的精心照顾下，老伴的病情逐渐好转，并且可以自己解决日常生活的困难，这时孙安文又开始蠢蠢欲动，酝酿着工作的事情。刚好 2002 年 2 月南流寺选举成立新一届的村民委员会，孙安文决定参加竞选，最后以绝对的优势顺利当选为村委会委员，主管农业和卫生工作。

孙安文于2002年3月正式到村委会工作，相比于三十多年前任棉花技术员的时候现在的状况更加复杂，工作也更加具有挑战性。我们采访期间正值南流寺夏季小麦收获的季节，也是播种秋收庄稼的关键时期。孙委员主要负责农业相关工作，这自然是他最繁忙的季节。在收割小麦前，他就已经开始四处奔波联系外地的收割机，然后统一指挥村里的小麦收割工作。全村1000多亩的小麦在他的指挥下，仅用四天的时间就全部收割完，避免了雨水可能带给老百姓的损失。同时，他还要组织村民相互监督，防止周围村民还没有收割完小麦就有村民开始处理自家秸秆，这样避免不必要的燃烧粮食的状况出现，直到邻近的村庄全部收割完后才统一处理。之后，孙委员还要及时联系安阳市种子公司，购买玉米等种子，保证村民适时播种，而且让村民享受到国家发放的农业补贴。期间，他还要负责安排村里的灌溉，一年4～5次。等到秋天老百姓收庄稼后，孙委员还得联系找切割机和犁等农业机械工具，将玉米等秸秆打碎后翻入土地使之发酵后成为很好的农家肥。之后又是组织播种小麦、打冻水等工作，这样的工作年复一年到现在已经有九个年头。

除了负责农业这部分工作外，孙委员还主管文明卫生方面。一个村庄的卫生环境反映了整个村庄的精神面貌，也是对村庄的最好宣传。南流寺的整洁干净给我们一行人留下了深刻的印象，得到所有人的称赞，这很大程度上要归功于孙委员。垃圾不仅在城市而且农村也是影响村容环境的最主要因素，为了及时处理掉生活垃圾，不让这些垃圾影响村庄街道环境，南流寺村委会出资，孙委员负责组织成立保洁队，负责每天清扫村庄的所有街道，同时要清理运送垃圾。除了生活垃圾外，村民修建房屋或者装修而产生的建筑垃圾也要由孙委员来监督管理清除，并且他们还经过研究出台了一些规章制度进行约束。无论哪个村民，在他们开始动工建房之前，都需要到村委会申请并且交付押金2000元。等到建房工作全部结束后，孙委员等工作人员要验收户主是否清理完周围的建筑垃圾，如果验收合格的话，那笔押金就如数还给老百姓，这样的做法非常有效。

老百姓日常生活排放的污水是影响村容的另一个主要方面。南流寺的主干道两边都有排水沟，平时都用整齐的水泥砖块遮盖着。这些排水沟如果不进行定期清理的话，堵塞等问题就会发生，并且还会连锁反应导致污水溢出来流到干净的水泥干道上，这样污水的异味弥漫在老百姓日常生活环境中，而且也影响了村庄的整体基础设施环境。为此，孙委员每年都要组织老百姓清理一次排水沟，避免以上可能的发生。可以说，孙委员为村容村貌的整洁立下了汗马功劳！

孙委员在工作之余还要照顾家庭，尤其是行走不便的老伴。老伴之前因为偏瘫住院以及后期的疗养成为家里比较大的开支，不过现在状况逐渐转好，这令全家都很欣喜。孙委员的退休金加上任村委委员的工资一共有 2000 余元，这已经可以保证老伴日常药物治疗开销以及全家日常生活的支出。全家仅有的 1.8 亩土地在去年已经被国家征用修建 107 国道，按照国家及当地政府的政策规定，每亩土地一次性补偿 18000 元，加上清苗费用一共得到 190400 元的补偿。孙委员今年 63 岁，有一个 5 岁的孙女和一个 2 岁的孙子，已经到了应该享受天伦之乐的年龄。所以，到下一届村委会选举的时候，他就准备彻底退休，把机会让给有想法、有魄力的年轻人。等退休后，他要将大部分精力支持儿子的事业，帮助他们照顾孙子一辈，让他们工作不再有家庭的后顾之忧。

在我们调研期间，南流寺新农村建设规划已经开始实施，按照规划，所有的村民都将集中居住在统一建设的小区里。不仅村民的角色将会发生变化，而且生活方式也向城镇居民转化，对此村民的意见不一，因为整个过程涉及非常多的利益相关者，牵涉到土地补偿及置换等问题。孙委员非常支持村委会的这些政策，他认为村民转向居民本身是社会进步的标志。从实际情况来看，整个家庭已经没有土地，也没有从事农业生产的劳动力，这和城镇居民已经没有太大的区别。而且村庄被规划在城市工业区范围，届时的发展给老百姓带来的实惠也会很大，关键就是我们这些人思想观念的转变。总之，他非常支持新农村建设规划的实施，相信这会给自己，也给全村老百姓的生活带来翻天覆地的变化！我们同样也期待这些奇迹的发生，相信他们的生活会更上一层楼！

（二）“卫生十大员”——宋花妞

宋花妞，女，60 岁。汉族，无宗教信仰。南流寺村 4 位卫生管理员之一。有“卫生十大员”称号。

初见宋花妞，是在南流寺村内的主干道旁。老人家身穿一身普通的蓝布工作服，正站在路边兴高采烈地与村里人聊天。当被邀请与调研组进行访谈时，老人答应得特别爽快。

宋花妞是一位性格十分开朗、活泼的老人。操着一口河南话，却十分健谈。已近“耳顺”之年的宋花妞脸上却鲜见皱纹，这或许能够说明她有着一种乐观积极的生活态度吧。

老人从小没怎么受过教育，小时候上学时，家里特别穷，但是也没有因为宋花妞是女孩就不让她上学，家人把宋花妞送到学校，只希望孩子能够识几个字，不当睁眼瞎就行了，谁能想到宋花妞在考试时考了全班第一名。后来，家里实在拿不出每年 3 元的学费，宋花妞只好辍学了。老人回忆到这里，还是很心酸。

后来，没有文化又无一技之长的宋花妞只好做一些打扫卫生的工作。一开始，宋花妞经人介绍到附近的高速公路上打扫卫生。这是一份辛苦的工作。不论风雨，老人都要每天按时到达高速公路上，一丝不苟地将路面打扫干净，同时还要整理路中央的障碍植物。干了好几年之后，宋花妞的工资并没有得到提升。她认为工资不足以维持生计了，便毅然辞去了这份工作，回到村里。

宋花妞的老伴年轻时在山东青岛当兵。退役后回到故乡，被分配到西郊水泥厂上班。年轻时老伴还能赚些钱维持一家人的生活。但是 2003 年，也就是非典来袭的那一年，老伴突然得了偏瘫，先是左手不能使用，后来左手经过调理能够动弹了，右手又失去了感觉。为此水泥厂工作了几十年的老伴不得不从水泥厂退休。但是退休后却被告知因为水泥厂是私人办厂，不存在退休金一说，这让宋花妞一家人的生活更加拮据。现在宋花妞为老伴申请了最低生活保障，按照村里规定的标准，每月能够得到 70 元的补助金。宋花妞说，这笔钱每个月都会按时发放，不存在拖欠的现象。

老伴失去了工作能力，宋花妞想了想，自己也不能这样闲在家中。虽然岁数大了还是要找份工作干的，还能挣些钱贴补一下家用。就这样，宋花妞自告奋勇地找到村委会，担任起了村里卫生打扫的职责。

每天上午 8 点到 10 点，下午 3 点到 7 点，都是宋花妞打扫卫生的时间。说是打扫卫生实际上每天宋花妞和其他三名卫生员只需要把村里的卫生打扫一遍，然后把全部的垃圾清理干净就可以了，剩下的时间都用来监督村民注意卫生的保持。村委会每个月发给宋花妞 500 元的工资。去年，南流寺村响应殷都区的号召，在村范围内开展“十大员”活动。宋花妞因为自己是村里打扫卫生的人，便自告奋勇地向村里申请，当上了“卫生十大员”，这样一来，宋花妞的工作热情更高了，社会责任感也增强了，每天的生活和工作都津津有味的。

说到这个“十大员”，应该算是殷都区改革的一大创举了。具体来说，就是殷都区开展了一个名为“争当“十大员”，为民促发展”的活动。活动开展的目的是想让老百姓成为自己的主人，一切的民间事务都交给百姓自己来办。这样，就实现了中国共产党的路线，那就是“一切相信群众，一切依靠群众”。在殷都区改革设立的“十大员”中，有“民间问题调解员”、“法律政策宣传员”、“卫生秩序协管员”、“扶贫解困服务员”等称号。而宋花妞，得到的就是这个“卫生秩序协管员”的称号。和政府任命干部不同，一切的“十大员”岗位都不是政府委派和任命的，而是由有意愿的群众自发申请的。宋花妞在得知南流寺村要开展“十大员”活动时，就主动向村委会申请了这个与自己的工作息息相关的职位。在南流寺村，有不少人都有“十大员”的称号。我们在访谈过程中就遇到了三个“十大员”。或许宋花妞还有与宋花妞一样申请了“十大员”的村民们只是名义上有了这样的称号，他们还并没有意识到“十大员”活动有着怎样的意义。

“十大员”不是由政府任命，而是由群众自发参与。谁有主动维护自己权益的认识，谁有能力主动维护社会秩序，都可以参加“十大员”。把群众的意见作为决策，再由党和政府出面执行，人民群众的切身利益才能得到维护。

比如宋花妞担任的“卫生秩序协管员”一职就充分说明了发挥民众主体性的意义。南流寺村有几个垃圾堆放点，以前大家都是随便倾倒垃圾，堆放多了，溢出了垃圾堆放点的范围，就等着卫生员来一次性清除。这样很多住在周围的村民就会受到环境的影响，或是经常闻到难闻的气味，或是家中经常有小虫子出现。那么，这些垃圾堆放点的处理方式就完全可以由大家集体决定，是取消几个垃圾堆放点，改成一个大的垃圾倾倒点，还是加强对这些垃圾堆放点的管理。如果按照之前政府“为人民服务”的思路，必将由村委会来决定。如果村委会决定取消几个小垃圾堆放点，改建一个大的堆放点，一下子就面临两个问题：一是改建的钱谁来出，村委会对于这个问题或许还可以解决，由村经费承担，但是第二个问题：改成一个垃圾堆放点后，所有村民都要走很远的路去倒垃圾，大部分村民不会同意这种做法，村委会就无法解决。那么有了卫生秩序协管员后，这个问题就不由村委会决定了，“卫生十大员”会征求各家各户的意见，如果想保留自家附近的垃圾堆放点的，就要保证负担该堆放点的卫生，如果不想保留的，要统一意见在哪里修建新的垃圾堆放点，然后由村委会出资修建，如果哪一家户有意见，自己也可以报名当“十大员”，去协调其他家户的意见。通过这种村民自己管理自己的方式，不仅解决了村委会面临的许多难题，还焕发了村民们的主人公意识。在“十大员”协调群众意见的时候，每个人的意愿都得到了反映，每个人都为自己的利益做出了努力，最后的结果也必然得到每个人的赞同。宋花妞说，“十大员”的活动刚刚开展，许多村民还未了解它的实质，因此只在殷都区城市的范围内得以实行。但是，改革的春风已经吹到了南流寺村，随着政府的不断宣传和解读，村民们一定会逐渐接受这种“翻身做主人”的新形式，参与的人也会越来越多，南流寺村的面貌也一定会越来越好的。

宋花妞对待自己的工作可以称得上是兢兢业业了。她说，就连老伴生病需要输液了，自己还是在村里监督卫生的打扫，不能离开工作岗位，而是请村里卫生所的大夫带着药品到家里给老伴输液。宋花妞说，村里卫生所的大夫都很好，有时候手头缺钱不能给医药费了，人家也照样看病，绝不含糊。什么时候有了钱再还就行了。

宋花妞现有两个儿子，都跟自己住在一起。大儿子已经结婚，生有一子一女。小儿子25岁了还没谈对象。年迈的母亲提起儿子的终身大事显得忧心忡忡。宋花妞家有自己的房子，面积也不小，但是大儿子结婚时已经分出了一半的房屋供儿子儿媳居住，现在又有了两个孩子，所以小儿子一旦要结婚就没有房子住了。宋花妞说，那时如果老伴不得病，全家准备在原有房子的基础上再盖上一层的，那样小儿子就也有房子住了。但是谁知老伴得了偏瘫，再不能动弹，原有准备盖房子的钱也都给老伴看了病，房子就再无力扩建了。提及村里正在进行的城中村改造和新民居建设，宋花妞显得很支持，因为一旦搬到新民居，村委会会根据家庭的户数发放楼房。宋花妞和大儿子名义上已经是两户了，因而可以分到两套楼房。宋花妞说，如果分到两套楼房就太好了，就给大儿子一家一套，小儿子一套，自己和老伴轮流在两家居住，小儿子就能够找对象结婚了。儿女的事情，永远是母亲最挂心的事。

宋花妞大儿子的两个孩子都跟在奶奶身边，宋花妞对他们甚是疼爱。她说，只要孩子能够考上大学，自己无论怎样都要供完孩子读书。因为自己的两个儿子都是念到初中考不上高中才不上学的，宋花妞对此有着深深的遗憾。“不上学不行”，老人一直在重复着这句话。看来，南流寺村对于孩子的教育还是相当重视的。我们也祝福这位60岁了还在发挥着自己的光和热的老人家，一切顺利。

（三）村委会的看门人——孙运来

孙运来，男，60岁，汉族，无宗教信仰。老人是土生土长的南流寺村人，操着一口地道的安阳话，与笔者交流起来显得十分困难，但是这位老人十分耐心，我们表示听不懂的地方，他都会重复好几遍。

孙运来老人现在负责给村委会看大门和管理图书室，偶尔有上级领导来村里视察工作，老人还会负责做一顿午饭。老人黝黑的脸上饱经风霜，但是却透着一脸憨厚与慈祥。在调研组驻扎在村委会的四天里，每天都能见到老人勤劳的身影，或者在打扫庭院，或者在整理图书，或者在小厨房里洗洗涮涮，忙个不停。

孙运来的老伴前几年去世了，所以他并不愿意回家独自居住，而是住在村委会的大院子里。平时除了工作，还能与其他的老人家打打牌、聊聊天，生活也不会显得寂寞。孙运来有两个儿子，大儿子高中毕业，后来自己学了开车，现在给村里的老板当司机。二儿子在安钢做市场销售，主要是卖钢材。孙运来膝下还有一个孙子一个孙女，孙女今年六岁了，在小学的学前班，小孙子还在上幼儿园。

孙运来是个地地道道的农民。

1973年，刚满22岁的孙运来第一次参加工作就是在生产队种田，一种就是20年。他是个种地的“好把式”，别人一天挣七八个工分，孙运来一天能挣到10个工分，绝不偷懒。一早一晚的活计基本上全部参与。谈到这里他还是一脸的自豪。1993年，孙运来开始干打砖等零活，每天挣30元，打砖的活计特别辛苦，需要十足的力气和一定的技巧。孙运来因为长年在阳光下暴晒，至今脸上还留着当年被日晒的痕迹。2005年，孙运来已经56岁了，身体虽然没什么大毛病，可是已经觉得明显不如从前了，于是他停止在外打工，回到村里在村委会谋了一个清闲的工作。一开始，孙运来主要负责打扫卫生，看管物品，上边来人检查，给做做饭，孙运来说乡里轻易不来什么人，来了就给随便做点，有什么菜做什么，绝对不铺张浪费。后来村委会建立了崭新的图书室，孙运来便被安排负责图书室的借阅工作。老人家虽然早年因为家庭贫寒，小学都没有毕业，但是基本的书名和人名都是认得的。

村委会图书室的图书都是村里统一购买的，刚买来时都没有登记，孙运来便负责这些图书的归类和登记工作。以后谁想借书，一本需要压10元。孙运来说借书的人并不多，借的书大多是一些养殖的还有一些文学书籍，他平时没事也愿意翻翻书，可都看不太懂。我们看了看村委会的图书室，规模还不算小，各种书籍摆满了一面墙，古今中外的都有。除此以外，孙运来还负责村委会的棋牌室。棋牌室丰富了村里人的生活，不少老人都喜欢来这里打打牌，下下棋。每天的傍晚时光，是村委会最热闹的时候了，村民们聚集在村委会的棋牌室，来得早的坐在桌前玩，来得晚的就只好站在人身后看了。小孩们也跟风凑热闹地在村委会门口跑来跑去，或许是因为他们的大人都在棋牌室里吧。打麻将是孙运来最喜欢的一项活动，借助他的地缘优势，每天吃完晚饭他都早早地占据了麻将桌最好的位置。

孙运来老人的工资是每月600元，他说虽然没以前挣得多，但活轻松了不少。两个儿子都成家了，这些钱足够他自已花了。老人还有一亩半耕地，几分菜地。说到种地，老人的话匣子打开了。地里主要种麦子和玉米，一年两季。原来生产队没机器，都是人工，一种好几天，非常辛苦，现在都使播种机，哐哐哐几下就完事了。犁地挑地也都用机器了，一亩地犁地50元，挑地20元，相比于一锄一锄地耪，一镐头一镐头地刨，这些钱花得还是很值。现在地里都用化肥，除草也都用除草剂。老人又回忆起在生产队时冬天运粪施肥，大冷天缩着脖子往地里一车车地送粪，每年要耪地的时候都是最热的季节，真是一锄头一把汗，身上的衣服没干着的时候。他感慨现在农民的活真是好干多了。

孙运来家的地灌溉用水是万金渠水，万金渠的历史很悠久，自古以来就为灌溉之渠。史书记载万金渠始建于唐，当时取名为高平渠。据《万金渠的前前后后》引段邵村净佛寺延佑五年碑文记载，元代“万金渠，民唤千金沟”，可见元代已经改成万金渠。据文献记载，明代多次疏浚万金渠，并将城北干渠从清流向东延长。又在总干渠、城南干渠和城北干渠上修了许多支渠。到了清代，南北两干渠成为南万金渠、北万金渠，分别长10公里和30公里，乾隆十年又新开中万金渠，自东关经盖津、瓦亭等村，灌溉二三十个村庄，长约25公里。1952年春，北万金渠从杏花村西头开始改线，经李家庄、崇义、辛安、北务、杜固到柴村东北，进入洹河，长12公里，现在叫万金渠北干渠。1962 年重开南万金渠，改道由安阳老城东南角起，沿西官园，南越鳖盖山，经小八庄、高庄、崇固入洪水河，全长 13 公里，现称万金渠南干渠。因为万金渠水很稳定，所以老人家收成还不错，每一季亩产都在八九百斤左右。前几天麦子刚收完，晒麦子，两三天就晒好，马路上、屋顶上，早摊开晚收回，孙运来老人跟我们说新麦子磨出的面蒸馒头可香了，有机会一定让我们尝尝。

现在玉米又种上了，说到这些老人不禁笑容满面。菜地呢，老人也没让它闲着，什么都种一些，豆角、茄子、黄瓜……除了自己吃，老人也经常把菜给两个儿子家送去。如果还吃不完，就把多余的菜送给地少缺菜的人家。伺候菜地要比粮食精心多了，蔬菜需水多，而且不能用机器，都是手工栽种锄草，什么菜需要多少水，需要什么肥料，老人也都熟记于心。

老人现在每年的收入大概是 7200 元，除了每年自己花销 1000 多元，还能存下一些钱，给孙子孙女买点好吃的好玩的。在家里逗弄孙子孙女是他最大的乐趣了。小孩子年纪小，也和爷爷格外亲。有时候两个儿子哪个手头紧了，他也能给帮帮忙。

2010 年，我国农民人均纯收入大约为 6000 元，孙运来老人的收入略高于全国平均水平，但是考虑到河南是处于我国中部崛起地带的农业经济大省，孙运来老人的收入还是不多的。我们和他探讨其中的原因，老人说是因为上学少，没有受过那么多的教育。一个地道的农民能够有如此收入自己已经很满意了。两个儿子也是如此，只有大儿子念完了高中，现在只能凭着会开车的一技之长谋生活。所以他特别希望他的小孙女小孙子能好好读书，以后考上大学，出人头地。在我国广大的农村地区，父辈对于孩子的期望值远远高于城市地区。农村的父母都希望孩子能够考上大学，以为上大学是走出农村，飞黄腾达的唯一出路，殊不知，现在大学生就业也面临着极度的挑战，并不是每一个大学毕业生都能顺利地找到工作，走出农村。因此，当农村的父母倾家荡产竭力供孩子上完大学之后，其付出和收获并不能相等。此种情况，实为中国农村教育观念的一大桎梏。

孙运来老人家的房子很宽敞，电视电冰箱洗衣机样样俱全，为了上下班方便，老人还买了一台电动车。前几年老人喜欢玩门球，现在球友们有的已经离开了人世，所以老人也无心再拿起球杆了。有时候孙运来确实感到挺寂寞的，没有特别好的老人一起聊天。他苦笑了两声说原来曾找过一个老伴，可嫌他没钱，过几天就跑了。

孙运来老人身体还是挺好的。原来他喜欢喝酒，后来查出来有点高血压，就彻底不喝了。他也不抽烟，说抽烟不是好习惯，对身体百害而无一利，而且烟酒都很贵，不如买点好吃的。因为他掌管村委会钥匙，没有手机，怕别人找不到，所以他一般不是在村委会就是在自己家中，轻易不出门。

孙运来老人说日子比以前好多了，做饭都是电磁炉、煤气灶，水有自来水，而且他还参加了新型合作医疗，对现在的生活还是很满意的。虽然家里的地没有被占用过，但是老人觉得国家耕地被占用的补贴标准还是很合理的。

对于城中村改造计划，孙运来老人是持赞成态度的，他认为目前的形势就是这样，而且住楼房干净方便。村里已经开了动员大会，自己格外赞同。孙运来老人也村里的“十大员”之一，可是他却没记住自己的称号应该叫什么名字。

就我们看来，孙运来老人还是比较满意自己现在的生活，受了一辈子累，希望他的好运早日到来。

（四）从年轻裁缝到计生专干——王秀峰

1. 基本情况

王秀峰 1975 年出生，曲沟乡永定村人，在永定村读完小学，到西曲沟中学读初中。1993 年初中毕业后，去安阳市里的裁缝学校学习裁剪，1996 年自己开裁缝店做生意，1998 年结婚嫁入南流寺村，2004 年 10 月通过西郊乡里组织的公务员录取考试，此后在南流寺村委会担任计生专员。王秀峰的丈夫曾经从事运输业，现在与朋友合伙在曲沟乡开了一个硅化铁加工厂，生意还不错。夫妻俩育有一男一女，小儿子现在南流寺村幼儿园上学，活泼可爱，一家人其乐融融。

2. 细心好学的年轻裁缝

计生专干曾经还是一个远近闻名的裁缝，这是我们始料未及的。聊起这段当裁缝的经历，王秀峰一脸的自豪，跟我们侃侃而谈。

每个人的童年都有自己独特的喜好，王秀峰小时候则对做衣服非常感兴趣。利用旧的布块剪剪缝缝，帮家里人缝补衣服，都是她喜欢做的事情，每当看到别人做出来好看的衣服，她总是会仔细去看，记在心里，回家后便尝试着自己去做，就这样，家里人的很多衣服居然都是来自于她的手艺。初中毕业后，需要找个工作了，这时候王秀峰便萌生出学做衣服的念头，于是她便跟家里人提出要去安阳市的裁缝学校学习缝纫的想法，那时候的学费大概几百元，家里人听后也特别支持。就这样，王秀峰便正式开始学做衣服。

由于从小就有很多的动手实践，在裁缝学校的学习对于王秀峰来说是得心应手，很快她就能把学到的东西与自己以前的体会融会贯通，做出衣服来也是漂亮合体。很快，她就从裁缝学校顺利毕业了。回家后，听从母亲的建议，王秀峰来到南流寺村的一家裁缝店当学徒。这家裁缝店的老板跟王秀峰的母亲是熟人，年龄在五十岁左右，开裁缝店也有二十多年的历史，手艺很好，所以村里村外的乡亲们都来找他做衣服，生意很是红火。裁缝店里还有两三个学徒帮忙，王秀峰到店后就从最基本的缝衣服做起。

王秀峰告诉我们，一件衣服做成要经过四个工序：量体，裁剪，缝纫，熨烫。其中量体是最基本的一环，重在一个“准”字，裁剪直接关系到衣服显示的身材，缝纫要求做工精细，熨烫则关系到衣服的平整程度。一件好的衣服，“三分裁七分做”，而做成之后则是“三分做七分烫”，由此可见越到后面的步骤对衣服质量的重要程度就越高，直到最后熨烫工作完成。一般说来，一条裤子的耗时要一个多小时，收费 5 元。速度较快的裁缝一天能做 4 套衣服。而学徒们由于还在学习练习阶段，速度就要慢很多。所以，按常理讲，裁缝店里的学徒是没有工资的。但王秀峰所在的裁缝店，老板总会象征性地给一些作为报酬，每月大概一两百元。

在裁缝店当了两年学徒，王秀峰回到家里。这个时候，左邻右舍的乡亲们也都找到王秀峰做衣服，她也只是象征性地收一点手工费。一年后，也就是 1996 年，王秀峰与发小（是指从小一起长大的伙伴）合伙在安阳县开了一家裁缝店，取名晓梅服装店。这个名字也是有来历的，晓梅是其哥哥家女儿的名字，由于王秀峰非常喜爱小侄女，就以其名字来命名了。开店没多久，发小另有事情退出了，就剩下王秀峰一个人张罗店铺。那时候生意还可以，一个人也忙不过来，恰巧有个小姑娘来询问是否需要帮手，王秀峰就很爽快地把她留下了。基于自己当学徒的体会，王秀峰就从简单的裤子教起，慢慢带着这个学徒做其他衣服。后来又找到一个手艺还不错的女孩来帮忙，王秀峰这才感觉轻松了些。

再后来，晓梅服装店就从安阳县搬到安阳市里。新铺店面比较简单，大概有十几平方米，房费每月300元，另外要办管理证、流动人口证。为了节省店面费用，王秀峰和两个学徒就直接在店里同吃同住。她们一起开伙做饭，轮流掌勺，炒菜的水平也在相互学习中日有长进。晚上店里能睡两个人，一个睡在床上，另一个把做衣服的案板当床用，拉上床帘，也还算方便。条件虽然简陋，但是节省了一些开支。店面所在街道并不繁华，服装店的生意靠的就是口口相传。店面的收入并不算宽裕，做一套普通衣服30元，做一套西装是40～50元，收入的40%要给两个小姑娘发工资，这样下来，平均一天能收几件衣服，收入有200元左右，扣除成本，大概能赚100元。

服装店也是一项很有竞争性的生意。王秀峰发现，同行中有几位南方过来的师傅，手艺很好，衣服要价也高。于是她就留心观察这其中的秘诀。渐渐地她发现了两个问题，一是南方师傅的店面在安阳百货商场里面，紧靠着卖布的柜台，在商场里买布的人大都直接选择现场量体做衣服。二是南方师傅的手艺好，做出来的西装确实比自己做的质量要好，一套的价格在100元到200元之间。明白这些后，王秀峰一有空就跑到这些师傅的店里待着，刚开始就是看他们怎么做衣服，后来就主动来帮忙。她不要工钱，晚上没事时就去南方师傅的店里帮忙，两个月后，王秀峰就弄清楚他们做衣服的方法了。她总结了两点，一是衬里的差别，选料要选柔软的，不易变形，南方师傅用的是毛衬，洗过之后也不会变形，这个是王秀峰没想到的。二是衬里用缝纫机直接打上去会比较硬，而南方师傅则是直接用手工缝上去，手工缝虽然费时费力，但是缝出来的效果就是不一样，手感很好。有了这些经验，王秀峰做的衣服质量也有了很大提高，得到了顾客的进一步认可，生意也逐渐好起来。

到1997年，文峰塔环城路拆迁，王秀峰所租的店面也要拆迁了。她到其他地方租房，但房费都太高，没有合适的地方。于是，王秀峰便关闭了服装店，回家休整了。1998年王秀峰在南流寺村结婚，1999年重新开始做衣服。考虑到自己技艺的成熟，王秀峰决定在生活水平相对较高的安钢做衣服，但那边房费也很高，她就决定只租个小铺面收衣服，收到的衣服拿回家里来做。没想到，这一招确实减少了很多成本支出，而且收到的衣服也越来越多，以至于不得不多雇几个小姑娘帮忙做衣服。

当裁缝的这段经历让王秀峰学到了很多，她最大的心得体会就是不管做什么事情，都要做个有心人。从当学徒、开店到取生意经，她都是在细心观察、留心思考、用心去做，这样才能领悟其中要领，把事情做好。这些收获在王秀峰日后当计生专干的工作中，也起了很大的作用。

3. **计生专干**

从裁缝到计生专干，工作性质有一个很大的转变，但是当裁缝所养成的细心好学的工作态度，恰恰是计生工作所必需的，也正因为这些，王秀峰被录为村里的计生专干后，很快就适应了工作。

计生工作是个需要极大细心和耐心的工作，因为工作涉及的内容很琐碎，经常需要工作人员跑前跑后地统计信息、把握情况。王秀峰要负责每个月的统计报表，统计村里的贫困户、独生子女家庭、育龄妇女的怀孕生子信息等，所以需要经常到村民家里去，及时了解怀孕状况、预产期等，做好相应的统计和申报工作，同时还要提供一些专业指导和服务，帮助产妇做好生产准备，孩子出生后还要做好产后回访等一系列的后续工作。此外，由于国家的计生政策相当严格，很多工作都要经过严格的审批程序才能实行，这样，每个月统计的信息就要分类进行审批备案，如申报一孩生育证、二孩生育证、流动人口婚育证明、独生子女父母光荣证等，都需要在了解信息之后及时按照规定申报和发放。现在，王秀峰已经养成了经常串门的习惯，在生育方面哪家村民需要在什么时候做些什么工作，已经提前了然于心。

谈及开展计划生育工作的心得，王秀峰认为最主要的是做好村民的思想工作，转变人们的观念。南流寺村有八大家族，明朝年间迁居此地，家族里有族谱记录，代代传承，繁衍生息。历史上，南流寺村流传着浓厚的宗族思想，男性担负着传宗接代、传承家族香火的重任，能登入族谱的，都是家族的男性，因此，重男轻女的思想由来已久。新中国成立后，由于集体经济的实行，宗族观念受到弱化；改革开放后随着村里个体经济的发展，女性对经济生活的参与逐渐增多，村里对男女平等的思想也有了新的认识。在2000年的孙氏家族修订会议上，家族里的长者提出将妇女的名字登进族谱的建议，得到大家的一致认同。如今新编的孙氏族谱里已经有妇女的名字了，足以体现人们重男轻女观念的转变。除此之外，村里对晚婚晚育、独生子女家庭、计划生育双女家庭都有相关的优惠扶持政策，对于少儿少女的老人也有特别的照顾。如对于年满60周岁、只有一个子女或者两个女孩的老人，村里每年会补助840元，以扶助老人生活，而对于年满50岁的独生子女家庭，村里会给予夫妻每人每月100元的扶助金，这样的优惠政策也使得计划生育工作开展得更加顺利。

在我们走访村民期间，王秀峰带我们走家串户，每到一户都有亲切的笑容，看得出，王秀峰与村民们的关系非常融洽。她笑称，“我们村里都是一家人”。是的，能把村民都看作一家人，细心耐心地为村民服务，这正是王秀峰工作的真实写照。

（五）村里的前任老会计——孙怀忠

孙怀忠老人是南流寺村里的前任老会计，对本村过去的事情很熟悉，我们调研小组专程去孙怀忠老人的家中采访他。采访的那天天气晴朗，孙大爷前一天从联系人那里得知我们要去，早早地就在家中等候我们。孙大爷家的院子很干净，在院子的一角孙大爷还种了点菜，正房门上挂着帘子，但房屋的窗户很小，屋内采光并不好。孙大爷的老伴孙大娘刚好也在家，她也搬了把凳子在旁边听我们采访，偶尔会插两句给我们解释一下。

孙大爷出生于1931年，今年已经81岁高龄了，但身体看起来还很硬朗，说话声音洪亮，由于年纪大，右耳有点背，这使我们的沟通进展较慢。孙大爷出生的年代恰逢中国国内动荡的年代，战争不断，百姓生活贫苦。孙大爷的父亲是老知识分子，对孙大爷给予很高期望，孙大爷从小被送入私塾念书，断断续续地念了六年，这在那个年代已经是读书时间很长了，孙大爷的知识大部分都是在那个时候学的。可是好景不长，全面的抗日战争开始了，孙大爷随家人四处避难。那时日本占领了安阳后，将安阳桥炸毁，电厂、机房拆掉，城里人纷纷逃往农村。国民党在安阳对日军进行抵抗，但是没能将日军赶走。国民党军队和日军相隔数里，但是国民党军队的枪支不如日军，阵亡了很多将士也未能夺回安阳。孙大爷讲自己那个时候随着家人四处东躲西藏，并没有亲眼见到日本鬼子。

孙大爷饶有兴趣地给我们讲起南流寺村的抗日英雄孙有谋的故事。孙有谋西郊乡南流寺村人，1939年加入中国共产党，抗大毕业后，被分配到华北抗日民军工作，随抗日民军由山西到河南林县、安阳一代开辟抗日根据地。1942年孙有谋收编安阳西部孙家局子这支武装，并扩建为5个中队，孙有谋任一中队队长。1943年孙有谋的哥哥被日军骗至安阳杀害，并对这支武装队伍进行围剿，孙有谋带一中队突围转移到根据地后，整编为“安阳抗日武装工作队”，孙有谋任大队长。抗日战争结束后，孙有谋历任安阳地区专员等职。孙有谋的事情过去了很久，但是孙大爷讲起来仍然很清晰，提起南流寺村的这位抗日英雄，孙大爷凝重的脸上露出骄傲的笑容。

1949 年 5 月，林彪的东北军第 14 军解放了安阳。孙大爷给我们讲共产党解放安阳后，开始土地改革，政策是“中间不动，两头平”。那时孙大爷家里是下中农，全家五口人分了六七亩地，虽然村里面人均一亩半土地，但是这些土地在当时已经足够用了。孙大爷给我们介绍，在新中国成立初期，南流寺村与郭流寺村是一个村，那时人口大概有 1600 人。南流寺村用了三年的时间恢复生产。1952 年，村是由村公所管理（相当于现在的村委会），孙大爷在那时当过支部书记。1953—1956 年，实行农村合作社，村里的土地归生产队所有。1949 年孙大爷加入共青团，并于 1955 年加入中国共产党，是一个有着 56 年党龄的老党员，当孙大爷说起这个的时候，我们不禁对眼前的这位老人更加刮目相看。后来进入高级合作社阶段，实行工分制，男人干活一天标准是十分，女人干活一天标准是八分。1955 年，孙大爷开始在村里担任会计工作，1956 年春由于工作调动，到万金渠管理处工作，1962 年到大队工作，此后在包括南流寺村在内的不同村子工作过。那时处于“大跃进”时期，这个时期村民干活少，生产搞不上去，队长天天管开会，全村二三十户，都没钱。1965 年，孙大爷回到南流寺村大队担任支部会计。西郊乡里有个会计辅导站，孙大爷的会计知识最早是在那里学的，后来的会计知识就全靠自学了。后来，孙大爷亲自负责西郊乡会计站的监管工作，曾任会计站的站长。孙大爷的工作每到年底的时候是最忙的，年终的时候要查账，大队也有出纳，两人负责财务，虽然工作并不复杂，但是很烦琐，要一家一户地走访，然后将村里的账报到西郊乡，当然大队里也会留一份以备检查。

在我们的沟通过程中，发现孙大爷的思路很清晰，他按时间顺序给我们一件件讲起。1982 年孙大爷退休，现在孙子已经 22 岁了。孙大爷跟我们提起，现在最大的困难就是经济困难。他和老伴都已经年龄大了，孙大爷有心脏病，老伴身体更差一些，去年刚做过手术，两人每年在药费上的开销大概是两三千元，但是他们都是自费。虽然参加了新农合，每年交 30 元，但是所得的补贴是杯水车薪，远远不够用。提及此事，孙大爷满脸忧伤，他颤巍巍地进屋给我们拿出这两年看病的票据，以及乡里下发的文件。原来，西郊乡对退休的人员都有补贴，而且孙大爷家里目前的条件也符合低保户的条件，但是孙大爷没有得到村里的任何补贴。对此，孙大爷写了报告向村委会反映，但是一直没有明确答复，孙大爷希望能够引起村委会的重视。我们进入孙大爷的屋里，屋内布置很简单，当中一张桌子，屋子左侧是一张床，屋内除了桌椅没有多余的家具。墙壁上贴着20世纪80年代的明星画，屋里的采光并不好，这间房子盖了有三四十年了。从屋内的布置我们看得出孙大爷家里条件确实不太好。

孙大爷和老伴还有一亩七八分的地，交给女儿种着。当我们问起女儿种老两口的地是否会管老两口的口粮呢，孙大爷笑着摇了摇头。他和老伴平日里也没有什么活动，不看电视，也不看戏，经常是搬一把凳子在村里坐着，和村里人聊天。他和老伴会自己种菜，不用去市场买菜了。孙大爷这么大年龄的人还能够自己种菜，让人不禁佩服孙大爷的勤劳。家里偶尔会买点肉和油。家里用的自来水是村里统一安的，每人每月有2吨水免费用，这已经足够他和老伴使用了。家里基本不用电，因为孙大爷两口不看电视，也没有洗衣机、电冰箱，天黑的时候早早地就睡了，电灯也很少用。随礼的钱也是能省就省，毕竟没有收入。逢年过节的时候，儿女会带着孩子来看老人，也会给老人些生活费。冬天的时候，孙大爷和南流寺村其他的村民一样，都是用烧煤取暖，但是煤太贵，经常是烧玉米秆，有时连玉米秆也舍不得烧，家里经常很凉。我们劝孙大爷说您年龄大，家里一定要暖和，不要冻坏了身体。

当我们问起南流寺村的城中村改造时，孙大爷说自己住了一辈子的平房，都习惯了，自己在院子里可以种点菜，家里还能养点鸡、鸭、鹅什么的，家里的种地工具都可以放在院子里，要是搬到楼里，没地方养家禽，没地方放耕地工具了，这些都是住楼房的弊端。还有就是搬到楼房的话，自己没有能力多添钱，他说安置房最好能够满足我在村里的平房面积有多大，给解决的安置房面积就有多大，这样一平方米换一平方米，他觉得是可以接受的。村民拆迁的土地补偿要够村民买安置房。孙大爷说考虑到村里的年轻人没有房子居住，他表示支持政府的城中村改造，由于他和老伴年龄都大了，上楼不方便，要是安排住楼房最好能让他们住一层。我们对孙大爷说这些都是可以解决的，将来城中村里还要盖养老院，到时候您就可以住进养老院了，孙大爷笑了笑没有说什么。我们问孙大爷有没有参加村里的“十大员”活动，他说自己听说了但是没有参加，因为村民的想法说了也没用。孙大爷说每届政府都会搞一些花哨的活动，但是往往是初衷很好，基层的工作人员却落实得不到位，形同虚设，村民没有得到实惠。我们对孙大爷说“十大员”这个活动还有缺陷，以后会慢慢完善的，以后有机会还是要参加政府组织的活动。

老人感慨现在的生活好都是共产党的领导好，这几年村里发生了很大的变化，村里的道路整齐了，卫生好了，村委会盖起来新楼，小孩上学也改成讨论的形式了，农民的负担也比以前小了，村里人的生活水平也有很大改善。孙大爷说他最大的希望就是政府能够照顾一下他们这样的老党员，像他这样的老党员对党和人民忠诚，奉献了自己的一生，工作勤勤恳恳，希望年老的时候政府能够提供一些补贴。对于孙大爷的请求我们调研小组无力解决，只能将委托转达给村委会，相信孙大爷的事情会得到一个满意的答复。

（六）村现任老会计——齐成林

齐成林是村委会的现任会计，是一名已经做了近三十年的老会计，对村里的财务收支等各种事宜很熟悉，因此我们重点采访了他。我们在村委会的办公室里采访了齐会计。齐会计今年已经 59 岁了，经过多年会计工作的历练，给人的感觉很精明。在沟通过程中，我们的问题齐会计总是要考虑一下，而后慢慢给我们讲起。

齐会计从小就在南流寺村长大，回忆起儿时的生活，齐会计记忆犹新，那时候条件很苦，人吃的都是苞米面、大饼子，就是这样的还经常吃不上，童年的回忆最多的就是和村里的小伙伴一起去挖野菜。从七八岁的时候起，齐会计就开始帮家里干活，割草、放鸭子、喂猪，这些农活他几乎每天都要做。就那时的南流寺村比附近的几个村还要穷。正是因为从小吃了很多苦，齐会计说自己到现在仍然很节俭。齐会计初中上了一年后，由于家境贫困，他早早地放弃了读书，家里想让他做个手艺人，有个一技之长，就这样他开始学木匠活，大概做了四五年，后来由于“文革”木匠的工作也放弃了。

1971 年，齐会计开始在南流寺的生产队工作。他也刚好经历了“文革”那个时期。“文革”那个时期的事情一直都让人觉得不可思议，齐会计也给我们讲了一下当时的情形。那个时期生产队不主抓生产，农民有干活的，也有不干活的，生产队里吃的是大锅饭，农民都吃不饱。农民也会去游行，人们都不注重生产。生产队实行工分制，男人工作一天最多可达 10 分（早起记 2 分，上午记 4 分，下午记 4 分），女的工作一天最多可记 8 分。齐会计说“大锅饭”的时候实行平均主义，农民都没有了自己的生产资料，严重挫伤了农民的生产积极性和创造性。齐会计给我们讲那时生产队的效率很低，没有机械，都是用牲口，如骡子、马什么的，拖拉机等机械是从1980年开始使用的，那时候农民种地基本不用花费，都是农家肥，更不用催化剂、催熟剂等化学药品，那个时候人民虽然吃不饱饭，但是食品安全是可以保障的。

1982年生产队解散，成立了大队，一个村成立一个大队，每个大队有12个小队，小队都有小队长，村里的土地是归生产队所有，由生产队负责村里的一切开支。齐会计讲那时的机械化程度很低，南流寺村12个小队只有4个小队有拖拉机。乡里不给生产队拨资金，生产队每年还要交农业税（农业税是按亩交，一亩地交一二十元的农业税）。此外，乡里给村里下达任务，每年都要将一部分粮食卖给公家，那时一斤玉米是0.14元，大队将剩下的粮食拿到市场去卖，市场价大概是0.18元。1982年后村里实行家庭联产承包责任制。大队根据土地的好坏程度不同，将土地折分成4等，好的土地6分地可折合成1亩，坏的土地1亩2分折合成1亩。齐会计是在1984年开始在大队做会计工作。村里的会计工作并不复杂，就是把村里的各项收支详细记清楚，保留各项收支的票据，小学毕业的齐会计已经能够做好这份工作。20世纪80年代，每亩地产量大概是四五百斤，以前生产队的时候每亩地的产量是三四百斤。现在，每亩地的产量已经明显提升，达到七八百斤。齐会计说这里的主要原因是种子好，而且用了化肥，这都是科学技术带来的变化。1983年实行了农村家庭联产承包责任制。1984年，取消了原有不适应农村生产力发展要求的大队管理委员会制度，恢复了农村政权组织，生产大队改为村委会，生产小队改为村民小组，理顺了南流寺村的行政关系。

齐会计家里目前有三亩八分地，都是自己家里种，一般就是种玉米或者小麦，但是赚钱很少，种地一年两季扣去其他各种支出能剩2000元。三年前儿子去世，留下儿媳妇孙子孙女和齐会计还有老伴住在一个院子里，东三间房，西三间房，建筑面积大概有230平方米。齐会计的孙女上小学五年级，打算下半年上殷都实验一中。孙子今年七岁，还在上学前班。两个孩子都很懂事，学习也非常优秀。齐会计在村委会每月工资是1350元，这是家里的主要经济来源。儿媳妇在外面做临时工，工作收入不固定，老伴在家没有工作。齐会计不光是南流寺村的会计，更是五口之家的会计，负责家里的各项开支。家里每年的支出主要是五口人的衣食住行，平日里一家人都是一起做饭吃饭。

此外就是他和老伴的医药开支、各种人情支出。孙子孙女的生活费开销是由儿媳妇负责，有时他也会给孙子孙女买些生活用品。闲暇的时候，齐会计会和村里的人一起打打牌，聊聊天。他说农村的生活条件和城里没法比，但是农民生活没什么压力，活得不累。城里空气污染严重，连个蓝天都很难见到，农村的空气就好得多。农民住的是平房，城里人住的是楼房，但是住楼房给人的感觉就很压抑，没有住在农村的院子舒服，没事的时候可以在院子里种种花，晒晒太阳，这对城里人来说都是一种奢侈。

齐会计和老伴、儿媳妇三人都是村里的“十大员”，齐会计本人是“新农合社会监督员”。他给我们介绍道，村里每年 10 月份收下一年新农合的钱，如果上一年所交的钱花不了，下一年都会清零，不累计，这个政策只有在殷都区是这样。这个政策让村里的人感到很困惑，有的年轻人一年可能都不需要买药治病，由于新农合的清零政策年轻人有时没生病都会去医院开些药。对于殷都区这项“十大员”活动，齐会计表示对此项活动很认同，这是政府征求群众意见，给群众表达自己意愿的途径。当我们提到村里的“十大员”是否都会配发工作证时，齐会计说都会发，不过工作证一直都在村委会放置，并未发到村里的“十大员”手中。他希望“十大员”这个活动能够在村民中广泛推广，真正发挥它应有的作用。

当我们聊到村委会的各项收支，齐会计对此如数家珍。村委会每年的收支大概是三四十万元，主要的收入来源是靠租赁村集体的土地，上级单位并不给村里拨款，单靠此项村委会每年会有二三十万元的收入。村里 200 多亩的土地每年对外出租，每亩土地的租金收入是 2500 元，由于土地的所有权属于村集体，占有权属于个人，所以这部分收入由村委会和个人共同享有，村委会收 1000 元，个人收 1500 元，如村里出租砖厂的土地每年会有 15 万元的收入。这几年村委会累计还是处于欠账状态。2006 年村委会盖办公楼耗资 30 万元，村委会旁的道路维修耗资 160 多万元，其中村里每户出 300 元，剩下的钱由村委会承担。当我们提到能否看一下村里的账本时，齐会计说村里的账都在乡里，后来我们在乡里了解到每个村都会保留一份账目明细，可能是齐会计不方便将村里的财务向外人公开，我们推测可能这是会计职业的要求。

关于南流寺村的城中村改造，齐会计认为这是一件好事，只有盖楼才能解决新增人口的住房问题，城中村改造将改变村里人的生活方式和生产方式。但是城中村改造中拆迁的资金从何而来是一个需要重点解决的问题。众资公司是村民公共筹资盖楼，那么从村民手里征收土地的钱要等卖楼后才能给得上，对于这样的办法村民能否接受还需商议。齐会计和儿媳属于两家，按规定可以申请买两套安置房，齐会计也正打算购置两套，这样自己一家人可以住一套，对外出租一套，会有多一点的经济来源。

齐会计明年就退休了，打算退休后在外面找点事情做，毕竟家里没有儿子，孙子孙女还在上学。退休后会有西郊乡政府发放的退休金，能够领20年。那时家里的经济来源就更少了，齐会计对此表示堪忧。对于南流寺村这些年发生的翻天覆地的变化，齐会计认为是共产党领导得好，党的政策好，现在农民种地不用交税，还有补贴，生活水平才有了很大的改善，村民们吃穿都不愁了。尤其是这两年殷都区的新党委书记上台后，南流寺村发生了很大的变化，村里的卫生比以前干净了，道路比以前宽了，村民的诉求能够向政府表达了，城中村改造也开始实施了。

齐会计在南流寺村里做了将近30年的会计，他热爱这个岗位，这些年来工作兢兢业业、勤勤恳恳，虽然没有取得辉煌的业绩，但是能够坚持下来就是成功。

（七）老村长——孙有来

据王军介绍，孙有来是在南流寺村孙姓中辈分很高的人，村里人都很尊敬他，而且当了50余年的村干部，无论对任何一个居住在南流寺的村民而言，那种长年积累之下的声望或许已经让村民养成了下意识的习惯。这不禁让我们对孙有来产生了强烈的好奇心。

孙有来的家是典型的高墙大门，结实的铁门上贴着两张门神，铁门的两边都是深红色的瓷砖装饰的，很有气势。进了院子，和一般的农村家庭一样，院子中晒着被单衣服之类的物品，这些衣服显得有些凌乱。我们被王哥带进了一间房间，真正见到了传说中的孙有来。有些吃惊，我要采访的竟然是一个垂垂老矣的耄耋老人。老人的房间很简单，只有两张床，一张小桌子，床上堆着衣物和被子显得有点杂乱。房间的四壁挂着几张毛主席的画像，这是那种年代出来的人共同的爱好。孙有来穿着宽大的衣裤，坐在一个轮椅中，面带憔悴，有一只脚已经不存在了，后来才了解到是前两年生病锯掉了。轮椅边放着一个小便壶，家人看见我们的到来，急忙将便壶放到了床底下。房间自然带着一股味。

看来，无论一个人的生命曾经多么辉煌，经历多么炫目，最后还是无法逃脱衰老和疾病的折磨。在我们的采访过程中，由于老人的高龄，记忆上明显会出现差错，这时他的老伴以及照顾他的女儿，包括我们的联络员，都会在一旁协助我们，帮助纠正明显的时间错误以及事件错误。为了有利于我们更加清楚地了解以及顺利完成对老人的采访，老人的家人还拿出了 2005 年抗战胜利颁发的纪念章和各种证明材料，这对于我们串起各种片段非常重要。

孙有来，1930 年出生，上了三年小学，9 岁时因为家境贫困而辍学，回家干农活。当时正是抗日战争时期，日本的铁蹄正践踏在中原大地上。孙有来一共兄弟六人，大哥孙有运是安工队之前就参加了党领导的地下武装——安阳万金渠水利自卫团，并且是自卫团的负责人之一。1943 年农历八月十五，共产党领导下的地下武装“安阳万金渠水利自卫总团”在十倍于我军的万余日伪军的围剿之中，蒙受重大损失，孙有运也在这次围剿战斗中被抓捕到安阳杀害了。在当时的情况下，孙家已经不能在原来的村里安身，孙有来就和二哥孙有德、三哥孙有丰、四哥孙有光一起随水利自卫团突围到安阳县作为抗日根据地的鹿山、泉门村，参加了刚刚成立的太行第五军区安阳抗日武装工作大队。这个部队的领导人是同村的孙有谋，孙有谋当时是太行五区的安阳抗日武装工作大队大队长，新中国成立后，曾经担任安阳地委常委、安阳行署专员，现已离休。孙有来就这样成了武装工作大队中一名普通的战士，从此走上了革命的道路。

孙有谋当时任“安工队”的大队长，党的地下干部张天性任政委，李宏义任参谋长。安工队下属三个分队，孙有来当时就在第三分队当战士，由于年纪小，大家都叫他“红小鬼”，分队长是张文会。这期间，孙有来在分队曾参加过安阳以西的对日伪军作战数百次。比较激烈的战斗有：1945 年 5 月对驻鲁仙、积善一带日伪军正面反击战四次；泉门村东山一带阻击战两次；还有“林南战役”、曲沟镇战斗、北流寺战斗、鹤壁集战斗等。

抗战胜利后，全国革命形势发生了重大变化，由于地方武装斗争需要，孙有来被调至武工队，任武工队爆破队副队长。在以后的日子里，孙有来参加了很多与国民党军队的战斗。据孙有来回忆，最危险的一次战斗是曲沟镇战斗，当时国民党杂牌军 1000 多人进攻曲沟镇，而孙有来所在的部队只有 80 余人，面对着十多倍于自己的敌军，孙有来与战友们坚守了六七个小时，直到援军的到来，也没有让敌军前进一步。

1949 年 5 月安阳武工队撤销，孙有来就回到村里工作，并且加入了中国共产党。孙有来回到地方后，投入了轰轰烈烈的“斗地主，减租减息”运动中。土地改革是中国几千年来农村最深刻的变革，其深远影响中国至今尚未消除。孙有来参加并领导了南流寺的这项运动，据他回忆，当时村里面有大概十个地主，土地数目 80 ~ 130 亩不等，由于刚刚加入了中国共产党，革命热情非常高涨。于是，他带领着村民到处搜集地主们作恶的证据，然后向派出所报案，通过派出所将那些地主抓起来，罪重的就判刑，罪轻的就批斗，土地全部分给村民，也分少量土地给地主，让他们自食其力。

经历完土地改革后，孙有来很快又忙碌起了对农村的社会主义改造，动员群众成了最大的任务。在这个过程中，孙有来找到了自己相伴一生的人。1955 年孙有来结婚，如今有六个孩子，四男两女，最大的 62 岁，最小也有 48 岁。大儿子是安钢工人，二儿子在安阳电厂工作，老三老四都是农民，现在子女都有了自己的后代，甚至到了孙辈。四世同堂是这个家庭的真实写照。

在后来的几十年里，孙有来始终兢兢业业地工作在自己的岗位上，带领着村民努力生产。在划分生产队时，孙有来经常会被调到别的生产队当队长，而他总能将那些生产率低的生产队带动起来。20 世纪 70 年代，在中国大修水利的背景下，孙有来又带着村民去修水库，彰武水库、龙泉水库都留下了他们的汗水，甚至在县里的组织下曾经还挖过渭河。在当时的岁月中，人们总是对一切都保持着饱满的热情，为新中国建设贡献了自己最大的力量。

当然，运动在激起人们的热情之外，也有着其负面效应。群众很多时候都是“被参与”的。谈到这一点，老人格外提到“一个运动，一个变化”，他认为“运动能提高一部分人的觉悟，但是群众害怕，心里不安”。这是一个基层的干部对新中国成立以来各种运动的真实评价。事实上，我们在考虑任何运动的可行性时，必须要考虑到传统的力量，尽量保持对传统一定的传承。因为农民是传统思想最深的群体，传统的力量总是无时无刻不在影响着他们的生活，也许能够压制一时，但是一旦反弹，其力量也是惊人的。

疾病永远是老年人最大的敌人。老人由于年纪很大了，耳朵有点背，理解力也相应下降了很多。每次谈话我们都要一遍一遍地复述，或者让王哥帮忙阐述。老人在 2009 年时，得了脉管炎，甚至危及了生命，最后不得不截肢。我们见到老人时，他已经失去了一条腿，坐在轮椅上。截肢的费用很高，花了四五万元。这对于一个普通的农民家庭是一大笔钱，但是最后他的子女还是凑钱做了这个手术，这在农村是不多见的。

随着中国经济的发展，而当年参加过革命工作的人年纪越来越大，也越来越少，政府加大了对共和国有功之人的回馈，出台了许多对这个群体的优抚政策。晚年的孙有来疾病缠身，子女也只是些普通人，而且年纪也越来越大，负担比较大。所以在2005年后就开始向政府申请一些优抚。老人现在200元/月的抗日补贴，还享受着140元/月（含老伴）的低保，由于他是新中国成立前的老党员，组织部每个月给予90元的补贴。新中国成立前党员和抗日补贴特殊性很强，门槛比较高，享受这种待遇的人少，而且没有争议。但是对于享受低保的待遇，我们感觉到还是挺奇怪的，是不是老人都能享有这种待遇？还是老人特殊的村干部经历起了作用？

将近一个小时的交谈，我们感觉到了老人的疲惫，于是果断结束了谈话。这次的采访，由于孙有来的实际情况，我们已经不能再强求老人能够谈谈几十年村干部的经验，甚至对当前村里变迁的一些看法。如今的老人只是安安静静地度过生命中最后的时光，他已经无心也无力去知道正在发生的事情，他已经革命和工作了半个多世纪，无论如何都应该完全休息下来了。儿孙自有儿孙福，年轻人的事情无论好坏总需他们自己去经历去解决，这似乎是最好的注解。在结束谈话后，我们这个调研组与老人合影，老人显然已经很习惯这种场面，非常配合，甚至还把以前获的革命纪念奖章戴在了胸前。合影后我们离开了这个革命亲历者的家，我不禁想到，随着亲历革命年代的那一代人最终的远去，谁又能真正了解那个充满火一般激情的年代究竟对整个国家、民族乃至参与者本人意味着什么呢？

（八）村党支部组织委员——王军

王军，男，出生于河南省安阳市殷都区西郊乡南流寺村的一个普通农户家里，现任村党支部组织委员，主管村里的综合治理、民事调解、优抚政策执行、组织武装等。他是我们调研队第三小组的联络员。我们入村调研的第一天，要选村里的一些农户和人物作为调研对象，由于工作的原因，他对村里的情况很熟悉，当我们向他说起我们要调研村里的什么特点的农户和人物时，他都能一口说出来哪家是典型。在后来的几天里，王军带着我们入户调研，帮助我们做“翻译”（因为当地的一些方言我们听不明白），在村里遇见熟人或者在路边休息的老人时，王军都会很热情地主动打招呼，他跟我们说：“做事就是做人，人要相互尊重，你尊重别人，别人也尊重你。这样大家相处起来才会比较和谐。”我们在南流寺村入户调研的几天里，每一户都是王军带领我们过去的，而且他还要处理村里的一些工作，那几天真的是非常感谢王军认真负责的工作，我们的调研工作才能顺利地完成。

王军看起来很年轻，也很精明能干，皮肤黝黑，身材高大，穿一件红色T恤，表情严肃，看起来不善言辞，像三十多岁的样子，我们称他“王哥”，当我们问及他的年龄时，他说：“你们应该叫我叔叔，我比你们大十几岁，我是1970年10月12日出生的，呵呵！”我们觉得他很年轻，他说：“我平时心情好，随遇而安，与世无争，干的活不多，看起来就年轻一些。”王军家里有四口人，妻子和两个女儿，妻子在家务农，大女儿今年16岁在安阳县三中读高一，小女儿今年五岁，在幼儿园上学。

在南流寺村王姓就只有四户，都是王军的本家，王军的祖父年轻时逃荒，从安阳市内来到了南流寺村，并在这里落户安家，一直到王军这一代总共有两支四户人。王军读完初中之后，就按照当地的习惯，开始了自己的打工生活，16岁初中毕业之后他就在一家私人经营的西郊铁合金厂工作，在那里一直工作到2001年。铁合金厂离王哥家有两里地，每天他骑自行车五分钟就能到工厂，他说：“工厂一般都是8点钟开工，我总是7点半到厂里，从来不会迟到。”这是他做事情的一个原则，做事先做人，做好自己本分的工作，在工作时人品是很重要的，这样老板也会很信任你。他一般中午在厂里吃饭，吃完饭休息一会，下午继续上班。他在铁合金厂里主要从事供销工作，就是给厂里采购物资，比如设备、配件和日常维修元件等。在西郊铁合金厂里他一直都是做这类工作。这样一待就是十几年，当我们问及他为什么又不在那个厂子里工作了，他说：“因为厂子的老板不干了，所以我才换的工作，而且2002年村里选举正好把我选上村支部组织委员了，至今村里换了四届领导，我一直都是组织委员。”在西郊铁合金工厂工作开始的两三年他一个月能领260元工资，之后又涨成了380元每月，直到2001年工资才500元每个月，在厂子里他拿的奖金比较多，根据厂子里的实际效益一般能拿1000~2000元每年，最多的时候能拿1万元。王哥告诉我们在当地能在一个私人的厂子里干十年以上的人很少，而他自己一干就是十几年，这是由于自己的做人很好，首先很忠诚，老板也很赏识，所以拿到的奖金是最多的，原来的老板2002年又办了一个铁厂，“王哥”在工作之余还到那里去给老板帮忙，他说：“很多事情不是钱说的。”过了一年，他工作也忙了，就逐渐不去帮忙了。

在村委会工作的这几年，王军工作一直都很认真负责，他说：“村里都是小事，但是对村民来讲就是一件大事，我在村委会工作的一个原则就是教会大家实实在在地做人，尤其在优抚政策这一块要光明磊落，能办好事，绝不办坏事，很多事情搭把手就过去了。”我们在村委会办公室采访王军，在墙上挂着三块“优秀民兵连”的奖牌，王军说这是集体努力的结果，自己在这里面只是起到了一点点作用，在这一块工作中自己觉得还是做得比较到位的。从2002年王军担任这项工作以来已经有9名适龄优秀青年参军了，其中有三名上了军校和士官学校。有一个是高考没有考上大学，觉得前途比较渺茫，这时王军劝他去参军，结果参军一年之后就考上了军校，家里的人和王军都为他感到高兴。村里民兵连的主要工作是动员适龄优秀青年参军、配合上级武装工作、协助公安机关做工作；一年在区武装部训练一次，在案件高发季节，民兵连则负责晚上在村里巡逻，每年巡逻的时间大概为2～3个月，每次巡逻发4～5元的补助。王军在村里还负责的一项工作就是民事调解，王军说他做这项工作的一个原则就是不伤大家的和气，处理完事情后要让双方都满意，在处理民事纠纷的过程中王军比较强调宽容，双方各退一步大家都会比较满意，而且以不结仇为原则。王军说：“家庭内部矛盾也能调解，对于不对的，该批评时就批评，站在公平的立场上，双方都想一想自己有没有道理。”在2005年，村里的村民张三（化名）喝酒后去李四（化名）家看人家打牌，由于酒喝多了，就在李四家里耍酒疯，此时打牌的王五（化名）和李四两个人因不满张三的行为，三个人就起了争执，并且动手打了架，张三在这个过程中吃了亏，心中不服，就跑到王五家里将人家屋子里的东西砸了一地，又返回到李四家里，一个人将李四家里的土墙给推倒了。三家人因此闹得不可开交，互相指责对方的错误，并且打了110报警，这时110通知王军去处理这件事情。王军去了之后找家属进行协调，首先，让犯了错误的人互相赔礼道歉，张三在这次纠纷中挨了打，李四家的土墙被张三推倒了，王五家里的东西被张三砸了，每个人都吃了亏，谁也没占多少便宜。王军让他们每个人都想想自己做得有没有道理。最后每家都不找对方的错误了，在村里抬头不见低头见，这件事情也不是什么大事，李四家的墙也应该重新砌了，张三要帮忙，李四也没有麻烦张三，最后大家和气了事。王军说在村里处理这类事情的一个原则就是不记仇，让每家都满意，互相宽和忍让一下就过去了。在2006年王军处理了一件涉及两个村里的村民的占地矛盾，隔壁村的村民和南流寺村的村民是邻居，在南流寺村的村民不在家的时候，隔壁村的村民将自己家里的院墙砌到了南流寺村民的院子里了，墙砌斜了，占了六公分地。南流寺村民回来发现后就和隔壁村的村民交涉，两家都不满意对方的态度，就吵起来了。王军去给他们调解，墙已经砌好了，再拆了也不合适，可是南流寺村民的院子也被占了，这个不给补上也不合适，最后，王军就给双方调解，将隔壁村村民的一部分地划给南流寺村村民补偿被占了的地，这样既没有拆墙，南流寺村民也得到了补偿，双方都表示比较满意，没有伤和气。在做村里的优抚工作时，王军也是做到自己应该做到的本职工作。村里现在就只有低保户和特困户，五保户去世了就没有了，王军每年将抚恤金发到这些困难家庭里，在没有劳动力的家庭里，村委会两委干部每年负责给他们收割小麦。王军说村委会成员有时候也顺便把低保户和特困户周围的小麦也收割了，顺便帮个忙。

在谈及自己的家庭时，王军没有多说什么。他23岁才结的婚，在当地属于晚婚，他说："因为找不到合适的对象，呵呵。"自己结婚时，村里的婚嫁风俗比较特别，那时候只要男方比较优秀，有固定的收入来源，在结婚时，女方出的钱会比较多，一般都给女儿1万元左右，而男方的彩礼一般都比较少，王军结婚时只给了女方200元彩礼，女方的父母给了女儿1万元的嫁妆，这样的婚俗与现在有较大的差异。对于女儿的教育王军没有多少计划，大女儿王希现在安阳县三中上高一，这所学校实行封闭式教育，一个月才一天假，王希学习成绩一般，王军希望她能考上一个二本就可以了，如果考不上就计划在安阳市第一中学（省重点）复习一年再考。小女儿王纬贤现在五岁，正在上幼儿园，王军对于她还没有什么计划，觉得还是小孩子，看以后的学习成绩怎么样再做计划吧。

二十、教育工作者

（一）退休在家的高级教师——刘宝琴

刘宝琴，女，1947年生，64岁，严格来说，刘宝琴不是地地道道的南流寺人，而是嫁到南流寺的媳妇。但是要说到对南流寺的感情，刘宝琴讲道，南流寺是她开启教学生涯的地方，更是她为教育事业奉献一辈子的地方，所以这里是她最亲近的地方。刘宝琴原是安阳市龙安区东风乡申家岗村人，在申家岗村读的小学和初中，1963 年初中毕业后在生产大队做过几年棉花技术的工作，直到 1974 年嫁到了南流寺村。就在刘宝琴嫁入南流寺的第二年，恰逢当时的生产大队招收民办教师，刘宝琴参加了考试并顺利通过，由此开始了她长达三十年的教学生涯。她不仅为南流寺的教育事业做出了突出贡献，也为南流寺培养了大批的人才，为事可谓“三十年如一日”，为人可谓“平凡而可贵”。

1975 年刘老师顺利通过民办教师的考试后，她便在南流寺学校讲授初中一年级和二年级的语文课程。在 20 世纪 80 年代家庭联产承包之后，南流寺的学校经历了一场小小的变革，受当时当地的教育水平的限制，村中不再有初中，只保留小学。据刘老师介绍，在殷都试验改革前乡里一共有五所小学，她所在的小学全校一共有八个班，每个班大概有四五十人。在国家实行九年义务教育后，村里的孩子都能读到初中，全村也大概有 20% 的孩子可以读到高中。刘老师一直是学校的教学骨干，为了提高自己的教学能力，能够为学生们提供更好的教育，刘老师利用课余时间在 1989 年自学了安阳市干部职工高中文化课程并顺利通过了考试。

刘老师从教三十年，长期担任小学高年级语文课程，历任班主任，少先队辅导员，教研组长等职。对所教学科有坚实的技术技能基础和专业知识，长期积累了丰富的教学经验，领导和开展许多教研活动，并指导青年教师的教学改革，培养青年教师，帮助他们提高教育教学的业务水平。同时还对少先队工作倾注了一颗爱心，全面贯彻党的教育方针，开展丰富多彩的少先队活动，取得了显著的成效。刘老师为人十分谦逊和低调，对于自己所取得的成绩并不提及，正是在我们强烈要求参观一下刘老师所获得的证书时我们才知道，原来刘老师在 1989 年就被评为一级教师，1993 年被评为高级教师。在从教三十中，刘老师曾送过几十个毕业班，每次升学考试在安阳市三十中和十六中这两个考区的成绩都是名列前茅，语文成绩更是多次取得第一名的好成绩。刘老师还多次被评为优秀教师，模范教师，先进工作者，优秀辅导员，她指导的少先队活动还曾获得过省级的奖励。

刘老师的教育工作可谓“三十年如一日，勤勤恳恳干工作”，在南流寺任教三十年，一直奋战在教育事业的第一线，直到2004年正式退休。目前，刘老师一家子孙满堂，膝下有一儿一女。儿子，1976年生，是一名有着好手艺的铆焊工，经常在外打工，家里农忙时会回家里来帮忙。女儿，1979年生，现在已经嫁到北流寺村，组建了一个自己的幸福小家庭，也会时常回娘家看望母亲。

当然，谁的人生道路都不会一帆风顺的。刘老师1996年因脑梗死生过一场大病，虽然病情很快得到控制而且恢复得也很不错，但是脑梗死留下的后遗症就是不能做任何粗重的劳动，又由于刘老师长期带毕业班，工作非常忙，经常加班，所以家里大大小小的活就都要刘老师的爱人操持，家里的两亩半的田地也只能由老伴和儿媳妇两个人打理。刘老师一直很感激老伴这么多年对自己事业的理解与支持，所以从2004年退休至今，刘老师就一直在家做些简单的家务，照顾老伴和孙子孙女，以补偿这些年来为了学生而亏欠家人的时间，刘老师说现在能为家人洗衣做饭就是她最大的幸福。同时，刘老师还义不容辞地担任起了孙子和孙女的家庭教师。孙子今年6岁，在上幼儿园，刘老师在家里主要是多教他识些字。孙女今年12岁，在殷都区试验小学读五年级，刘老师用启发式的教学方式教孙女如何写读后感。刘老师先让孙女把要写读后感的文章通读一遍，在读的过程中要找到自己对哪段话比较有兴趣或者哪段话对自己很有启发；然后对这段话再反复精读，仔细揣摩其中的意思和寓意；最后将体会出的道理与自己的学习和生活相联系，这样一篇读后感就完成了。据刘老师讲，小孙女特别勤奋好学，学习成绩很好，而且爱好也十分广泛，课余时间参加了美术和书法小组的学习。小孙女还在学校得了许多的奖状，有“三好学生”的还有“优秀班干部”的。说到这里，刘老师脸上显现出溢于言表的自豪感。

干了一辈子教育工作的刘老师，可谓“桃李满天下”，培养的学生当中，有的考上地方公务员，有的在大企业做工程师，有的考上名牌大学的博士，有的则下海经商。最后，让刘老师谈谈这次殷都试验的教育改革的看法时，刘老师激动地讲道：“虽然我没有赶上这次的教育改革，但是也了解了一些相关的改革政策和措施，并且从我家孙子孙女学习上的变化也能感受到这次改革良好的成效。”刘老师说，我国的教育，尤其是基础教育所沿用的体制是行政集权政体的教育版，教育局长、校长、教师和学生形成了金字塔式的权力结构，而且滋生出所谓的名校、名教师、尖子班、课外辅导等巨大力量，给孩子和学校都形成了巨大的压力。我们同行的联系人也感慨到在这次的教育改革之前，村里的有钱人就为了什么所谓的名校、名教师都去安阳市“花钱买学校”，这种现象对孩子的成长和学校的教育教学及发展都产生了不好的影响。直至这次教育改革，提出以学生为主体的“主体多元教育”的新理念。教学方式也由以往单纯的老师讲学生听的模式转变为由学生主动提出问题，自己经过探索，自己研究出结果的形式，这就让学生做自己的主人，去自我激励，实现学生由“要我学”到“我要学”的转变。使得学生能够在课堂上踊跃发言，争相研究，极大激发了学习的兴趣，真正体会到学习是一件快乐的事情。刘老师说她的小孙女现在的学习习惯和学习积极性都有了明显的提高，放学回家后都能自己主动独立地完成作业，学习成绩也有很大的进步。

在采访过刘老师之后，更加能让人明白一个道理——平平淡淡才是真。那些所谓的荣誉之类的东西，都是过眼云烟，珍惜当下，那才是真正的幸福。随后，我们又走访了几位还在南流寺，曾经是刘老师学生的朋友。我们还没说出此行的目的，只是刚提到刘宝琴老师的名字，大家就开始夸奖刘老师。大家都这样回忆曾经的美好时光，刘老师教学严谨，对学生认真负责，讲课突出重点，内容详细，条理清晰，细致入微。刘老师见解独到深入，学识渊博，而且特别善于举例，让同学理论联系实际，学习起来十分轻松，印象深刻，收到了良好的效果。老师为人很和蔼，课堂与同学们营造出温馨的课堂气氛，可亲可近，是名副其实的好老师。

百年大计，始于教育。教育是我国事业发展的基础。我国的社会主义现代化建设需要通过教育培养出数以千万计的高素质劳动者作为人才基础，以此提高我国综合国力。而我国教育，从根本上来分析还是存在不少问题的。作为一名研究生，经历了小学、中学、大学十几年的学涯，自己亲身在中国教育中成长，很深刻地体会到中国教育的发展，同时也对中国教育存在很大的感触。首先我认为掌握教育方法是最重要的，其次就像这次的南流寺之行，亲眼见到了殷都试验教育改革的良好成果，认识到以激发学生的学习兴趣，达到学习的目的是多么的重要。

（二）让农民的内涵丰富起来——幼儿教师李书芳

也许只有中原大地浓厚的文化氛围，才能熏陶出如此多才多艺的农民，李书芳就是其中一位，对艺术的执着追求贯穿在她风风雨雨的教学生涯中，铸就了她坚强乐观的性格，诠释了新时代农民的丰富内涵。

1. 基本情况

李书芳今年47岁，从小热爱唱歌跳舞，喜欢跟小孩子在一起，由于文艺才华出众，被村里选作幼儿教师，1980年3月31日开始在南流寺小学的学前班任教。任教期间，李老师自学了脚踏风琴、手风琴等一系列的乐器，使幼儿教学丰富多彩。1984年10月结婚，丈夫当时跟人合伙运作铁合金厂，现在安阳市做土建绿化方面的工作。1991年李老师受亲戚所托，帮亲戚家工厂管理财务，停课两年，1993年回到学校继续任教。2000年，学校老师转公办教师的时候，李书芳没有被选入，从此在家务农。2007年，在女儿的说服下到吉得堡幼儿园任教至今。

李书芳有两个女儿，大女儿今年25岁，毕业于安阳师范学院，专业是幼师，现在吉得堡幼儿园任教，二女儿今年22岁，在武汉华中师范读书，专业是商务英语。两个女儿都深受母亲的影响，具有很好的文艺素养。

2. 对艺术的执着追求

李书芳身上强烈的散发着一股艺术气息，举手投足亲切而富有感染力，讲起话来声情并茂，普通话非常标准，这些也许跟她长期从事幼儿教育有一定关系。

李书芳从小热爱文艺，喜欢唱歌跳舞，善于学习，虽然自己嗓音不太好，不适合唱歌，但她利用各种机会学习乐器，对艺术的执着始终如一。

早在学前班任教的时候，学校就给她配备了脚踏风琴，李书芳通过西郊乡组织的幼教培训班，学习了一系列的乐理知识，并对乐器产生了浓厚的兴趣。从简谱到儿歌到民曲，李书芳很快掌握了脚踏风琴的要领，并从中领略到音乐的美感。从此，风琴奏出的明快旋律，和着孩子们清脆的歌声，时常飘扬在安静的村庄里，给村民的忙碌生活增添一份乐趣。

后来，为了配合学校六一、国庆节文艺演出等活动，考虑到脚踏风琴不易移动等缺点，村里出钱给学前班买了手风琴，李书芳又有了新的乐器。但这个新乐器跟脚踏风琴不一样，没有相关的培训，只能自己摸索。运用已有的乐理知识和脚踏风琴掌握的指法经验，李书芳利用业余时间自学手风琴。李老师回忆说，当时那个手风琴是96贝斯，重38斤，刚开始抱着练习很不适应。手风琴需要放在腿上，通过皮带绑在身上以固定位置，左手负责按压配乐的按钮，右手负责旋律的键盘，演奏的同时还要随着节奏拉开、聚合风箱，这是一个要求全身力度高度配合的乐器，对于基础经验并不丰富的李书芳来说，确实是个挑战。但是，对音乐的痴迷，增强了她克服困难的决心，使她忘记了练习的辛苦和劳累。经过一段时间的细心琢磨和反复练习，本来就具有艺术天赋的李老师，很快就掌握了这门新乐器。当她自豪地用手风琴带着小朋友们唱儿歌时，那种由内心生发的喜悦感让她至今难忘。

乐器奏出的优美旋律，对于李老师来说，是一种难得的享受。这份艺术素养同样成为她的宝贵财富。2000 年，由于未能如愿转为公办教师，李老师只能在家务农。用李老师自己的话是"一身才华，无处施展"，但是面对如此挫折，生性要强的她并没有屈服。她跟我们讲："昨天我在地里干活，如果你们看到我，你们会知道这是一个地地道道的农民，农民的文化生活不是空虚的，农民的精神生活也不是空虚的，农民一样可以搞艺术。"正是这份对艺术的执着，成为李老师强大的精神动力。在此后漫长的 7 年中，李老师作为一个地地道道在家务农的农民，享用着丰富的精神盛宴。她是农民的身份，却给这身份赋予了新的内涵。谁说艺术与农民是脱节的呢？艺术扎根于生活中，艺术也服务于生活中的人。李老师就是农民与艺术的完美结合。

为了打发农闲的时光，也为了给自己更大的提升空间，李书芳自作主张买回一架钢琴，这是全村的第一架钢琴，也是李书芳一直梦寐以求的东西。作为农民的她学习弹钢琴，也许在别人看来这是一个反差，但是在李书芳看来，这就是她的梦想，也是她的生活。此时学钢琴已经不像是学手风琴那时只能靠自己摸索了，李书芳跟着电视里的教学视频学习，一段时间下来，有了很快的进步。村里开始有钢琴声萦绕，大家对新鲜事物感兴趣，有文艺爱好的小孩子们也有了较好的学习条件。在李书芳看来，拥有喜爱的乐器是一方面，另一方面也是一种精神寄托，是对自己的肯定和对音乐的执着。

是金子，总会发光的。2007 年，这份艺术的财富给李书芳带来新的机遇。大女儿任教的私立幼儿园吉得堡幼儿园急需一位幼儿教师，可是前来应聘的幼教都不合适，找了两个多月也没有找到理想的老师。这时候，女儿就动员李书芳去试一试，以李书芳多年的幼教经历，也算是经验丰富了，只是后来在家务农就没有继续下去，但是对音乐的感觉却是一直保持着，生性开朗的李书芳此时也正有意从事一些与艺术相关的工作，于是，在女儿的劝说下，她前去吉得堡幼儿园应聘了。重新站到孩子们中间，当年的那种年轻快乐的心态好像一下子又回来了，李老师亲切的话语跟孩子们很容易打成一片，孩子们也很喜欢这位新来的老师，于是，面试取得了出乎意料的成功，幼儿园当场决定聘用李书芳为幼儿教师。就这样，李书芳重操旧业，在吉得堡幼儿园教孩子们学习演奏手风琴。采访时，李书芳骄傲地对我们说，“天生我才必有用，如果你争取的话就是才，如果你不争取就会被埋没了。”

3. 兴趣是最好的老师

李书芳喜欢跟孩子们在一起，在吉得堡幼儿园的任教，使得她重新拾回了年轻的心态，李老师说“跟孩子们在一起是快乐的”。

李老师教孩子学习音乐有自己独到的方法。她不喜欢按照课本按部就班地教学，而是采用各种方式激发孩子自身学习的兴趣。她把很多教学内容编成儿歌，用儿歌做成简单的曲目教学，孩子们对这些有趣的内容感兴趣，也就对音乐感兴趣了。李老师说，兴趣是最好的老师，只有孩子对音乐产生浓厚的兴趣，才能够学好。在她的班里学习手风琴的孩子大概在4～6岁，孩子们还小，手风琴又重，能够坚持下来的动力必定来自于他们对手风琴的喜爱。

同时，李老师注重对孩子的因材施教。她说不同的孩子有不同的特点，性格不同，兴趣点不同，擅长的内容也不同。就好比是椰子树，如果在南方能结出果子来，在河南就不行。作为老师，就是要根据孩子的特点，找到适合于孩子成长的方式，让孩子能快乐地学习和成长。

利用这种灵活的方式，一年下来，李老师所教的孩子居然能比正规课程多学10多首歌。

现在，她带的幼儿班每班有25人，每周带13个班，每个班教课一个小时。教课的费用是30元一小时，算下来月收入在1500元左右。虽然教课的地方离家比较远，有些奔波，但是跟孩子们在一起，重操旧业，使她拾回了年轻的活力。李老师总结说：“无聊的生活应该走了，虽然现在忙碌，但忙碌也是一种享受。”

4. 开创新的篇章

音乐已经融入李老师的生活中，不论是作为职业还是作为精神食粮。谈到学习乐器的感受，李书芳深吸一口气，“我对乐器就是有一种特别的感觉，是一种感情的抒发”。作为村里第一个学习乐器、第一个拥有钢琴的老师，李书芳认为学习是永无止境的，经验都是慢慢积累的，她现在也是一边教一边学，不断提升自己。同时，她也强烈地感受到当地音乐老师的缺乏，孩子们的艺术修养需要从小培养，对音乐老师的数量和质量也将会有更大的需求。现在，吉得堡幼儿园正在动员李老师暑假学习爵士鼓，这对于李书芳来说将会是更大的挑战，它不仅是作为一种新式乐器的挑战，更是对这样一位年长教师精力和体力的挑战。相信不管李老师接受与否，她对艺术的执着追求都将开创人生的新篇章。

跟李老师在一起的谈话，让我们不断地感受到一种力量，那是李老师无形中传递给我们的财富：在自己的位置上，诠释出原本就该有的丰富的内涵。

（三）理想没有迟到——幼儿园园长宋喜芳

调研组一行人远远地就被村委会对面的一所幼儿园吸引了，蓝色的铁栅栏里，是满墙的卡通图案，院子里还摆着彩色的旋转木马，大门却紧闭，一切都静悄悄的。村委会的人说，现在是中午孩子的午睡时间，要想访问，等下午吧。

傍晚时分，我们如愿以偿地见到了这位能干却温柔的幼儿园园长——宋喜芳。

宋喜芳，女，40 岁，汉族，无宗教信仰。高中文化水平，讲一口字正腔圆的普通话。现任南流寺村金色童年幼儿园园长一职。

宋喜芳的幼儿园开始于四年前她与女儿的一段对话。

四年前，婚后一直闲在家中照看孩子宋喜芳和自己的小女儿聊天，女儿被问及理想时斩钉截铁地回答要当一名飞行员，女儿又反问母亲的理想，在看着女儿闪烁着期望神采的大眼睛，宋喜芳的心刹那间被触动了。其实，自己的理想是当一名光荣的人民教师啊！可是宋喜芳并没有多高的学历，当老师已经成为一个遥远的梦。看着自己的小女儿，宋喜芳想到了幼儿园。当一名幼儿园老师也不错，既能实现自己儿时的梦想，或许还能成就一番事业。而自己得天独厚的温柔与耐心，一定能够做好这件事情。

一开始着手筹划幼儿园的宋喜芳并没有得到丈夫的认可。宋喜芳的丈夫有自己的生意，每年也能赚些钱，从资金上来说完全可以支持妻子做这件事。但是丈夫表示出了对妻子的不认可。一是认为宋喜芳并没有这个能力操持这么大的事业，二是觉得妻子应该在家操持家务，开幼儿园劳心费力，恐怕妻子不能事业家庭两者兼顾。但是宋喜芳的坚持打动了他，在农村，一个女人如果不能自己干点什么的话，那就与封建社会的女人毫无区别。宋喜芳说，现在大多数人没有梦想，一部分有梦想却没有条件实现，而自己既有梦想，又有实现梦想的条件，为什么不去实现呢？丈夫逐渐接受了宋喜芳的思想，还拿出了十多万元给宋喜芳开起了这个幼儿园。

幼儿园最初并不顺利。因为学费的关系，宋喜芳的幼儿园一度面临学生流失的困境，在她的努力下逐渐才有所好转。2011 年，宋喜芳已经是一所拥有七名教师和七十多个孩子的幼儿园园长了。目前，幼儿园的校舍安排在宋喜芳的家中，也就是我们见到的涂满卡通图案的房子。

开幼儿园，宋喜芳感到前所未有的责任。“当初我想当老师，可是只有高中文化，不仅没人敢要，我也怕误人子弟，后来我家的给我拿了点钱，给我开了这个幼儿园，我一下就喜欢这个工作了，其实幼儿园老师比老师责任还大，不仅要负责小孩子们的文化启蒙教育，还要管好娃们的衣食住行。”宋喜芳说得言辞恳切。的确，幼儿园作为儿童启蒙的第一站，对孩子的影响无疑是巨大的。为此，宋喜芳不惜资金，请了几个优秀的老师。有的是幼教毕业的，有的是初中毕业的，也有年龄大一点经验丰富的。宋喜芳的经验是不要求老师文化素质多高，但要求一定要对孩子们认真负责。宋喜芳还经常组织老师去大幼儿园学习。如果一些教学方法很好，宋喜芳就会鼓励老师们尽量学着在教学中使用。比如讲诗，孩子们听不懂，老师就拿出和这首诗配套的图，让孩子们看大挂图，按顺序说各自的想法，然后老师再领孩子们带着自己的想法回到诗中。宋喜芳说，“好的老师不应该是一个教育者而是一个领导者”。听了宋喜芳的话我们有了些许感慨，只有高中文化的她的思想境界却一点也不低，而且她流利的普通话无疑是这些天调研组遇到的村民中讲得最好的。

宋喜芳的幼儿园在开设课程上也毫不含糊。除了语文数学，还教孩子英语，同时配有绘画课和体育课。宋喜芳很抵制教授孩子四书五经，她认为这些对孩子们来说太枯燥了，孩子们应该在快乐中学习成长。“孩子的这个年龄段的生长规律是记得快忘得也快，所以这周学的东西，下周再领孩子们复习一遍。”说到教学经验，宋喜芳一脸的认真。

在对待老师上，宋喜芳采取了宽松式的管理。幼儿园有基本的规章制度，对老师有一些奖惩，比如全勤奖 100 元，老师坚决不能打孩子，食谱透明，老师不许偷懒，必须把孩子喂好吃饱等条款。老师的薪资问题是宋喜芳比较敏感的一个话题。一般来说，南流寺村的几所幼儿园老师的工资都是600~800元，经验丰富的900元，实习生400元。2011年河南省三类行政地区最低工资标准是每月600元，每小时6.8元，宋喜芳的幼儿园平均每个老师照看十几个孩子，每天工作八小时左右，按这么算是低于最低工资标准的。然而这里的学费也远低于其他地区，每个孩子每个月只要200元，还包括一日三餐，跟北京上海的幼儿园动不动两三千甚至上万来比，真是弗如远甚。

幼儿园最大的一项事务就是孩子的一日三餐。说到孩子们吃饭问题，宋喜芳异常激动起来，他们学校的伙食搭配很好，有各种菜类，肉食，骨头汤，小班还给加餐，学校有专门的厨师，是经过培训的。原来事出有因，宋喜芳幼儿园最鼎盛的时期，有110多个学生，那会儿是家长接孩子回去吃饭的，每月学费120元，后来学校想增强自身能力，决定给孩子们提供饭食，可是有些家长不认同，学校一下少了四十几个孩子。学校的毛收入从每月的22000多元一下降到了14000多元，而且成本也提高了，因为要给孩子们提供三顿饭。可是宋喜芳并没有为这个决定后悔，她想不管有多少孩子，要给他们提供最好的成长环境。最后，宋喜芳的坚持得到了家长的认可，入学儿童数也渐渐多了起来。

看着自己欣欣向荣的幼儿园，宋喜芳的心里其实也有一丝担忧，因为至今区里也没给她的幼儿园颁发证件，说规模资质都不合格，想什么时封就什么时候封。有一天卫生局来人说可以帮忙去区里批证，可是区里依旧没给批，也没有给理由。像宋喜芳这样的幼儿园，南流寺村还有另外两家，附近的村子还有三家，它们有一些竞争力，但是宋喜芳认为压力不是那么大，因为她幼儿园的规模环境师资水平都算高的。能够把幼儿园办得这么好，宋喜芳认为自己已经实现了自己的梦想了。幼儿园还有很长的路要走，宋喜芳也会坚持着走下去。

由于对幼儿园倾注了太多的心血，宋喜芳对于家人的照料就少了许多。但是丈夫和孩子并没有因此而抱怨什么。一家人的生活还是其乐融融。宋喜芳的丈夫做铁合金生意，和邯钢合作，每年收入有十几万元。宋喜芳的幼儿园每年也有几万元的收入。因此在好的年份，一家的收入可以达到二十万元。除了这些，宋喜芳家里还有两亩田地，种的小麦和玉米，每年收成可以卖个1000多元。我们很奇怪他们夫妻二人的收入已经这么多了，为什么不放弃这两亩田地，宋喜芳说这两亩地可是宝地，如果被占用了政府会给一大笔补贴，而且她觉得目前耕地被占用的补贴标准很合理。

宋喜芳有两个女儿，大女儿在新乡一中上高二，因为安阳的高中很少，中考压力太大了，而新乡一中是可以初高中连读的。可是女儿在外边读书她还是很不放心。大女儿学习成绩很好，在年级排列二十多名，她所在的学校升学率很高，宋喜芳认为大女儿考上大学还是不成问题的。宋喜芳的小女儿今年六年级了，要监督着写作业，谈到这宋喜芳又把话题转到了幼儿教育上，说对幼儿园的孩子一定要让他们从小养成良好的学习习惯，而且男孩女孩教育完全是两个概念。两个女儿每个月花费差不多五六百元，这些钱对于宋喜芳的家庭来说，还是不算什么。

对于城中村改建计划，宋喜芳对搬不搬家很矛盾，搬家就有集体供暖，而且燃气和水都方便多了（现在的自来水一到下午就停了）。如果不搬，就免去了上下楼之苦，而且她很怕搬上楼房，跟邻里之间的交流就少了，而现在每天孩子放学回家，吃完饭她都可以跟邻居好好聊聊天。可是对于宋喜芳来说，最重要的并不是自家的搬迁问题，而是在村里的改造规划中，会将现有的几所幼儿园取缔，在新民居内建立一所新的大型幼儿园。问及对于该规划的意见，宋喜芳也表现出了极大的热情。如果村里能够把新的幼儿园承包给自己，无疑是十分有利的。那样，宋喜芳就能在更大更好的环境中延续她的梦想了。

不管怎么样，宋喜芳和她的幼儿园都在成长着，我们愿她和她的幼儿园越干越好！

（四）教师“马大姐”——马改弟

初见马改弟时，她表现出了比其他人更大的热情，并且非常健谈，这使得我们不仅感慨，教师就是这样练出来的。但是，我们发现了一个问题，她听别人说话时，常常要将一边的耳朵朝向声源。这一点她一开始就指了出来并解释道，自己有一个耳朵已经有问题了，但是对此，她似乎并不以为意，仍然非常乐观，脸上常常挂着笑容。第一眼就让我们感觉到很亲切。

马改弟，原名马爱武，1956年1月出生于一个教师之家，父亲、姑姑都是教师，这点影响了她以后对职业的选择。马改弟上学较晚，九岁才上小学，

1977年高中毕业。出于对艺术的热爱，她曾经参加了两年高考，考的都是艺术，但是不幸都落榜了。此时的她不得不考虑自己的毕业走向了，考虑再三，最后回到了南流寺小学教书，开始了自己的教师生涯。1979年她嫁给了一个退伍军人孙幸福，如今是一名电焊工。生有一男一女，女儿已经31岁了，早已嫁人；儿子也已经25岁了，现在在一家银行开车，也结婚了。整个家庭显得和睦而幸福。

刚开始，马改弟只是民办教师。那时的南流寺小学是由大队管辖的，教师只是一种不同的劳动分工，与其他村民一样挣工分，然后大队按照工分分配消费物品。到了20世纪80年代，南流寺小学开始归西郊乡统筹，由乡里负责教师的选拔，以及工资的发放。

据马改弟回忆，当时的村里是很支持教育的，经常会给老师发一些东西，甚至在1977年，就专门为小学盖了一栋新楼，这让老师们的心里感到很欣慰，工作也更加努力。村里的重视以及老师的努力让南流寺的入学率很高。马改弟当了教师后，就开始教数学以及自己热爱的音乐。

新中国成立后的教育命运坎坷，伴随着的是教师命运的坎坷。马改弟却赶上了一个好的时代，在她还在上学时，中国开始了对整个教育的拨乱反正，于是她能参加两届高考；在她工作后，伴随对教育的拨乱反正，教师地位和收入开始不断提高，如今的教师已经成为很多人艳羡的工作。马改弟在工作期间明显感觉到了教育中点点滴滴的变化，以前的考试老是以成绩排名次然后公布出来，但是自从20世纪90年代的教改后，小学就开始渐渐放弃了这种做法，开始尊重学生的感受。2000年全国取消民办教师，这项政策实际上是对那些工作在最基层、工作条件最艰苦的教师们一次补偿，因为民办教师往往都是出现在那些偏远或者很多人不愿意来的地区，在这种教育出现真空的情况下，民办教师填补了这项空白，让那些地区的孩子能够受到教育。这部分教师理应享受到与他们劳动相称的报酬。马改弟在南流寺小学教了二十多年的书，终于在这次新政策的实行中转成了正式教师。在这过程中，马改弟的工资水平也实现了大飞跃，从转正前的200元/月，到转正后500元/月，到如今已经每月3000多元了。一提到这个，马改弟总是难以掩藏自己的喜悦之情。

在与马改弟的交谈中，马改弟多次提到了殷都实验中学，这令当时的我们很是疑惑。我们以为马改弟转正后，上调到中学去了。几经解释之下，才弄明白殷都实验中学的由来。殷都实验中学其实是殷都区教育改革的产物，它是由安阳十六中、南流寺小学、北流寺小学、郭流寺小学和骈家庄小学合并而成。由于城市化进程的加快，这四个村相距很近，但是在这个不大的区域内有四个小学，优质资源分散，利用效率低，殷都区在实行教改的过程中，就对这块区域的教学资源进行整合，并且加入了安阳十六中，最终出现了殷都实验中学。随着这些学校的合并，学校里面的老师也整合到了一块，但是随着对教师资源的最大化利用，必然会导致一部分教师无书可教。马改弟也面临着这种情况，这对于一个从事教学几十年的老师而言，确实是一个很难的改变。生性豁达乐观的她接受了这个结果，改做一般的行政工作。

马改弟是一个很热情、乐观的人，按她的说法就是，"以一个老师为标准"对待身边的每一个人。所以她好管闲事，经常会去帮助别人，碰到村里或者单位中谁比较困难，她都会买些东西去资助他们。由于马改弟的这种作风，身边的朋友同事都亲切地叫她"马大姐"。而且马改弟还有一项特长，就是很容易记住一些人和事，所以往往谁有什么忘记的事，都会去问她，往往都能有满意的结果，因此她又得到了另一个外号"活档案"。马改弟在交谈过程中，一直在聊自己对党的热情，在谈及自己即将入党更是自豪。事实上，马改弟在日常工作和生活中，常常以党员的标准来要求自己。在成立殷都实验中学后，马改弟被安排做行政工作。办公楼的清洁工作却没有人愿意干，由于当时闲置的人挺多，所以不好再请清洁工。马改弟自愿承担了这一任务。这确实是一个辛苦的活，在冬天尤其受罪。由于冬天楼上的水管都被冻住了，水出不来，马改弟不得不每天将水提上五楼，然后清洁，包括厕所。冬天是非常冷的，楼道间又没有暖气，每天工作得手都冻僵了。提到这些，马改弟有点激动，言语哽咽，眼圈泛红。想来这份工作确实挺难的，让本来是一个老师的她心里不自然地感到了委屈，但是很快她就走出了这种情绪。她说，这些事情其实大家都看在心里，她也更加坚定了入党的决心。在2008年，她申请入党，当时的校长亲自给她写推荐书，并且赞扬说："如果我还会推荐谁入党的话，那一定是马改弟。"校长的话对马改弟产生了极大的鼓舞，马改弟更加勤勤恳恳地做事。值得高兴的是，今年马改弟已经成为一名预备党员，圆了她一直以来的心愿。

马改弟在教书时，脾气很好，性子也好，很耐心，从不体罚学生，所以很多学生都喜欢她。从事教学工作这么多年，马改弟的很多学生现已成才。常小明是她带的第一届的学生之一，现在早已上完大学在市政府中上班了。南流寺村现在的村支书孙志安就是她曾经的学生。如今孙志安不仅是村支书，而且是一名企业家，拥有着大量的财富。如今孙志安见着马改弟都是很尊敬的，这让马改弟很是高兴。据马改弟回忆，孙志安小学时不爱说话，不捣蛋，但是没想到最后他会成为一个大老板。前些日子，同村孙泰山的儿子孙江峰告诉马改弟，他今年考上了西安电子科技大学的研究生。马老师还发现了一个特别现象，就是曾经那些学习差的学生，以前经常调皮捣蛋，现在见到老师都非常热情地向老师问好。马改弟感叹道，看着自己曾经带的学生一个个都有出息，过得幸福，她真的非常开心。这大概是全天下老师的共性吧。

现在的马改弟业余生活很丰富，经常会去帮帮别人，有时也去郭流寺打擂台，唱豫剧。从小爱好音乐的她终于找到了用武之地，而且她唱得明显比其他妇女好。现在一有集体活动，大家都不忘亲自上门叫上马改弟，因为她耳朵有点问题，常常听不清村里的广播通知。如今“十大员”活动开始在南流寺开展，马改弟又是第一个踊跃报名。在家访时，她拿出了当时开会时发的宣传资料，上面有着她开会时做的详细笔记。在她身上你总是能看到对生活的热情和积极。

当我们问到关于对整体拆迁的态度时，马改弟表现出明显的“觉悟”：“与村里一致”在她看来，村里的决定都应该拥护，这是一个党员应该履行的义务。同时她也解释道：“我是一个乐于接受新生事物的人。”确实，她也乐于尝试新事物。在这次村里的众资公司集资时，马改弟还入了五股（每股1000元）。

当我们提出总结对中国教育变化的感受时，马改弟说，最大的改变就是“人们和国家对教育越来越重视，教师的地位也越来越高”。一国的基础在于教育，只有教育发展好了，国家的发展才有可能。

马改弟确实很忙，我们准备结束采访时，她又要忙着去村里开会。待和我们热情告别后，风风火火地开会去了。都说人上了年纪，很多事情都看淡了，但是马改弟确是一个例外。也许退休生活对她而言，是一个结束，更是一个开始。这就是我们可爱的乡村教师“马大姐”。

二十一、劳动致富者

（一）企业家村支书——孙志安

2011年的村庄基层入户调查，我们在南流寺待了一个星期，也时时在村委会大院里走动，可是一直就没有见到村支书本人。除了办公室墙上的照片，我们总是只闻其名，不见其人，据工作人员说这个村支书是个大忙人，此时不在村里。于是我们在确定入户调查名单时，并没有将孙志安列入其中。但是调查一个村庄，对村支书的访谈是必不可少的。本来是应该尽快补上的，可是由于种种原因，这个访谈一直推到了一年之后。由于孙志安事务繁忙，我们再三叮嘱当地负责此事的官员一定要与孙志安约定好时间，以便能够高效完成采访。由于时间比较紧张，我们提前一天赶到了安阳。

对村支书孙志安的采访是在安阳市区一个清幽典雅的小院中进行的。据当地的工作人员介绍，这个小院以前是分别承租给不同的商户，如今由孙志安整体盘下来，弄成院落式的艺术品展览厅，一方面作为接待商场朋友的场所，一方面用于将来的艺术品经营。上午八点半，我们与当地的联络员驱车赶到约好的地方时，见到了孙志安。没有想象中的西装革履，也没有想象中的官腔恭维，我们见到的是一个普通的中年男人。他的穿着很是普通随便，举止投足间掩盖不了一贯的质朴与真实。这可能就是农民企业家所具有的特质。我们进了一个书画厅，将采访要求告诉他。我们正在掂量着该问哪一个问题，他似乎理解了我们的意思，主动提出讲自己的成长史，我们自然是求之不得。我们之间的距离感陡然拉近不少。虽然整个上午孙志安都很忙，需要接待和安排很多事情，但他还是抽出了长达两个多小时跟我们进行了详尽的交流。

1. 关于成长

孙志安出生于1971年，出身于农民家庭，有两个姐姐一个弟弟，这在当时的家庭中算是人口少的了。祖上几辈都是做木工的，木器活在当地还小有名气。在提到自己的家庭时，孙志安难掩心中的自豪。他告诉我们，虽说是农民出身，但是自己的家族在当地算是大家族，光父亲的亲兄弟姊妹就有七个。母亲是文盲，只会写自己的名字，但母亲是一个特别宽容大度的人，这也影响了孙志安以后的性格。在交谈中，孙志安不断提到自己的父亲，强调父亲对自己的影响，没有父亲的影响，自己绝不会有今天的事业。孙志安告诉我们，他父亲孙银庆是一个“文武双全”的人，“文武双全”是指父亲不仅在农活木艺等手艺方面很出色，而且识文断字，双手能打算盘。由于通明事理，有胆识有魄力，孙银庆在家族里有很高的威望。孙银庆有一个优点，他鼓励年轻人尝试新的东西，并且不要害怕失败，这一点对于孙志安的影响尤其深刻。孙志安特别提到，在庆祝安阳改革开放三十年时，曾想写文章表达对改革开放三十年中安阳发展的赞叹，同时表达对父亲的怀念，并以此来鞭策自己的事业，可是由于企业事务烦琐复杂，整天处于忙碌状态，很难静下心来写一些文字。这个事情只有等到闲下来再做，这也让孙志安颇为无奈。

对于童年时期，孙志安回忆了很多的事情。他告诉我们，小时候一放学，自己就跟小伙伴一起去拔草，然后带回家喂猪喂鸡，还能拿工分，尽管很少，当时能够分担一些家里的劳动，这让小时候的自己还是感到很开心。由于当时是集体时期，生产队里有西瓜园，孙志安小时候常跟父亲一起去西瓜园吃西瓜。因为那时的生活条件差，自己还偷吃过生产队里喂牲口的黑豆。如今回头看去，虽然当时的物质生活比较贫乏，但是这些事情却一直镌刻在记忆的深处。

孙志安是在南流寺村里上的小学，初中是在安阳第三十中学上的，当时的成绩一直不错，颇受老师的喜爱。那时的孙志安一直比较自信，初中时期在学校已经算是有名了，经常号召同学做一些事情，不论这些事情是否为老师所喜欢，而同学们也很愿意跟随他。初三暑假时，孙志安来到亲戚所在的安化集团打小工，第一次真正体验到体力劳动的苦和累，且平生第一次喝到了豆浆。听说当时黑木耳的行情很好，他接着又与三个同学带着 1000 多元到洛阳栾川去收购黑木耳，而洛阳的市场行情远非开始所了解的那样，几个伙伴在山里玩了几天，最终也没有收购成功。孙志安的父亲对于儿子的行为表示了理解和支持。尽管这次的事情没有成功，但是也让孙志安认识到社会实践对于一个学生的重要性，这直接影响到了孙志安以后对孩子的教育。

时光飞快消逝，孙志安很快进入安阳第十六中学念高中。当时正是改革开放进入飞速发展时期，人们的思想也非常活跃，到处涌现出新的企业，成就新的富翁。大量的官员和教师下海经商，整个社会的氛围处于极其浮躁的境地。当时农村自然受到了影响，“读书无用论”不断在农村蔓延。孙志安受到了这股社会“逆”潮的影响，无心念书，成绩也一般，高中上了两年就选择了退学回家。如今想来，他还是觉得比较后悔，毕竟文化水平低是他心中最大的遗憾。

2. 坎坷之路

孙志安17岁就获得了驾驶执照，凭着这一技术，退学后，孙志安就做起了煤炭运输，期间，跑去外边买卖硅铁和锰铁。18岁那年，孙志安与叔叔、堂弟一起去四川批发锰铁粉，当时火车速度非常慢，从河南到目的地，需要坐两三天火车才能到达，最辛苦的是没有座位，孙志安一直到了绵阳才能得到稍微地休息，好不容易到了成都，住宿在当地的旅店，旅店条件不好，但是也便宜，只要四元一晚。业务联系完后，三人又去了云南的建水县。由于饮食习惯大不相同，孙志安水土不服得了肠胃炎，一度有了退却回家的念头，后来还是坚持下来。虽然当时的条件很艰苦，但孙志安算是出了第一趟远门。锰铁粉贸易是一项很挣钱的买卖，锰铁粉就是当地的锰矿厂扔掉的废渣，当时云南、四川的工厂将这个作为垃圾处理掉，价格十分低廉。事实上，这些废渣经过进一步的加工还能进一步炼出锰铁，孙志安和叔叔就是看到了其中的利润。很明显，当时购买锰粉的价格为300多元一吨，运回来进行加工后的产品价格为1000多元一吨，除去费用，利润仍然相当可观。只是火车运输并不方便，需要得到铁路运输部门的运输计划，在当时国内运力有限的情况下，有时就需要托人走走后门，但是总的来说并不难。这次出行从各个方面锻炼了孙志安，也开始了他曲折坎坷的商场奋斗历程。

天有不测风云，一个人的路往往不是一帆风顺的，总会有各种苦难来考验着人们，孙志安也面临着这样的考验。在孙志安17岁的时候，孙银庆患了脑血栓偏瘫了。疾病往往能够拖垮一个幸福的家庭，孙银庆的病几乎耗尽了家里的积蓄。尽管花费了大量的金钱，孙志安的父亲还是在他23岁的时候去世了。父亲的病逝对孙志安的打击非常大，严重打击了孙志安的自信心，一直以来自信满满的孙志安第一次自卑了。在父亲生病到去世这段时间，为了挣钱养家，孙志安做过许多生意。刚开始是给别人开车，后来用家里的15000元买了一辆旧货车搞运输。在19岁的时候，孙志安还与姐夫经营生铁炉，但是这个生意并不好做，最终经营了一年多就难以为继，不但没有赚到钱，还亏损了9000多元，无奈之下，只能接着跑运输。

孙志安说自己在年轻的时候有很多机遇，但是由于年龄比较小，自己没有抓住，可能也因为年龄小，别人对自己的话还不是特别相信。例如，当时与伙伴合伙搞运输时，由于当时的生铁贸易很好做，孙志安就提议一边搞运输一边做贸易，既可以挣到运费，还可以赚取一部分差价，一举两得。但是由于合伙人并不赞成，最后还是没能成行，只能单跑运输。谈到这个地方，孙志安掩饰不住心中的遗憾，在他看来，如果当时合伙人听从了自己的意见，也许自己能够更早地成功，事业也能做得更大。

孙志安在 23 岁结婚，结婚后的孙志安一直处于摸索时期，始终没有定下来。婚后，孙志安跟姑姑借了一些钱，同伙伴一起凑了 45000 元买了一辆旧的半挂车，在安钢销售公司跑运输，偶尔也做些生铁买卖，由于车况不好，经常修车，最后到手里也没有挣多少钱，过了两年就把半挂车给卖了，不做运输了。之后又买了一辆天津大发，打算跑出租，但是由于比较爱交朋友，疏财好义，经常与朋友一块聚聚，所以跑出租车也没赚到太多钱。只好又跟姑姑商量，鉴于跑出租不赚钱，于是商量自己买一辆新的半挂车跑运输，在两个姑姑的资助下，花了 14 万元买了一辆新的半挂车，当时的孙志安自己只有 1 万多元，从这一点可以看出，发迹前的孙志安受过亲戚朋友的不少资助。买了半挂车之后，孙志安仍然在安钢搞运输，由于是自己找活自己跑，因此常常晚上很晚才休息，第二天一大早又得跑去安钢找运输活，非常辛苦，因为运输的竞争也比较激烈。就是这样的生活，孙志安的妻子给予了极大的理解和支持，这使得孙志安能够安心在外面打拼。

在跑运输的同时，孙志安不忘与别人合伙做钢材买卖，但后来被郑州一家公司赖账不还，亏了不少，不得不专心搞运输。随着跑运输赚了一些钱，孙志安拥有一定的积蓄，他就以汽车为抵押从银行贷款，当时一共贷了 20 多万元，并且于 1999 年成立了安阳市跨世纪矿产公司，同时买了三部车跑运输，从新疆阿拉山运输废钢，从山西运输煤炭，从平顶山运输精煤给安钢。但是煤炭生意并没有做起来。

3. 事业转机

2001 年，孙志安迎来了事业的重大转机，成为安钢线材销售第一大户，坎坷的经历逐步走顺，生意场多年的摸爬滚打开始得到回报。

安阳钢铁是安阳市经济的支柱，许多小型公司都是围绕着安钢而生。孙志安创业以来也是一直围绕着安钢。2001 年 9 月，安钢推出线材，由于是新产品，具体质量和市场还是未知数，对于所有的客户都是一样的。孙志安看到了一个难得的机会，那就是成为安钢线材新产品的第一个客户，第一个大客户。在他看来，只要抓住这个机会，从而与安钢建立良好的关系，发展不成问题，孙志安为此做了很多准备。由于资金短缺，一个朋友同意投资 200 万元，可是在签合同的前一天，朋友临时变卦。这使孙志安陷入了两难的境地，因为要成为安钢的第一个大客户志在必得，如今万事俱备只差资金，资金却出了问题，这件事情让孙志安非常痛苦，当晚一宿未睡。在没有办法的情况下，孙志安只好只身一人去了安钢，跟安钢相关人员解释，通过艰苦的努力，安钢同意为孙志安开通绿色通道，最终孙志安以 47 万元资金成了安钢的第一个大户，享受大户的所有待遇。同时，由于是新产品，安钢经常会有高层领导来找孙志安了解市场反馈情况，这让孙志安接触和认识了安钢高层，从而与安钢建立了良好的业务关系。

2001 年的钢材贸易并不好做，受国家宏观调控影响，钢材价格从 1996 年开始就一直在走下坡路，市场低迷。孙志安成为大户之后，钢材市场的行情仍旧不是很好，线材也是如此。一个月之后，其中一个大户坚持不住退出了，第二个月另一个大户也选择退出。孙志安坚信市场会回暖，果然在第三个月下旬钢材终于涨价了，孙志安的公司状况开始好转。人生就是这么的戏剧和充满机遇，只要能够多坚持一会或许转机就会出现，这就是成功者与普通人的区别。

孙志安的事业终于开始迅速发展起来。2005 年，孙志安成立了昱辉金属制品有限公司，上马冷轧薄板，这个项目得到了安阳市政府的大力支持，成为安阳市重点项目。由于各级领导、专家和同行经常到企业考察参观。从这时起，孙志安由于父亲去世和事业失败带来的阴影开始消失，自信重新回到了孙志安的身上。

如果仅仅如此的话，孙志安只能算是一个传统的企业家，一个普通的商人，与别的公司老板没有太大区别。但是，孙志安从来没有满足已经拥有的事业，他将目光投向了新能源，投向了太阳能。2008 年的金融危机，很多行业都受到了很大的冲击，孙志安也一直在考察新的投资机会。由于看重了新能源的概念优势和巨大的政府支持，孙志安最终选择了太阳能行业。太阳能是一个高科技产业，同时是一个能够大力推动地方经济发展的产业，因为一家大的太阳能公司需要大量的配套企业，这种产业集聚效应所带来的经济增量是地方政府十分希望看到的。经过仔细的考察以及与地方政府的接洽，凤凰光伏生产基地最终落户安阳市滑县。滑县十分需要一家龙头企业带动当地经济，无论是从税收还是用地方面，给予了非常大的支持。凤凰光伏2009年4月立项建设，当年的10月就开始试生产，整个周期只用了193天，这一惊人的速度至今让孙志安很是自豪。随后凤凰光伏开始进入高速发展时期。

凤凰光伏专业从事晶硅铸锭、开方、硅片切割等环节的研发与生产。如今的凤凰光伏旗下拥有安阳市凤凰新能源有限公司、上海市凤之阳能源科技有限公司以及安阳市万泰利众科技有限公司三家全资和控股子公司分别从事太阳能电池与太阳能电池组件的生产，光伏电站系统开发与工程建设，砂浆的循环生产再利用等环节。凤凰光伏已经形成从硅片生产到电站开发建设的哑铃结构，实现全产业链的生产与服务模式。在技术方面，凤凰光伏注重科技创新，拥有专业的研发团队与实验室，目前已经获得33项专利，其中发明专利13项，国际发明专利3项，实用新型专利17项。凤凰光伏自主研发的多晶设备制造准单晶产品技术，生产的准单晶产品平均转换率达到18%以上，并实现了准单晶产品量产，2011年6月18日在上海举行准单晶产品发布会，引起行业的强烈反响。在市场方面，凤凰光伏已经与业界多家知名上市公司建立了良好的合作关系，拥有稳定、高品质的销售渠道，产品销售遍布全国。与此同时，凤凰光伏将目标投向美国、印度、澳大利亚等新兴市场，在全球范围内积极开展广泛的合作。

2011年，凤凰光伏完成产值8亿多元，公司资产达到18亿元以上。凤凰光伏的飞速发展为孙志安赢得了巨大的荣誉，2011年度被河南省人民政府命名为“河南省100户高成长企业”，被河南省科技厅授予“河南省高技术工业60强企业”、“河南省高新技术企业”、“2011年度全球新能源企业500强”、“2011年度中国太阳能十大创新企业”等荣誉称号。

除了凤凰光伏，孙志安还拥有另外四家公司，它们分别是昱辉金属制品科技公司、耀元置业有限公司，耀元实业有限公司、上海凤之阳能源有限公司。对于一个拥有五个公司的企业家而言，工作自然比较繁忙。这可以从对孙志安的采访过程中就可以感受到，在不到两个多小时的采访过程中，他先后接到了五通电话，接待了三拨以上的客人。

在谈到公司经营时，孙志安说经营这些公司时，不可能做到事无巨细，面面俱到。他喜欢把事情交给下面的管理人员，只注重三个方面的事情：第一个是安全和后勤保障，这对于一个生产型企业是非常重要的，毕竟人命关天，出现任何安全事故，对公司的影响都会非常大；第二个是财务，管理一个公司必须掌握好资金的往来和财务的健康，这也是公司的命脉；最后一个是公司的发展方向，作为企业的掌舵人和最后决策者，他必须保证企业的发展方向是合适的。孙志安在发展事业的过程中，非常注意进一步学习和深造，不断提高自己的管理能力和判断力，先后到郑州大学经济管理系和中央党校经济管理系进修学习。在进军光伏产业后，孙志安更加注重向行业中的优秀企业学习和交流，同时经常参加各种技术交流会议。

4. 关于南流寺村

孙志安是2010年8月开始担任南流寺村的村支书，用孙志安的话来说，就是受命于危难之际。当时整个南流寺村村委和村支部内部矛盾重重，村务混乱，村民上访事件增多，未上访的村民对村级干部意见也较大。村里很多事情得不到处理，村组织活动近乎瘫痪，上级政府想挑选一位能力强、村民信服的村支书，综合各方面之后就选中了孙志安。当时的孙志安身兼多个企业老板，企业的管理工作本身就已经非常繁重，因此开始是拒绝的，但是最后还是被说服了。孙志安说，自己也是存了造福村民之心。村支书选举过程中，村里的88名党员全票通过，选举孙志安为南流寺村的村支书。全村人对他的期望也非常大，希望他的上任能够让南流寺村的情况好转起来。孙志安不负众望，上任后就提出了一个口号："意识正义，发展和谐"。意识正义就是首先要确保意识的正义性，不能为个人私利而损害其他村民的利益，每一步都要走得有正义感，不能颠倒黑白，奖罚要分明；发展和谐的意思是，不和谐是因为没有发展好，要在发展中发现矛盾，把复杂的事情简单化，解决实际中的问题。当时有人提出应该是和谐发展而不应该是先发展后和谐，孙志安不同意这一看法。在他看来，南流寺村之前之所以不和谐，就是因为没有发展，只有把发展列在和谐之前，先发展才能和谐，才能实现发展与和谐的双重目标。上任之后，他就启动南流寺村旧村改造项目，规划二期建设，改造村庄面貌，同时，以股份合作制方式组建众资置业有限公司，真正让村民成为村庄改造的"做主者"和"受益者"。事实也证明，在孙志安这个理念的指引下，如今南流寺村发展得红红火火，各项事业都蓬勃繁荣。

同时管理五个公司和管理村中工作，考验着孙志安的管理和协调能力。在谈到如何协调管理企业和管理村庄的时间时，孙志安表达了自己的看法。

孙志安觉得管理村与管理企业没有本质的区别，他的最大的感悟就是要善于用人，因为自己平时忙，不可能所有的事都亲自处理，所以必须要用好人、用对人，只有这样才能协调好管理好公司和村里的事务。孙志安有着自己的一套管理方法。他认为，首先是要正人先正己，只有严格要求自己，让村委成员感觉到踏实可靠，团队才能和谐相处；同时在做事方面，允许自己和成员犯错误，但是不允许不知道为何犯了错误，要发现问题解决问题，而不是掩盖问题；解决矛盾，应该是求大同存小异。他总结了四个字："用、管、疏、堵"，就是先用好人，再管理，有分歧先沟通，最后必须解决，即使保留意见也必须坚决执行。

对南流寺村的发展，孙志安有着自己的宏伟计划，但是并没有深谈，只是表示现有的村级规划项目就需要有政策和上级的支持。在中国社会，任何改革都需要国家的支持，没有上级政府的支持，无论多好的想法都会掣肘多多，难逃失败的结局。

5. 关于生活

孙志安有着一个幸福的家庭，妻子跟他是同岁，家里有一个女儿和一个儿子，女儿 18 岁，儿子 16 岁。妻子和两个孩子现在都在天津，两个孩子都在天津读高中。孙志安对孩子的教育非常重视，有着自己的一套方法。他非常注重与孩子的沟通交流，每次回家都会与两个孩子谈心，引导孩子正确的人生观和价值观。他交给子女"恒、悟、衡"三个字，即做任何事都应该先有恒心，继而有所领悟，最后能够掌握平衡之道。这是做事的艺术，也是做人的道理。令孙志安感到欣慰的是，两个子女并没有染上富二代的那种骄纵的毛病。现在儿子和女儿都很懂事，自立能力很强，尽管现在家里很有钱，但是上学放学都是自己坐公交，并没有安排专车接送，两个小孩曾经独自去上海世博会去看过展览。

虽然孙志安平时特别忙，他还是坚持快乐工作、快乐生活。孙志安的娱乐方式很简单，没有特别嗜好，一般是约几个朋友一起出去游玩，一块聊聊天，平时看看电视新闻，关注时事。现在孙志安特别关心国家政策，经常关注一些这方面的报道。人生经历的积淀使得孙志安沉静下来读书，不断提高自己的文化修养，并且爱上了舞文弄墨。如今孙志安的文字功夫也日渐提高，还能写几首诗来抒发心中感受，甚至还有文字作品登上了当地报纸。正是由于对文化的热衷，孙志安将目光瞄向了文化产业。在我们对他采访时，孙志安正在准备一个书画展。

对于如今的经济形势，孙志安显得比较悲观，作为一个民营企业家对民营企业经营环境的不断恶化忧心忡忡。孙志安从2004年就开始喜欢研究政府政策。事实上，他对中国很多经济政策都有看法，其中意见最大的是政策不连贯，不统一，让企业经营者无所适从。在他看来。如今的中国已经陷入大的矛盾之中，如果过不了这个坎，会出大乱子。这是一线经营者对于经济社会的看法，应该值得我们深思。

目前，孙志安最大的愿望就是自己的企业能够上市，以及通过全体村委成员努力能够把整个南流寺村带动起来，让全村人生活得更加富裕。在整个采访的过程中，我们了解了孙志安的人生经历，同时也领略到了作为一个白手起家的企业家所具有的独特魅力。我们希望看到，在不远的将来，孙志安的公司会越来越壮大并成功上市，同时南流寺村会不断地发展，从而实现共同富裕。

（二）家电维修能人——孙志强

孙志强是南流寺村人，1976年出生，1991年安阳市三十中初中毕业后，前往安超技校学习家电维修，主要学习收音机、黑白电视和录音机的维修，虽然学习期只有1年，但是秉性好学的他，掌握了普通家电维修的基本原理，至此开启了家电维修的职业生涯。

1992年毕业后，前往一家冰熊冰柜维修站当学徒，积累了三四个月的实践经验后，于1993年在安钢十一区对面和合伙人开了一家维修站，刚开始的生意还是不错的，但不幸的是，那几年也是我国家电降价、换代的第一次高潮，相比较维修电视的成本，很多人直接把家里的黑白电视换成了彩电，这也导致了孙志强的维修生意一天不如一天，到了1998年，由于生意太少，入不敷出，他们选择了关门歇业。经历了生意上的第一次挫折，孙志强意识到维修这个行业不仅仅要靠技术，还与家电行业的发展密切相关。1998年歇业后，孙志强选择回南流寺独自经营，因为没有设门面，所以主要是上门维修，经营范围也不局限于南流寺这一个村。当时，孙志强就与曲沟乡一家酒店签署了合作协议，如果酒店的空调和冰箱坏了，给孙志强打电话，孙志强负责上门维修，至于费用，则是年终一次结算，一年大概2000元的维修费，只是没过几年，这家酒店由于经营不善倒闭了。但孙志强也熬过了最困难的时期，因为2000年后，随着农民收入水平的上升和家用电器价格的下降，电器在农村也开始普及了，这对于孙志强而言，自然是好事，他的生意也开始忙碌起来，这一次，孙志强意识到农民收入的提高对维修行业的发展在这一时期主要还是起促进作用的。尤其是最近几年，国家在农村实行“家电下乡”优惠政策，因为有了政府的资金支持和品牌保证，农民的购买热情空前高涨，基本家家都添置了一些生活和生产家电，这个好政策也让孙志强喜在心里，更坚定了他搞好这一行、服务村民的决心。

孙志强的维修种类主要有冰箱、冰柜、空调、洗衣机和电视这几大件，至于一些小家电，像电风扇、收音机之类，孙志强现在是越来越少涉及了，除非有时出于人情考虑才会帮忙维修，因为随着小家电价格的降低，维修费用相比购买价格越来越没有竞争优势了，而且收音机之类的小家电现在也随着时代的发展渐渐被淘汰了，所以孙志强毅然决然地把维修主业转向了大家电，这个也是维修行业这几年的发展趋势。维修的零部件则多是每隔一段时间去安阳市批零，后来由于生意太好，有时也会让批发商直接把零部件送过来。至于维修对象，孙志强的主要客户是一些个体店铺的冰柜和一些饭店的空调、冰箱等。我们来南流寺调研时注意到，在通往南流寺的主干道上，位于北流寺的那一部分有很长一段沿街商铺，经营范围基本涵盖了农村生活的方方面面，蔬菜、生活用品、饭店、农业工具和种子等，这些店铺因为拥有的海量家电，尤其是冰柜，都成了孙志强的潜在客户。但是孙志强并没有在街上开设维修门市部，只是在姐姐开设的米面门市部前挂了一个家电维修的牌子，维修主要在自家院子里进行，但令我们惊奇的是，虽然广告投入成本很低，但是孙志强的生意却十分红火，我们为了采访他，可谓三顾茅庐，前两次去采访都赶上孙志强在乡邻家修东西，好不容易赶上一次，孙志强也是十分繁忙地在家维修冰柜，而且下午的行程也都安排好了。其中缘由就在于孙志强在此地经营家电维修十几年，不仅维修手艺好，对待乡邻的服务态度也很好，首先在本村内闯出了名声，然后一传十，十传百，孙志强维修家电的招牌就传遍了周边村庄，而且孙志强主要免费提供上门维修服务，所以周边较远距离的村民也愿意找他维修，加之孙志强的手艺、人品俱佳，所以深得村民的信赖，生意好自是不必说。

说起孙志强的手艺，我们不得不提他的好学精神。我们采访时注意到，在孙志强的工作间里除了一些维修的家电和工具外，还摆了一张钢丝床，床头是好几本杂志，分别是《家电维修》、《电脑爱好者》等。说起这件事，孙志强谦虚地说："干这一行就要不停地学，多学习别人的经验、知识，才能修的更好，所以就订了这些杂志充充电。"话虽朴实，却彰显着孙志强一颗积极向上的心。当被问到为什么会买《电脑爱好者》时，孙志强向我们阐述了一个他一直思考也一直忧虑的事情——家电维修行业的未来。他说，随着科技的进步，家电更新换代也越来越快，现在的家电越来越智能化、集成化，就拿电视来说吧，最早的电视是黑白电视，后来出现了彩色电视，再后来是遥控电视，现在是液晶电视、等离子电视，未来又会是LED电视、互联网电视的天下，与消费者使用体验不断进步形成鲜明对比的是，家电维修的难度却在不断加大，电视的构造不再是以前的显像管、晶体管等，随着电视厚度的不断变薄，电视的主板集成的东西也越来越多，如果电视出现问题，很有可能是主板损坏，以他们现有的条件很难判断，因为一方面是鉴别的设备价格高昂，另一方面对专业知识的要求比较高，所以现在的维修方法多是更换主板，但因为主板集成东西太多，价格也很高昂，以前更换一个零件也就几元、十几元，现在动辄上千元，所以消费者尤其是村民难以接受，这也极大地制约了农村家电维修业的发展和未来。所以孙志强现在一方面尽力弥补相关知识，一方面思考着对策，还好现在集成化、智能化最明显的是电视，至于空调、冰箱等，虽然比以前更智能，但主板集成的功能还不是很多，大部分维修和以前没有太多差别，所以供孙志强思考的时间还有很多，相信爱动脑筋、爱学习的孙志强能早日想出办法，农村家电维修行业的未来也不会黯淡下去。

孙志强除了手艺精湛，维修的服务意识也十分强。据他说，当初从安阳歇业刚回老家时，为了能吸引客户，留住客户，孙志强买了一辆摩托车，就为了方便实行上门服务，后来积攒了一些积蓄后，买了一辆时风小斗车，只要客户打电话，就会主动上门去拉去送，最主要是不收上门维修费，这一点为广大村民节省了很多麻烦和费用，深得村民的信赖，所以孙志强今天的好生意，我们一点也不奇怪。当我们指着院子中停着的一辆摩托车问他，当初是骑这辆车去维修的吗？孙志强憨厚地笑着说，这已经是第二辆了，2005年买的。我们这才体会到他为了提供尽可能好的服务，自掏腰包买了2辆摩托车和1辆小斗车不说，所有的来回油费也都是自己埋单，这个付出确实不小。看着孙志强憨厚的笑容，我们的敬仰之情油然而生。

孙志强的手艺和人脉都如此出色，自然会有一些家电品牌的售后中心希望收编他，新飞等冰柜品牌都曾经联系过孙志强，但他是个不愿失去自由的人，更舍不得现在辛辛苦苦积累的客户，他觉得现在每天虽然很繁忙，但是很充实、很快乐，不愿意被锁在一个售后服务店内，所以一直没接受开售后服务店的建议，不过孙志强也没堵死这条路，他说或许以后不想跑了，可能还会选择这条路。

刚刚年满35岁的孙志强，现在有2个女儿，大女儿今年10岁，在安阳市殷都实验中学读小学，小女儿刚满4岁，现在一家人和母亲住在一起。母亲除了为人热情，给我们留下印象最深的是身体十分硬朗，我们在采访的路上碰到她正骑自行车回家，我们十分惊讶已经73岁的伯母还能这么轻易地驾驭自行车，后经询问才得知伯母的身体几乎没有任何毛病，这在农村确实十分难得。孙志强家原来有1亩3分地，主要由爱人打理，后来由于南流寺村的新农村建设规划，土地被工业区占用，每年补贴1500元/亩，相比种地收入还是十分合算，再加上孙志强的勤劳能干，一家人过得其乐融融。不知不觉，1个小时的采访就已经过去了，耽误了他的工作时间，我们十分抱歉，同时也为能采访到这样一位能人而感到庆幸。匆忙道别后，孙志强憨厚老实的面容和朴实的话语却依然久久回荡在脑海中，南流寺的新农村建设就需要这种积极向上、踏实肯干的典型人物，相信在群众主体地位确立后，这种人物会越来越多。

（三）身残志坚——一个盲人按摩师的真实故事

当今社会，人们消费观念和保健意识在不断地增强，于是盲人保健按摩以其特有的优势逐渐受到人们的欢迎，在城市中已小有发展规模。盲人按摩也成为当下盲人就业的主要途径之一。

在我们所调查的南流寺村就有这样一家特别的盲人按摩店，这家店的主人就是我们所要采访的对象——韩金昌。正所谓“天将降大任于斯人也，必先苦其心志，劳其筋骨，饿其体肤，空乏其身，行拂乱其所为，所以动心忍性，曾益其所不能。”若想成就一番事业，必须“苦”字为先。听着韩金昌的鸿鹄之志，从他的言语中始终流露出那种对美好未来的坚定信念，一种无限的钦佩油然而生。说起创业，他感慨万千，片刻之后，他便开始给我们讲述他另类的人生。

韩金昌，男，1965年出生在一个极其普通的家庭，家中共有兄弟5人，他排行老四。他的父亲在1963年修水库的过程中负伤，留下青光眼的后遗症，因此韩金昌和妹妹一出生就遗传了父亲的这个病，双眼视力仅能达到0.4~0.5。在承受着眼疾带来的各种不便的情况下，韩金昌并没有放弃，他仍然刻苦学习，以顽强的毅力，克服了种种困难。经过自己努力，韩金昌终于在1982年以优异的成绩考上了当时安阳市的重点高中安阳市第一中学。就在韩金昌认为可以用自己所学到的知识改变自己的命运、有所作为的时候，命运却再一次狠狠地撞击了他。按照当时的有关规定，所有新生在入学前都要进行一次身体检查，体检不合格的同学，不能进入当地的重点高中就读。韩金昌便因为自己的眼睛而不能进入当地重点高中读书，因此只能被分配到普通高中就读。虽然这件事对韩金昌造成了不小的打击，但是他仍然不放弃，努力学习，依旧在安阳市第十六中学以优异的成绩毕业。

自1984年韩金昌高中毕业后一直到2005年，正可谓是韩金昌生活最艰苦的时期。在这段时间里，韩金昌先后进行了两次大型的治疗眼睛的手术，总共花去手术费1.5万余元，而当时韩金昌也仅仅依靠打零工所赚来的微薄收入来养家糊口。在韩金昌2000年接受第一次手术之前，由于他的眼疾，他仅仅能够找到的工作就是搬砖、和泥这些工作，而这些工作的收入也仅有2.5元/天，而且每年还要外出到西安、郑州、开封、日照等地工作八到九个月，家里两亩半的农活就要全部交给妻子一人打理。

2000年，韩金昌接受了第一次眼部手术之后，由于青光眼所带来的头疼得到了缓解，但是他的视力并没有任何回升的迹象，反而在手术后不能再做原来那些粗重的工作，这无疑是给这个本就满布疮痍的家庭雪上加霜。从那之后韩金昌便以靠回收村内的垃圾维持家中的基本生活。韩金昌的视力水平不断地下降，直到2005年花费7000余元接受了第二次眼部手术，然而，不幸的是手术依旧没有得到什么显著的效果。

2006年，对于韩金昌一家来说，无疑是一个巨大的转折点。韩金昌在这一年取得了河南省残疾人联合会颁发的残疾人证，同年，他参加了残疾人联合会组织的为期96天的在河南省洛阳进行的按摩学习。据韩金昌介绍，在洛阳学习期间，每天的生活充实而又紧凑，每天早晨6:00~7:20练早功，要跑操和做俯卧撑。韩金昌说做俯卧撑主要是为了锻炼手指的力道，因为手指的力度对一个按摩师来讲是尤为重要的。早功结束后，8:00开始一天的课程，一天一共有9节课，分为上午4节，下午3节和晚上2节，主要学习的课程包括五行、八卦、解剖、经络等。每天结束一天紧张的学习后，韩金昌都要在别人的帮助下把一天所学的课程再复习一遍，由于眼睛残疾，他便让别人把笔记念给他听，以便把白天没有记牢的知识巩固住。就这样，韩金昌圆满地结束了在洛阳的学习，也为他今后经营自己的小店做好了技术上的准备。

从洛阳返回安阳后，韩金昌在安阳钢铁厂的按摩店工作了 3 个月，他在那里将他在洛阳学到的按摩手法第一次应用到了实践中。同时，韩金昌一直以来勤奋好学和勤于思考的精神促使他萌生了自己开一家小按摩店的想法。所以在安阳钢铁厂按摩店工作的 3 个月过程中，韩金昌不断地吸取开店的经验，为自己今后开小店打下了基础。

由于家中父亲的身体不好，他很快结束了在安阳钢铁厂按摩店的工作，回到家中开始照顾行动不便的父亲，自然而然，自己开店的想法也就搁置起来，直到 2010 年，韩金昌才真正开始筹划开一家自己的盲人按摩店。

韩金昌先是去安阳市各家同类型的按摩店进行调研和经验的学习，然后找到同在殷都区在洛阳学习时的同学作为自己的合作伙伴。接下来的问题就是找房子，租店面，进行前期的设备购置等一系列准备工作。我们注意到韩金昌的按摩店选址在南流寺主干道上，和村委会隔岸相望，这里靠近北流寺和南流寺的集市，来往人流较多，是个理想的开店位置。这些准备妥当后，2011 年 5 月 24 日，韩金昌的这家小店终于开张营业了，店里主要经营的业务就是按摩和足疗。为了提升人气，打响开业第一炮，韩金昌策划了一个“开业头三天免费”的促销方案。前三天客流爆满，村民普遍了解并认可了这家按摩店的存在，这次促销也基本达到了预想的效果。

我们走进这家小店，首先映入眼帘的就是价目表。

表 3－1　**韩金昌盲人按摩价目表（8 月 1 日以前收费标准（半价））**

项目	收费	时间
按摩	10 元	40 分钟
项目	收费	时间
足疗	10 元	泡脚 3 分钟，反射区 30 分钟
按摩＋足疗	20 元	100 分钟

主治：颈椎病、肩周炎、慢性腰肌劳损、腰三横凸综合征、腰椎间盘突出以及腰酸背痛、胳膊疼腿疼等慢性筋骨病

小店的房子外观看起来已经年久失修，但是里面却窗明几净，店里仅有的两张床位、几个供顾客泡脚的木桶和一个沙发的摆放也很整齐，让人感觉很舒服。当我们问及开业至今的客源怎样时，韩金昌说由于小店的开业时间不长，因此客源还不是很稳定，但是他有信心会越来越好。就在我们采访的过程中，就有一位村中的阿姨来韩金昌的店里光顾。这位阿姨是由于脚扭伤来这里治疗的，阿姨说这已经是她第三次来这里了，起初只是觉得盲人开店不容易，抱着试试看的想法来，但是经过两次治疗后，觉得韩金昌的手法很好，而且服务也很周到，她感觉有很明显的效果，所以就一直坚持来。在这位阿姨的讲述过程中，我们可以看到韩金昌和妻子脸上有骄傲和自豪的表情。

当我们问及韩金昌对于未来的规划和希望时，他说他很感谢这些年来一直帮助他的人，不光是家人的支持，更重要的是有朋友、残联和村里的帮助，尤其是民政部门给予女儿上学方面的补助，所以他希望能尽自己的力量为社会做些贡献。对于自己的小店，韩金昌脸上洋溢着幸福的表情，对于未来的规划他更是胸有成竹：首先，他希望等到有比较稳定的客源、成本也渐渐收回时，要逐步完善店内的设施和服务项目，比如添置足疗沙发和上一些刮痧和拔罐子的项目。其次，在收费标准上，他还打算采用办卡的制度，比如买10次送2次，买20次送5次，买30次送10次等。最后，他还打算等到顾客逐渐增多时，招一些按摩师来自己的店里工作，这样韩金昌就成了真正的小店经理了。从韩金昌的这些规划和设想中，我们不难体会到他逐步学习先进的营销理念，这一切都跟他一直以来的刻苦钻研是分不开的。

为了不打扰韩金昌为顾客治疗，我们悄悄结束了采访，从韩金昌家中出来，心情久久不能平静，韩金昌一出生陪伴他来到人世间的就是先天性青光眼，虽然几经医治，还是无法阻止视力的减退，渐渐地，五彩缤纷的大千世界从他的眼前逝去，留给他的只是永恒的黑暗。但是眼前的黑暗并没有侵蚀他内心的光明，他身残志坚的精神永远值得我们学习。

（四）勤劳致富的小商户——王保翠

王保翠经营的翠翠综合超市就在村里南流寺大街的南段上，她家就在紧挨着超市的后院。翠翠超市大约有20平方米，一进门靠南墙的地方安置了一个小小的肉菜摊，旁边有个小冰柜专门用来存放新鲜肉类食品。靠近北墙的地方摆放了三个开放式的货架，上面摆满了烟酒糖茶以及各种日用品。店面的中间摞着用纸箱改成的简易货架，主要用于摆放各类小零食和瓶装饮料。这间不大的店面，所有空间都被充分利用起来，甚至天花板上都挂着几排长长短短的袋装零食，花花绿绿，琳琅满目。穿过超市过了一道小门，就是王保翠的家。

王保翠，女，汉族，1969 年出生，南流寺村人，在娘家还有两个姐姐、一个哥哥和三个妹妹，她排行老四。1989 年，王宝翠与丈夫孙志堂结婚，育有一女一子。孙志堂平时帮妻子照顾超市生意，搬货运货，由于他曾经学过厨，村里谁家有个红白喜事都会请他到家里帮厨。王宝翠的女儿今年 23 岁，已经出嫁，现在安阳钢铁集团公司附近卖衣服和化妆品。儿子今年 21 岁，也已结婚，现在黑龙江打工，只有过年才回家。王保翠现在住的房子是 2007 年新建的，上下二层，一共 200 多平方米，宅基地 13 × 14 平方米，建房包括装修一共花费将近 12 万元。

王保翠一家的生活原来并不富裕，住的房子也不如现在的宽敞明亮，但是王保翠起早贪黑地劳动，硬是凭着辛勤的劳动一点一滴地改善了一家人的生活。王保翠家原来住的房子是一个土坯房，低矮阴暗，夫妻两人靠家里的 2.9 亩耕地为生。这 2.9 亩耕地平均每年能产 2000 斤玉米、3000 斤小麦，如果玉米和小麦按照 0.92 元/斤的均价计算，地里一年能收入 4600 元，扣除种子、化肥、农药、浇地和租用农机的花费，一年到头地里的收获也剩不下多少钱，更不用说还要负担抚养两个孩子的花费。为了贴补家用，王保翠就开始在非农忙时做各种能赚钱的小买卖。夏天，她骑着自行车从安阳钢铁集团下属的雪糕厂批发一些冰糕、冰棍，沿街叫卖。到了冬天，她就在家里熬好羊肉汤，然后在临近的北流寺村的集市上摆着小摊卖。无论春夏秋冬，王保翠都会在家里那个矮矮的土坯房里做好手工面条，拿到北流寺村的集市上去叫卖。2000 年，有了些积蓄后，王保翠就买了一辆三轮车，开始了她的菜贩生活。每天凌晨 5 点，她就要起床，蹬着三轮车走一个小时到 20 里地外的安阳钢铁厂采购新鲜蔬菜和肉类。只要是当季的蔬菜，她都会尽量多采购一些品种，直到把她的三轮车装满为止。这个三轮车如果装满了菜，至少负重 100 斤。王保翠就骑着这辆装着将近 100 斤菜的三轮车，蹬一个多小时回到南流寺村，然后在村里摆摊卖菜。南流寺村现在的耕地基本用于种植粮食作物，村民只会在自己门前开垦小块土地种植蔬菜，这小块土地产出的蔬菜不够村民日常消费，所以王保翠卖菜的生意还是不错的。生意好的时候，王保翠还要不止一次地往返安阳钢厂运菜。夏日里烈日暴晒，冬日里寒风刺骨，冬天的路上冰雪覆盖，道路湿滑，王宝翠去贩菜只能吃力地蹬着三轮车，其间辛苦自不用说。但是，迫切希望改变生活现状的王保翠顾不得那么多，她希望通过自己的劳动能过上更好的生活！我们问她当时苦不苦，她反倒轻松地说，其实也没有多苦，只要付出能有回报，再苦也是有盼头，生活肯定会变好的！

2007年，多年辛勤的劳作终于实现了王保翠的一个重要心愿——推倒土坯房，建一栋砖瓦新房。王保翠的新屋，一部分工程包给建筑施工队修建，一部分则靠自己动手和亲戚朋友免费帮忙修建。建新房前后总共花费12万元，这12万元一部分是王保翠夫妇几年的积蓄，一部分是向亲戚朋友借的。她并没有向信用社贷款，因为向亲戚朋友借钱方便，而且不用偿还利息。建起的新房，完成了王保翠夫妇的一个心愿，但是他们的生活并没有轻松多少。为了还清建新房欠下的钱，王保翠依旧不分寒暑，每天天一亮便骑着三轮车往返于安阳钢厂和南流寺村之间贩菜卖菜。她的想法很朴实，现在自己家里的生活虽然是越过越好了，但是自家仍然欠着别人的钱，别人借钱是为了帮助自己，家家都有本难念的经，所以自己应该尽快把欠款都还清，这样心里才觉得安乐。一直到2009年，王保翠才还完欠款，并且投资了5万元开了这间翠翠超市。小超市不仅能继续卖菜，还能兼营其他商品，此外，他们家还添置了一辆三轮摩托小货车，能拉很多货。王保翠终于觉得生活开始轻松起来了，这个轻松不仅是身体上，也是心理上的。以前王保翠卖菜时，都是在北流寺村的集市上支个小摊儿，日晒雨淋，现在不同了，开了超市就有了个能挡风遮雨的固定摊点，这种改变让王保翠觉得很满足。在交谈的过程中，即便是说起摆摊卖菜的日子，王保翠都一直保持着微笑，说得兴奋了她会笑得更开心，满脸的笑纹。我们问她是不是每天都那么开心，她说“那咋能不开心，开心也是一天，不开心也是一天”。确实，艰苦的生活并不妨碍开心地活着。

现在，翠翠超市的生意客源稳定，慢慢步入了正轨，两个孩子也都各自成家立业，王保翠夫妇的负担减轻了许多。小超市夏季每天早晨6点开门营业，冬天则是7点开门。王保翠说现在超市的主营品种不是蔬菜和猪肉，所以超市里蔬菜的种类并没有以前她专职卖菜时多，主要都是一些卖得比较好的常见蔬菜，例如夏天的豆角、西红柿、胡萝卜和包菜，冬天菜的种类较少。

肉的种类比较单一，一般就是半肥瘦的猪肉。村民如果想吃鱼的话可以提前一天到她店里来订货。但是不管是蔬菜还是猪肉，王保翠都保证是当天从外面买进来的新鲜菜肉。王保翠说，2011 年猪肉的价钱涨得比较快，半肥瘦的猪肉进货是 13 元一斤，以 14 元一斤的价格卖给村民，这个价格对农民来说还是比较高的，所以村民买猪肉的量减少了很多。相应地，她会减少猪肉的进货量，增加鸡肉等其他肉类的进货。小超市里其他商品的种类却很丰富。零食、烟酒、油盐、生活用品和小五金摆满了所有货架。我们问王保翠店里的商品有多少种，她笑着摇头说，这个没有计算过，她就想着要把货架都摆满商品，这样不管是谁进来买东西都能买到称心的商品。开门做街坊邻居的生意，客人赊账自是无法避免。王保翠也不催账，她觉得谁家都有困难的时候，能帮一点是一点，而且她也相信乡亲们都不是会赖账的人。翠翠超市就位于南流寺村的主干道上，所以生意很不错，王保翠说每年能有近 4 万元的收入，并且不用交纳任何税费，她对这个收入已经相当满意了。

2010 年，女儿、儿子相继成家，王保翠家的家庭支出也比较大。女儿结婚时，王保翠给女儿 1.2 万元的嫁妆，并且将男方家给的 1.8 万元彩礼也给了女儿。儿子结婚时，包括给女方家的彩礼钱，王保翠家总共花了 7 万元。现在王保翠一家还耕种有 2.9 亩耕地，但是种粮挣不了多少钱，打下来的粮食都作为家里人的口粮。王保翠和丈夫都参加了新型农村合作医疗保险，每人每年交纳 30 元，他们两人的身体都非常健康，没有生过什么大病。

南流寺村现在正在规划新村建设，并计划将现有村土地上的旧民居全部推倒，新建楼房，王保翠家的房子和超市在不久的将来也会被全部推倒。说起对这个新村改造规划的态度，王保翠心里很矛盾。一方面，自己家的超市和房屋都是新建不到 5 年，花了不少钱，如果推倒了觉得非常可惜。另一方面，即使自己不搬进新村，街坊邻居都搬走了，她超市的生意也做不下去。总的来说，如果大家都搬进新村了，尽管舍不得刚建好的新房，她也会跟大家一块儿搬进新村的。不过，王保翠希望村委在新村规划中能划出专门的沿街铺面，这样她就能继续开超市做生意了。王保翠对做生意没有什么野心，做生意的目标也很简单。儿子现在离家在外，他们夫妇守着这个超市一方面是希望能养活自己、减轻孩子负担，另一方面如果将来儿子想回家工作的话，也能给儿子留下一个生活和创业的资本。

初见王保翠时，觉得她瘦瘦小小、皮肤黝黑，与其他农村妇女没有什么区别。但是，与她的交谈，让我们强烈地感受到中国农村妇女身上那种自力更生、吃苦耐劳的传统美德。王保翠夫妇通过自己不懈的努力和乐观豁达的生活态度，用十年的时间，彻底地改变了自家生活的面貌。这种干劲令我们感到由衷地钦佩。后来，我们在村子采访时又碰到了王保翠，当时她正开着自己的那辆三轮摩托小货车往村外走。还离得很远她就跟我们打起了招呼，脸上还是她招牌的笑容，她很高兴地说她要去安阳钢厂附近给超市补些货。跟她道别后，我们都真心地希望她永远都能那么乐观，她的生活一直都能那么充实。

（五）家族守业者——孙鹏飞

我们一行来到南流寺村北边的诚信商户——金亿来铁合金有限公司，一个戴着眼镜的年轻人热情地接待了我们。我们的原意是采访该公司的负责人孙保来，但遗憾的是他出外洽谈生意。于是，我们便与这个戴眼镜的年轻人交谈了起来，没想到他是孙保来的长子，大学毕业后帮助家里打理生意，并且是个 80 后，他就是孙鹏飞。

孙鹏飞，男，汉族，26 岁，江西南昌理工大学工商管理专业毕业，结婚并育有一子。孙鹏飞家里共兄妹 3 人，他是长子，弟弟孙鹏俊比他小一岁，现在也已参与家族生意。兄弟二人分工不同，孙鹏飞主要负责货物的往来，弟弟则常年在外拉客户。按照家族习惯，妹妹孙鹏娇没有参与家族生意。家中原有 2 亩多耕地，后被南水北调工程征用并一次性补偿了 3 万多元，之后家中并不从事农业生产。由于孙鹏飞是家中长子，从小父母对他的管教就特别严格，努力为他提供最好的受教育的机会，从小学、初中到高中，他都离开父母的庇护在安阳市最好的学校里就读。由于父母长期忙于家族生意，并且孙鹏飞都住在学校里，这样的环境使得他很早就学会了独立解决自己遇到的问题。孙鹏飞回忆说，在他的记忆里，父母很少接送他们兄妹上学放学，即使是突遇下雨的天气，父母也要求他们自己想办法回家。正是父母的良苦用心，使得孙鹏飞处事比同龄人更加成熟和沉稳。

金亿来铁合金有限公司的生意是由孙鹏飞的爷爷开创，至今已经 30 多年。金亿来铁合金有限公司于 2007 年注册，原名是万来冶炼公司。村上的人都称呼孙鹏飞的爷爷为孙四只，因为孙四只虽然文化水平不高，但是他聪明好学，什么事情都难不倒他。20 世纪 80 年代起，孙四只就从村外学习了炼钢的配方，在经营铁矿石和木材销售的同时，还进行小规模的矿石加工和炼钢。孙鹏飞的父亲孙保来，16 岁时就开始帮助孙四只打理生意，继续经销矿石和冶炼钢铁。但是由于小作坊式的炼钢炉不仅会产生大量污染，还有安全隐患，因此随着国家叫停小型炼钢企业，金亿来也放弃了民用钢材的生产，只进行铁矿石的经销生意。现在金亿来公司主要从事硅锰合金矿石的经销，矿石主要从湖南、广西和贵州等地进货，经公司中转检验后，销往附近的安阳钢铁集团有限公司，部分矿石也销往河北、山西等地，依靠安阳市较为便捷的物流系统，发出的货物一天之内就能到达目的地。同时，金亿来公司也通过中介与韩国、日本的企业做生意。现在公司主要是由家族成员打理，尽管孙鹏飞兄弟俩负责不同的业务，但是所有收益和资源都是由家族统一集中管理。公司现有孙鹏俊及 4 名业务经理，常年在外洽商，业务经理除工资外还能拿到以业绩为评判标准的分红。

孙鹏飞 16 岁就开始在父母的带领下接触生意上的事情，大学毕业之后正式开始打理生意。说起生意之道，孙鹏飞毫不犹豫地说，首先就是诚信。他刚刚接触生意的时候，父母为了让他积累经验，就派他与客户进行先期的接触，但是由于他刚接触生意，对市场上的价格变化没有做到足够的调查，因此他给客户报了一个会使公司亏损的价格。父母知道后，一方面为了树立孙鹏飞在客户中的威信，一方面为了维护多年来积累的诚信，决定还是按照孙鹏飞跟客户约定的价格给客户发货。这件事情给了孙鹏飞很大的触动，父母不仅言传诚信经商之道，还用行动践行诚信。从孙鹏飞的爷爷辈儿开始，生意往来的量、发什么货都以口头约定为主。由于孙四只不识字，涉及资金借贷的借条都是画个圈代表我确实借了你的钱，到了约定偿还的日子，必定是按照约定的钱数偿还。即便是现在，孙鹏飞还是倾向于以口头约定的方式确定合同的内容。问及原因，一是纸质的合同本身也是有漏洞可钻的，二是大多是与信得过的熟客有生意往来，不守诚信的人，即便是纸质的合同也是无法约束的。孙鹏飞告诉我们，对于不熟悉的新客户，如果在谈合同的过程中感觉这个人不是个老实人，就会果断终止与其的合作。如果是由老客户介绍的新客户，也会由该老客户在中间做担保人。即使是交往多年的老客户，如果合作中有一次违约行为，也会终止与其的合作。在交货时，新老客户也是区别对待，如果是给新客户发货，就必须收到货款再发货；如果是老客户的话，就可以先发货再收货款。毕竟是很多年的合作关系，双方不仅彼此都信得过，而且都会体谅对方在资金周转上可能遇到的难处。孙鹏飞说，现在做生意主要依靠的是父辈建立起来的信用关系，他自己不仅会巩固这些难得的关系，也会用父母教给自己的诚信之道去为家族开拓更多的生意。

资金充足对每个企业都尤为重要。金亿来公司从事经销生意，资金以流动资金为主，资金的流动速度很快。依托于现在发达的网络系统，金亿来公司与其客户间的资金往来在网络银行上就能完成，大大地便利了资金回笼。但是，公司也会遇到资金周转不灵的时候。孙鹏飞说资金周转不灵时，他们更倾向于向亲戚或相熟的客户借钱，而不会向银行贷款。尽管国家为中小企业的融资提供了很多便利条件，但是孙鹏飞还是认为银行利率对他们这个规模并不大的企业来说还是太高了。而且，向亲戚和客户借钱，不仅更加便利，绝大多数时候是不需要支付利息的。值得一提的是，这种私人间的资金借贷也是以口头协议的方式约定还款的日期和钱数。当然，这种私人间的借贷关系之所以能够建立和存在，主要还是依赖孙鹏飞的父亲孙保来常年以诚信经商而建立起来的信用关系。

2008 年金融危机也给金亿来公司带来了不小的亏损。金亿来公司处理业务时，是由业务经理向有经验的家族成员提供市场信息，再由这些家族成员根据信息对市场的价格走势做出一个大概的估计。但是，当 2007 年铁矿石的价格疯涨时，家族成员之间未能达成统一的意见，故而做出了大量囤货的错误决定。2008 年的金融危机致使铁矿石价格跌落，金亿来公司损失了大概 200 多万元。所以，孙鹏飞特别关注有关铁矿石的信息。他几乎每天都会从网上获取有关铁矿石价格走向的信息，并将这些信息反馈给家族中的决策人。在孙鹏飞可获得的所有信息中，国家政策的变化对铁矿石的价格显得尤为明显。比如，工业用电价格的变化也会对铁矿石价格产生影响，采矿时所用的工业用电每上涨 1 分钱，每吨铁矿石的价格就会上涨 100 元左右。金亿来公司与韩国、日本的企业有生意上的往来，虽然必须通过进出口中介公司，但是国际经济环境的变化也会影响金亿来的决策。比如，中国参与铁矿石议价权谈判的失败就使得孙鹏飞做出铁矿石价格短期内不会下降的判断。现在金亿来公司的对外贸易必须经过进出口公司这道中介，他们把铁矿石转手给中介公司后就不再涉及铁矿石的出口定价，金亿来实际上必须将一部分利润让渡给进出口中介公司。因此，孙鹏飞打算等公司比较熟悉进出口的报关程序后，跳过中介公司直接与国外的公司商定价格，把更大的利润留在金亿来。

在与孙鹏飞交谈的过程中，我们不仅能感觉到一个生意人的精明能干，还能感觉到他作为家族长子对待家族事业强烈的责任感。孙鹏飞是长子，按照家族的习惯必须留在家中陪在父母身边，在外跑业务的工作只能交给弟弟孙鹏俊负责，所以弟弟每年至少有 9 个月离家在外，过年的时候才能回家。孙鹏飞说自己从小就离家在外求学，他很明白独自在外的孤单和辛苦。作为哥哥他能为弟弟做的就是在家照顾父母，把自己负责的业务做到最好，和弟弟一起守住长辈打拼下的这份家业。对于家族事业的发展，他也有自己的想法。孙鹏飞觉得铁矿石经销的业务竞争大、利润薄，不仅会受到铁矿石生产方和使用方两方面的影响，甚至还会受到天气的影响。2008 年南方雪灾时，由于收不到从南方发过来的货，导致公司不能及时供货。所以，他觉得当资金充足时，在未来某个合适的时机会重操爷爷炼钢的旧业，也就是放弃经销，转向民用钢材生产。尽管家里的生意在 2008 年损失不小，现在还在恢复阶段，但是孙鹏飞对未来还是充满了信心以及生意人的野心。他相信通过自己和弟弟的共同努力，将来金亿来公司不仅能像村支书孙志安的企业那样上市，到自己中年时，企业还能像安阳钢铁集团那样进行规模生产。

孙鹏飞对着我们侃侃而谈，谈他在生活和工作中的收获，谈他对未来事业的规划，但是却对其中的辛苦谈得很少。他是 80 后，但是他明白自己肩负着的对家人和社会的责任，他明白想要收获必须要辛苦付出，他明白以诚信待人处事。虽然他的表情很淡定，语气很平静，但是我们还是能从他的眼神中感到一个年轻人的澎湃激情。

（六）村里的创业精英——陈爱军

陈爱军是南流寺村众资公司的副经理，自己拥有名扬运输队和名扬商贸公司，总资产四五千万元，是村里土生土长的企业家。采访中，陈爱军向我们详细讲述了自己创业成长的坎坷路程。

1. 基本情况

陈爱军，1969 年出生，今年 42 岁，初中文化程度。初中毕业后先后做过营业员、焊工等，后来自己开了家小面馆，1990 年开始跑长途运输，1995 年运输车队发展到四部车，2000 年生意遭受重创，卖车还债。2003 年重整旗鼓，与安钢签订较大的运输合同，2006 年正式成立名扬运输和名扬商贸公司，至今生意稳步发展。

2. **创业开始**

陈爱军初中毕业后，做过多种工作。1984 年在安钢五金市场做营业员，1985 年在当地小工厂做过半年焊工，后来做搬砖小工、装卸工。1988 年开始在安钢附近做食品生意，投资几百元，买来一辆食品车和一些桌椅，雇师傅做烩面，就地摆摊。陈爱军白天准备材料，晚上到夜市摆摊，每晚能赚一两百元。夜市上来往的人比较多，有很多开长途货车的司机经常在这里驻足休息，陈爱军就坐过去跟他们聊天，久而久之，他发现开长途货车是个赚钱的生意。于是，在 1990 年，陈爱军卖掉食品车，贷款 5 万元，加上亲戚朋友凑集的几万元，买了一辆东风大卡车，开始跑货运。刚开始，陈爱军和弟弟一起帮人运花岗岩，他们从林县运来花岗岩，送到江浙、福建等地方。花岗岩特点是打磨之后特别光亮，一般用来制作伟人雕像。陈爱军把花岗岩运到外地之后，往往会在当地的配货站再次配货，把需要运到安阳本地的货物运回来，运到本地的货物一般有辣椒、胡椒等调料。他们凭身份证、行车证等证件与配货站签协议，运回货物交货之后拿到运费，这样来回都能赚到运费，大大降低了运输成本，提高了运输效率。

在外地跑货运是一件有风险的事情，夜间经过人烟稀少的地带，往往会遇到半路打劫的情况。陈爱军在浙江就遇到过一次，当时他们开车行走在山路上，道路狭窄，仅供一辆车通过，碰巧前面的车出了问题，堵在了路中间，陈爱军的车也无法经过，只能等在后面，一直等到了后半夜。后来，有人上车来找他们要钱，不给钱就动手打架，兄弟俩奋起反抗，弟弟在反抗中被打伤，所幸上来要钱的人被停在附近的其他货车司机打跑了，否则，钱被拿走，人生地不熟的，就只能靠要饭坚持回安阳了。还有一次，开车经过农村时，车速要减速慢行，这时候有人喝了酒，就借机跑到驾驶室旁要钱，陈爱军见他们喝了酒一般都会给一些钱打发走，因为喝酒会让人丧失清醒的意识，硬扛下去很难说会发生什么事情。这些行车安全问题，一直到 1995 年才被规范。运货有风险，但是收益也很好。当时的贷款利息是每月 0.45%，陈爱军不到一年就把贷款和利息一并还清了。

1992 年，陈爱军又买了一辆车，雇了两个人，并把货车挂牌到安钢的运输队，帮安钢运货。货物主要是煤炭，从陕西、河北等地运回煤炭送到安钢，由于货源、订单都很稳定，陈爱军的运输业务也发展得很顺利。到1995年，陈爱军的车队已经发展到四部车，有东风大卡，也有解放141，每辆车要配备两个司机，加上会计人员，陈爱军的车队总共有13人，司机的工钱每月600~800元，包吃饭。车队的发展标志着陈爱军运输能力的大幅提高，他与安钢签的合同也都是年度合同，每月月底结账，大概有20万元的进账。陈爱军说，那时候的司机很好找，司机素质也很高，都会自己修车，有时候车辆的零配件出现问题，他们就把坏件拿到修理厂加工，再拿回来自己安装。他们去山西运煤时，要走山路，山里经常有狼出没，因此平时很少下车，都是在车厢里吃饭。有时候行走至半夜，车辆出问题了，他们就一个人拿着手电筒照着周围，另一个人去检查车辆。

3. 事业一波三折

1997年，陈爱军开始与企业单独谈合同，在安钢车队运输之余，做一些自己的运输生意。由于运输业务扩展的需要，1998年，陈爱军又购买了价值百万的直列半挂车，车长17米，运载能力达到普通货车的三到四倍。这样，陈爱军的车队脱离了安钢的运输队，与其他企业签订长期合同。没想到，第二年就出了问题，导致巨大亏损。当时陈爱军的车队与一个企业签了合同，运输了两年，对方一直没有给运费，企业老板当时39岁，未曾想到某天晚上睡觉时发生意外身亡，老板的爱人拒绝支付给陈爱军运输费用。这笔费用大概有100多万元，陈爱军要钱无门，只能诉诸法律途径，将对方告上法庭。在此期间，陈爱军无钱支付工人工资，一些司机的老婆孩子就找到陈爱军索要工钱，赖在他家不走，无奈之下，陈爱军只得卖掉两部车来还债。这个官司一直打了两年，直到2003年，陈爱军才索回运输款，只有70%，其余30%的运输款没能要回来，只能算作亏损了。这期间，陈爱军日夜操劳，人也瘦了20多斤。这件事情，让陈爱军深切领悟到“做生意有风险”的含义，也给他敢闯敢做的性格了增添了一份稳重。2003年，陈爱军重整旗鼓，又与安钢签订了大的合同。在他看来，还是安钢的订单稳定而有保障，他需要借安钢的业务再次积累发展起来。

经过三年的踏实努力，到2006年，陈爱军不负众望，贷款200万元，购车20部，成立了名扬运输公司和名扬商贸公司，发展到现在，总资产有四五千万元。名扬商贸公司主要从事沥青、维生素B1等物品的生意，运往北京、山东、平顶山等地，用的是自己的运输队，这样既节省成本，又有保障。谈及事业的快速发展，陈爱军跟我们讲，做任何事情都要用心。在事业发展阶段，通信并不像现在这么发达，做生意出差考察，都需要不少费用，而他的运输队在全国各地跑，就容易看到商机。他自己跑运输时，到达目的地之后，都会到附近的工厂企业周边及市场里转转，看看有什么需要的，如果有需求并且是安阳当地就有的东西，他就会留心记住。这样久而久之，对于各地大概都有什么需求，他就基本清楚了，这些也为他后面的商贸公司开展生意打下了很好的基础。

4. 发展感悟

谈到做生意的秘诀，陈爱军认为最关键的是要讲诚信，信誉好，生意才会好。在2008年经济危机时，陈爱军的一位老客户受金融危机影响，市场没有销路，一直处在赔钱的境况中。陈爱军也受危机影响，很多订单没能拿到货款，但是他很理解这些客户，他认为为了维持客户、培养人才，即使亏损也要撑着。正是这种即使亏损也要坚持的精神，支撑着陈爱军和他的客户们安然度过危机，转危为安，进一步发展壮大。陈爱军认为自己性格中最大的特点就是稳重，他的生意都是赚到多少钱就投入多少，从来没有盲目贷款扩张。他相信只要勤劳踏实，善于思考，多问多学，坚持下去，就一定能成功。

如今，陈爱军的两个名扬公司都是聘请经理人来管理，他自己专心做南流寺众资公司的副经理。陈爱军给我们介绍说，在殷都区委号召的放权给农民自己搞房地产开发的形势下，南流寺村由书记孙志安带领成立众资公司，搞新区建设。众资，就是众人投资的意思，南流寺村以各个企业家为核心入股，村民按1000元每股来投资，目前已募集800多万元资金。南流寺村作为农村改造试点，充分利用南水北调风景线，由村委牵头搞房地产开发和工业园区建设，改造住房。南流寺村旧房拆迁的补偿价格比起2010年安阳市政拆迁的价格，每平方米要多出两三百元的补贴。新区计划建造楼房25栋，其中5栋已经开始动工，预计明年建成。等新区建好后，安置好全村村民，余下的十几万平方米再由众资公司投资进行房地产开发，收回成本。同时，工业园区自己建厂，也会引进一些外面的公司，现在已经建设有数控机床厂，仅一台线切割机器就花了七八百万元，用来加工零件，能够完成兵工要求的精确度加工，目前已经有了销路。工业园区将主要为村民提供就业岗位，完善村民的基本生活保障。对于拆迁这件事情，陈爱军认为困难的地方在于村民的生活习惯，很多老人都已经习惯了住在老院子的平房里，不喜欢住楼房，这样的情况也需要特别考虑，尽量安排他们住在合适的楼层里。

陈爱军的事业历经坎坷，蒸蒸日上，但他没有忘记自己的父老乡亲，他说自己赚钱了，也要为村里考虑。相信在众资公司今后更加完善的运作中，像陈爱军这样愿意为村民服务的精神会发挥更加突出的作用，使得众资公司真正成为村民自己的公司，为南流寺村的发展书写光辉的一页。

（七）安钢退休工人——韩同新

韩同新，男，55 岁。高中毕业，汉族，无宗教信仰。原为安阳市钢铁集团工人，现已内退。2010 年，韩同新入股南流寺村众资公司，现为负责人之一。

走进韩同新位于村委会楼上的众资公司办公室，我们看到桌子上杂乱地放着笔记本电脑、各种文件以及一盆装饰用的小盆栽。韩同新虽然年过半百，可是脸上却没有一点皱纹，看上去也就是 40 多岁的人。他是土生土长的南流寺人，上了三个月的高中后就进了安钢，从学徒干起。到内退时，他的工龄已经 38 年了。

安阳市于 1958 年响应毛主席“大炼钢铁”的号召，在市区建立了安阳钢铁厂。当时安钢的工人并不好招募，条件也比较低，只要中学毕业都能进入安钢，但是周边的农民普遍不愿意进钢厂当工人。受时代的影响，村里的年轻人从小都愿意当兵去，认为只有拿起枪保家卫国才是男儿本色，韩同新从小也有一个当兵梦。但是家里因为经济原因，十分希望韩同新能够早日工作，为家里分担一些。因此，小小的韩同新遵从家里的意愿，走进了安钢——这个日后被称为安阳市支柱产业的国企。相比于当年韩同新被迫进入安钢，现在想要进入安钢显得尤为困难。安阳钢铁厂如今已不是那个刚刚起步，难于招募工人的小厂子了，现今的青年人想要进入安钢，必须达到本科以上学历，并且是与安钢各项工作对口的专业人才，如果不是对口的专业，就必须从一线做起。安阳市政府每年都会向社会公开招募人才，同时也会吸纳一部分转业军人参与钢厂建设，但是由于转业军人数量不断增多，只有通过安钢武装部去当兵，回来才能进安钢去上班。这样，农村人进入安钢就更加困难了。

韩同新刚进安钢是当推车工，也就是把选出的精矿粉装到车上，然后推到冶炼厂。乍一听推车工似乎是个清闲，并且毫无技术含量的工作，但是实际操作起来，却并不容易。这个活计首先需要良好的体力，并且对身体的灵活性有极高的要求，韩同新凭借着年纪轻，人机灵，才胜任了这份工作。干了几年之后，由于工作成绩突出，他被调去“二炼”，负责浇钢和开漆车，那时安钢年产设计能力是38万吨（1973年），2006年实际能力已达到120万吨，主要产品有军用钢、铁塔钢等。开漆车更是一份责任重大的工作，一个不小心就会伤到周围其他工人。韩同新在自己的岗位上兢兢业业地工作着，逐渐成了厂里的顶梁柱。二炼到现在已经步入了晚年，炼钢炉等设备陈旧，炉子太小、不能完成产量、浪费资源的问题存在已久，如果不更新设备，恐怕就面临着被拆的命运了。离开二炼之后，韩同新参加了钢厂维修的工作，负责维修各种机器。韩同新在安钢的这些年里，不断地因为工作出色而受到表扬，曾经因为自己连续十年没有出过安全生产事故，韩同新得到了上级的大力表彰。

最初进入钢厂时，韩同新每月的工资只有37元。加夜班每晚0.2元，每月大约可以到手38元，到了1984年，每月工资就有56元了，而且还有奖金。韩同新说，那时的工资被称为“活工资”，就是保底工资加上每月的几十元奖金，这个工资水平在当时来说，已经是不错的待遇。

2006年，韩同新内退了，这是厂里的规定，因为员工太多了，安阳钢厂当时下辖27个分厂，有职工4万多人，需要老人内退，给年轻人腾位置。内退后厂里只提供生活费，也就是只发工资不给奖金。韩同新每月能领到2000多元，这已经很高了，因为2003年的时候一般工人内退只能拿到七八百元，2004年，工厂自负盈亏后，工资才开始迅猛增长起来的。厂里规定的内退年龄是52岁，因为韩同新年轻时要去安阳钢厂上班时年龄不够，多报了两岁，所以他内退时真实年龄才50岁。内退几年达到正式退休年龄后，厂里就给他发退休金了，每月能达到2500元。

南流寺全村一共有80多人在安钢工作，那会国家有“一工换一农”政策，父亲退休，孩子接班，现在这个政策已经取消了。韩同新有一个儿子一个女儿，两人初中毕业后都上安钢技校学习，毕业后又都去了安钢工作。因为近些年钢铁价格上涨，安钢效益不错，儿女家过得都很好。韩同新家里也是各种家电样样齐全，老两口没事还喜欢出去旅游照照相，在家听听音乐，当然他们最主要的娱乐方式还是看电视。老两口感情很好，每晚都一起看两集连续剧才睡觉。韩同新的妻子原来在北流寺当教师，现在也退休了，每月退休金1000多元，两人没有在家住，安钢给他们分了一套房子，他们平时都住在那里。

退休后，韩同新也没在家闲着，由南流寺的村书记牵头，村里创办了公司，主要经营卖钢材和开发本村的房地产，他出了10万元，购买了一万股，现在村里已经有200多户入股。对于这个本村的公司，韩同新觉得很有希望，将来可能有很大的发展前途，可以带领村民走向一条致富之路。妻子和孩子也都很支持他这个决定，因为韩同新在安钢工作这么多年，对钢材制造销售流程很熟悉，他又生在南流寺，对南流寺的每片土地都了如指掌，现在他已经是村里成立的公司主要负责人之一了。

这个由众人参股的公司现今已经启动了，从日本进口的设备已经到了上海港，马上就可以运到南流寺来。公司的办公室设在村委会，设想以后能跟村委会办公一体化，但是财务要分开。南流寺村众资公司的这种组织形式，其实在80年代的河南地区就已经出现，一些专家学者将其定性为股份合作制企业。股份合作制就是采取了股份制某些做法的合作经济，是社会主义市场经济中集体经济的一种新的组织形式，股份合作制企业，是劳动合作和资本合作有机结合。劳动合作是基础，职工共同劳动，共同占有和使用生产资料，利益共享，风险共担，实行民主管理，企业决策体现多数职工意愿；资本合作则采取股份的形式，是职工共同为劳动合作提供的条件，职工既是劳动者，又是企业出资人。而我们看到的南流寺村众资公司的情况，正是股份合作制的写照。

从资本上说，村民以个人财产入股，但是由公司集中资金，所有人共同占有公司的资本。

从土地上说，众资公司使用的是租赁村民个人的土地，给予租赁费用。因此土地仍归个人所有，但是由众资公司集体占有并使用。

从其他生产资料上说，众资公司的生产资料也是个人所有，但是共同占有。

“股份合作制企业能不能给村子带来利益，还要看经营管理。”韩同新这么告诉我们。首先，众资公司可以解决村里的一部分就业问题，尤其是青壮年，不外出打工就能挣到钱。相比以前，村里的年轻人不是去安钢工作，就是外出打工，一年辛辛苦苦在外，挣不了几个钱，老婆孩子孤守在家的日子也不好过。可以说公司的建立对于南流寺村民的传统工作和生活都是一场革命，会把南流寺村民的生活结构带入一个新的模式。但是，公司成立之初还存在着不少问题，比如公司各项管理制度并没有完全健全，韩同新说他们正在一步一步有计划地开展这项工作。

关于城中村改造计划，韩同新说，南流寺百分之八九十的村民都持同意态度。他们的支书很有想法，现在初步规划楼房的价格不超过每平方米1000元，而安阳市普通商业住宅的均价在4000元左右，因此村民可以得到很大的实惠。村里人如果都搬进楼房，还可以空余出很大一片土地用于新公司开发，真的是一举两得，而且居民们搬上楼房会进行集中供暖，而不会像现在这样家家户户都烧炉子，对资源也是一种浪费。对于耕地被占用补贴标准问题，他认为也很合理。

韩同新夫妇一年的收入大约有10万元，二人也都参加了新型合作医疗。他们表示自己的养老不会靠孩子。两人都有退休金，而且现在的公司也能给他们带来一些收入。两个孩子虽然现在收入都很稳定，但是毕竟还年轻，参加工作没有多久，没有太多的积蓄。孩子结婚，韩同新还得帮助其买房子。韩同新说，现在自己还不算太老，就当给乡亲们办点事吧，做点力所能及的，也算发挥余热了。参股众资公司，也算给自己找个事情做，没准还能开创出一番大事业来呢！

（八）白手起家，自己创业的村民——孙新庭

调研组开始南流寺村的调研工作时，村委会的孙新庭热情接待了我们，他是我们调研小组在村里的联系人。在交流过程中，我们了解到他从小在本村长大，对村里的事情很熟悉，在南流寺村也算是比较成功的村民，自然而然也就成了我们调研组采访的一个对象。

孙新庭生于1971年，今年刚满40周岁，一米七左右的身高，皮肤黝黑，由于年轻时从事体力劳动，身体看起来还是很结实。在我们的沟通过程中，发现他言谈举止成熟稳重。孙新庭自小家境贫寒，十岁的时候父亲去世，家里的重担全由母亲一人承担，孙新庭还有一个哥哥、两个姐姐，自父亲过世后，就由母亲带着四个孩子相依为命，那时家里生活很苦，没有经济来源，常常挨饿受人欺负。看到其他孩子都有父亲，有自己幸福的生活，孙新庭很羡慕。同时，孙新庭从小就体会到了那种人穷就会受人歧视的感受，甚至家

里的亲戚都曾歧视他，那时起孙新庭就立志将来一定要赚钱不再让人瞧不起。

1987年，由于生活所迫孙新庭高中辍学开始外出打工。开始打工的时候由于没有技术，只能做些小工的活，主要是装修方面。那时在博爱县打工，晚上经常要加班，没日没夜地工作，吃了很多苦，累的时候抽着烟都能睡着。一个人在外打工很孤单，孙新庭也想过回家，但是情况不允许，孙新庭咬牙坚持下来了。通过自己的不断摸索，掌握了一定的装修技术，打工的工资也有所提高。孙新庭那时的想法就是无论吃多少苦，都要自己去打拼，减轻家里的负担，改变自己的命运，就是怀着这种非常朴实的想法，孙新庭一个人在外面打工六年，有了一定积蓄后，1993年孙新庭回到南流寺村结婚。

1993—2000年，凭借着以往积累的资金和人脉关系，孙新庭在安钢做装修的工作，开始了资本的原始积累，这一阶段可以说是顺风顺水，事业进展得较快。孙新庭家里也有几分地，会种植小麦或者玉米，由于土地面积较小，种植的粮食仅供自己家里吃。1996年孙新庭盖了新房，家里的房子就在老村委会后面，院落整洁干净，虽然老婆和孩子都已经搬到安阳市里住了，但是有空他们还会回南流寺村的老房子看看。2001—2006年在母亲的建议下，孙新庭在安钢开了一家童装超市，这家店主要是老母亲负责日常的经营，其目的就是想为老母亲找点事情做。开始时超市的规模比较小，入不敷出，家人认为是规模小导致，后来扩大投资，仍然不见好转，最终这家童装超市未能开下去，孙新庭估计这家童装超市前后一共亏损了二十几万元。事后孙新庭总结失败的经验主要是因为缺少对童装市场的调查，想法太幼稚，导致投资越陷越深，孙新庭坦言失败的教训是今后对别人的建议要慎重考虑。

2007年后，孙新庭与朋友一起开始做生铁生意，这个阶段孙新庭收入颇丰，年收入大概十余万元，自己买上了别克车，在安阳市里也买了房子，农村的房子暂时空置着。2010年10月孙新庭开始在村委会成立的两家股份公司（安阳众资置业有限公司和安阳众资精工机械有限公司）工作，由于公司刚成立，工作较忙，生铁生意被暂时搁置。孙新庭在安阳众资置业有限公司里主要负责与村里合作的方案设计规划以及办理相关手续等工作，在安阳众资精工机械有限公司主要负责厂房设计等工作。孙新庭在公司的工资每月是1400元，此外还在公司入1000股（每股1000元），每年会有公司股东分红，可以说孙新庭在事业上蒸蒸日上。

孙新庭给我们介绍村委会的这两家股份公司是村党委书记孙志安为带领

村民致富牵头成立的，目前村民对此还是比较认可的。南流寺所在“三个流寺”区块，该区域内属殷都区经济发达区。众所周知，流寺片大批村民原从事安钢、大唐安阳发电厂配套的钢铁、铁合金、煤炭、钢结构加工、运输等行业，“冒尖户”较多，经济状况相对优越，村民有大量闲散资金。目前，村里已经有200多户入股，预计年底会有700多户入股，目前已经筹集资金850多万元。安阳众资精工机械有限公司主要从事机械加工，扩大投资后经销钢材，与凤凰光伏合作，为其提供配件。目前，众资公司的厂房已经建好，相关设备正在进口，村里打算从上海请人来传授技术的使用。预计安阳众资置业有限公司能够解决70~80人的就业，安阳众资精工机械有限公司由于采用机械作业，预计招收4名工人。众资公司的成立得到了殷都区政府的大力支持。可以说，这两家股份公司的成立既能够实现殷都区的城中村改造，又能够带动村里的经济发展，解决周边剩余劳动力就业问题，具有一定的社会效益，村民对众资公司的成立表示赞同。

孙新庭还有一个大哥，两人的经历比较类似，都是白手起家，然而2008年孙新庭的大哥不幸病故，扔下大嫂和一儿一女。2008年后孙新庭承担起抚养两个孩子的重担，到今年，两个孩子都即将工作，孙新庭也长出了一口气，两个孩子终于长大成人了。在孙新庭的身上，可以看到一个男人应有的责任感。

孙新庭自己也有两个孩子，大女儿在七中，面临中考，小孩子在市里念三年级，由于自己从小家境困难没能好好读书，因此他寄希望于孩子身上，希望孩子能够念大学找到好工作。目前，两个孩子每年的开销大概是5000元，相对于整个家庭的年支出（大概三四万元）来说并不多。孙新庭家里还有一亩耕地被工业用地占用，每年会有1500元的补贴（这个标准是村里面定的）。如果这一亩土地用作种玉米或者小麦，除去种子、化肥、农药、机械等成本支出，一年种两季，纯收入是1000元左右，所以孙新庭认为这个补偿方案还是比较合理的。目前，孙新庭也是村委会成员，忙着众资公司的筹建工作，在村委会每月会有1000多元的工资收入。孙新庭给我们介绍目前村里的人基本都参加了新农合，去年他家里住院花去4200元，新农合给报了500元，新农合在一定程度上还是减轻了农民的负担。现在南流寺每回随礼大概是50~100元，一年在随礼上的花费大概是2000~3000元。总的来说，家中每年的开支并不多，孙新庭将手里的闲散资金投在众资公司上，他对众资公司的前景很看好，作为公司的主要股东，他也在积极筹划公司的运营。

谈到目前农村的生活条件，孙新庭认为比以前有了很大改观。他在南流寺村的房屋建筑面积是160平方米，院子大概是50平方米，村里统一安装了自来水，家里做饭用的是液化气，冬天供暖烧煤，这些和从前的农村面貌相比有了很大改变。整个南流寺村的主要街道都已修成水泥路面，村里也有排水系统。由于殷都区政府将村中的卫生承包给外面保洁公司管理，现在村中的卫生也比以前好多了。

南流寺村有850户，3000多人，人口比较集中，村里已经没有土地给年轻人盖房子了，对此殷都区政府提出对南流寺村实施城中村改造。孙新庭作为村委会成员，对此深有感触。他谈道南流寺村的问题村民都已经意识到，殷都区政府和村委会都在积极筹划城中村改造，将村民的土地征收，集中盖楼，村里腾出的土地一部分用于房地产开发，一部分用于吸引企业投资。村里的土地征收是按照安阳市2010年的拆迁方案统一进行。他认为南流寺村城市化、工业化是不可避免的，这是社会发展的趋势，也只有这样才能解决越来越多村民的住房需求。

南流寺村村委会也落实了殷都区政府提出的“十大员”活动，该活动是由村民自愿参与村中各项事务，使得村民能够自下而上地表达自己的意愿，很大程度上保障了村民的权益，对此，孙新庭认为殷都区的“十大员”活动应该继续推广。

孙新庭经过这些年自己创业，家中的经济条件在村里是比较富裕的，自己在安阳市买了房子，购置了别克车，家中有3台电视、2台洗衣机、2部手机。多年的奋斗生涯，从白手起家到今天的家境殷实，在孙新庭的身上能够看到男人的坚毅与责任。孙新庭在回顾自己的创业历程时，感慨道：不管干啥都不容易，但是要锲而不舍地坚持，不去奋斗就成功不了。

（九）包工头中的书法家——孙富平

在一个阳光灿烂的下午，我们调研小组来到了孙富平的家中，早就听说孙富平是一个很有才艺的能人，我们带着好奇来采访他。孙富平家里的院落很整齐，门口堆放着一堆堆的建筑木材，据说是以前当包工头时剩下的材料。

初见孙富平时的感觉是很谦逊，说话声音洪亮，皮肤黝黑，是常年在外跑晒黑的，略微凸起的啤酒肚，给人感觉很安全。孙富平家里各种家用电器一应俱全，液晶电视、电脑、洗衣机、电动车都已有，家中的装潢也不错，看得出孙富平家在南流寺村里算是比较富裕的家庭了。

由于孙富平常年在外工作，河南口音不是很重，因此我们的沟通比较顺畅。孙富平今年48岁，从小就在南流寺村长大。孙富平小的时候正赶上“大跃进”时期，那时实行吃“大锅饭”，但是他的记忆里，那段时间总是吃不饱饭，有时家里会偷偷开小灶，给他做些吃的。他和小伙伴经常掏鸟窝、挖野菜，还去水泡子里捞过鱼，这些在今天的孩子看来都是很有趣的童年往事，但当时都是生活所迫，吃不饱饭，就得自己想办法找吃的。孙富平的学习成绩一直很优秀，在念书的时候，孙富平的字就写得好，没事的时候他经常练字。念到高中毕业时，由于高考失利没能考上大学，便参加了工作。孙富平说自己这一辈子都很后悔没能念大学，所以他对自己的儿子要求很苛刻，希望儿子能够考上大学。孙富平高中毕业后就在万金渠水库工作，已有二十多年的工龄，曾任万金渠水库的主任、支部副书记，万金渠水库的工资、奖金和各种福利待遇都还不错，对于这段时间的工作，孙富平没有多说，可能是没有什么特殊的事情，工作比较顺利。

后来孙富平觉得上班工作清闲，但是赚钱少，想到自己已经四五十岁，老婆有稳定工作，萌生出自己创业的念头。于是，孙富平拿出自己家的积蓄，又和亲朋好友借了些钱，2005年从万金渠水库出来，开始承包工程，至今已有六七个年头了，主要是从事建筑材料和修路方面的工程。孙富平说这几年做包工头确实赚了点钱，但是风险也大，工作也辛苦。孙富平说经常是一个项目别人竞标得到后，以低价转给他们做，他们的利润其实是很低的，有时候不得不偷工减料牟取利润。谈到自己做生意这个时期的经历，孙富平说并不是很顺利的，有些事情让他感到有些愤愤不平。他说做工程承包很不容易，他承包的工程很多要被开发商以各种借口多收费，如机械设备进场费、文明建设设施费。一般来说，他承包的工程控制好风险，利润率在20%～25%，但是承包商往往不能够按合同约定的金额支付款项，承包商会找各种理由，说他们完成的工程不达标，款项迟迟不给，合同上写得很清楚，但是承包商总会挑毛病，拖延支付资金。对此，孙富平也没有办法，只能委曲求全，对承包商还要低声下气，希望承包商能够早点归还承包工程欠款。据孙富平讲，他承包的工程已经被拖欠了60余万元的资金了。不过我们想在孙富平的包工队应该有不少的农民工，如果孙富平没有全额拿到工程款，那么下面农民工的工资是否也存在拖欠，我们也不方便直接问。不过，孙富平有勇气放弃稳定工作，一个人出来创业，这一点让人很钦佩。

孙富平有一个儿子和一个女儿，大女儿已经出嫁，还有小儿子在家中，小儿子大学毕业了，如今已经结婚，在村里的一家公司工作，每月工资1000多元，单位没有给上保险。家里专门给儿子和儿媳妇准备了新房，房间里面配置了电脑，看得出孙富平很疼爱自己的小儿子。平常孙富平和爱人、儿子在家里会打打牌，家里人都很喜欢玩斗地主。夏天的时候，孙富平喜欢喝点啤酒，他说自己血压低，需要喝点啤酒，妻子在旁插话道，他这是为喝酒找的借口。看得出孙富平夫妻平日里经常开玩笑，两人的感情也很好。

孙富平的爱人在海工水利厂（属于军工单位，归海军后勤管理）上班，单位的工资、奖金以及福利都不错。由于爱人和儿子都有稳定工作，孙富平才有自信在外面承包工程。家里有2亩多的耕地，后来家中的土地流转了1亩半，第一年每亩支付1300元，两年后每亩支付1500元，家里还剩下7分地，此外还有2分菜地，自己家里种菜。新农合、养老保险孙富平都有，每年家里看病支出1000多元，以前有大病花过5000多元，家中每年在吃上的花销大概1万多元，随礼每年大概花费7000多元。女儿出嫁，儿子也已工作稳定，家中没有什么负担，他和老伴都有稳定的经济来源，孙富平最大的心愿就是自己包工队不再被拖欠款。

我们参观了孙富平的书房，书架上摆着马恩全集、毛选、三十六计等书籍，孙富平说自己没事的时候喜欢读这类书籍。他认为这些书思想深刻，写得很好，不像现在书店里卖的畅销书，没有思想，经常是调侃，没有内涵，他说读书一定要读好书，将一本书由薄读到厚，再由厚读到薄。他说自己念小学的时候，学校就要求读《毛泽东选集》，那时候《毛泽东选集》都能背下来，但是理解得不深刻。直到今天，他才明白原来毛主席说的话都是针对今天的，比如，毛主席曾说过共产党要全心全意为人民服务，共产党要允许群众有罢工、游行的权利等。毛主席说话浅显易懂，不像今天有些领导干部一开会就长篇大论，一副官腔，具体问题一个也没解决。看得出孙富平对读书还是很有见地的。

除此之外，孙富平最大的爱好就是书法，村里有两个爱写书法的，他就是其中之一。书房的桌子上放着他刚刚写好的字，他经常模仿黄庭坚的书法。

孙富平说书法纯粹是他个人的爱好，经常一练就是一天，旁人很难理解他的行为，可是他自己却乐在其中。他说书法和做人是相同的，从书法里能看出一个人的品行，要想写好书法，首先要做正直的人。孙富平没有想过要将自己的书法练到什么程度，也没有想过要去参加什么书法比赛，完全是出于自己的喜好，他说他把写书法当成是一种锻炼，既能锻炼身体，又能锻炼毅力。对于眼前这位既是包工头，又是书法爱好者的孙富平，人们很难将这两个角色放在一起，我们不禁感慨南流寺村真是藏龙卧虎。当我们夸孙富平的书法写得很棒时，他谦虚地说写得不好，都是随便写着玩的。

关于南流寺村城中村改造的问题，孙富平的看法是城中村改造是农村发展的趋势，农村人口多，地不够，就要盖楼让更多的人居住，腾出的空地还可以发展企业。孙富平自己也喜欢住平房，因为平房不用上楼，有自己的院子，不像楼房就像住在箱子里一样。但是考虑到孩子们将来没有房住，他还是很支持城中村改造的，孙富平的小儿子目前和他们两口住在一起，城中村改造后他们家里可以申请购置两套安置房，这样他的小儿子就有自己的房子了。在我们的调研过程中，发现村民对南流寺村城中村改造普遍持赞成的态度，虽然有个别老人不习惯住楼房，但考虑到儿女子孙以后的住房问题，也都逐渐妥协了。

当我们问到他是否知道南流寺村的“十大员”活动时，孙富平说他也听说过有这个事，但是这个事在南流寺村落实得并不好，他和他的家里人都没有参加“十大员”活动。他认为“十大员”没有实质性地解决百姓问题，经常是政府布置工作，“十大员”去参加一下会议，凑个热闹，没有人能够真正表达自己的意愿。通过走访我们发现村委会成员基本认为“十大员”活动办得很好，但是村民普遍反映“十大员”活动没能很好落实。我们认为群众才是最好的裁判员，只有群众才有资格评判一项政策的好坏，而村委会既当运动员又当裁判员是当不好的。

对未来的生活，孙富平说希望自己被拖欠的工程款早点归还；希望儿子和儿媳妇早点生个小孩，他没事可以帮着照顾小孩；希望城中村改造能够顺利进行；村民们早点搬进新房，解决村民住房困难；希望政府为老百姓多做好事，多做实事。他对村里这两年的变化也比较满意，他期待村民们都搬进楼房，过上像城里人一样的生活。

（十）众资公司打工村民——孙运堂

孙运堂，男，1963年出生，在以“富民”为旨的众资公司工作。众资公司的厂房正处于建设时期，他主要从事质量监督工作。他是最后一位接受我们采访的村民，因为他常在村委办公室，比较方便联系，就在村委办公室他从繁忙的工作中抽出身来，接受了我们的采访。他中等个头，精干沉稳，说话偏快，近50岁的人看起来像40岁出头。访谈期间，由于对于一些背景情况和术语知识不了解，有时我们听不大懂，多亏了他放慢语速，用比较流利的普通话，耐心地向我们介绍。

1. 工作经历

他1970年开始上小学，1980年高中毕业，参加过高考，“考得不怎样就出来打工了”。

他的第一份工作就和建筑有关，在西郊建筑工程公司打了十年的工。因为那个时候工作太难找，所以即使工作条件并不好，也坚持这么长时间。厂里招聘力工（今天称小工）时他进的厂，当时就两个工种，一个是建筑工，一个是焊工。他能非常清晰地记得，当时技工的工资分等级发放，共五级。最高的五级工是2.48元/天，最低的从学徒到二级工是1.48元/天，三级是1.76元/天，四级是2.05元/天。他从小工开始干起，一级一级地干到了四级工。

西郊建筑工程公司是大集体企业、乡办企业，不是国企。它的前身是1965年11月成立的西郊建筑队。起初人员少、技术低、设备差，只能搞围墙建筑、维修等零活。到1983年，由建筑队改为建筑公司，包括11个土建队、6个铆焊队、2个木工队、4个管道队、3个油漆队、6个钢筋队、4个起重队；有400名技工，1600名职工，拥有价值20万元的建筑器材、设备。孙运堂回忆道，那时候不签合同，生产队没完全解散，还不鼓励农民出来打工。社保制度也没有建立起来。他进了厂，从砌墙的活儿开始干起，到安装、维修暖气、上下水，也干过焊工、铆工。孙运堂说：“活太辛苦了，后来干的暖气、上下水安装毕竟是室内的活还好点。户外的活那时候确实没有安全保障，没有什么意外保险。建筑队的工作地点也不固定，哪里有活干就到哪里去。今天给这个工地老板打工，没活了，明天就给那个工地老板打工。工地说不清在哪，有山西的、河北的……本地的也有，像安钢、电厂啊，市区生活区，市一区建得早，市二区、五区、六区等。公司所承包的工程包括安阳钢铁厂、安阳电厂的建筑、维修、安装等各项工程，甚至包括城市建设、市政工程。当时它也是西郊乡的支柱产业，占全乡工业上缴税金总额的百分之五十。2003 年企业改制，大概十年前就在安钢修大路之前，基本上就倒闭了。”

十年艰苦的建筑工打工生活，为他今后从事建筑技术管理工作打下了坚实的基础。当然，干哪行哪业都不能说完全掌握了，什么都精通了。可贵的是他的自学能力。他不仅一边学着干一边赚着钱，而且还一边干一边联系理论。“我们这一块儿不用培训，靠自学，有些不懂的，有书本，看下书本就行了。”孙运堂说道。

此后的 20 年，孙运堂一直在一家私人公司——安阳市预制构件有限公司工作。该公司主要从事研制开发空心板、桥梁、雕车梁及混凝土柱等，应用于建筑工程，以降低工程造价，提高工程的结构性能、结构设计。他一到这家公司便担任起厂长要职，负责管理生产技术。“合同我们也没签，都是些关系不错的朋友。”老板赏识他，他微笑地用手势向我们比画上台阶的样子，“各尽所能吧。从一般的工人到厂长职位，也没有什么跨度，就跟上台阶一样，啪！就上来啦。”这些工作对他而言都算比较熟悉。这家公司效益还挺不错，现有固定资产约 300 万元，工人的数量不固定。接的活儿大，工人就多。工人都是临时招聘来的，最多的时候有 100 多人。淡季工人就放假。孙运堂 20 世纪 90 年代初工资约 1000 元/月，近年大约每年有 20000 元。一年年的工资水平都不一样，随着社会生活水平的提高，工资在一年年地涨。现在的工资水平似乎与他厂长的要职有些不匹配。“因为和老板是朋友关系，不好在工资上计较。奖金是有，但是也很少。”在这家建强预制构件有限公司他办了社会养老保险，快交费十二年了。

工作了三十余年的他总结道：“工作中钱最重要。得圆滑一点、会说话、不太得罪人，干活能吃苦耐劳，有实际工作经验。”

2. 家庭成员状况

家里共有五口人，一儿一女，儿媳刚过门。妻子范贵玲，现在基本不需要外出干活。家里有 2 亩 8 分地。调研同学感叹道在家种地也挺辛苦，他回应说，“地里主要有机器伺候，没有什么辛苦。”儿子 26 岁，读过五年的职高，学了三年机电，两年数控。然而当下还是没有选择打工搞技术这条路子，而是自己开门市，专卖室内门。“自己干，是辛苦一点，但是自由一点。主要是过得舒服些，无论赚多赚少。”儿子刚娶媳妇，提到儿媳，孙运堂非常满意，她大专毕业后直接分配到当地做小学老师。

在家千般好，在外事事难。在外打工的年轻农民，到了一定年龄，有了家庭后，不得不考虑子女上学、住房等诸多问题。选择外出打工与否，不仅会考虑经济收入的问题，也会重视归属感、乡土情感、社会环境的问题。近些年来，像孙运堂儿子一样选择做个体户或自办企业的农民越来越多。我们从村委会了解到，该村外出打工的人员占所有工作人员的比例不到百分之十。

17岁的女儿在一家私人办的外国语学校就读。对于女儿读的年级，孙运堂不能记得很清楚，“初三还是高三，对了，是高一。”一个礼拜回家一次。女儿中学入学时，通过摇号这种类似摇奖的新奇方式分配到这所学校。对于多数省市而言，学校通常通过考试等手段，择优录取报名的学生。而对这个地区，报了名的学生必须摇到了号才有机会在该校入学。学杂费不怎么高，可是入学的费用高。孙运堂为女儿读中学交了8000元的入学费用，不同的学校收的费不同。每个学期学杂费100余元，孩子在校的生活费10元/天。当问及投资这么多钱在女儿读书方面值不值得，他回应道：“当然！我在读书方面没有重男轻女的思想。”虽然读书不一定能赚钱，但“读了书就有了文化，还是有文化好。语言表达方面很有用，能说能写的。干什么都要读点书好。干建筑这行，有最大用处的是数学的三角函数”。

3. 对城中村改造举措的态度

我们请他谈谈对众资公司的看法，“这一块我不太……”他犹豫了一会儿，接着简略地向我们介绍到这家股份公司。它去年成立，预计将进口日本的先进机器，用于加工一些车床内的零件，并有一个对口公司，客户会比较稳定，能有比较可靠的利润。公司是村子主动请进来的，公司的董事长就是现任的村委书记，因为他在外地办企业很成功，是村里的大能人又是首富，村民们企盼他领着大家都富起来。

在很多村镇，村企矛盾难以避免，村镇随着招商引资力度的加大，在征地、拆迁、用工、污染等方面的矛盾接踵而至，村企关系、干群关系一度紧张。而在这村子里，公司的组织方式与村庄内生社会结构之间，并没有表现出绝对的冲突。公司的决策层有村委书记，中层管理人员有孙运堂这样的当地村民，入股的股东也都是当地比较富裕的村民。正是利用这些关系资源使得其在土地资源、劳动力等其他资源的利用上，获得了更多的主动权。公司的“富民”性质，体现在“股东分红之后的利润归村里”。村企合作的机制正在摸索当中，如何避免“企业像朵花，农村像块疤”是值得探索的问题。

谈到城中村改造中宅基地换房问题，孙运堂发出这样的感慨：“对于老百姓来说，肯定要吃亏，只是吃亏的大小问题；顾虑人人都有，不过有大小之分。本身自己有一个大院，搬进楼房肯定不那么好。”最担心的是资金方面，“具体的拆迁方案是什么，怎么包赔怎么兑现。比如说100平方米的房子换给我多少平方米。房子的种类又这么多，最次的有土坯房，而有的新建的房那块宅基地就用了20万~30万元买下，装修又花上几十万元。”很多宅基地换房的情况，不但拿不到多少补偿，还要为住楼付出不少的成本。他说道，“1平方米换1平方米就非常满意了，房子的装修费没有关系。”

二十二、其他

（一）普通农妇——范青芹

城中村改造是中国城市化城镇化发展的必然，而由此引发的户籍、养老、医疗卫生、教育、就业等问题自然成为人们关注的焦点。我们在采访村民范青芹的过程中，直接地反映出老百姓对于这些影响到日常衣食住行问题的担忧，同时也说明了这些矛盾能否妥善解决关系到城中村改造的进程。

1. 早年经历

范青芹1950年出生于南流寺附近的一个村庄，今年61岁。由于兄弟姐妹比较多，父母的负担也非常重，所以范青芹初中毕业后就回家务农，帮父母分担一些农活。1974年，范青芹经人介绍认识了丈夫，并于第二年结婚，就这样扎根在南流寺。第三年，他们的大儿子王占国降临，小生命的诞生为这个家庭增添了新的希望。夫妇俩勤勤恳恳经营着这个小家庭，九年后他们的二儿子王占宇也出生了，这样父母全部的希望就寄托在两个孩子身上，渴望能够望子成龙。而在农村，能够改变个人命运的捷径无异于读书。范青芹不论生活多么艰苦，培养孩子成才的信念一直没有断过。坚强的她支持大儿子到河南首府郑州的一所中专学校读对外贸易专业，当儿子毕业后面对竞争激烈的社会时才发现理想和现实的差距之大。本来非常热门的专业逐渐对于毕业生的要求越来越高，学历已经成为步入这个行业的最大障碍。在这样的社会背景之下，范青芹的儿子尽管努力求职，但是最终无果只能回家，平时打零工来维持生活。范青芹满以为儿子毕业后可以找到一份稳定的工作，这样至少可以减少整个家庭的负担，但是事与愿违只能无奈接受现实。尽管遭受到这样的打击，范青芹依然充满希望地把小儿子送到郑州去读书，不过这个孩子和他哥哥的命运一样，最后还是回到农村。

范青芹的孩子出生在农村，然后到城市读书，但是在城市里又没有解决就业问题，最后不得不回到农村依靠体力劳动打工维持生活，不过他们的户口又无法回到农村，依然是在城市。这样最后的结果是个人生活在农村，但是因为户口的限制无法享受到国家赋予农村人口的各项政策和优惠待遇，尽管户口在城市本来可以享受到城市待遇，但是在城市又没有工作，这种境况带给这些年轻人很多困难，表现在收入不稳定、孩子的教育、个人的医疗和养老等问题都没有相对的政策来保障。面对社会正在出现的新矛盾，我们要呼吁相关部门一定要通过调研了解这些存在中国最底层老百姓的困境，并且能够针对这些困境研究出解决方案，通过相应的法律法规确保切实执行。同时我们还要反思教育、就业和社会的关系，如果教育不能为社会提供所需要的人才，也解决不了受教育者的就业生存问题的话，我们的教育是否还能够承担起培养一个民族的未来的重任呢？

2. **中年丧夫**

2005 年，范青芹原本稳定的生活被突来的变故所打乱。范青芹的丈夫之前是他们整个家庭的顶梁柱，但是天有不测风云，他突然遭遇交通事故而去世，这一下子击倒了范青芹，也给家庭遮上了一层阴霾，久久不能散去。范青芹的大儿子中专毕业后虽然回到农村，但是凭着勤奋好学的劲头很快就成为建筑队的一名建筑工人，平时能够获得比较满意且稳定的收入。此时，大儿子已经成家并有一个女儿，二儿子通过亲朋好友的介绍学习驾驶挖掘机，收入也不错。这时范青芹沉浸在其乐融融的家庭氛围中，所以她怎么也接受不了丈夫突然离去的现实。范青芹的丈夫为人老实，勤奋能干，平时开着自家的拖拉机帮安钢等单位运送石子赚取运费。某一天，他开着拖拉机在一个十字路口与一辆货运车相撞成重伤，最后送到医院因医治无效而去世。丈夫的离开几乎改变了范青芹的性情，原来开朗的她变得沉默寡言，甚至有些忧郁。

范青芹在遭受痛苦的打击后，为了孩子们还必须强撑起来。2006年，范青芹和儿子们商量在已经获批的地基上盖房子的事情，她获得了儿子儿媳的支持。当年，通过全家人的努力，一处13×17平方米的房子就立起来了，其实盖房子也是范青芹为小儿子成家的夙愿，这样压在她心底的一块石头就落地了。去年，小儿子就成家了，并且今年还生了一个小男孩。小孙子的出生给家庭增添了新的希望，但是依然抵挡不住范青芹病情的爆发。

3. 生存现状

今年2月中旬，范青芹还沉浸在春节的喜悦中，突然感觉到身体非常疲惫而且是异常的疲惫，于是在儿子的陪伴下，她到安阳市人民医院做了详细的检查——癌症早期，需要立刻做手术以防癌变扩散成恶性。她在儿子的支持下迅速做了切除手术，现在正在处于恢复期。我们采访她的时候，能够感受到她的身体还是很虚弱，腿脚还处于浮肿的状况。她非常激动地对我们说，她非常感谢自己的两个孩子，如果不是他们在精神上和经济上给予了她无尽的支持，她都不知道自己如何面对这些事情，而且能够坚持到现在。2006年建的房子几乎用尽家中所有的积蓄以及丈夫去世的抚恤金，这次大手术多亏了有儿子的支持。在生病住院的过程中，两个儿子都陪伴在范青芹身边，这些让她感受到儿子突然间已经成为家中的顶梁柱。范青芹做手术一共花去3万多元，幸好之前已经参加了新型农村合作医疗项目，这样可以享受到国家的报销政策，最后自费2万元，在一定程度上减少了范青芹的家庭负担。

范青芹的身体正在恢复中，但是她的忧虑逐渐加重。原来自己也属于家里的一个劳动力，而现在不仅不能干活，反而还要给孩子们增加负担，恢复阶段也需要服用药用，这无疑又是一笔不小的开销，每个月大约400元。此外，还有乳腺增生等病，这些都成为她精神上的负担，唯一让她欣慰的是两个儿子的孝顺。但她现在的处境也让她联想到拥有城市户口，没有城市工作的儿子们未来的医疗和养老问题。她在农村还可以享受到新型农村合作医疗保险，而她儿子们这类人群好像是在农村和城市的夹缝中生存似的，两方面的保险都没有，这确实是需要引起社会关注的问题。

范青芹现在在家休养，偶尔也会去自家的菜地去看看，锻炼锻炼身体。

去年南水北调工程已经征用0.9亩土地，给予一次性补偿18000元，现在范青芹还有1.91亩土地，主要是种植小麦和玉米，都是一年一季的。据她介绍，每年种玉米需要投入种子和化肥，种子一斤12元，除去国家1亩10元的补助外，还大约需要90元，化肥需要三袋，每袋80元，平时的灌溉费用是每亩10元，最后每亩平均可以收700亩，这样折算下来的话，每亩可以有约300元的收入。

范青芹现在和小儿子一起生活，夏天做饭主要使用电磁炉，这样比烧炉子便宜；冬天就用炉子，这样可以同时做饭和取暖。炉子主要使用煤球，一个煤球0.53元，每个冬天大约要用800多元。现在家庭的收入就依靠两个儿子外出打工，大儿子一年有8个月都要外出干活，二儿子跟着工程走，一般都在外面，很少回家。

在城中村改造规划中，到2016年全村都要搬入集体修建的居民楼，对于这个事情当地村民意见不一。范青芹感性上认识到这是件好事，对于城市的建设和农村发展的意义都是毋庸置疑的，但是作为一个平民老百姓更多的是要考虑如何搬迁以及补偿等这些关系到他们切身利益的问题。她担心2006年花了12万元新建的房子将来面临搬迁的时候如何补偿，如果是所有的房子都是统一的标准进行置换和补偿的话，他们对此方法是质疑的。农民的问题本质上是土地的问题，所以，城中村改造中的土地制度涉及所有权、占有权和使用权的明确规定和划分直接关系城镇化能够顺利进行。此外，农村的劳动力的就业、养老以及医疗等方面都是老百姓关注的，因为农民转居民后，这些方面的保障就需要国家和社会承担很大的一部分。所以，这就要求政府不仅要从宏观上考虑城市化问题，而且更需要深入思考解决关系民生的节点，探索出具有地方特色的城中村改造模式。

（二）有理想有抱负的农村医生——马新平

据村委会负责人说，南流寺村目前一共有四家私人诊所，其中有两家是新型农村合作医疗（简称“新农合”）的定点单位。我们所要采访的马新平就是其中一家的负责人。一个乡村医生，可能一辈子都无法体会城里大医院医生的风光，却同样能感受着病人的信任和依赖，下面就让我们走近乡村医生马新平，去了解他的故事将给我们真实呈现出我国农村地区医疗卫生的发展状况和基层乡村医生的精神风貌。

马新平，1965 年生人，今年 46 岁，1980 年从安阳市第十六中学高中毕业。1981 年安阳卫校毕业。在安阳卫校上学时学的是西医，当时的学校条件没有现在好，生活也很艰苦。从安阳卫校毕业后，马新平又先后到西郊乡卫生医院、现解放军 151 医院和安阳地区医院进修，后于 1985 年回到南流寺村，成为一名医生。1985 年到 1991 年马新平一直在自己家中为村民看病。由于当时的相关政策规定，每个村中只允许留有一家合格规范的诊所，1991 年到 2000 年这十年中，马新平便和村中的另三位医生共同经营一家诊所。直到 2001 年，他才自己开了一家个人诊所。为了更好地为村里的乡亲看病服务，也为了获得通过成为新农合定点单位的资格，2009 年马新平投资 30 万元，将积攒的全部积蓄投资到这家新诊所。直到今年，已是他从医的第三十个年头了。

诊所位于村里的大道旁，诊所大概有 150 平方米，分为上下两层，楼上供马新平一家生活使用，楼下供马新平为病人治病。马新平说，这个诊所是完全按照医院的格局和新农合的具体要求建造的。走进马新平的诊所，第一眼的感觉就是诊所的布置十分干净、整洁。一进屋首先便是一间问诊室，里面有两张桌子和几把椅子，这是马新平日常接诊的地方。问诊室的右手边是药房，马新平大概一个月要去县城购买一次药品，有时旺季半个月就得进货一次。一次大约要购买几百元钱的药品，进货途径主要是安阳市的医药公司。再往里走是一间比较大的屋子是观察室，里面有三张床位。目前，这家诊所除了马新平外，还有同在安阳卫校毕业取得护士资格的妻子和大儿媳妇两人共同为村里的乡亲看病。

马新平给我们介绍了诊所的收支情况。据马新平介绍，诊所的营业收入也分淡旺季，春冬季为疾病多发季节，所以收入会相对多一些。淡季的时候就很少有人来买药、输液，因为西药价格比较贵。他还告诉我们在农村看病不像在城里的医院看病，没有挂号费，因为农村诊所的成本毕竟没有城里的医院成本高，诊所也是为广大村民群众服务的，能够获得的收入就是赚一点医药费。相对于现在的物价上涨程度，诊所的收入并不是很高，有的时候还存在村民因为手头紧，会赊账买药的现象。马新平说，因为都是乡亲，所以也不好不赊账，毕竟治病是最要紧也是最不能耽搁的事情。这样，诊所一年的收入在 2 万元左右，前两年为了出诊方便马新平又花 4.5 万元购置了一辆面包车。在支出方面，为了维持诊所的正常经营大概要花费包括水费、电费以及向村里交纳的医疗垃圾回收费等费用共计2000元。在生活上的支出并不多，主要就是孩子的教育费用，马新平的小儿子目前在安阳市第六中学读高中二年级，一年下来的教育费用大概有五六千元。

马新平从医三十年来，生活在南流寺这个小村庄，他以对本职工作的热爱与执着，在这片土地上履行着一名乡村医生救死扶伤的神圣职责，他以精湛的医技体现着自己的人生价值和社会价值。在具体的工作中，他起早贪黑，随叫随到，在工作中的每一个环节、每一个步骤都很认真、负责；有时在深夜，他起来好几次，看完一个病人回来，还没有等合上眼睛，电话铃就又响了，这样的事经常发生。并随着农民群众对医疗服务的需求越来越高，为给农民群众提供更加优质的卫生服务，马新平积极参加各项培训学习，不断提高自身业务素质和技术水平。

有关数字表明，至2001年底，全国有乡村医生102.2万人。全国有将近70%的人口在农村，而乡村医生和卫生员在全国卫生技术人员中所占的比例还不到30%，乡村医生的重要性不言而喻。由于乡村医生面对的是中国最为贫弱的社会阶层，为这些人治病，没有任何的功利色彩，也没有太多的收益，更需要的是一副热心肠和强烈的责任感。虽然马新平也曾经想过改行，甚至劝自己的儿子不要从事乡村医生这个行业，但是这些都只是曾经。现在的马新平怀着对医护事业的崇高理想以及对村里乡亲的感情讲道："在三十年行医过程中，我真真切切地感受到乡亲们看病求医不容易，老百姓离不开乡村医生。他们期盼的目光，让我更坚定了做一名好乡村医生的决心。"

当谈到如今基层医疗卫生情况的时候，马新平显得有些激动。他谈道，中国约有百万乡村医生，他们面临最紧迫的问题就是收入不断降低。马新平说："现在乡镇卫生院实行基本药物零差价，而且村民来这里一般都是看几块十几块钱的小病，根本挣不到什么钱。随着物价的上涨，一年的收入只顾着一家吃喝，不落钱，想凭这个盖个房子或者干个啥事，都不行。"马新平还说，他的收入在村医中还是比较多的，在那些人口少、经济差的村庄，村医每月门诊收入仅为300元左右。

同时，马新平还谈到与"乡村医生"同属中国特定历史条件下的产物——"民办教师"早就逐渐转为公办，享受财政工资，待遇得到了很大的改善，而乡村医生却长期处于被边缘化的状态。

虽然马新平的诊所是新农合的定点单位，可以为诊所带来相对稳定的客源。但是随之带来的问题是，参加新农合的村民会把自己家新农合医疗证当作医药费抵押给马新平。因为村民们认为，自己每年给新农合交钱，所以医疗证上的钱理所当然的就能够当做医药费来使用。这下可给马新平带来了很大的麻烦，由于新农合的报销制度是一年一次，因此马新平的诊所积压着很多村民的医疗证，可是就是不能“换钱”。马新平有些激动地讲道，就是每年跑村民这些医疗证的报销也要大费一番周折，他要先后经过村委会大队、西郊乡卫生院、殷都区卫生局新农合办公室、殷都区财政局和安阳人寿保险公司五个部门的审批才能得到那些医药费的微薄收入。但是，他依旧坚持着。

乡村医生是中国九亿农民基本医疗服务的主要提供者。乡村医生承担了农村地区60%~70%的门诊服务，还承担着农村计划免疫、疫情报告、妇幼保健、计划生育、健康教育、慢性病管理、卫生信息登记等大量的公共卫生服务。而村医的收入主要来自卖药的利润和政府的补助，但是，新医改实施方案提出的9类国家基本公共卫生服务项目中，乡村医生所能承担的任务主要是协助乡镇卫生院建立居民健康档案等基础性工作，因此，基本公共卫生服务经费补助到乡村医生的比例非常有限。马新平感叹乡村医生收入低带来的直接问题是乡村医生的老龄化和后备人才匮乏，因此他认为乡村医生的收入问题已经影响到这支队伍的稳定，他建议国家对乡村医生承担基本公共卫生服务项目以外的公共卫生服务进行合理补助，以调动乡村医生的积极性，提高其收入水平。

马新平平时消遣的方式并不多，是一位朴实的村民，他平时最主要的活动就是阅读医疗方面的书籍，不断地巩固和提高自己的医疗知识。作为一名乡村医生，他对卫生事业的奉献精神和敬业精神是不言而喻的，三十多年来，没有人知道他走了多少路、经历了多少风雨，更没有人知道他有多少次在睡梦中被叫醒。在马新平的心目中，群众的病痛就是自己的病痛，解除群众的病痛就是自己的职责。多年来，马新平以不平凡的精神从事着平凡的本职工作，在于他有炽热的百姓情怀，心系百姓、心贴百姓、心忧百姓。他在平凡的小事中，在对老百姓的尊重中，享受着乡村医生特有的光荣和快乐。

（三）音乐队队长——齐竹芹

我们几个对齐竹芹的访谈有一些偶然性，联络员正领着我们在村里了解一些文化情况，将要走到齐竹芹家门前时，指引员正要跟我们介绍说这是齐竹芹家的院子，而此时凑巧的是齐竹芹正好跟几个村民在门前寒暄，这时我们的指引员灵机一动觉得齐竹芹也是村里有代表性的一位女性，她的丈夫是本村的村长，自己也是村里音乐队的队长，就介绍我们几个一同对齐竹芹进行了访谈。

联络员给我们互相介绍后，齐竹芹了解了我们的情况并且同意接受我们的访谈，但是同时也告诉我们她一会儿还有事情要忙，差不多也就可以聊半个小时左右，我们觉得时间宝贵就赶紧地跟齐竹芹大姐聊了起来，尽量多了解一些情况，事实证明齐竹芹大姐真的很忙，在访谈的期间还接了好几个电话，这也让我们因为耽误她的时间感到不好意思，但是齐竹芹大姐还是很愉快地跟我们进行了交流，一看就知道她是一位经常与人交往的女性，肯定见识过各种的场面，处理起问题也是从容不迫。

齐竹芹告诉我们她今年已经53岁了，但是看她的面容我们觉得她真的不像那个年龄，而且看着她也很有活力和精神，这可能与她的生活方式和个人性格有关系。据齐竹芹介绍，高中毕业后她就不再上学了，在这么多年的生活中自己也没有什么信仰，就是要求自己踏踏实实地做个好人。齐竹芹有一个儿子和一个女儿，现在都在安阳工作了，平时他们比较忙也很少能够回来，但是每当逢年过节他们都会回家聚一下，这是家里特别热闹的时候，所有的家人都会特别开心。齐竹芹的丈夫是村里的村长，还跟别人合作承包了村里的砖厂，一年能够收入二三百万元，看来齐竹芹家里的条件在村里应该算是很不错的了。

说到齐竹芹是村里音乐队的队长，这要从她的音乐天分说起。齐竹芹告诉我们从小她就喜欢音乐，能唱歌也能唱戏，可以说是能歌善舞、多才多艺，以前还参加过演出，当时我们也开玩笑说让齐竹芹现场表演一段，因为是在街上齐大姐还是没好意思唱出来，不过我们也能感受到了她的那份对音乐的热情。对音乐的热爱和自己开朗的性格使齐竹芹有了组建一个音乐队的想法，当时齐竹芹把这个想法告诉了自己的丈夫，丈夫觉得也很好而且给予了齐竹芹很多支持，于是在去年七八月份的时候，齐竹芹号召了村里一些有着音乐特长的女性，自发地组建了村里的音乐队，齐竹芹也自然而然地成了音乐队的队长，在她的不懈努力和带领下，音乐队的规模和影响不断地发展壮大起来。

齐竹芹的音乐队自成立以来不断地吸引着村里的有音乐特长的女性来加入，现在音乐队已经发展成为有三十名队员的队伍。音乐队有自己的大鼓小鼓，还有各种型号的唢呐，有萨克斯和其他一些乐器，可谓七十二般兵器样样俱全，音乐队的设备费用和运作资金都是由齐竹芹自己承担的，这也体现出她对自己的音乐队的那股热情，她的愿望就是希望本村的音乐队能够不断地前进从而实现突破，最大的目标就是能在市里产生一定的影响。现在齐竹芹的音乐队主要是在本村以及周围的地区展开活动，每当有什么庆典活动或者是有结婚的家庭，她的音乐队都会去送上祝福和喜庆的表演，音乐队已经参加了二三十次婚礼的庆典，都取得了良好的反响和效果。一般在本村表演的话就是吃顿饭作为酬劳，在外村的话一般情况就是每人会赚到40元钱，虽然可以获得一点微薄的收入，但是齐竹芹自己组建音乐队的本意绝对不是为了盈利，这只是她个人的一个爱好和村民都比较喜欢的一种娱乐方式，所以这些酬劳就算是人家的一些意思表示感谢。而对于音乐队的成员来说，她们在自己娱乐的同时也为别人带去了乐趣，这也是一举两得的事情。

当谈到音乐队平时的训练的时候，齐竹芹告诉我们，由于音乐队的成员都是本村的村民，她们也有自己的工作和事情要做，所以平时训练时都会尽量照顾大多数成员的时间安排，一般都会找大家都有空的时间，一般情况下晚上大家都会有时间，所以多数都是在晚上进行训练，一般都是练习合唱、吹奏乐器等，对于一些技术要求高的乐器演奏，有必要时还会聘请专门的老师来做培训，总之目标就是让自己的音乐队的水平专业一些，使自己的付出能够得到成果。齐竹芹告诉我们上次音乐队参加了乡里的合唱比赛，音乐队还拿了第四名，当时因为是音乐队刚刚组建不久，各方面的条件还不是很成熟，能够取得这个成绩她觉得也很满意。齐竹芹表示现在音乐队相比于刚刚成立的时候已经有了很大的进步，可以说是有了天壤之别，硬件在各个方面也都相对齐全了，队员的水平也有了很大的提升，现在绝对有实力取得非常理想的成绩，齐竹芹也表示下次参加比赛时，一定会呈现给观众一个与上次不一样的音乐队，让大家耳目一新，也希望不局限在这个小区域里，要不断地提高自己音乐队的水平，争取在区里市里都能取得好成绩，产生影响力。

齐竹芹的音乐队主要演唱的都是有代表性的经典歌曲，上次参加比赛时唱的是区里的主题歌《殷都赋》，平时还训练过队员演唱国歌，每次训练的歌曲都会不一样，争取让队员多会一些曲目。今年是中国共产党建党九十周年，音乐队打算进行红歌练习，第一首练习演唱的歌曲就是《没有共产党就没有新中国》，这对宣传我们党的优秀光荣传统有着重要意义，希望借音乐队为中国共产党的九十岁生日送上祝福。看来齐竹芹的音乐队不仅是村里的一种文化娱乐方式，而且在娱乐的同时还普及了老百姓关于党和国家的一些历史知识，增进了爱国主义教育的宣传，提高了村民的政治觉悟，这确实是一件很有意义的事情，我们几个对齐竹芹大姐的所作所为也深深地感到钦佩和赞赏。

关于家人对自己组建音乐队的看法，齐竹芹明确表示丈夫是支持自己的工作的，要不是丈夫的大力支持，自己的音乐队也不会进步得这么快，取得这么多的好成绩，她也表达了对丈夫的感激之情。齐竹芹的孩子对她组织音乐队的做法也表示支持，这不仅可以丰富齐竹芹的业余生活还为村民带来了娱乐，可见齐竹芹与家人关于音乐队的问题是有过沟通并且有共同意见的，正是有了全家人的思想和相互的支持促进，才有了音乐队的现在，加上队里成员的积极配合和辛苦训练，齐竹芹的音乐队一定会越来越好。齐竹芹说平时训练时队员都特别认真和投入，因为她们既然来了音乐队就都有一个共同的目标，就是要把音乐队办好并且要取得好成绩来回馈自己回馈村民，这样才算是一个好的音乐队。

除了忙于自己的音乐队以外，齐竹芹平时业余生活也很丰富，有时在家里看看电视，经常在街上跟街坊邻居聊天消遣，然后还经常去村里与村民一起跳舞，因此自己跟村里的村民都特别熟关系也很融洽，齐竹芹的性格也决定了她是热情友好的人，在村民中就好像一个“热心大姐”，只要跟她在一块聊天大家都会很愉快。

齐竹芹说本来家里还有一亩农地，结果被占用了，现在家里就没有地了。谈到对城中村改造需要拆迁的问题时，齐竹芹表示自己是支持的，自己住平房还是住楼房也无所谓，关键是听村里的安排，若是村里达成了一致意见进行搬迁，那自己也会同意。虽然自己的家人身体情况也还都比较好，但是齐竹芹说她全家也还是都参加了新型农村合作医疗，她认为这是一项有利于村民的政策，参加了对于就医看病是有好处的。

通过对齐竹芹大姐的访谈，我们深刻地感受到了她对村里音乐队的热情和付出，也正是因为她的响应才有了音乐队现在的成就，也是因为齐竹芹的影响，这么多的村民才会参加到了音乐队中，用一种特殊的方式表达着对生活热爱，在此我们也感谢齐竹芹大姐在百忙之中接受我们的访谈，我们也祝愿她的音乐队越来越红火，她的家庭越来越幸福。

（四）享受政府低保——齐天海

在对齐天海进行访谈时，一开始我们没有立即见到他，家人说他在地里干活，他的儿媳妇见到我们要对公公进行访谈，就急忙出去寻找齐天海去了，齐天海的妻子在家里连忙招呼我们坐下，可以感觉到齐天海家人的热情好客。齐天海的院子跟别家的也差不多大小，一共有五间屋子，齐天海和老伴就住在最东面的一间屋子里，现在这院子已经是大儿子家的了，自己是在儿子家里住着。

过了一会儿齐天海就回到了家里，我们发现他的身体并不是很好，走路也挺慢挺小心的。齐天海回家后跟我们招呼过整理了一下就坐下来跟我们交谈了起来，齐天海是 1958 年出生的，今年 54 岁了，是土生土长的本村人，以前由于家庭的条件限制，上到初中就不再上学了，老伴是 1957 年出生的，比自己大一岁。齐天海告诉我们他十七八岁时就开始干农活，特别能吃苦耐劳，也经历了很多事情。现在他家里还有二亩多地，还是 1982 年时分的地，家里的地没有受到南水北调等工程的影响所以保留了下来，这二亩多地主要就是种植粮食作物，一年下来可以种一季小麦一季玉米，这些收获的粮食可以增添家里一点收入，这也算是齐天海和老伴的一项重要经济来源。

在与齐天海的交谈中我们得知了一个不幸的事情，他告诉我们在 1991 年时，因为喝醉了酒，他把自己的颈椎摔伤了，伤得还特别严重，当时去医院治疗花了好几万也没有治好，最后没钱了就自己出院了，想到这件事情都会让齐天海后悔不已，从此以后齐天海再也没有喝过酒。那件事情到现在已经二十年了，齐天海说因为这次事故，自己的身体条件变得不好了，现在还有了三级残疾证，可见这次事故对齐天海身体和心理的打击有多么严重。这也验证了我们的推测，刚才齐天海回家的时候就发现他走路不是特别方便，肯定也是因为颈椎损伤的缘故。谈到这件事情的时候，齐天海的老伴也表现出一丝的无奈，因为这是意外，谁也无法预料会出现这样的事情，当然也不希望发生这样的事情，但是现在事情已经发生了就只有积极地面对，因为生活还要继续，所以这么多年以来齐天海一直都乐观地面对人生，也从来没有放弃追求好生活的希望，老两口一直相依为命互相鼓励和照顾，这一路上战胜了无数的困难，如今儿女也都已经长大成家了，大一点的孙子孙女都上学了，说到这些时齐天海老两口也有一些激动，他们也感到很欣慰，毕竟自己的坚持和努力也没有白付出。我们也为他们老两口积极的生活态度和坚强的毅力所感染，这是需要很大勇气的，如果每个人都能坚忍不拔地努力向前，我们都会实现自己的理想。

因为那次事故，齐天海的劳动能力大打折扣，也给家庭收入带来很大的影响。出于对齐天海的照顾，政府将齐天海家列入了低保户的名单，但是当谈到村里对齐天海的补助问题时，齐天海与老伴的表情都有些沉重，老两口一直认为村里对他们俩的补助是不合理的。现在齐天海享受村里的低保补助为每月 50 元，齐天海告诉我们村里对像他这种情况的补助标准是每月 70 元，所以村里对他的补助是不够标准的，除了这项低保政策以外，齐天海也并没有享受任何其他的补贴和优惠，由于自己的身体原因不能给家里带来多少收入，老伴只好一直坚持出去工作，现在老伴在村里的砖厂里找到了一份工作，负责传送带的管理，每月可以收入五百元来补贴家用。齐天海认为虽然自己的身体条件不好，但也没想比别人多拿什么补贴，而且现在靠自己和家人的努力还能够养活自己，只要同相同情况的其他人的补贴标准一样就可以，但是若自己的补贴比别人少就是不合理的事情了。他认为村里的补助应该公开公正透明，而不应该厚此薄彼产生不公正的现象，谈到这些问题时我们的访谈过程中气氛变得沉重，齐天海的情况也让我们的感受很复杂，从他的谈论中也看出了他对村里补助政策的一些想法和建议，我们也希望这些问题都能得到妥善的解决，让村里的每个村民都能感到集体的温暖。

据齐天海介绍，自家原来的房子有一百八十多平方米，房子现在给孩子了，现在是住在大儿子家里，老两口与儿子商量的是在两个儿子家轮流住，在每个儿子家里都会住一段时间，均匀地摊分每个儿子的负担，齐天海的大儿子是 2001 年结的婚，当时结婚时住的是原来的房子，二儿子是 2005 年结的婚，另外新修建的房子也有自己单独的院子。齐天海告诉我们其实他们老两口是希望自己单独住的，这样可以减轻孩子的压力，让两个儿子生活得更自在一些，老两口也有自己的生活空间，但是由于条件的限制现在只有这样住在儿子家里，好处是儿子和儿媳也都特别懂事，对自己和老伴都很孝顺，这是一件值得赞赏的事情，齐天海和老伴对这方面觉得两个儿子和儿媳都做得很好，当然这也是儿女对父母应尽的责任。齐天海的两个儿子都是司机，在村里给别人开车，每个月工资大概有一千六七百元，基本上是上一天班然后再休息一天，工作也不是很累，每天差不多都在家里吃饭，两个儿媳平时也都很忙，要照顾孩子的生活还得辅导孩子的作业和学习，还要收拾家务帮家里干活，天天都闲不着。自己和老伴也经常帮儿子儿媳照看孩子，接送孩子上学。就在我们的访谈过程中，齐天海老两口还一直在哄着自己的小孙女，这个小孙女有两三岁的样子，还挺听话一点也不淘气，爷爷奶奶对她也是照顾有加，一直在陪着她玩抱着她，生怕自己的孙女磕磕碰碰了，可见老两口对孩子的疼爱。因为对齐天海的访谈安排在了下午五点，所以老伴也已经准备开了晚饭，我们几个走进屋里，一进门口就闻到了一股米香味，齐天海的老伴告诉我们自己正在熬粥，等儿子儿媳回家后就可以一起吃晚饭了，可以想象他们一家三代人和睦相处的情况，每个人都能感受到家庭的温暖，也正是因为自己的家庭，齐天海才没有被身体的疾病所击败，而是毅然地战胜了它，绝不会向困难低头。

对于城中村拆迁改造的问题，齐天海与老伴表示，如果村民都要搬迁的话那自家就也搬迁，因为自己身体的原因，齐天海其实并不太想去住楼房，自己的身体条件上楼梯会很不方便，若是住在一楼的话还能接受，因为在农村生活了这么多年住平房也都已经习惯了，觉得楼房没有平房方便，但是老两口也会尊重年轻人的意见，希望能得到最优的解决方案。再有就是关于拆迁补贴的问题，齐天海表示并不合理，他认为村里给出的标准太低，虽然这还不是最终的标准只是征求村民的意见，但是齐天海也还是很重视，他认为应该重新估算现在村里房子的价值，现在村民的房子好多都是新修建，使用价值还仍然很大，如果补贴标准太低的话就会产生很大的意见，政府应该给予一个合理的拆迁标准，这是他们老两口一致的意见，他表示这是民生大计不能有丝毫含糊，每个村民都会认真思考和对待的。

齐天海平时的业余活动还算丰富，一般就是在家里看看电视或者看点书，看电视一般就是看新闻，了解一下国家发生的事情，也关注一下政府的方针政策，他说这是有必要的。齐天海也经常出去散散步，虽然因为自己身体情况走路不是很方便，但是自己也会去街上逛逛，跟村民一块说说话聊聊家长里短的。齐天海老两口都是朴实的村民，也没有特殊的爱好、特长，很少去听戏也不会跳舞。

通过对齐天海的访谈，我们感受到了齐天海和他的家人的热情，也了解了他的一些困难。总体上觉得齐天海和他的老伴都是乐观向上的，要不他们老两口也不会克服这么多的艰难困苦。齐天海对未来的生活充满着很大的希望，他坚信生活肯定会越来越好，我们也相信通过齐天海和家人的不懈努力，还有政府的帮助和补贴，他的生活水平会不断地得到提升，我们也真心地祝愿齐天海生活美满、一切顺利，也祝愿齐天海和他的老伴身体健康，最后也感谢齐天海能接受我们的访谈，与我们共同分享他的经历。

（五）孤寡老人——孙星只

南流寺村虽然地处城市规划区，村里村民的收入主要来自非农收入，而且正在进行城中村改造，处于一种欣欣向荣的状态。但是，村里还是有一些没有劳动能力老人和丧失劳动能力的残疾人，他们生活在这样的环境中，会有怎样的选择和想法，我们怀着好奇心来到了南流寺村孤寡老人孙星只家里，进行了访谈。

2011 年 6 月 15 日，我们沿着村里的硬化路主路拐了几个弯，顺着小路走了两百米左右，就到了孙星只老人家里。老人住的院子比较脏乱，有两间砖房，砖房显得比较旧，窗户也很脏，看样子应该很长时间没有打扫过了。一座坐南朝北的主屋，一座坐西朝东的侧屋，两个屋子中间拉着一个晾衣服用的绳子，上面晾着两件旧衣服。主屋主要是老人居住的地方，侧屋则是放一些杂七杂八的东西的地方，在侧屋前面有两个兔子笼，里面养了 20 只左右的兔子。小院呈正方形，中间种着一棵大树，树的前边停着一辆三轮车，夏天可以在树底下乘凉，小院大概有 20 平方米。我们走进院子时，老人养的一条狗不断地对着我们叫，孙星只老人在屋里正和自己的一位好朋友聊天，见家里来人了就掀开门帘迎了出来。只见老人头发花白，脸上布满了皱纹，一双深邃的眼睛看着我们，脸上带着祥和的笑容。他穿着一条深蓝色的裤子，一双旧拖鞋，手里拿着一件蓝色的 T 恤，见我们来了准备要穿上，结果没来得及穿，就干脆拿在手里了。他朋友见家里来了人就回去了，我们就在院子里和老人交谈了两个小时。

孙星只，男，1937 年 12 月 6 日出生。孙星只出生的年代，中国正处在抗日战争时期，社会动荡不安，人民生活在水深火热之中，孙星只的双亲都死于战争之中。孙星只的父亲孙有福由于不满地主的压迫，在 18 岁就组织了一只孙家班抗日武装队，并自任为队长。现在村里的孙有谋就是他父亲的部下，孙星只的母亲牛菊香是他父亲队伍里有名的双枪女战士，据说他母亲当时骑着马拿着双枪，在当地非常有名。孙有福的队伍起初和国民党的部队打仗，抗日战争爆发后，他就带着队伍参加了抗日战争，在一次和日本人的战斗中牺牲了，他母亲在 1948 年的解放战争中也牺牲了。那一年，孙星只才 11 岁，双亲就双双牺牲了，给他幼小的心里埋下了很多的痛苦，由于孙星只的父母的特殊生活，孙星只从小就被寄养在亲戚家里，他父母健在的时候他就很少和父母生活在一起，父母去世后就一直和自己的表哥生活在一起，据孙星只说，他父母没有被评定为烈士，原因他自己也不知道，自己也不愿意再向上面反映情况了。跟我们一起来的联络员王军说，孙星只不愿意提他父母的事情，原来有电视台采访他，他也不愿意说，因为人年纪大了，经历的事情也多了，很多事儿都不想再说了。王军跟我们说，孙星只的父亲在和日本人打仗的时候，非常聪明勇敢，有一次在夜里竟然拿着扫把假装枪，缴了日本人的枪和汽车，这件事情在当地被传为佳话。孙星只从小生活在国统区，倒也没有什么战争在那里爆发，生活比较平静，没有发生过什么大的事情，孙星只的记忆里就只有两件事情：一是种地，简单吃饱肚子，二是平时可以和周围的小朋友在一起玩。父母的事情对他的影响并不是很大，只是他对父母原来那么做有些不理解。孙星只生于战乱时代，没有机会上学，因此，小的时候一天学也没有上过，多数时间就是干一些农活，然后闲的时候和周围的小朋友玩一玩。一直到新中国成立后，他才有机会上了一年民校，解决了识字的问题。

新中国成立后，土地改革分田分地，由于孙星只一直住在亲戚家里，所以，在南流寺村没有分到地（原因是这边不知道孙星只究竟在不在世）。在亲戚家那边也没有土地，到后来才分了一亩多地，之后又参加了合作社、人民公社和高级社，一直到现在的家庭联产承包责任制，一直都是一亩多地。孙星只 20 岁结婚，妻子史凤云出生于安阳县宝莲镇的一个农户家里，结婚后一直在家务农，当时家里就只有两个劳动力，没有其他的收入来源。1965 年 8

月孙星只唯一的孩子孙海庆出生了，家里又有了几分热闹，由于孙星只结婚后一直住在岳父家里，所以孙海庆就一直由他姥姥带着长大。1974 年孙星只的妻子去世了，孙星只独自一人回到了南流寺村，由于舅舅家那边的条件比较好，儿子就没有和父亲一起回来，老人回来后就在南流寺村一直居住到现在，孙星只原来的老伴是经别人介绍认识的，老伴去世后就没有再婚了，因为他年轻的时候，就只能在村里种地，没有其他收入，后来可以出去打工的时候他自己年纪又大了，自己干不了什么体力活，而且自己一直以来也没有学过什么手艺，所以除了种地，一辈子没有做过其他的事情，因此，也没有什么储蓄，没有钱再结婚，别人也嫌他没有钱而不愿意嫁给他。儿子也很少回家看他，老人谈到儿子和孙子不怎么回家看他的时候，内心很平静，也许看淡了很多人世的浮华，也可能和自己从小孤苦的生活有关系，对于家庭没有很多的期望和希望吧。孙海庆一直有肺结核，2009 年不治身亡，儿媳妇带着孙子改嫁了，从此再也没有回来看望过老人。老人的一亩多地在 2005 年由于南水北调工程而被国家征收了，补偿了 19800 元，这个钱给儿子治病花得差不多了。孙星只从小在表哥家里长大，现在表哥已经不在世了，表哥的儿子闺女也都相继去世了，现在那边也没有什么亲戚来看望他了。在问及土地补偿是否合理时，老人觉得土地原来就是国家的，现在征了就征了，自己也没有什么想法，因为自己的地毕竟很少，要随大溜。2006 年村里要修硬化路，孙星只的房子正好就处在修路的地方，因此，村里给他做工作，要进行拆迁，孙星只答应了村里的条件——给他一块新的宅基地，没有现金补助。这样老人自己的住房问题还是不能够解决，因为有了宅基地，没有钱盖房。之后老人用自己新的宅基地和南流寺村里的村民孙海顺换了现在住的砖房，总共有三间，70 平方米。目前，孙星只家里就只有自己一个人过，有一个朋友偶尔来看看他，也没有其他的交往，收入完全靠低保的补助，低保补助原来每个月有过 20 元、50 元、60 元不等，现在一个月发 60 元补助，重大节日发 100 元或者送面和油等生活必需品，一年下来能领 1000 元左右。老人参加了新农村合作医疗，每年 30 元由民政局出，这几年他没有生过什么大病，一般都是小病，也花不了多少钱。孙星只平时生活上得到了邻居和朋友的一定帮助，一些旧衣服和日用品，会有人给他送过来，有时候孙星只生活有困难了，会找一些亲戚朋友借点钱用，这些钱他们也都不再要了。有时候村委会也会在村里征集一些旧的衣服和被褥，送给这些需要帮助的人。

2010年孙星只老人开始养兔子，他向别人借了一些钱，买了10只兔子，自己用砖块砌了兔笼，自己又用100元买了一辆三轮车，夏天他会骑着这辆三轮车去给兔子割草，用这些草喂养兔子。我们采访他的时候，兔子已经产下了10只小兔子，现在有20只兔子了，老人养兔子一方面是自己平时一个人太孤单，给自己孤苦的一生增添一些生气，而且自己平时太闲了，也需要干点活，让自己忙起来。另一方面，自己以后可以卖几只兔子，补贴一些家用吧。现在老人闲暇时间除了养兔子之外还看看电视和朋友聊聊天，平时很少进城，生活比较简单。南流寺村现在正在进行城中村改造工程，在村子旁边建了村民新居，我们问及老人以后会不会搬迁进新居里去，老人说："有钱就搬过去。"我们都比较担忧这样的老人以后有没有经济能力可以搬迁过去。

我们采访完孙星只老人后，在路上联络人和我们说："现在人穷了，都不招人喜欢了，和老人来往的人都比较少了，有时候得亦失，失亦得，他经过的运动比较多，很多事情都不敢提了。"我们想也可能是老人一辈子孤苦平淡，对人情世故已经很熟透，不愿意再多说什么来获得别人的同情或者得到什么好处，因为老人在采访的整个过程中心情都很平静，偶尔也会笑一笑，用自己乐观的生活态度来面对以后的生活吧。

参考文献

[1] 安阳市铁西区地方史志编纂委员会．安阳市铁西区区志［M］．郑州：中州古籍出版社，2010.

[2] 安阳市殷都区西郊乡志编纂委员会．殷都区西郊［M］．郑州：中州古籍出版社，2006.

[3] 刘永佶．农民权利论［M］．北京：中国经济出版社，2007.

[4] 刘永佶．中国经济矛盾论［M］．北京：中国经济出版社，2004.

[5] 张春敏．民族地区经济体制研究［M］．北京：中国社会科学文献出版社，2011.

[6] 中国社会科学院农村发展研究所．中国农村发展研究报告［M］．北京：社会科学文献出版社，2008.

[7] 田铮铮．改革开放后农地制度变迁［D］．山东大学硕士学位论文，2007.

[8] 许庆．家庭联产承包责任制的变迁、特点及改革方向［J］．集体所有制度，2008（1）．

[9] 郑桂兰．论家庭联产承包责任制对农业现代化生产的制约［J］．新农村，2008（2）．

[10] 林志友．人民公社制与家庭联产承包责任制之比较研究［J］．西北工业大学学报，2003，23（3）．

[11] 河南省安阳市人民政府．安阳市被征地农民社会保障试行办法．2006.

[12] 河南省安阳市殷都区西郊乡政府．西郊乡人民政府关于南水北调占地调整土地的指导意见．2007.

[13] 河南省安阳市人民政府．安阳市新农村建设规划纲要．2007.

[14] 河南省安阳市政府．殷都区农村居民最低生活保障实施办法．2009.

[15] 河南省安阳市殷都区政府．殷都区新型农村合作医疗门诊统筹实施方案（试行）．2010.
[16] 河南省安阳市殷都区政府．殷都区城乡医疗救助实施方案．2010.

后 记

河南省安阳市是我国的七朝古都，有3300多年的建城史，500年建都史，是甲骨文的故乡，《周易》的发源地。21世纪以来，安阳市在城市化和工业化的进程中发生着翻天覆地的变化。城中村改造作为城市化的重要组成部分，既不同于农村城镇化也不同于郊区城镇化，有着自己的特殊性，是一个系统的改革，涉及的生产方式和生活方式甚至是文化的变革，更为复杂更为艰巨，也成为我国近年来社会矛盾多发领域之一。殷都区是安阳市的四个城区之一，城中村改造任务量大面广，十分艰巨。2009年以来，以李南沉为书记的领导班子，提出“依靠群众参与，开创时代新风，三驾马车拉动，再造殷都新城”的整体发展思路，探索了城市管理的新举措。核心就是发挥群众的首创精神，依靠群众参与，建立“十大员”群众组织，调动群众力量，激发群众智慧，发动群众的主动性，让群众自我管理、自我服务、自我发展，积极参与到经济社会的具体工作中，取得了实实在在的成绩，为解决当代城市社会矛盾提供了一个新药方。

本次调研是中央民族大学“985”村庄调研的一部分。调研组于2011年7月10日至18日、2012年4月3日至7日，两次赴河南省安阳市殷都区西郊乡南流寺村，调研组通过与当地区领导、科局和乡镇领导、村干部、村民、企业主以及教师等社会各界人士进行了广泛的交流，尤其是深入到村中与农民进行了详细访谈，直接入户填写调研问卷50份，调研户数占到南流寺村三分之一以上，所获取的资料和信息能够表现南流寺村发展的基本状态。调研报告尽力将殷都区城中村改造的进程白描出来，力求真实反映我国城市化进程中的问题和经验，为相关研究者和决策者提供思考依据。

调研组成员主要由中央民族大学经济学院的博士生和硕士生组成，调研当地的相关工作人员也参与了调研。调研得到了安阳市殷都区委区政府的支持，区委书记李南沉同志自始至终密切关注我们的工作，多次组织座谈会，对调研相关环节进行具体部署，给予了很多有价值的建议和思考。原西郊乡党委书记，现殷都区区党办主任王建军同志，殷都区区委办公室副主任、区委督查室主任符颜红同志，殷都区区委办公室副主任毛学文同志，殷都区住房建设局副局长徐旭东同志以及南流寺村村委会的各位领导为调研组各方面工作的展开付出了辛苦劳动，为我们的工作提供了积极的支持，在此表示衷心的感谢！